Services Marketing and Management

现代工商管理经典教材

服务业
营销与管理

品质提升与价值创造

曾光华 ‖ 著

- 融合理论与实务之教学
- 结合精彩的服务业案例
- 生动活泼的写作风格

经济管理出版社
ECONOMY & MANAGEMENT PUBLISHING HOUSE

北京市版权局著作权合同登记：图字：01－2014－4245 号

图书在版编目（CIP）数据

服务业营销与管理/曾光华著．—北京：经济管理出版社，2016.2
ISBN 978－7－5096－4153－8

Ⅰ.①服… Ⅱ.①曾… Ⅲ.①服务营销—营销管理　Ⅳ.①F713.50

中国版本图书馆 CIP 数据核字（2016）第 000252 号

组稿编辑：陈　力
责任编辑：胡　茜
责任印制：黄章平
责任校对：雨　千

出版发行：经济管理出版社
　　　　　（北京市海淀区北蜂窝 8 号中雅大厦 A 座 11 层　100038）
网　　址：www.E－mp.com.cn
电　　话：(010) 51915602
印　　刷：北京银祥印刷厂
经　　销：新华书店
开　　本：787mm×1092mm/16
印　　张：27.5
字　　数：480 千字
版　　次：2016 年 6 月第 1 版　　2016 年 6 月第 1 次印刷
书　　号：ISBN 978－7－5096－4153－8
定　　价：78.00 元

中正大学教学发展中心在"奖励大学教学卓越计划"下，资助本书出版。

　　在中国台湾学术界，无论是就个人成就还是大学评鉴而言，一本可以充实中国台湾下一代知识的教科书受到的重视，远不如一篇可以累积点数、写给美国人看的论文。

　　在"I疯"与"iPhone"同样流行的年代，中正大学多年来鼓励教授走上"人迹罕至之路"出版教材，是教育界的异数，也是中国台湾的幸运。

序
融入服务情境，感受市场脉动

Q1：本书从 2007 年出版至今，目前已是第四版。这一版和过去有何不同？

A1："协助读者掌握专业知识的精髓"是每一本大学教科书的重要目标，本书也不例外。另外，多年来我希望本书能让读者对生活"有感"、对中国台湾服务业者的努力及全球精彩的服务案例"有知"，为了更有效实践这项目标，这一版强化了"带领读者融入服务情境"的效果。

Q2：融入服务情境？怎么做到呢？

A2：各章均有不少摘自杂志的报道，本版新增约三十则报道，大部分来自天下杂志，这些报道都是近年的案例，对情境的描述相当生动，让读者更亲近实务，发现重要或有趣的现象。另外，协助读者掌握全球服务趋势及国外服务创新的"纵横天下"版块，其中 15 篇短文也是摘自天下杂志的精彩文章，读者可到专书网站阅读全文，这样印象将更为深刻。

Q3：篇末共有 8 个影音个案也是来自天下杂志？

A3：是的，篇末的个案文字仅是摘要，影音档案及全文都在专书网站。这些获得天下杂志特别授权的影音资料相当生动，具有启发性，读者将可融入实境，加深对服务业的了解。建议读者在观赏影音、阅读全文后，思考篇末个案中的问题，如此一来收获将更丰富。

Q4：新版除了保留"台湾服务里程碑"海报，还多了一张名为"The Road Not Taken"的海报。为什么？

A4：许多人对世界上大型或连锁服务业耳熟能详，甚至是他们的忠实

1

顾客，不过对于在中国台湾秉持人文价值、土地关怀的业者却未曾听闻。这种偏差不应漠视，因为我们的心灵与知识世界应该要纳入为下一代着想的人们。这张新海报是为了凸显中国台湾一群走上"人迹罕至之路"的业者，同时也为读者创造充满当地关怀的阅读经验。

Q5：除了"纵横天下"，是否还穿插其他的专栏或版块？

A5：没错。专栏"美丽之岛"以中国台湾案例揭开每章的序幕，"典范人物"则介绍中国台湾重要的服务业者。"缤纷课外"是版块文章，主要介绍藏有丰富服务业知识与常识的网站、电影、影集、书本、杂志等。

Q6：总体而言，你希望本书为读者带来什么？

A6：希望读者在吸收专业的同时，也能融入服务情境，感受中国台湾与全球服务业正在跳动的脉搏。

致谢

感谢王建文、吴正国、吴伟豪、林良文、林珂聿、施俊吉、叶庭志、侯信辅、陈昱廷、蔡俊戎协助搜集资料或撰写专栏及版块文章。中正大学企业管理系有许多活跃积极的学生给了我许多写作启发，并让我体会到知识传播的重要性。

特别感谢前程文化公司傅国彰、陈佳妮、赖芝卉、玛莉等人的努力，让本书更为完善。饶怡云润饰本书的文句、撰写部分专栏与版块文字、提供部分照片、处理书写相关行政事务等内容，明显提升了本书的质量。

感激母亲的保佑、父亲的辛劳，淑暖、玮琦、玮玟对我专注于写书的包容。马来西亚新山华人社会在艰困中奋力发展华文教育，让我日后得以使用世界上最优美的文字来造福人类。

最后感谢采用本书的老师与读者。本书诚心为您而写，希望它带给您的不仅是知识，还有随知识而来的自信与希望。

2013 年 6 月 12 日

marketingkfc@gmail.com

目　　录

第1篇　鸟瞰服务业

第2篇　掌握服务业消费者与营销核心

第3篇　规划服务营销策略

第4篇　强化服务业营销管理

第 1 篇

鸟瞰服务业

第1章　服务业的崛起与重要性

美丽之岛

卡滋帮从文创出发，走向国际

天空的八卦泡泡云是怎么来的？卷竹村村民为什么变成只会跳不会走的弹簧腿？卡滋帮马上出动查明真相！卡滋是一只能激发儿童潜力的神奇小老虎，是小朋友酷儿从爷爷遗留的线索中，经历一番冒险才找到的。酷儿和卡滋都很喜欢侦探小说，所以跟好朋友黑儿、蝶儿、喜儿等组成了卡滋帮（Katz Fun），专门解开周遭的奇异事件。但是，有一群黑暗使者却虎视眈眈想夺取卡滋的神秘力量……

这可不是日本或法国的动画，更不是皮克斯或迪斯尼的杰作，而是百分百的 MIT（台湾制造）。卡滋帮是顽石创意公司的知名作品，曾荣获2012年金钟奖最佳动画奖。评审们赞许这部动画结合了侦探、魔幻与冒险等元素，剧情发展天马行空；在内涵上强调小朋友通过相互合作来迎接挑战，克服困难，具有教育意义；在风格表现上运用丰富的东方元素，与欧、美、日的作品有明显差异。这部作品不但打入巴西、以色列等国，还成为目前美国 Cartoon Network（卡通频道）唯一播映的中国台湾动画，在全美17州联映。

除了出售播映版权之外，顽石创意还将故事的主人翁设计成造型公仔，而公仔的身体也跟故事人物一样可以拆开并组装，自由地变换多种造型让人大展身手，拼凑出无限可能的模样，也让喜爱卡滋帮的粉丝收藏并体会神奇的力量。

卡滋帮的经验显示，当商品题材引发消费者的共鸣之后，便可衍生出各种获利方式。以卡滋帮为例，除了发展公仔等周边商品之外，还可以变身为数字学习的引导角色来促进目标客群的学习意愿，甚至与出版、电影、3C 等产业结盟。

不过，成功的背后必然有付出。成立于 1999 年的顽石科技创业初期以多媒体设计为基础，承接博物馆网站设计、艺术作品数字化等业务。公司团队耗费无数时间累积创作能量，从制作"赤壁赋"等诗词意境动画开始，将动画技术与中华文化结合，挖掘出令消费者感动的因子与情境，并探索如何在不被看好的中国台湾动画产业中脱颖而出。这番努力与探索终于让顽石创意以故宫"婴戏图"为素材，创造出卡滋帮，让中国台湾不再仅是"全球动画的代工基地"。

顽石科技的经营也告诉我们，除了很多人熟知的餐厅、旅馆、银行、百货公司之外，任何个人或企业只要能整合文化、艺术、创意、科技、营销等元素，就可以成为服务经济体系中的一分子。

本章主题

顽石创意公司结合动画技术、文化、创意、营销等，从事网站设计、艺术作品数字化等业务，甚至通过卡滋帮找到与教育、出版、电影等合作的机会。不少中国台湾制造业希望能转型成为服务业，顽石创意的成就或可带来启发。

本章就是要带领读者站在高点，全面了解服务业的重要性与发展，以便为研读之后各章建立良好的基础。本章的重点如下：

1. 服务业的重要性：说明服务业对经济发展、企业竞争力与民众生活等有何重要性。

2. 影响服务业的环境因素：讨论政府政策、经济环境、产业趋势、社会与文化演变及科技发展如何影响服务业的发展等。

3. 中国台湾服务产业的发展：主要是以具体案例回顾中国台湾近五十年的经济发展中，整体服务产业的地位有何转变。

4. 服务业营销与管理的观念架构：提出服务业营销与管理的程序，并说明本书的重点内容与安排方式。

1.1 服务业的重要性

想象一下，如果网络常断线、公交车与铁路常误点、便利商店的营业时间像公务机构从上午 8 点开到下午 5 点，学生、上班族、家庭主妇的心情、生活步调、工作效率会受到多大影响？或是，如果物流公司的效率低、广告公司缺乏创意人才、大学无法培育出热情且敬业的学生，中国台湾的各行各业会遭受什么冲击？只要想象中国台湾的服务业如果失去部分功能或质量低劣，对消费者与企业带来什么问题，就可大致理解服务业有多重要。中国台湾的书市有 3000 多本和服务相关的书籍，大学院校每年有至少20000 名学生研习服务业经营，业界有数不清的服务相关课程与研讨会……这些都反映了服务业受到的重视。服务业的重要性可以从经济发展和企业竞争力、民众生活三个角度来观察。

1.1.1 对经济发展与就业人口举足轻重

绝大多数先进国家或经济体的经济发展是由服务业主导的。2011 年，日本、法国、英国、德国、荷兰等国的服务业产值占 GDP 的比重在71% ~75%；美国则高达 77%；欧盟国家中卢森堡居首位，约 85%；中国香港甚至超过 90%。另外，2011 年印度与中国的服务业产值占 GDP 的比重分别是 56% 与 43% 左右，服务业的发展潜力相当雄厚。

自从中国台湾服务业产值占 GDP 的比重于 1989 年达到 50% 之后，该比率就逐年稳定上升，并于 2003 年突破 70%，2011 年则是 68.8%（制造业占 29% 左右，农业不足 2%），与先进国家相当。其中，批发与零售业、金融与保险业、不动产及租赁业、运输仓储及通信业共占服务业产值的

60%左右，是最重要的四大民间服务业。

服务业发展也会增加就业机会。2011年中国台湾1000多万的就业人口中，服务业占了600多万人（58.6%），其中以批发及零售业的200多万人为最大规模。

另外，当产业外移或经济形势变化而导致原有制造业劳工失业，并减少社会新人进入制造业的机会之际，吸纳这些人力资源以减少失业率就成了服务业的重要角色之一。例如，2009年新加坡的服务业创造了5.56万个工作机会，有效地解决了当年经济危机造成的制造业流失4.37万个工作岗位的问题。

各国政府为了提振经济，经常投入资源发展具有潜力的服务业。例如，新加坡政府发挥地利与语言优势，特别成立了展览会议署以推动会展产业，每年吸引超过40万名全球会展旅客，规模位居亚洲第一，并为新加坡的餐饮、旅馆、航空业等创造可观效益。泰国政府在旅游、美食、电影、医疗美容等服务业的投入也相当积极，使得这些产业在全球市场上占有一席之地。中国的"十二五"规划重点之一是发展"生产服务业"（含金融保险、科技服务、电信与商务服务等）。

缤纷课外

网站：台湾服务业联网

服务业是全球经济发展的主要动力，占世界跨境贸易量的1/4。服务业也早已是中国台湾经济发展的主导，因此会聚来自中国台湾40多个服务业的协会和业者于2007年筹组了"台湾服务业联盟协会"，并在来年成立"台湾服务业联网"（www.twcsi.org.tw），致力营造对服务业有利的环境并促进各服务业交流合作。

网站除了提供联盟动态、会员活动等信息，也罗列重要的服务业相关网站联结，包括中国台湾经济研究院、国贸局、世界贸易组织、全球服务业网、贸协资料馆，以及美国、日本、中国香港等服务业联盟等；并设有"服务业快讯"以分享全球官方、非官方组织所发表的服务业信息，以及全球重要的产业政策和新闻。除此之外，也提供各地商会课程、展览、讲座等信息，促进学习和交流。

　　对于初学服务营销与管理的读者或是服务业职场的新人，不能错过网站中的业界专访与专题报告。这些专文篇幅不长，却是吸取商界前辈的经验，或是了解重要趋势的便捷渠道。

　　有鉴于服务业对经济发展的重要性，2009 年行政主管部门以"让服务业成为提高附加价值、创造就业、提升生活质量及带动经济成长的引擎"为愿景，提出"服务业发展方案"，并拟定六大发展策略：提升服务业国际竞争力、加强研发创新、创造差异化服务、强化人才培育与引进、健全服务业统计、发展新兴服务业（见图 1－1）。读者可浏览相关网站（www.cepd.gov.tw），在"服务业发展方案"项目下了解更多相关信息。

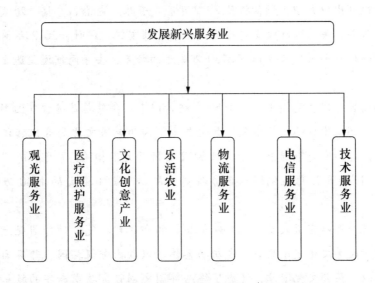

图 1－1　2009 年"服务业发展方案"的重点服务业

纵横天下

江南大叔救经济

以"江南Style"单曲配上骑马舞，红遍全球的歌手Psy（朴载相），日前获韩国文化体育观光部颁发的文化艺术奖"玉冠文化勋章"，表彰他"把韩国文化成功推向国际"的伟大贡献，这是流行音乐歌手罕见的殊荣。

"江南Style"到底有多红？美国告示牌音乐杂志热门百大单曲榜蝉联6周亚军；Youtube点阅率突破7亿次，史上次高；脸书迷点赞的次数近500万次，创金氏世界纪录，也写下韩流文化新页。

根据韩国央行统计，由于"江南Style"掀起全球"疯韩"流，带动电影、戏剧出口大增，预估将使2012年全年音乐、电影、广播、游戏等文化娱乐服务相关的国际收支首度出现顺差。韩国银行统计，2012年前三季文化及娱乐服务项目收支创下3730万美元的顺差，去年同期逆差达2.1亿多美元。

韩国经济研究院指出，自1980年统计以来，年年都是进口外国影音内容的多、韩流出口的少，逆差达数亿美元，因为韩流文化影音内容仅在亚洲市场热卖，欧美市场未打开。但2012年情况大不相同，7月中旬"江南Style"问市，8月的文化娱乐服务收支立即创下史上最大的1340万美元顺差。

现代经济研究所表示，"江南Style"的全球超人气带动外国观光客激增，对于改善文化娱乐服务收支居功甚伟。以歌曲嘲讽韩国、蜚声国际的江南大叔，获颁文化勋章，还成了终结韩国文创服务收支赤字的救星。作为经济新亮点，恐怕连江南大叔自己都始料未及。

资料来源：陶允芳. 七亿点阅率，影视谐星救经济 [J]. 天下杂志，2012 - 11 - 28.

1.1.2 协助提升企业竞争力

"没有金融业，我们断粮；没有物流业，我们断脚；没有信息业，我们失明；没有顾问业，我们失聪。"这番话显示了生产服务业的重要性。

生产服务业（productive service industry）专门替厂商的生产、营销、管理等企业功能提供服务，它包括金融、保险、法律、会计、物流、广告、人力培训、管理咨询、研究开发、产品设计、物业管理等行业。这些行业的服务其实也可以由企业内部自行提供（如自行筹划新产品发表活动、由内部讲师培训干部），但许多企业为了追求效率或因资源不足，而将部分内部事务委由其他企业代劳（如委托公关公司筹办新产品发表活动、管理顾问公司代训干部），从而刺激了生产服务业的成长。

生产服务业者如果从受委托厂商的需求出发，深耕专业，不断突破创新，可以带来向前连锁效应（forward linkage effect），也就是服务业的专业知识或生产活动，能为其他厂商降低成本、提升价值等，因而提升这些厂商或所属产业的竞争力（见图1-2）。

生产服务业专门替厂商的生产、营销、管理等企业功能提供服务，它往往带来向前连锁效应，某些行业的专业知识或生产活动，能为其他厂商降低成本、提升价值等。

生产服务业

- 银行：提供企业贷款，让厂商有足够资金拓展市场
- 保险公司：为厂商与机器保险，降低厂商营运风险
- 服务设计工作室：掌握流行趋势，提供新服饰灵感
- 广告公司：钻研服饰心理学，协助服饰定位与推广
- 物流公司：协助运送服饰，确保零误差的铺货能力

服饰制造业
因资金充分、营运风险降低，加上掌握流行服饰的趋势、推广诀窍及铺货方法等，而提升服饰制造业的竞争力

图1-2　生产服务业之向前连锁效应：以服饰制造业为例

例如，五崧捷运与骅洲运通因密切掌握高科技业者"快又安全"的要求，而囊括了新竹科学园区内超过五成的报关与运输服务占有率。以安全为例，许多高科技设备在运途中必须严格控制温度、震动、水平等，否则后果严重，如五崧曾经运送过的某半导体精密仪器，全程必须保持在零下20摄氏度，一旦发生差错，就必须花费百万元以上调整仪器。为了确保快又安全，这两家业者必须完善运输与通信设备，甚至小至驾驶开关车门的基本动作，都得严格规定。由此可见，中国台湾高科技业光环的背后，有不少服务业者的专业与努力。

值得一提的是，不少行业横跨生产服务业与下一小节提到的生活服务业。例如，出版社可提升民众的精神生活，也能带动电影与电玩业的发

展；电信服务可为民众的生活带来便利，也可增进企业的营运效率；航空服务不但延伸国民的眼界，也可促进国家的经贸活动。

1.1.3　与民众生活息息相关

生活服务业又称消费服务业（consumer service industry），主要功能是增进一般民众的生活质量，包含医疗保健、观光休闲、交通宅配、美容美发、健身运动、婚纱摄影、住宅服务、汽车维修、补习教育、零售餐饮等行业。这些行业的兴起与财富增加、人口结构变化、生活与休闲观念改变、女性大量投入职场等有关，如人口老龄化带动医疗保健业、职业女性增加刺激美容业发展等。

生活服务业带来向后连锁效应（backward linkage effect），也就是某个产业的发展带动相关原材料产业或支持体系的成长。例如，美发美容业如果兴起，势必会带动美容美发才艺教学、相关设备与用品、护发、保养品、化妆品等产业（见图1-3）。

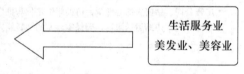

- 美容美发才艺教学
- 美容美发兼相关设备
- 美容美发相关用品
- 护发、保养品、化妆品
- 其他支援美容美发业的产品或服务

生活服务业
美发业、美容业

图1-3　生活服务业之向后连锁效应：以美容美发业为例

生活服务业的质量也会间接影响经济发展。优良的生活环境是吸引及留住优秀人才的必要条件。例如，在科学园区内建立国际村小区、运动公园、符合国际教育水平的中小学等，将有助于吸引海外高科技人才来台服务，利于台湾地区经济发展。

另外，生活服务业的内涵往往影响国民气质，进而影响众多产业的产品品位与风格，甚至是经济发展。正如趋势专家詹伟雄在《美学的经济》一书中提到的：

左侧边注：
生活服务业主要功能是增进一般民众的生活品质，它往往带来向后连锁效应，即某个产业的发展带动相关原材料产业或支持体系的成长。

生活服务业的内涵往往影响国民气质，进而影响众多产业的产品品位与风格，甚至是经济发展。

中国台湾要能出口"高感性"的手机或 PC，就必须先拥有高感性的社会。当工作者的生活能够活泼、创新、多元，城市市街的欢愉能被设身处地地带入企业研发中心，中国台湾才能生产出高附加价值的出口产品……先有欢愉的社会，才有能感动世界的产业或企业，也才能摆脱中国制造业的成本式杀戮竞争。

　　最后强调的是，虽然生活服务业一开始通常是为了满足内需市场（home market）的需要，但在累积一定的经营实力与专业知识之后，即可复制到国外。例如，《天下杂志》（2012 - 11 - 14）提到：

　　目前，中国台湾有超过 550 家连锁餐饮业者，其中跨足岛外市场的，比例近 18%。这些跨区域的中国台湾餐饮品牌中，有高达 81% 进入中国大陆市场，其次是马来西亚（16.7%）、新加坡（15.6%）、中国香港（14.4%）及中国澳门（10.0%）。

　　中国台湾随处可见的 CoCo 都可茶饮、日出茶太等品牌，已站稳亚洲，并且通过直营、加盟、合资、区域授权，远征纽约、伦敦、迪拜，展现中国台湾饮品的绝佳滋味……本土品牌丹堤全台共 126 家店，其口味、店装吸引了印度尼西亚代理商大笔投资，将印度尼西亚丹堤经营得比星巴克还高级。

▶▶ 1.2　影响服务业的环境因素

　　既然服务业对国家经济、企业竞争力、民众生活等影响重大，我们就应该了解什么环境因素会影响服务业发展、业者之间的竞争、消费者对服务的需求等。这些影响因素可以汇成政府政策、经济环境、产业趋势、社会与文化演变、科技发展五大项（见图 1 - 4）。

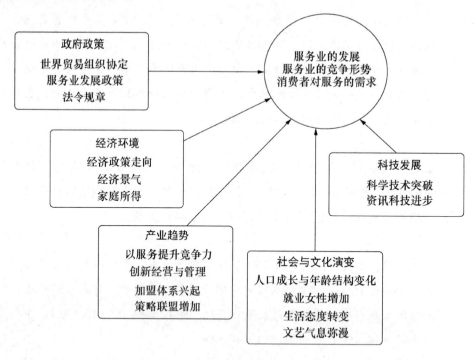

图 1-4 影响服务业的环境因素

1.2.1 政府政策

1.2.1.1 世界贸易组织协议

根据 WTO 服务业贸易协议，国际服务有四种提供方式：跨境供给、国外消费、商业据点呈现、自然人呈现。

在各种国际协议中，世界贸易组织（World Trade Organization，WTO）协议对于中国台湾以及世界各地企业的影响是最全面且深远的。世界贸易组织共有 158 位会员（中国台湾于 2002 年元旦成为第 144 个会员），会员之间涵盖了全球九成以上的贸易量，因此它是现今国际经贸体系的总枢纽，素有"经贸联合国"之称。为了落实全球经贸自由化，它所制定的货品多边贸易协议、服务业贸易协议、智慧财产权协议、争端解决规则、贸易政策检讨机制等，对会员都具有国际法的约束力。

根据 WTO 服务业贸易协议，国际服务有四种提供方式：

（1）跨境供给（cross-border supply）。这种提供方式没有涉及业者与消费者的移动，而是以"远程"的方式进行，如电子商务、远距教学、网络银行、通过网络或电话的理财咨询与顾客服务等。

（2）国外消费（consumption abroad）。即消费者出国接受服务，如观

12

光与留学。

（3）商业据点呈现（commercial presence）。即业者到国外设立据点，如金融业者到国外设立分行、学校到国外设立分校、零售业者到国外设立销售渠道等。

（4）自然人呈现（presence of natural persons）。即业者以自然人的身份出国，如艺人跨国演出、专业人士（医师、律师、会计师、管理顾问等）到国外提供服务。

该协议的目标在于消除阻碍这些提供方式的因素，如禁止跨境提供服务、限制外国投资、限制设立公司的形态，及其他对竞争造成限制的措施。可以想象，这些限制一旦消除，国际服务贸易必然大增，业界的竞争也将更为激烈。

WTO 服务业贸易协议的谈判与相关工作还在进行中，但是 WTO 经贸自由化的观念已经改变了许多国家和地区的服务产业形态。例如，多年来许多商品多元、规模又大的银行陆续来台设立分行，对中国台湾的金融业造成相当大的竞争压力，而中国台湾银行也纷纷到欧洲、北美洲、南美洲、东南亚等设立据点，其营业收入不断提升。

1.2.1.2　服务业发展政策

许多国家或地方政府在发展经济时，会特地通过法令机制、人才培育、租税奖励等手法来扶植某些服务业。政府资源的投入往往造成这些服务业的发展较为快速，并带来产业的连锁效应。新加坡的金融业、印度孟买的宝莱坞电影产业、菲律宾宿雾市的软件与客服外包服务业等，都因政府的协助而创造了举世闻名的地位。

政府的支持与配套措施会牵动服务业的发展。

韩国政府于 1998 年提出文化立国的方针，接着通过"文化产业促进法"、成立文化产业基金及推出一系列发展计划，积极推动文化、娱乐、数字内容等产业。另外，为了推展文化产品外销，由民间专家组成的"亚洲文化交流协会"为出口的文化产品把关，防止因出口低劣品而伤害韩国文化产品的形象与海外市场；驻外使馆增派文化官员；在北京、上海等地建设"韩流体验馆"等。如今，文化产业的产值已经占韩国 GDP 的 15%左右，至于因电视电影所带来的旅游商机、韩制 3C 产品的全球销售额等，更是难以估算。

谈到政府对电影产业的协助，就不能不提纽约。1966 年，当时的纽约市长就曾强调："一部电影的拍摄，会带来很多的就业机会，很多的就业机会带来健康的经济，健康的经济会带来健康的城市。"目前，纽约一个月支持近千部影片与电视的拍摄，为全球之冠；协拍由单一窗口负责，不但手续简便，还代为协调各单位以提升拍片效率；纽约警察协助训练演员、在拍摄现场封街，甚至担任临时演员等都相当平常。十多年来，纽约每年靠电影协拍而创造了 50 亿美元的经济效益以及 10 万个工作机会。

1.2.1.3　法令规章

每一种服务业都有其直接相关的法规，这些法规的精神与规定事项都会影响该服务业的发展与品质等，如在商业发展研究院 2009 年年底出版的《台湾软实力——服务业大未来》专刊中，跨国商业事务专家徐小波提到：

> 随着老年化社会的来临，老年养老产业的需求隐藏着相当大的商机。但目前养老院依然必须是以财团法人设立，是非营利机构，归属于内政主管部门管理，然而有些老人有能力负担比较好的养老服务，为什么不能让他们有所选择？照护产业中包含许多就业机会，如医护人员、餐饮服务人员、行政人员，有很多软硬件设施，都要用人性化、现代化的手法来经营，为什么不能公司化，甚至让它上市上柜，开放连锁？现在法令都把我们绑死了，应该积极扶植，帮助产业"茁壮成长"。

法令规章对服务业发展影响很大，如正面表列容易造成效率不高、商机延误，而负面表列则利于创新。

产业活化与法令的表列方式有关。正面表列（positive list approach）是指"法律说可以做的，要经过政府核准后才可以做"；负面表列（negative list approach）则是指"法律只交代不能做的，其他事情都可以做"。正面表列容易造成政府过度干预，以及因行政效率不高而延误业者商机；负面表列则比较有利于业界创新。例如，1993 年交通主管部门发布的"台湾地区近岸海域游憩活动管理办法"，是以正面表列方式划定了 21 个近岸游憩区；一直到 2001 年通过"发展观光条例"，才将管理办法改为负面表列，只要不是公告禁止的区域，民众都可以自由从事各项海域游憩活动。如此一来，海洋观光业才有了更大的发展空间。

14

1.2.2 经济环境

1.2.2.1 产业与经济政策走向

一个国家的整体经济政策或针对某个产业的政策，大致上可分为管制与自由开放两种走向。不同的政策走向，使得企业面对不同的竞争形势。在管制的政策下，政府对外采取限额或禁止进口、高关税、外人投资限制或金融管制等措施，以便保护本国企业与市场；对内则可能利用行政力量介入市场的产销活动，或大力扶持某特定企业。被高度保护的企业，可以坐以待"币"，竞争压力小，但也因此容易产生资源浪费、质量不佳、效率低下等问题。

相反地，在自由开放的经济政策下，政府较尊重市场机制，对外降低关税与管制、欢迎国外资金，对内则减少不必要的行政干预，创造公平竞争的环境等。在这种环境下，企业面对的竞争相当大，然而由于有锻炼的机会，企业体质较好，消费者也比较容易享有良好的质量。

不过，许多国家的产经政策不会走向两个极端。例如，就算是标榜自由经济的欧美，为了促进产业竞争、保护消费者或应对经济形势的演变，还是有某种程度的金融管制。近年来最有名的案例莫过于 2008 年美国政府为了应对次贷危机引发的金融风暴，决定接管 AIG 等金融机构，让 30 年来的金融放任政策改弦易辙；韩国政府为了保护传统店家的生意，规定大型量贩店每晚 12 点到隔天早上 10 点不能营业，而且每个月必须停业 2 天。

1.2.2.2 经济景气

经济景气有四个阶段：萧条（depression）、复苏（recovery）、繁荣（prosperity）与衰退（recession），也就是景气循环或商业循环（business-cycle）。每个月月底经济主管部门公布两个月前的批发、零售及餐饮业营业额（如 8 月底公布当年 6 月的营业额），以显示民间消费能力的变化，并反映当时的经济景气。

景气阶段与消费者的购买意愿与能力密切相关。在繁荣与复苏阶段，由于消费者收入较高，购买力较强，加上对经济前景乐观，所以比较愿意购买高价或标榜高级的服务。相反地，在衰退与萧条阶段，消费者的购买能力与意愿低落，对价格敏感，比较容易接受中低价位的服务，并且避免购买非必需或奢侈的服务。例如，2008 年景气低迷严重冲击中国台湾的医

被高度保护的企业，容易产生资源浪费、质量不佳、效率低下等问题。

在繁荣与复苏阶段，消费者比较愿意购买高价或标榜高级的服务。相反地，在衰退与萧条阶段，消费者避免购买非必需或奢侈的服务。

学美容市场，几乎每一家整形诊所的业绩都明显下滑（有些甚至掉了一半），尤其是对于微整形（即"不用动刀"的整形美容）中部分价格昂贵的项目，如电波拉皮、光波拉皮等，影响更是严重。

1.2.2.3　家庭所得

根据恩格尔法则，家庭所得增加会使得消费形态产生变化。19 世纪中期，德国统计学家恩格尔（Ernst Engel）发现，家庭所得增加之后，不同需求占总支出的比率会有不同的变化，如食物支出的比率会减少；日常用品支出的比率大致不变；衣物、运输、医疗、休闲与教育支出的比率则会增加。这就是知名的恩格尔法则（Engel's Law）。

过去数十年，中国台湾的家庭可支配所得以及各项支出占总支出的比率也大致符合恩格尔法则。相关服务业者除了应该注意这项趋势，还必须留意所得增加如何影响消费者对服务内涵的要求。例如，随着所得增加，人们越来越多地重视疾病预防、延缓老化、美貌等，因此医疗保健服务必须有相应的改变。

1.2.3　产业趋势

1.2.3.1　以服务提升竞争力

中国台湾积体电路制造股份有限公司董事长张忠谋曾说过："我们不是制造商，我们是服务业。"从中国台湾的统一企业到美国的通用汽车、IBM 与 GE（General Electric）等知名企业的高级主管，都曾出现类似的说法。这显示越来越多的制造业已经认识到，光是靠产品质量与技术将难以取胜，而必须强化服务来提升竞争力。

例如，裕隆汽车过去只是"卖车"，但在 2005 年提出"移动价值链"观念，发展中古车、租车等服务，还推出 TOBE 平台为车主提供防盗保全、危险路段提醒、撞击通报、拖吊通报及旅游景点导览等信息服务。历史超过 80 年的中国台湾造纸业龙头永丰余于 2003 年特别强化设计能力，并成立 3D 协同设计平台，让设计团队可以在线和全球客户直接沟通印刷观念、修改包装设计等，大大提升了服务效率。

制造业比以往更重视服务，甚至本身也跳下来经营服务事业，再加上原本的服务业者不断创新，激化了市场上对服务的需求，并加剧了业界竞争。

16

（侧栏）

根据恩格尔法则，家庭所得增加之后，食物支出的比率会减少，衣物、运输、医疗、休闲与教育支出的比率则会增加。

越来越多的制造业已经认识到，光是靠产品质量与技术将难以取胜，而必须强化服务来提升竞争力。

其实，以服务提升竞争力不是制造业或私人企业的专利，非营利机构、公共部门一样适用。例如，美国第二小的州特拉华州（Delaware）享有"企业之都"的美誉，纽约证交所大部分的上市公司都在该州登记注册，并接受该州的法律规范。这是因为特拉华州有杰出且完备的公司法规、高效率的执法及高水平的法律判决而赢得企业的信任，换句话说，特拉华州是以优异的"法律服务业"来成就它的经济地位。

1.2.3.2　创新经营与管理

面对近年来日益加剧的竞争，许多服务业者深刻认识到循规蹈矩将永难翻身，于是设法突破窠臼、异军突起。例如，眼见台湾团购风气兴盛，团购网站纷纷成立，连雅虎奇摩、PChome 等都加入战局，许多企业甚至公益团体也以创新的方式销售，成绩亮眼，如《天下杂志》（2012 – 07 – 25）的报道：

> 麦当劳短短三天就达到目标，卖出十万份经典大早餐优惠方案。冰咖啡和双果凤芒派的下午茶组合，也卖出十一万份，成绩不输实体店面……85 度 C 推出夏日新冰品，首度尝试团购，卖出七万多笔的好成绩……今年，儿福联盟首度与 Groupon 合作，以捐款一百元，号召网友组团团购。短短一周，吸引五万多人抢购。不但募款金额达到目标的一半，更省下开记者会的成本与宣传人力。

由于"不创新，便死亡"（innovate or die）的说法在实务界广被接受，预计服务创新将成为产业的常规，因此服务业营销人员的创意思考能力、面对挑战的能耐、克服困难的意志力等，将显得格外重要。

创新的思维在服务业中蔓延，因此服务业营销人员必须懂得创意思考、面对挑战、克服困难等。

1.2.3.3　加盟体系兴起

加盟（franchise）是相当普遍的零售业经营形态。例如，在美国超过 33% 的零售业是属于加盟体系，全美共有约 30 万家加盟店，员工人数高达 1800 万人，即使在不景气的情况下，每年仍有 4% ~5% 的成长率。至于中国台湾，加盟体系（或品牌）至少有 1200 个，据点密度高居世界第一，营业额至少占了全台零售总产值的 1/3。

加盟体系强调标准化经营（如加盟店的店内装潢、服务方式或设备用品等都相当类似），并一再复制经营经验以快速拓展据点，一方面可以增

加盟体系注重标准化经营、为加盟店提供教育训练、监控加盟店的服务质量等，因此有助于提升服务业的经营效率与品质。

17

加加盟总部的营收，另一方面则是通过规模经济（scale economy）来降低经营成本。同时，为了维持整个体系的基本水平，加盟总部通常会为加盟店提供教育训练，并监控加盟店的服务质量等。因此，加盟体系不但增加服务产业的流通渠道据点，还提升了服务业的经营效率与质量。

加盟体系也能方便消费者辨认与选择市面上的各类服务，同时在购买时也比较放心，因此能间接刺激服务需求，同时也促使业者更注意质量。

1.2.3.4　策略联盟增加

策略联盟让服务业者得以延伸服务项目与区域，强化竞争力，并促成服务的多元化，让消费者有更多的选择。

策略联盟（strategic alliances）是指在互信、互补、互惠的基础上，两家或以上的企业分享彼此的资源，以便"联合做大"。由于绝大多数企业的资源相当有限，基于整合别人的资源比自行开发资源更省钱、更快速、更能壮大声势，策略联盟于是广受企业青睐，服务产业也不例外。策略联盟让服务业者得以延伸服务项目与区域，强化竞争力，并促成服务的多元化，让消费者有更多的选择。

例如，星空联盟（Star Alliance）于1997年由美国联合航空、德国航空、加拿大航空、北欧航空及泰国航空等发起组成，目前已有27家公司加入。联盟成员共同推动里程累积酬宾计划的点数分享活动、协调航线分布网的串连与飞行时间、共享各地机场的贵宾室、合作执行形象提升活动等，让乘客享有更好的优惠与服务。在中国台湾，有十余家医院组成环台医疗策略联盟，以便整合资源、一起参与社会公益活动、合作规划或争取对联盟有利的医疗政策等。

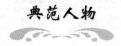

典范人物

勇于开创的梦想实践家
——詹宏志

詹宏志是早年有名的作家，在20世纪70年代末80年代初，才刚大学毕业不久即积极创作，并曾担任联合报、中国时报等报纸的编辑。在网络发展之际也尝试经营在线出版，进而成为网络媒体与电子商务的先驱者，另外他也涉足其他文创领域，包括电影、唱片业等。他是PChome Online网络家庭出版集团和城邦文化的创办人，目前担任前者的董事长。

詹宏志的发展并非一帆风顺，如2000年初成立电子媒体"明日报"，风光一年后因经营成本过高而宣告失败。但这并没有影响他勇于创新与实现梦想的信念，他曾说过"我的勇敢让我做到很多能力不及的事情"，后来创建PChome电子商务王国，经营范畴与规模还在持续扩展中。

　　勇于探究、开创与实践，是詹宏志让人印象最深刻的特质。过去他担任编辑时，会深究书卖不好的原因，还会亲自到市场上销售以了解真正问题所在。当他跨足电影产业时，曾尝试不在院线发行的商务模式，而采取公债方式募资，拍成后在公开场所放映，让民众免费观赏。这些特质让他不断发掘与解决问题、发现与抓住市场机会，这也是他跨界发展并能有所成就的主要原因。

　　詹宏志的开创性并非与生俱来，而是与"阅读"习惯及保有"好奇心"有绝对关系。小学时期的他就热爱阅读，没有题材偏好，任何书都认为有其价值，还经常看到两眼红肿流泪却乐此不疲。初中时，因频繁进出学校图书馆，馆员甚至不限制他的借书数量。有一次他发现澳洲免费赠阅基督教传道刊物，还写了一封英文信索取，因而每个月收到三十多页的英文杂志，他将每页阅读甚至背诵，以锻炼英文阅读能力。

　　有人说詹宏志是奇才企业家，也有人说他是趋势家，这些美誉都名副其实，但他更是个梦想实践家，因为他不只是比一般人更快看到机会或想出好点子，还比许多人更勇于身体力行。

1.2.4　社会与文化演变

1.2.4.1　人口成长与年龄结构变化

　　在发展中国家及发达国家和地区，人口增长率降低是普遍的现象，中国台湾也不例外。由于"养儿防老"的观念淡化、养育小孩费用高昂、现代夫妻追求更多的两人世界等原因，台湾的生育率持续下降，已是全球最低（1980年，生育率为2.5，2010年则降到0.895，即平均每1000名妇女一生只生895个小孩）。因此，虽然台湾的人口逐年增加（目前大约2330万人），年增长率却缓慢下降（2000年为0.83%；2011年降到0.2%以下；2017年可能开始负增长）。

　　与人口增长率相关的是人口的年龄结构。台湾人口的年龄分布有下列两个重要的趋势：

（1）少年以下人口占比逐年下降。2000 年，15 岁以下少年占总人口的比率大约为 23%，可是到了 2010 年却只有 15.6%。

（2）人口逐渐老龄化。1980 年，65 岁以上者占总人口的 5%，2000 年是 8%，到 2010 年高达 10.7%。根据联合国的标准，一个国家或地区 65 岁以上人口占总人口 7% 以上，就是高龄化社会（aging society）；超过 14% 以上就是高龄社会（aged society）。有关部门推估，2018 年中国台湾将进入高龄社会。

一个地区的人口增长率影响市场的规模与前景，而年龄层则影响衣、食、住、行、娱乐、医疗等方面的需求。因此，这两者对于未来市场的影响是服务业者在进行长期规划时所不能忽视的。例如，对于托儿所、补习班、教育机构等，少子化现象导致长期顾客来源萎缩，但有可能因家庭平均教育经费提高而获益。人口老龄化代表银发族的市场日益重要，因此近年来针对银发族的成人教育推广班、医疗与休闲服务等逐渐增加，而部分餐厅、加油站、金融机构等也在规划应对人口老龄化的服务内容。

1.2.4.2 就业女性增加

由于女性的教育水平提高、工作机会增加，以及单薪（即只有丈夫赚钱）不足以应付家用等因素，中国台湾的就业女性逐年增加。这也代表女性可支配所得增加，进而对整个社会的消费方式有重大影响。例如，就业女性在工作场所与社交场合上注重自身的形象，造成美发、美容、健身等服务业的需求增加。另外，女性的经济决策权大为提高，过去多由男性决定购买的产品或服务，如汽车、保险、房屋、旅游等，现代女性都逐渐参与购买。

中国台湾的就业女性逐年增加，对整个社会的消费方式有重大影响。

值得一提的是，2010 年中国台湾的女性劳动参与率达 49.9%，略高于日本，但低于韩国与新加坡，与欧美国家高达 60% 甚至 70% 的数据相比较，差距更大。原因包含传统家庭观念导致婚后或生育后多留在家中、幼儿照护服务不够健全等。与先进国家和地区相比，中国台湾的就业女性人口显然还有成长空间，各类服务业者应继续留意就业女性的趋势及其对产业的影响。

纵横天下

大地震之后，日本消费文化转变

东北大地震，让日本人觉得同胞在受苦，自己也不能浪费，并且许多人亲自感受到限电、没水、没瓦斯的痛苦。因此，在日本社会，"刚刚好"、不多买需要以外东西的节约消费风正在兴起。

走进日本著名的家电商场：Yodobashi、BicCamera 和 Lab，都能看到满满的节能商品专区，家电大厂无不力推低碳产品。东芝刚上市的吸尘器，使用中途提起不用时，立刻停止运转。夏普新上市的三款事务机，不仅使用 LED，还能在待机不用时，将耗电量控制在一瓦以下。路边的自动贩卖机，也标榜节能，不仅降低照明，且使用 LED 灯。

震后，除了节约，另一个兴起的新商机，是"牵绊"。许多人突然发现，所拥有的人、事、物，可能会突然不见，因此变得更珍惜所拥有的一切及身边的人。例如，过去日本年轻人喜欢租"个人套房"，保持个人生活独立。但现在却流行"雅房"，因为越来越多人开始倾向通过客厅和卫浴共享，与人增加互动……震后，网络零售平台"乐天市场"，结婚戒指的销量大增，显示重大灾难发生，让很多人有了成家的冲动。乐天结婚戒指类的营业额在震灾后一个月比前年同期增长了 1/4。

支援灾区复兴的利他消费，也是灾后成形的新消费趋势。许多企业推出"消费者购买商品，就帮忙捐款给东北"的商品与企划。例如，衬衫厂商推出"Trinity"，在网络上购买一件衬衫，其中三百日元就捐赠给灾区的活动。印刷业者小野集美堂也推出支持贴纸，一部分营业额投入东北复兴。

灾难带来创伤，却也因为消费者价值观和行为的改变，刺激新的消费趋势，带动不同的商机。

资料来源：谢明玲，孙晓萍. 够用就好，消费爱与幸福感 [J] 天下杂志，2012 - 02 - 22.

1.2.4.3 生活态度转变

中国台湾消费者对户外休闲的需求，越来越重视健康养生、自然生态、知识与灵性提升等。

"工作不再是唯一，休闲也很重要"的观念日益普及，中国台湾消费者对参与户外休闲活动也持续升温，因此创造了不少服务商机，如各县市的特色旅游、旅馆、餐厅、公共运输业、便利商店、加油站等。值得一提的是，越来越多的消费者对户外休闲的要求不只是走马看花、吃喝玩乐，而是希望结合健康养生、自然生态、知识与灵性提升等。因此，休闲农地养生餐、野外赏鸟、森林步道健走、山区灵修等活动也跟着逐渐发展。

生活态度影响服务业发展，在泰国也得到印证。近几年泰国的娱乐、电影、广告、设计、美食等惊艳全球，原因何在？《数位时代》杂志曾引述泰国知名公关广告公司 Index Event Agency 执行长的话，认为"泰国人懂得如何生活，让生活变美"是主因。该杂志写道：

> 在过去"工业独大"的 20 世纪，泰国人对生活体验的敏感、不知天高地厚的乐观性格，使他们无法掌握"精打细算"的制造业经济。但到了"风格竞争"的 21 世纪，泰国人这样的民族性，恰巧对应上了全世界工业社会"向往轻松生活"的需求，由泰国的音乐到曼谷的椅子，无一不大受欢迎……

再举另一个例子。《天下杂志》（2012-08-08）曾提到近几年中国台湾出现的餐饮创业与创新潮，与台湾消费者对吃的态度有关：

中国台湾许多业者与消费者开始追求精神层面的满足感，许多服务场所弥漫着浓浓的文艺气息，甚至是人文关怀的内涵。

> 和其他地区比较，中国台湾"吃客"喜新厌旧、爱比较，很能接受各式餐饮，刺激供应端的餐饮业者，求新求变……台湾的消费者比日本消费者更舍得花钱在吃的方面。全球都不景气，台湾消费者却不缩减享受美食的预算……日本拉面在台湾找到最愿意掏钱包的消费者，也找到最勇敢尝试新口味的美食探险家。

1.2.4.4 文艺气息弥漫

随着经济发展、物质富裕，中国台湾许多业者与消费者开始追求精神层面的满足感。最明显的变化就是许多服务场所（如餐厅、诊所、商店）

的设计与气氛，开始弥漫浓浓的文艺气息。例如，诚品书局里柔和的灯光、淡淡的咖啡香、高挑的天花板、自然的原木纹理、流泄耳旁的古典音乐，加上丰富的藏书与随处可供坐下细读的人性化服务等，让诚品每个角落都沉浸在人文氛围中。

重要的是，不少服务业近年来的文艺气息其实隐含着人文关怀的内涵。例如，位于台中的香蕉新乐园创办人吴传治表示，希望构建一个可以回顾生活、省思人文的空间，"让现代都市人观赏台湾建筑之美、百姓生活的美、人性的善、历史的真"。台北市立图书馆北投分馆隐身在公园内，书香、老树、美景相融相成、相得益彰，并讲求人性化设计，书柜、座椅、桌灯等配置以舒适阅读为最高原则，处处呈现诚意和贴心的细腻。

纵横天下

我家沙发借你睡

"我家沙发借你睡，不收钱。"别怀疑，这是真的。只要成为"沙发冲浪"网站（www.couchsurfing.org，右上角有个 Language 选项，可改成中文）的会员，你就有可能找到这种热心人士。当然你也可以成为"沙发主"，让人免费过夜。

这个有趣的网站是如何诞生的？创办人 Casey Fenton 于 1999 年从波士顿到冰岛旅行之前，随意发出 1500 封电子邮件给冰岛大学的学生，询问是否可以提供住宿。没想到有 50 位学生回信表达欢迎之意，因此触发了他创立沙发冲浪网站的构想。

沙发冲浪强调多元文化的交流与互相尊重。任何人都可以在网站上注册成为会员，并填写基本数据、旅游经验、提供住宿的详情等。这些信息以及会员的评鉴等级是评估"沙发主"的重要依据。截至 2011 年 1 月，已有超过 240 万名的会员，他们来自全球 8 万个城镇，平均年龄为 28 岁。两成会员住在美国，其他主要的国别有德国、法国、英国、加拿大。若以单一城镇来看，巴黎有最多的会员。

对于全球背包客而言，这是逐渐受到重视的寻找寄宿方式。诚如中国

23

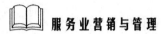

台湾 PTT 的 Couch Surfing 版主天寒所言："始终觉得，旅行到最后，能够衡量其价值的绝不是自己搜集了多少里程、多少国家城市，而是多少个友善的微笑和告别的拥抱。沙发冲浪的本意便是奠基于此啊！"

1.2.5 科技发展

1.2.5.1 科学技术突破

人类于过去数十年中的科学发现与技术突破，比过去几千年的成果更多、更具有革命性。不少营销专家认为在所有影响营销未来的外部因素当中，科技因素可能发挥最大的"无法预期影响"。

科技对服务业的影响主要有：以不同的方法满足消费者需求，塑造并影响大众的生活形态；带动业界创新，以较优异的质量与功能取代旧有服务；创造全新的产业以及高获利的新机会；增进企业管理与营销效率和成果等。例如，多媒体教学设备的进步使得教学服务更为生动活泼；医疗技术革命带来某些无痛、无疤、更为安全的手术；医疗、生物化学、纳米等科技预计将结合起来形成全新的健康与生命产业等。

1.2.5.2 信息科技进步

信息科技在最近几十年的发展是人类史上最重要的革命之一，其中又以互联网、通信及数据库的发展最为重要。这些科技将继续改变人类的生活与工作方式以及各行各业的经营管理。

互联网（Internet）让我们得以跨越空间，迅速传送文字、影像、声音等形态的数据，加上上网的机构与人口日增（2011 年，全球网络人口突破 21 亿人，中国台湾的上网人口也高达 1700 万人），网络对营销的影响相当深远。综合而言，网络对服务业营销的影响包含更迅速的掌握新产品、竞争者、营销渠道、消费者等信息（如通过网络迅速获得消费者的回馈；进入在线数据库查询经贸信息），强化顾客服务（如网络银行查询服务、网络下单），扩大广告范围与开拓营销渠道（如网络购物）等。

至于通信科技，可以方便物流追踪、接单与付款程序，也可以带来视频会议、远距教学与医疗等。若与数据库技术结合，还可以随时随地与顾客保持密切联系，提供顾客所需的信息等。第 15 章将进一步讨论服务业的科技应用。

在结束本章之前，为了培养读者"鉴往知来"的眼界以及"春江水暖鸭先知"的直觉，我们以服务产业为焦点，走一遭中国台湾现代经济的时光隧道。不走远，就从 20 世纪 60 年代开始。

 ## 1.3　中国台湾服务产业的发展

1.3.1　服务冬眠时期：20 世纪 60～70 年代

1960～1972 年，中国台湾抓住先进国家和地区将劳力密集产业外移的契机，全力吸引外资，以成为先进国家和地区的加工地。在这出口扩张时期，有两个重要的标志。

第一，1966 年 12 月 3 日，第一个加工出口区于高雄前镇区揭幕，象征中国台湾放眼国际，成为全球代工据点的时代来临。接下来的十多年，加工出口区与工业区在各地一一兴建，原有的农业人口与社会新人也大量流向工厂，农业的经济地位大幅衰退，制造业快速崛起。上下班时街道被成千上万的劳工们川流不息的脚踏车或摩托车占据，是当时的鲜明景象，更见证了用汗水换取经济奇迹的努力。

第二，1967 年 8 月 25 日，统一企业在台南以面粉业起家，同年成立饲料事业群，为畜牧业提供饲料。接着逐步发展出食品事业群，推出方便面、饮料、乳品、酱油等。统一企业的成立不但象征中国台湾民生工业的扎根，更为日后台湾生活服务业的发展奠定基础。

从 1973 年至 1979 年，连续三波石油危机导致全球不景气，中国台湾生产成本剧增、出口锐减，因此政府大力发展原料与材料产业及机械设备产业，以取代进口，并且推动十大建设，改善基础设施。

20 世纪 60～70 年代，中国台湾制造业当道，服务业"靠边站"，整体能见度有限，因此是属于服务产业的冬眠阶段。唯一的惊艳是 1979 年 5 月，14 家"统一超级商店"于台北市、台南市、高雄市同时开业。然而，连续六年亏损的窘境，连原始股东都纷纷摇头退出，当时极少人会预见 7 - Eleven 今日傲视全台的霸业。

20 世纪 60 ~ 70 年代，服务业整体能见度有限，是属于服务产业的冬眠阶段。

1.3.2 服务苏醒时期：20 世纪 80 年代

20 世纪 80 年代前期，中国台湾现代经济有两个重要的里程碑，分别来自制造业与服务业。前者是新竹科学工业园区于 1980 年 12 月 15 日设立，象征传统产业转型的开始，低污染、高科技产业的来临，也造就了日后中国台湾企业在电机、信息、电子、通信、半导体等领域的耀眼表现。

第二个里程碑是 1984 年 1 月 28 日，第一家麦当劳在台北市民生东路开张。开业不到一个月，平均每日营业额就破百万，创下公司成立 28 年来以及全球 7500 多家店面的纪录，以至于媒体纷纷使用"旋风"、"空前"、"震撼"等字眼形容当时的盛况。从媒体的报道可以看出麦当劳为业界带来多大的刺激与启发，例如：

> 麦当劳几乎已成为今年初春最热门的话题。表面上的人潮、营业额或许是瞩目焦点，但内在对人的管理、坚持追求质量、服务的做法，使国内服务业面临新挑战。（天下杂志，1984 - 05 - 01）

> 美国"麦当劳"快餐连锁店以锐不可当之势，抢下台北滩头，引起美、日其他快餐餐饮业来中国台湾发展的浓厚兴趣。专家认为，食品业面对冲击，必须参考别人的长处，发挥自己的优点。（联合报，1984 - 03 - 01）

> 对我们而言，麦当劳带来的不是震撼，而是启示。因为中国台湾的餐饮业多年来一直存在脏、乱等缺点，麦当劳快餐连锁店进军中国台湾，对相关业者来讲，就是一种竞争，而有竞争就有进步。（经济日报，读者投书，1984 - 03 - 23）

麦当劳让当时众多服务业者对于现代管理观念不再只是听说，而是眼见为凭、亲身感受，进而痛定思痛、加速改革。因此，说麦当劳启蒙了中国台湾服务业的经营与发展，一点也不为过。

就在麦当劳登陆这一年，当时新上任的行政主管部门领导俞国华宣布国际化、自由化、制度化的经济政策方针。五年之内，肯德基、屈臣氏、顶好超市、太平洋 SOGO、万客隆量贩店、家乐福、安泰人寿等外商陆续来台，加上统一超商于 1986 年达到 100 家，并开始转亏为盈，中国台湾的经济风貌开始转变。因此，20 世纪 80 年代可以说是中国台湾服务产业的苏醒时期。

20 世纪 80 年代，全球知名服务业陆续来台，这是中国台湾服务产业的苏醒时期。

1.3.3 服务多元发展时期：20 世纪 90 年代至今

1989 年，中国台湾服务业产值 GDP 比重首次达到 50%，象征服务经济体系的到来。1990 年以来的二十多年，中国台湾服务产业呈现多元发展的风貌，尤其是电子媒体的变革与网络服务的出现最为明显。

20 世纪 90 年代至今，各式电子媒体与网络服务兴起，实体服务业则呈现面积扩大、连锁经营、独特风格等趋势。中国台湾服务业进入多元发展时期。

1993 年 9 月 28 日，TVBS 无线卫星电视台正式开播，打破了"老三台"（台视、中视、华视）长期垄断中国台湾电视界的局面。随后，东森、三立、八大、纬来、中天、TVBS、卫视及年代等频道业者纷纷抢进有线电视市场，推出的频道节目内容琳琅满目。

另外，1995 年，中时全球信息网、博客来网络书店，以及中国台湾首家入口网站蕃薯藤上线，正式开启中国台湾的网络服务事业。之后几年，104 人力银行、奇摩（2001 年与雅虎合并）、PChome、联合新闻网等相继成立，中国台湾的网络服务轮廓大致成形。

至于经营实体店面的服务，则呈现三种趋势：

（1）面积扩大。量贩店、百货公司、购物中心的占地或楼板面积越来越大。

（2）连锁经营。许多服务业者逐渐以直营或加盟方式增加店数，其中又以统一流通次集团的 7 - Eleven、康是美、星巴克、圣娜多堡、21 世纪、无印良品等最受瞩目。

（3）独特风格。不少中小型服务业走向个性化，汽车旅馆、餐厅、零售商店，甚至医疗诊所等，纷纷在门面及内部设计上表现与众不同的风格。

1.3.4 下一个时期是什么

从以上三小节我们可以大致了解，每隔一段时间（10 年或 10 年以上），服务产业的发展总会随着大环境及消费趋势等而出现重大改变。在多元发展时期之后，中国台湾服务业的下一波趋势可能是什么？

近年来，"心灵产业"、"美学经济"、"体验经济"、"文化创意"等字眼在媒体甚至学术刊物上不时出现；与心灵及美学相关的著作也频频挤进书市热门排行榜。《哈佛商业评论》也曾指出，艺术硕士（master of fine art，MFA）已成为美国企业界的热门文凭，身价甚至有凌驾企管硕士（MBA）之势。不少职场专家甚至认为除了 IQ、EQ，现今职场竞争力还必须加入 BQ（beauty quotient，即美感商数）。

以上现象显示中国台湾社会与经济将越来越讲求文化、美学、心灵、体验、环保等，而这股风潮也将塑造中国台湾未来的服务业特色。如今有许多诊所讲求美学形象、餐厅业者纷纷推出天然食材、旅馆强调自然体验等，都预告了这股服务业趋势的到来。

当然，科技也将影响服务产业的发展，尤其是减少人工或改进经营模式的科技，更是不容忽视。工业技术研究院于 2006 年成立服务业科技应用中心，以利用科技为服务业开创新价值；经济主管部门为了配合行政主管部门"科技化服务业旗舰计划"，近年来优先选定金融、健康照护、流通运输、运动休闲、电信五大服务领域，以加速业界通过科技的导入与应用，创新商业营运模式或促成新兴服务业的兴起。这都显示了科技是服务业变革过程中一股重要的力量。

1.4 服务业营销与管理的观念架构

服务业者为了提升质量与创造价值，必须先掌握服务业的基本概念，然后深度了解消费者的心理与行为，接着才规划与执行营销策略与管理工作。其中，对消费者的了解相当关键，因为相对于制成品，服务涉及较为频繁的人际互动，而且许多服务营销与管理的任务都是为了增进顾客关系、创造难忘体验、提升顾客满意度等。无论是学术界的 PZB 模式服务质量观念（详见第 4 章），还是实务界常提到的"关键时刻"（moment of truth）概念（详见第 3 章），都证明了掌握消费者是发展服务业营销策略的重要基础。

因此，本书提出简单但合理可行的"服务业营销与管理观念架构"，也作为本书的内容结构（见图 1 − 5）。业者应该综观整体服务业并培养基本的认知；第一篇的两章（第 1 章是有关服务业的崛起与重要性；第 2 章则讨论服务的内涵）就是聚焦于此。

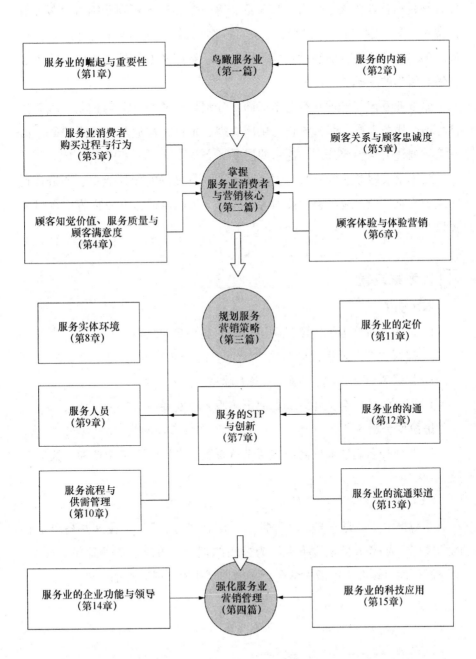

图 1 − 5　服务营销与管理架构图

29

接着，业者应该掌握服务业消费者与营销核心。为了完整解说，这部分共有四章。第4章讨论顾客知觉价值、服务质量与顾客满意度，这一章反映了本书的焦点，即提供良好的服务质量以创造顾客知觉价值及满意度，是营销管理的核心作为。第3章、第5章、第6章则分别讨论服务业消费者购买过程与行为、顾客关系与顾客忠诚度、顾客体验与体验营销等。第二篇的这四章引领读者从不同角度了解服务业消费者，以及服务业营销与管理的基础。

服务业营销与管理共有七个层面，分别是服务的STP与创新、服务实体环境、服务人员、服务流程与供需管理、定价、沟通与流通渠道等。第三篇将通过七章内容分别讨论这些层面。

为了落实服务业营销与管理，业者应具备良好的领导能力、塑造合宜的组织文化、懂得应用科学技术等。因此，第四篇通过两章内容来探讨相关议题。

章末习题

基本测试

1. 以中国台湾为例简略说明生活服务业兴起的原因。

2. 何谓"向前连锁效应"与"向后连锁效应"？

3. 根据WTO的定义，国际服务有哪些方式？

4. 近几年的社会文化演变如何影响服务业发展？

进阶思考

1. 为何知名制造业的高级主管都曾提到，"我们不是制造商，我们是服务业"？

动脑提示：可想而知，这种宣示一定有"好处"。站在这些高级主管的角度想，标榜本身是服务业，为公司的理念、策略、竞争地位、员工、上下游厂商、顾客、一般民众等，多增加哪些无形或有形的好处？

_____

_____

_____

_____

_____

_____

2. 未来 10 年中国台湾服务业的发展将出现什么新貌？

动脑提示：没有标准答案，读者可以让想法奔驰，多些想象。想象通信科技、网络科技、人口结构、家庭结构、生活态度、消费价值等可能如何演变，这些演变如何冲击现有的服务及其传递方式、是否会创造新的服务业等。可以先选择熟悉的服务业如餐饮、旅游、零售等作为思考的起点。

_____

_____

_____

_____

活用知识

1. 许多地方政府发展特色旅游，以你居住或熟悉的城镇、县市为例，为其设计一日游的观光行程。请事先思考你的目标市场，以及为何你的设计会受到他们的青睐。

2. 通过网络数据与业者访问，探讨中国台湾婚纱摄影足以发展到祖国大陆乃至国外的原因。

第2章 服务的内涵

美丽之岛

寄情于山野深处

如果想找一个遗世独立、不被打扰的地方，想要独自好好放逐也好、放空也罢，来到"山行玫瑰"，你不会感觉孤独，因为满山遍野的绿树和油桐花已然将你包围，各式各样的奇花异草虽然无语，却以最艳丽的姿态给予你无声胜有声的轻抚，让你在这享受到山居的脱俗和自然界的美丽生命力，轻饮一杯花茶，香气氤氲中，眼睛因感动而迷蒙，但内心却清澈无比。

如果想和伴侣摆脱尘世的熙熙攘攘，依偎在上天赐予的世外桃源内，体会武侠小说中高人引退山林的恬淡和海阔天空，那么就坐在山行玫瑰的山崖咖啡桌前，饮一杯好茶，就这样朝看晨曦，倾听风儿刷过林梢的轻快，戏看树梢迎风摇曳，参与山岚包围翠峰，欣赏天光云影的相伴之姿；夜听虫鸣蛙叫，仰看满天星斗拱月，细说人间岁月的浮光掠影，天地之间两人相伴，景不醉人人自醉。

山行玫瑰是南庄著名的咖啡屋和家庭旅馆，依着山崖而建的咖啡屋和家庭旅馆，实践了杜牧"远上寒山石径斜，白云生处有人家，停车坐爱枫林晚，霜叶红于二月花"的诗情。不只是因为先天地理环境选得好，店家精心在室内外布置了大大小小的惊喜，尤其花草点缀的藤生植物如瀑布一般从屋顶奔泻而下，少了水花的壮阔激昂却满溢着绿意生命力的恬然和旺盛。水池倒映着树木垂泄的枝条，公鸡正雄赳赳地站在树枝上骄傲地看着母鸡带着小鸡们在池边觅食。不管什么季节来，总是有店家精心布置的花海迎宾，包括红色大理花、形状像酒瓶刷子的串钱柳、像蓝色蝴蝶飞在叶子上的巴西鸢尾、樱花树、梅花、有着一簇簇红色小圆果实的春不老、黄白相间适合戴在发际间的鸡蛋花、睡莲、玫瑰、枫叶、油桐花、百合花等，它们轮番上阵，尽显造物主的巧思。

如果有幸在此住上几晚，那更是让人流连忘返，因为引进自然的设计，让人在室内也未隔绝和自然的接触，连泡澡都倚窗和山岚对话。借着大片的透明玻璃，让人早晨由晨曦唤醒，整日被青葱苍郁的树梢映照着，夜间则在满天的星星和月亮的陪伴下甜酣。

在闲云山月中听晨曦轻歌树梢，享受掬水堆绿弄蝶的自在，你才会发现人和自然如此和谐，叫人更加敬重爱护这神奇的自然。

本章主题

山行玫瑰到底在销售什么？是家庭旅馆、咖啡屋，或是户外的花卉、远处的山林？还是大自然的生命力、和山岚的对话、让人流连忘返的感觉？相对于制成品，服务的意义和特色似乎不易说清楚。本章的重点就在于服务的意义、特性与类型等，以利于读者理解往后各章的内容。本章的架构如下：

1. 服务的意义：首先定义"服务"，并说明服务的本质。

2. 服务系统：叙述服务系统的前场、后场等要素。

3. 核心服务与服务营销功能：说明核心服务相关观念（基本利益与独特利益）以及为了强化核心服务而存在的服务营销功能。

4. 服务的特性：讨论服务的四大特性以及它们在营销与管理上的意义。

5. 服务的分类：讨论几种服务类型及其营销意义。

2.1 服务的意义

"服务业包含哪些企业或机构",这题应该不难回答。但如果被问"服务究竟是什么",很多人恐怕会一时愣住,无法回答。服务太普遍了,以致许多人忽略了它的本质与意义。

服务是一种"通过举动、程序或活动,以便为服务对象创造价值"的无形产品。

为了了解服务的本质,我们可以从政府部门的产业分类中得到一些线索。行政主管部门将服务业分成 13 类(见表 2 - 1),细心观察这些服务类别的共通点,并与制造业做比较,我们就可以发现:制成品是经由天然资源或材料加工、装配零组件等而成;相反地,服务(service)是一种"通过举动(act)、程序(process)或活动(activity),以便为服务对象创造价值"的无形产品(intangible product)。

表 2 - 1 对服务业之分类

服务类别	涵盖之行业
批发及零售业	含商品经纪业、综合商品批发与零售业、个别产品批发与零售业等
运输及仓储业	含陆上、水上航空运输业、运输辅助业、仓储业、邮政及快递业等
住宿及餐饮业	含短暂住宿服务业、餐馆业、饮料店业、餐饮摊贩业等
信息及通信传播业	含出版业、影音录制及音乐出版业、传播及节目播送业、电信业、电脑系统设计服务业、信息供应服务业等
金融及保险业	含金融中介业、保险业、证券期货业等
不动产业	含不动产开发业、不动产经营及相关服务业等
专业、科学及技术服务业	含法律及会计服务业、管理顾问业、建筑工程服务业、广告及市场研究业、专门设计服务业、兽医服务业等
支持服务业	含租赁业、就业服务业、旅行业、保全及私家侦探服务业、建筑物及绿化服务业、业务及办公室支持服务业等

续表

服务类别	涵盖之行业
公共行政及国防强制性社会安全	含公共行政及国防、强制性社会安全、国际组织及外国机构等
教育服务业	含各级学校、特殊教育事业、外语教育、艺术教育、运动及休闲教育、专业管理教育服务业等
医疗保健及社会工作服务业	医院、诊所、居住照顾服务业、其他社会工作服务业等
艺术、娱乐及休闲服务业	含创作及艺术表演业、图书馆、博物馆、博弈业、运动娱乐及休闲服务业等
其他服务业	含宗教服务业、个人及家庭用品维修业、其他未分类服务业

资料来源：中国台湾统计部门行业分类标准，2006 年 5 月修订。

上述定义中的"服务对象"是指具备某种服务需求的个人或组织（如家庭、班级、学校、社团、企业）。至于"创造价值"可以是为个人的健康、安全、知识、情绪、外貌、生活、物品、资产等带来效益，如教育机构灌输知识、心理医师抚平心情、美容院带来美貌；也可以是增进组织福利、协助组织管理与发展等，如游乐园带来全家欢乐、旅行社为学校提供毕业旅行服务、银行贷款给企业、人力中介机构替企业觅才。

另外，这个定义也指出服务的一大特色：服务的本质是无形的。例如，教学服务包含教师的举手投足与微笑皱眉等举动、上课讲解的程序、个案讨论等活动。与制成品比较，这些举动、程序与活动缺乏具体的形貌，也难以触摸，因此在本质上是无形的。当然，教学涉及教室、桌椅、投影机等有形设施与配备，但这些实体产品本身并非教学服务，也不能取代教学服务，它们只是因辅助教学而存在。无形性因而被公认为区分服务与制成品最重要的一项特质，第 2.4 节将进一步讨论。

从以上讨论可知，一个行业之所以被归为服务业，是因为该行业的核心业务是通过举动、程序与活动等来为顾客创造价值（见表 2-2）。例如，运输业的核心业务是准时、安全地运载乘客或物品到达目的地；电器修理服务是将电器恢复到良好或可用的状态；外语补习班则是通过一系列的课程以提升学员的外语能力。在这些例子中，价值的创造并非通过有形物质

表2-2　制造业与服务业之对比

比较项目	制造业	服务业
有形物质/实体产品	• 为天然资源、材料等加工或装配零部件，成品可供其他组织再加工或出售 • 处理有形物质为核心业务、利润来源	• 可能需要设施或仪器等以利于提供服务 • 实体产品本身并非服务，也无法取代服务
举动、程序、活动	• 通常会提供顾客服务，如咨询、训练、维修等	• 除了顾客服务，还有由举动、程序与活动所构成的核心业务

的加工或组合，而是事先规划好的一系列程序与活动。

当然，服务不是只属于服务业，几乎每个行业（包含制造业）都需要提供顾客服务（customer service），如消费咨询、申诉处理、技术训练、维修保养等。至于制造业者提出"我们是服务业"的说法，有些是因为企业转型成以服务为核心业务及利润来源，有些则是要凸显顾客服务的重要性。本书的内容不但适合服务业的核心业务，也可以应用在顾客服务上。

纵横天下

数字教学照亮黑暗大陆

直到最近，十四岁的肯尼亚学生葛瑞丝从来没看过平板电脑。但是，当首都内罗毕的贫民窟学校引进了这些装置，她只花了一分钟，就能操作自如。葛瑞丝和她的同学，是很幸运的特例。新创科技公司"电子教育"（eLimu），在这家学校实施先导计划，提供比传统课本更便宜、品质更好的教材。

非洲三亿名学生的巨大市场，引起国际科技巨头的注意。亚马逊的Kindle电子阅读器，去年在非洲的销售量增长十倍。英特尔也将数字教学视作成长的驱动力。在尼日利亚，英特尔媒合电信公司和出版社合作，在手机上提供大受欢迎的考试准备工具。就连最贫困的国家，都愿意为教育出钱。在肯尼亚，八成的父母为课外教学付费。类似"电子教育"等新创企业，希望通过微交易收费。

那么，数字教学到底有没有效？

目前看到的成果都是正面的。在加纳，慈善机构提供 Kindle 电子阅读器给 350 名儿童，有效地提升他们的阅读能力。研究者在埃塞俄比亚发现，就算没有老师指导，学生也会使用平板电脑，教自己认字。

在葛瑞丝的学校，有了平板电脑以后，科学成绩从平均 58 分提升到 73 分。"电子教育"老板穆可吉（Nivi Mukherjee）看了非常高兴。"我们不是在卖弄科技，"她说，"我们是在改善教育。"

资料来源：周原. 数字教学照亮黑暗大陆［J］. 天下杂志，2012 - 12 - 12.（译自经济学人）

2.2　服务系统

以上内容说明了服务是什么，但还没触及"服务包含什么元素"。了解该问题可以让我们更深入地了解服务的意义，并协助拟定服务营销策略。

我们可以从日常生活中合理推断，多数服务并非只是单调的举动或程序，而是涉及多个元素。例如，某位消费者走进一家百货公司的服饰专柜，原本打算购买一件款式与价钱都令他满意的套装，却在最后关头因为店员的态度不佳而打消购买的念头；你原本想要利用假日的空档，好好在一家美发沙龙店享受洗发的服务，但是店内某位顾客不断大声打电话而使得你的好心情荡然无存。

为了描述类似上述例子所呈现的服务特质与元素，服务营销学者 Love-lock 与 Bateson 等人曾经提出服务系统（service system）的观念。服务系统由三大部分组成：先前接触点、后场与前场（见图 2 - 1），说明如下：

服务系统由三大部分组成：先前接触点、后场与前场。
先前接触点的管理意义是虽然消费者到达服务场所之后才能体会到服务，但是企业可以通过某些沟通工具传达服务特色与质量，并提高消费者光顾的意愿。

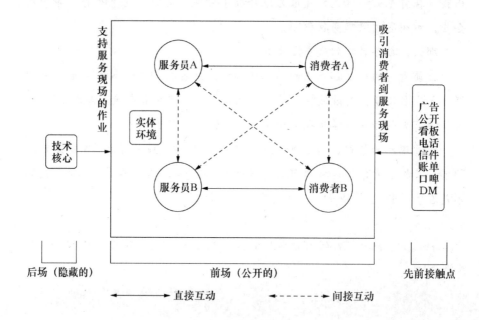

图 2 - 1　服务系统

资料来源：Lovelock，K.，J. Wirtz and H. T. Keh. Services Marketing in Asia：Managing People，Technology and Strategy［M］. Prentice Hall，2002.

　　先前接触点（pre - contact points）是指消费者未进入服务场所之前，企业可以接触到消费者的机会所在。其管理意义是虽然消费者到达服务场所之后才能真正感受到服务，但是企业可以通过某些沟通工具（如广告、公关、电话、信件）传达服务特色与质量，并提高消费者的光顾意愿。例如，游乐园通过宣传品上的活泼色彩与设计传达青春欢乐的形象；大学举办营队等活动，让高中生了解办学理念与特色；3C 卖场在电视上打广告，告知最新一季的优惠。

　　后场与前场是借用自戏剧的概念。我们可以把服务当作是一出戏剧，消费者进入剧场（服务场所）欣赏演出（服务），与剧中的各类角色（服务人员）及其他观众（顾客）互动；而观众只对表演台（前场）上的演出有兴趣，至于舞台幕布的后方（后场）则看不到，也不关心。

　　套用在服务营销上，后场（backstage）是指消费者看不到的服务作业，前场（frontstage）则是对消费者公开的服务作业。后场的任务主要是提供技术核心，以便前场的服务人员能够提供理想的服务。例如，旅馆的

后场的任务主要是提供技术核心，以便前场的服务人员能够提供理想的服务。

38

清洁人员是否细心维护房间与公共场所的整洁、餐厅是否使用合宜的餐具、厨房是否用心将客人的餐点料理得当、维修人员是否迅速处理坏掉的设施，都会影响房客对于该旅馆的品质评价；虽然房客不一定见到后场人员的辛劳，但是后场人员的服务却是房客是否愿意再次光临的关键。

在前场，服务人员与消费者在实体环境（physical environment）中互动。实体环境包含服务设施与设备（如建筑外观、周围景观、家具、柜台）、周遭情境（即气氛营造，如视觉、听觉气氛）、现场标示等。实体环境中的每一项因素都会影响服务人员与消费者的情绪、认知与行为，因此必须精心设计与严格管理。

至于服务人员与消费者的互动，可以分成直接与间接两类。直接互动（direct interaction）是指特定服务人员为了提供服务给特定消费者而带来的互动，双方会有面对面的招呼与寒暄、信息交流等。间接互动（indirect interaction）则发生在特定消费者与其他服务人员及消费者之间。间接互动虽然没有面对面交流，但多少会影响消费者的心情与行为。例如，当我们正与某个餐厅服务生交谈（直接互动）时，其他服务生在旁显得无精打采、邻桌的客人在喧闹等，难免会影响我们在场的心情和对该餐厅的观感，甚至是以后的光顾意愿。

不管是直接或间接互动都有一个重要的管理意义：企业应该设法让现场的服务人员与消费者扮演好各自的角色，以免在互动中产生尴尬，甚至是冲突，并连累服务效率与质量。套用戏剧的观念，企业应该让服务人员与消费者的脑海中有正确的剧本（scripts），即双方可以遵照的言行准则。

最后应强调的是，图 2-1 表现出一般而不是所有服务的组成结构。任何在课本或课堂上提到的管理模式或架构，除了用来理解特定现象之外，最积极的作用是用来突破与挑战的，以利于经营创新、寻求商机等。例如，知名的鼎泰丰餐厅将厨房移到门口，让消费者隔着玻璃见识到小笼包的制作，这种将部分"技术核心"挪到"先前接触点"的方式无疑为鼎泰丰招揽了许多顾客，并建立消费者信心。读者可自行挑选某些服务业，然后尝试增加、删减、合并、切割、移动图 2-1 的元素，看是否能为这些服务业带来新的或更好的经营方式。

企业应该设法让现场的服务人员与消费者扮演好各自的角色，以免在互动中产生尴尬，甚至是冲突，因此双方的脑海中应有正确的"剧本"。

管理模式或架构，最积极的作用是用来突破与挑战的，以利于经营创新、寻求商机等。

▶▶ 2.3 核心服务与服务营销功能

上一节以戏剧的观点说明了服务系统是由前场、后场、先前接触点等所组成，以及它们包含的元素之间有何关联。但是，图2－1却无法促使服务业者思考"我们到底提供什么服务"以及"我们通过什么管理功能来提供服务"。图2－2就是为了回答这两个实务运作时必须面对的问题而设计的观念架构。

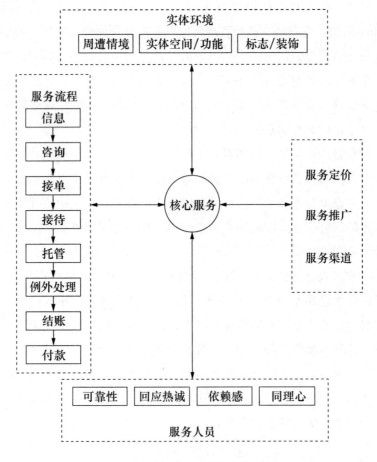

图2－2 核心服务与服务营销功能

2.3.1 核心服务

核心服务（core service）是指消费者购买服务时追求的利益和效用，也就是该服务为消费者带来什么好处或解决什么问题。任何消费者都会关心特定的服务带来什么成果，以及这项成果是否符合他的需求，因此业者必须提供能够符合甚至超越消费者期望的服务，才能取得良好的营销绩效。这就是为什么业者必须了解、规划、提供核心服务的原因。

从产业的角度来看，核心服务是指业者为消费者提供的"最基本利益"。

核心服务的观念可以从两个角度来看，产业与个别企业的角度。从产业的角度来说，核心服务是指在特定产业里，所有业者都应该给予消费者的"最基本利益"；如果缺乏该利益，业者就会被评为不及格，甚至被认为不应配上该服务的称谓。例如，宠物旅馆的最基本利益是照顾宠物，让宠物有得吃有得睡，如果宠物没得吃没得睡，则这家店就不该称为"宠物旅馆"；同样地，美容教室应该要教导学员如何美容，如果没有教学活动而只是一味地推销保养品，自然会被质疑是"挂羊头卖狗肉"。医疗服务让病患尽快痊愈、汽车修理让车子恢复良好的使用状态、餐厅填饱顾客肚子等，也都是个别产业里的核心服务。

换句话说，当一个产业内的绝大多数业者都已经为顾客提供了某项利益，该项利益就会形成核心服务的其中一部分。也就是说，消费者会认为该项利益"大家都有，你不能没有"。

值得注意的是，在消费者脑海中的服务"最基本利益"，会随着时间与产业趋势而改变。例如，十几年前的旅馆只需附设商务中心就可自称商务旅馆，如今的商务旅馆除了设置商务中心，还要提供房间以供宽带上网，否则就会被评为不及格。

"最基本利益"会随着时间与产业趋势而改变。

另外，从个别企业的角度来看，核心服务应该超越"最基本利益"，塑造出不同于竞争者的独特卖点。也就是说，业者为消费者创造的利益应该要有差异化，避免与众多竞争者雷同。例如，佳佳西市场旅店就是以独特的核心服务，在台南旅馆市场中独树一帜。《天下杂志》（2012 - 04 - 04）有这样一段描述：

从个别企业的角度看，核心服务是指不同于竞争者的独特卖点。

走进佳佳的大厅，仿佛每走几步，就会掉回 20 世纪 70 年代。新式柜台的后方是古早式木头橱柜，用来收藏房间钥匙；色彩缤纷的大厅里，每张椅子都有三十几年的历史……虽然位于巷弄，但地理位置邻近国华街、海安路等著名地段，距离台湾文学馆、孔庙不远。搭配整个台南市三百多年来的历史，新旧交融，佳佳像是台南文化的缩影。

从个别企业的角度出发而拟定的核心服务与定位有关，并且和服务的实体环境、人员、流程、定价、沟通及流通渠道等具有密切的关系；它是服务营销与管理中非常关键的观念，第7章在讲解服务的定位时将进一步说明。

2.3.2　服务营销功能：7P

图2-2显示两个要点：第一，核心服务决定了服务实体环境等营销功能；第二，营销功能也塑造、强化了核心服务。也就是，核心服务与其他营销功能是相互影响的。例如，某家庭旅馆以"给自行车车友温暖与方便的家"为核心服务，因而提供专人看管的自行车停车场、自行车洗车设备、腿部按摩机等（以上为实体环境），并在车友登记入住时，年轻活泼、行动敏捷的服务人员还会端上花茶与薰衣草香毛巾（以上为服务人员与流程）。例子中的实体环境、服务人员与流程因核心服务而来，不过它们也强化了核心服务的形象。

核心服务（core service）、定价（pricing）、推广（promotion）、流通渠道（place and distribution）、实体环境（physical environment）、人员（personnel）与流程（process）是服务业的七大营销功能，或简称7P。前四个是来自传统营销学理论中的营销组合（marketing mix）（4P）；必须说明的是，其中的"核心服务"相当于营销组合中的"产品"（广义而言，产品可包含制成品、服务等任何能提供利益或价值给消费者的事物），我们将聚焦于产品定位的观念（参阅第7章）。

至于实体环境、人员与流程，则是为了适应服务的特色而发展出来的服务营销功能。对于制成品，这三项营销功能是不存在的；相反地，服务业的营销与管理却与这些功能息息相关。必须强调的是，图2-2是个一般性的架构，可应用在许多服务类别；但是对于某些类别，该架构的服务营

服务营销功能包括核心服务（即产品）、定价、推广、流通渠道、实体环境、人员与流程，简称7P。

销功能可能不太适合，可予以省略或弹性解释。例如，对于广播电台服务，实体环境就不存在，或弹性解释成听众在收听时的实体环境；教授的教学服务没有结账、付款（有的话恐怕会上新闻），至于接待与照顾则可以弹性解释成班级管理。实体环境、服务人员、服务流程将分别在第 8 ～ 10 章中深入讨论。

 ## 2.4 服务的特性

图 2 - 1 的服务系统显示了几项服务特性。消费者在现场接受服务，代表服务的产生与消费同时发生，而且服务一旦产生，就无法储存；另外，服务容易受到现场多种因素（如服务人员、其他顾客）的影响，质量不易控制而显得易变。这几项特性，连同第 2.1 节提到的无形性，被认为是服务的四大特性。以下四小节分别讨论这四大特性的意义、带来的问题，以及它们在营销与管理上的意义（见表 2 - 3）。

表 2 - 3　服务特性及其意义

服务特性	衍生现象或问题	营销与管理上的意义
无形性 服务难以看到、触摸、试用	• 消费者不易评估服务 • 服务难以展示与沟通 • 难以申请服务专利	• 设法将服务具体化、有形化 • 建立消费者的信赖感 • 持续创新并深化消费者体验
不可分割性 服务的生产与消费同时发生	• 消费者参与服务生产 • 现场因素影响消费者反应 • 服务须实时提供	• 妥当处理或协助消费者参与 • 管理影响消费者反应的所有因素 • 注意服务效率 • 做好延误处理 • 授权员工现场应对

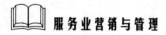

续表

服务特性	衍生现象或问题	营销与管理上的意义
易变性 服务质量不够稳定	• 消费者不易建立信心	• 甄选与训练员工以稳定服务水平 • 服务标准化、自动化
不可储存性 服务无法储存	• 服务无法回收、退还 • 服务的供需不易平衡	• 对于不良服务须有补救措施 • 调整价格与服务等，缩短供需差距

2.4.1 无形性

实体产品如音响设备、保养品、牛仔裤、饼干等可以摸得到，甚至可以闻得到，可以试用、试穿、试吃等。换句话说，实体产品有一个固定的、由物质组成的形体，可以陈列出来，让消费者接触与了解。

然而，服务却具有无形性（intangibility）；它在本质上并非一个固定的形体，不能摆设在架上供人看到、触摸、试用。所以，我们可以具体描述计算机的尺寸、速度、记忆容量等，但却难以说明什么是和蔼可亲、礼貌周到等。无形性不只是针对服务过程中的特质，也可针对服务的成果，如企业咨询、教学、医疗等服务的结果，有时候并不容易理解、判断与衡量。

服务的无形性与三种产品属性（product attributes）有关（见图2-3）：

（1）搜寻属性（search attributes）。这是指在购买之前就有办法评估的属性。绝大多数实体产品都有这种属性，如手提电脑的尺寸、重量、多媒体功能等。

（2）经验属性（experience attributes）。这是在消费当中或过后，能够加以判断的属性。餐饮、旅游、理发、托儿等服务业都带有这项特性，如餐厅的上菜速度、服务态度、环境整洁等。

（3）信任属性（credence attributes）。这种属性就算是消费过后也难以判断。如对于许多专业服务，消费者往往没有足够的知识与经验判断业者是否尽力、服务成果是否为最佳或最恰当的结果等，只好信任提供服务的专业人士，信任属性也因此得名。

服务在本质上并非一个固定的形体，不能摆设在架上供人看到、触摸、试用。

44

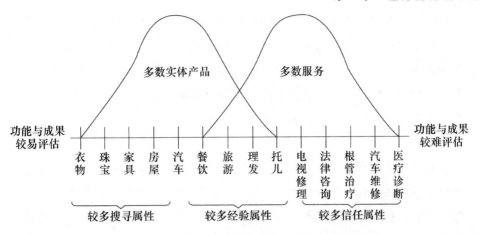

图 2-3　与产品评估难易程度有关的三种属性

资料来源：Zeithmal V. A.. How Consumer Evaluation Processes Differ between Goods and Services ［A］//J. H. Donnelly and W. R. George. Marketing of Sevvices ［M］. Chicago：American Marketing Association，1981.

缤纷课外

电影：料理鼠王

什么菜叫作"好吃"？想必每个人的定义都不一样。吃到好吃料理的幸福感看似无形，却也有可能有形到让人难以忘怀。

"料理鼠王"是皮克斯动画被迪斯尼收购后的第一部动画作品，电影名称取自法国普罗旺斯的菜名 Ratatouille（蔬菜杂烩，以洋葱、茄子、节瓜、甜椒、西红柿等多种蔬菜和橄榄油搅拌烩成，可搭配米饭、烤土豆或法式面包），这道菜不但很巧妙地隐藏了老鼠的英文（rat），也是电影中的关键料理。

电影尾声时，料理鼠王的顾客是最尖酸刻薄的美食评论家柯博（他的评论能掌控厨师的前途、威望，甚至逼死厨师），当柯博以叉子将这道貌似平凡无奇的菜肴送进口中时，只见原本冷漠和皱纹爬满脸孔的他双眼一瞪，周遭影像快速模糊，仿佛乘着味道瞬间穿越时光隧道，柯博回到童年时等待母亲煮家常菜的厨房，瞬间满足他长期对母亲烹饪蔬菜杂烩的思念。就凭这一口就让母爱的温暖和童年的回忆满溢于这位刻薄挑剔、自视甚高的中年男子内心。柯博手中那支执掌餐厅生杀大权的笔铿然落地，此刻，他的角色已然从挑剔傲慢的评论家转换成单纯享受母爱的大男孩。一道家常菜能让人重拾母爱幸福，果然价值无与伦比。

相对于实体产品，服务有较多经验与信任属性，因此比较无形，这也使得消费者在评估服务时比评估实体产品时还困难。例如，我们在接受医疗、美容、补习等服务之前，甚至是购买与消费之后，往往觉得难以评估服务的优劣，因而产生不确定感（uncertainty）与知觉风险（perceived risk），甚至是不易信赖业者。难以判断服务质量容易让消费者在购买之后忐忑不安或疑心重重，甚至造成消费者与业者之间的纠纷。

另外，无形性使得服务难以展示与传达其特色与利益，并导致价格制定缺乏有力的依据。最后，由于现行的专利权制度多针对实体产品，因此无形性也使得服务创新不易申请专利，创新成果容易被模仿。

以上问题凸显了一项重要的管理意义：营销人员应该设法将服务具体化、有形化，并建立消费者信赖感。方法如下：

（1）精心设计服务场所或实体产品。用心设计服务场所及服务所需用品，可以让消费者更能了解服务的内涵与质量。例如，早几年的汽车修理厂总是脏兮兮的，让车主将爱车送修时总是提心吊胆，但如今许多保养厂都提供干净的场所，甚至让技师和服务人员穿起制服，令车主放心地交托爱车；以往的脚底按摩服务多是门窗紧闭、设备简陋，让人裹足不前，但目前许多业者改用透明玻璃、舒适的设备、整齐的制服等，令消费者感受到用心与专业的态度，并赢得信赖感。由此可见，所谓"服务是无形的"是一种相对于实体产品的观念，其实从消费者的角度来看，许多服务脱离不了实体产品（包含场所与设施）。

（2）使用服务象征。用来象征服务的图像、图案或物品若设计得当，可有效让消费者对服务产生具体且深刻的印象。例如，各式讨喜造型的麦当劳叔叔、鼓励宫颈抹片检查的"六分钟护一生"手势（左手拇指与食指形成6的造型）、旅馆网页中传达舒适感觉的柔软睡床与棉被等照片。

（3）展示书面证据。专业证书、感谢函、专家肯定或得奖记录等，虽

相对于实体产品，服务有较多经验与信任属性，较少的搜寻属性，因此比较无形，并为消费者带来不确定感与知觉风险。

将服务具体化、有形化的方法有：精心设计服务场所或实体产品、使用服务象征、展示书面证据、提出使用见证。

然不见得让消费者了解服务的特性，但多少可以消除不确定感与知觉风险，并建立一定的信赖感。

（4）提出使用见证。由使用者现身说法，或提出使用前与使用后的差异，如果表现的方式让人觉得真诚切实，可以让消费者了解服务的利益或成果，并取得信任。

最后，对于服务专利申请困难而造成创新成果容易被模仿的问题，最根本的解决之道在于持续的改善与创新服务，并强化消费者的美好体验。不断从消费者立场思考改进之道，并屡创消费者美好感受的 7 - Eleven 就是一个很好的例证。

2.4.2　不可分割性

实体产品都是在厂房中生产完毕后，再配销到市面上让消费者接触、购买与使用。因此，实体产品的生产与消费是分开的。

然而，许多服务的生产与消费却难以分割，业者在生产服务的同时，消费者也在使用或消费这些服务。例如，美容师在为顾客脸部按摩时，顾客也同时在享用美容服务；讲台上的老师一边"生产"知识，学生一边"消费"知识。这种特性称为生产与消费的不可分割性（inseparability）或是同步性（simultaneousity）。

不过，有两种服务的生产与消费是可以分割的。第一种是可数字化的服务，如将讲课或演唱录制起来，消费者得以日后播放。第二种则是当服务的标的物不是消费者本身，而是消费者的所有物（如物品、财产、宠物）时，如宠物美容、机车修理、包裹托运等，我们不需跟随服务生产的过程，因此生产与消费便可分割。

生产与消费的不可分割性带来消费者参与（consumer participation），也就是消费者必须提供信息、时间、精力等，以协助服务人员顺利提供服务。例如，病患必须填写病历，告诉医生病况，以方便医生诊断；车子送修时，顾客必须让修车厂了解车况，甚至指定维修项目等。消费者在参与时是否有足够的信息、知识、经验、时间、精力等，会影响服务效率与质量。

以上特性的管理意义在于营销人员应该协助消费者参与。例如，公务机构在接待处张贴海报说明服务程序、医院设置服务台或有义工解答疑

不可分割性是指业者在生产服务的同时，消费者也在使用或消费这些服务。

47

问、餐厅服务生询问顾客"是不是第一次光临，是否有什么地方需要解释?"等，都是试图让消费者了解正确的服务流程与恰当的行为，以便消费者能顺利参与，并保障一定的服务效率与品质水平。当然，营销人员也应注意某些消费者参与是否造成过度的负担（如医院中有些老弱病残没有能力参与），并考虑提供必要的协助，如简化流程、服务人员代劳等。

不可分割性也使得消费者暴露在整个服务过程中，而过程中的许多因素（如服务场所的设备、音乐、标示，服务人员的态度、服务速度）会影响消费者的心理与行为。这些因素都是属于服务质量的方面，我们在往后各章将进一步讨论。

最后，这项特性代表服务必须在现场实时提供，消费者的等待时间相当有限。因此，营销人员应该要特别注重服务效率以避免延误，而在延误发生时应该懂得应对以有效降低消费者的烦躁与不满。赋予员工在第一线处理突发状况的权力，可以减少发生延误的概率，或尽量化解因延误而衍生的问题（如消费者抗议）。

> 服务生产与消费不可分割带来消费者参与，即消费者必须协助服务人员顺利提供服务，并使得服务过程中多种因素会影响服务质量。

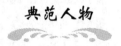

典范人物

虚怀若谷、持续求进步的银行家
——黄永仁

1990 年，黄永仁与一群专业金融人员、学者及中小企业主立誓"经营一家最好的银行"，两年后银行正式成立，并于 2002 年发展成为金控公司。如今，黄永仁是玉山金控的董事长。

玉山银行成立后，在媒体的杰出服务、最佳金融机构等评比中，屡获肯定，创办人及担任多年总经理的黄永仁功不可没。黄永仁的管理秘诀就是讲究细节、以身作则。他认为玉山没有最好，只有"更好"的服务，因此不放过任何可以改进质量的细节。在玉山，连微笑是否露齿、如何递名片、员工怎么站等看似微不足道的小事，都是员工训练的重点，因为这些都是影响服务质量的大事。

黄永仁不只是将玉山银行当作金融机构，而是有人文素养的事业体。在担任玉山银行总经理时，每年暑假他都会带着所有一级主管站在招考新人的考场外，鞠躬欢送每一位考生，用行动告诉这群大学毕业生与硕士毕业生，要成为玉山的一分子要先能向客户鞠躬，而玉山也将员工视为客户般对待。

在黄永仁的带领下，服务质量渗透到玉山人的骨子里。曾有遇雨却没带伞的客户，被玉山的大厅接待员一路用雨伞护送到两个路口外的停车场，再鞠躬送他上车，这位感动不已的客户事后坚持要见黄永仁以亲口告知此事。"9·21"地震后的第二天，斗六分行附近的转角就设立了临时服务处，尽管分行的一楼整个被埋在地下，但服务仍不停止；多年前的纳莉台风曾让南京东路淹成一条河，隔天整条路上却只有玉山银行开业服务。

黄永仁的杰出经营让玉山银行和他本人获得很多荣誉，纵使获得肯定，黄永仁还是鼓励员工"登玉山"，因为他相信体验过山的雄伟才知道自己的渺小，才能虚怀若谷、持续进步。

2.4.3 易变性

一般而言，相同品牌与规格的实体产品看起来并没有什么两样。服饰店内堆放在一起的牛仔裤几乎完全相同，这是因为它们都是经过类似的制造方法与过程生产出来的。因此，无论是形式或功能，实体产品都相当一致。

可是，服务往往具有易变性（variability），又称异质性（heterogeneity），即服务结果多样化、质量不稳定等。造成服务易变的因素有服务环境、服务人员、顾客等。服务环境中的声响、温湿度、卫生条件等因素经常影响服务人员与顾客的心理与行为，进而影响服务效率与质量。另外，服务人员的心情、专业训练与工作态度等也会影响表现，如态度消极者难以维持一致的服务水平。最后，顾客多元的需求、态度、言行、服务相关知识等，也会影响服务的效率与表现，如急诊室中若碰到病患家属争先恐后、行为鲁莽，甚至语带恐吓等，势必影响医护人员的心理与服务质量。

服务环境、服务人员、顾客等因素造成服务的易变性，并影响顾客对业者的信赖感。

一旦服务水平不稳定，消费者将难以维持对业者的信心；对于连锁服务业而言，更会导致"一粒老鼠屎坏了一锅粥"的效果，即消费者光顾某连锁体系的某一家商店而对服务不满意时，他极有可能也会对该体系中其他的商店做出同样的判断。因此，如何维持稳定的服务水平是服务业者极重要的管理工作。

要维持稳定的服务品质，就必须慎重选用、训练、管理与奖励服务人员。企业应该要有一套管理机制与组织文化来培育专业、快乐、负责的服务人员，以便服务人员能够发自内心地传递优良、稳定的服务给消费者。另外，将部分服务流程标准化或自动化，也能大幅提升服务质量的一致性，如麦当劳以标准化流程造就了一致的服务质量；ATM 取代银行人员的例行工作，让取款、转账等服务变得更为方便可靠。

2.4.4　不可储存性

实体产品可以置放在仓库里、货架上，等待销售的机会。然而，除了数字化服务（如语音服务、网络数据查询）之外，一般服务却无法储存。在一趟旅程中，游览车没坐满，剩下的座位无法储存供下一旅程使用。同样地，服务人员工作八小时，其中两个小时没有顾客上门，这两个小时也无法保存下来，挪到第二天使用。

服务的不可储存性意味着服务一旦提供，就没法逆转回收，消费者也难要求退还。它也造成供需不平衡。

服务的不可储存性（perishability）意味着服务一旦提供，就像"泼出去的水"，没法逆转回收，消费者也难要求退还。想象一下，理发烫发、医疗手术、课堂教学，以及其他把消费者当作标的物的服务，一旦出现差错（如发型老气、割错器官、一整堂课"胡扯"），消费者会有多无奈与不满？就算是以物品为标的物的服务（如机车修理、包裹邮寄、广告设计），顾客如有不满可以要求"做到好为止"，但耗费的时间与精力却是一去不复返的。从顾客关系管理的角度来看，这些现象代表业者应该有一套针对不良服务的补救或补偿措施，相关观念将在第 5 章详述。

不可储存性也造成供应与需求的落差，也就是说，在高峰时段，需求大于供给，而在低峰时段，供给大于需求。例如，在上下学及上下班的时候，许多公交车都满载，需要乘公交车者（需求）多过公交车的乘客容纳量（供给），但在其他时段，供给却大于需求。当需求大于供给，部分顾客无法享用服务，甚至会引发埋怨；当供给大于需求，则代表资源的浪费。

由此可见，如何平衡供给与需求是服务管理上的挑战。以价制量是最常见的手法，即在高峰时涨价（如周末或假日旅馆比较贵）、在低峰时降价（平日时段旅馆较便宜），以便分别抑制或刺激需求。增加服务产能（如增聘师资、增加座位、增开课程）以提高供给量，或开发需求（如促销、开拓新市场）等，也常用来缩短供需差距。其他用来平衡供需的方式还涉及预约制度、策略联盟、服务类型调整等，第 10 章将进一步说明。

 ## 2.5　服务的分类

2.5.1　为何分类

为何每一本教科书都要将某些观念、现象或事物分类？分类究竟带来什么好处？

我们先做个模拟。为什么我们总在有意无意中喜欢用经济条件、教育背景、居住地区，甚至是星座与血型等，将周遭的人们分类？其中一个普遍的理由是：想了解某些人的人格特质与优缺点，以便能尽快揣摩出相处之道。

同样地，学术领域中的分类工作，最基本的目的在于了解特定现象。例如，营销学者将消费品分为便利品、选购品、特殊品与冷门品，或将消费者的购买决策分为例行、有限与广泛决策等，都可以让我们更能了解产品或消费者行为。更重要的是，分类可以刺激思考（如促使我们思考"消费者满意度的形成是否因消费品类别而异"），让知识体系更为完整，并为实务界带来启发（如如何为不同的消费品拟定销售策略）。

> 学术领域中的分类工作，最基本的目的在于了解特定现象，进而让知识体系更为完整，并为实务界带来启发。

营销管理教科书中有关产品的分类，如前述的便利品到冷门品、耐久财与非耐久财等，几乎都是针对制成品，若套用到服务业，则显得格格不入。因此，多年来许多学者尝试提出适合服务的分类方式，其中 Lovelock（1983）发表的服务分类系统被公认为最能考虑到服务特性，且最能为服务业者提供营销管理与策略上的启发。

2.5.2　Lovelock 的服务分类

Lovelock（1983）以五种方式来分类服务，而且每一种方式都使用两个方面以形成四个或六个象限，并将各种服务归类在适合的象限中。在以

下的讨论中，前两种分类方式（2.5.2.1 节与 2.5.2.2 节）将呈现原始文献中的象限；至于后三种分类方式，由于仅用其中一个方面就足以划分各类服务业，且具有实务上的价值，因此简化了原有的象限。

2.5.2.1 服务的活动性质与标的

服务的活动性质可分为有形行动与无形行动。有形行动需要借助特定的设备或仪器（如运输服务的交通工具、医疗服务的诊治仪器），这些设备或仪器不但让消费者实际感受到服务的存在，也会直接影响服务质量。相反地，无形行动用到的设备或仪器较少，让人感觉比较不易捉摸。

另外，服务标的可分为人与物。如果标的是人，消费者必须亲自进入服务系统，才能获得服务。如果标的是物品或钱财等，则消费者无需全程参与也可以取得服务。综合以上两大方面，服务可分成下列四种（见表 2－4）。

表 2－4　以"服务活动性质及服务标的"分类服务

服务活动性质	服务标的	
	人	物
有形行动	人身的处理 ● 理发美容 ● 旅客运载 ● 医疗 ● 住宿	物品的处理 ● 货物运输 ● 洗衣店 ● 汽车维修 ● 环境清洁
无形行动	心理刺激的处理 ● 教育 ● 心理治疗 ● 艺术 ● 管理顾问	信息的处理 ● 会计 ● 法律 ● 保险 ● 研究

资料来源：Lovelock, C. H., Classifying Services to Gain Strategic Marketing Insights [J]. Journal of Marketing, 1983, 47 (2): 9－20.

（1）人身的处理（people processing）。这是以有形行动来服务消费者本身，如理发、美容、医疗、旅馆、餐厅等。消费者必须出现在服务过程中，与服务业者互动并提供信息（如告知医生自己哪里不舒服，告知理发师想要什么发型），服务才能有效传递。因此，服务环境如何影响消费者参与的意愿、消费者参与的方式与程度，如何影响他们的质量观感，如何让服务人员与顾客良好互动，如何让在场的其他顾客有恰当的言语行为等，都是营销人员必须留意之处。

对于"人身的处理"，业者应注意服务环境、消费者参与、现场人际互动等方面的管理。

（2）物品的处理（possession processing）。这是以有形行动来处理顾客的持有物，如货物运输、洗衣、汽车维修、环境清洁等，都是以物品为服务标的。相较于人身的处理，这类服务的顾客参与程度较低，如当货品交给运输公司之后，顾客便退出服务流程。由于顾客无需参与服务流程，因此营销人员应该思考如何让顾客了解服务进度及内容，并体会到服务成果，以降低顾客的不确定感与知觉风险。另外，营销人员也应规划物品交付的问题，如消费者可将物品送到服务场所，由服务人员到消费者所在地领取，或是送到某个特约地点再由服务业者领取等。

对于"心理刺激的处理"，营销人员应该设法让消费者以轻松、省时、有效的方式获得心理刺激。

（3）心理刺激的处理（mental stimulus processing）。这是服务人员将无形行动用于消费者的心智，如教育、心理治疗、艺术、管理顾问等。消费者可能亲临服务场所，也可能通过电视、广播或电信等获得服务，但无论有没有身在服务场所，消费者都必须尽心尽力投入才能有效吸收服务成果，如不管是教室现场教学或是电视教学，学生都必须聚精会神才能有效吸收知识。因此，营销人员应该设法让消费者以轻松、省时、有效的方式获得心理刺激。

对于"物品的处理"，营销人员应该思考如何让顾客了解服务进度及内容，并体会到服务成果，以降低顾客的不确定感与知觉风险。

（4）信息的处理（information processing）。这是服务业者将无形行动用在顾客资产上，如会计、法律、保险、投资等。这类服务高度依赖专业知识以及信息的搜集与处理等，因此相关企业如何凸显本身的专业知识与理念，以及如何运用信息科技来传递服务与确保服务质量等，是重要的营销议题。

对于"信息的处理"，如何凸显本身的专业知识与精神，以及如何运用信息科技来传递服务与确保服务质量等，是重要的营销议题。

纵横天下

"泰"精彩的创意与文化

泰国文化的缩影——"SIAM Niramit 暹罗剧场"让所有观众终生难忘！

150 名的演员大阵容、500 套令人目不暇接的服装，这是一场众人见过都竖起大拇指，赞叹极为华丽、壮观、有创意的演出。一开场，舞台出现壮丽的布景，绚丽的古王国建筑、纷纷从舞台两侧登场的演员，将时间与空间倒流至泰国北部古老的兰那王国。第二幕"南海来自海外的商家"讲述华人商船进入泰国的过程，大雷雨的舞台中央真的驶进一艘古船，接着"高棉文化"和"宏伟的大城"描述东南亚领土之争，逼真的战争画面，当观众聚精会神盯着舞台看时，一头大象也跟着从观众席中央横越而过。第二场上演关于地狱、仙界和天堂的故事，空中飘浮着神仙，舞台蓝紫色的灯光将整个视觉幻化成梦幻的异时空。最后一场是欢乐盛会，舞台上上演着泰国的放水灯、泼水节，将水灯漂流在河上，佐以天边偌大的月亮，无不感到浪漫和心灵的安定。近两千元新台币的门票（含晚餐）不算便宜，但国际水平的演出已让"暹罗剧场"成为许多到曼谷的游客指定行程。

2.5.2.2　服务业者与顾客的关系类型

在某些服务业中，业者与顾客之间存在较正式的、长期的关系。例如，顾客只要缴纳保费，在契约期间他就是保险公司的保户；任何人只要通过网络上的注册程序，就可以成为雅虎信箱的用户。其他机构如银行、俱乐部、补习班、学校等，顾客都具有这种类似会员（membership）的身份。然而在电台广播、公共服务等，这种身份却不存在。

无论有没有会员的身份，顾客接受的服务可以分为连续传递（continuous delivery）与计次交易（discrete transaction）两类。它们最大的差别在于前者持续存在，不易分辨交易的起始点与结束点（如警察的保安服务没有中断；银行持续提供服务给客户），而后者却易于辨认与计算（如电影票提供两小时的娱乐服务；旅馆住宿从登记入住开始到第二天中午）。综合以上两大方面，可以将服务划分为表 2-5 中的四大类。

顾客具有会员身份可以方便业者建立顾客数据库，并深入了解顾客的背景与购买行为等，进而有利于发展顾客关系，并可经由直效营销（direct marketing）带来扩大销售与交叉销售的机会。扩大销售（up-selling）是指设法让顾客购买更多或更贵的同类产品（如继续住宿经济套房，甚至换成豪华套房）；交叉销售（cross-selling）则是说服顾客购买不同类别的产

会员制可以方便业者建立顾客数据库，进而有利于发展顾客关系，并可经由直效营销带来扩大销售与交叉销售的机会。

54

品（如说服旅馆房客参加温泉之旅或购买当地纪念品）。因此，对于拥有会员的服务机构，如何有效地运用顾客数据以达到顾客与企业的"双赢"，是重要的营销任务。

表 2 - 5　以"服务业者与顾客的关系类型"分类服务

服务传递的特性	关系类型	
	会员	非会员
连续传递	• 保险 • 银行 • 学校 • 俱乐部 • 电子信箱	• 广播电台 • 电视台 • 公共服务
计次交易	• 旅馆套票 • 地铁票卡	• 租车 • 餐厅 • 公交车 • 电影

资料来源：Lovelock, C. H. . Classifying Services to Gain Strategic Marketing Insights [J]. Journal of Marketing, 1983, 47 (2), 9 - 20.

鉴于会员数据带来的好处，传统上以非会员方式经营的业者可以考虑推行会员制。例如，由音乐厅、戏剧院、实验剧场与演奏厅等推出的会员服务，提供每周电子报、推广课程与购票享优惠、优先选位等福利，以提升会员对其的忠实度。

这种分类方式对于定价也有重要意义。有会员制或提供连续服务的业者应该思考是否收取入会费或年费，如要收取则该如何制定费用结构（例如，一次缴费无限次使用服务；缴纳基本费，以后每次使用则缴付比非会员更低的费用等），以及定在什么价位才能让消费者心动加入，同时又对业者的经营有所帮助。显然地，业者提早收进口袋的会员费用可以用来周转，从而发挥财务杠杆（financial leverage）的作用（借用别人的钱来赚更多钱）。不过，不少消费者担心收取会员费的业者是否会恶意倒闭，因此，如何以良好的绩效与形象争取消费者信赖，是业者应该注意的。

2.5.2.3 服务客制化的程度

正如第 2.4.2 节提到的，许多服务的生产与消费不可分割，而且顾客必须参与服务过程，服务才得以完成。这意味着许多服务需要高度的客制化（customization），即依据顾客需求、情境因素、服务人员的专业判断等来调整服务内容或提供方式等。

依据客制化程度，服务可以分为两大类（见表 2 - 6）。专业服务（如医疗、美容、法律、室内设计）或是顾客的要求比较多元多变的服务（如家教、私人导游、高级餐厅），往往需要高度客制化。例如，室内设计师必须综合考虑顾客的生活方式、美学观念、预算，以及空间的大小与格局等，才能动手设计；餐厅顾客可能要求饮料去冰、小菜添醋、盐少一点、辣椒多一些、音乐关小声、灯光调亮点等，种种要求因人而异。

表 2 - 6　其他服务分类方式

分类准则	服务类别与举例
服务客制化程度	• 高度客制化服务，如医疗、法律、室内设计、家教、私人导游 • 低度客制化服务，如公共服务、电影、舞台表演、快餐餐厅
服务供需平衡的状态	• 需求波动较大的服务，如游乐园、电影院、电力服务、会计事务所 • 需求波动较小的服务，如银行、保险、法律服务
服务递送方式	• 顾客亲临服务场所，如餐厅、理发、游乐园、舞台表演 • 服务人员到顾客所在地，如家教、餐饮外送、居家看护、室内装潢 • 远程传递，如电视、电台、电信、机票订位、网络购物

相反地，公共服务（如铁路交通、水电供应）、同时提供给大批顾客的服务（如电影、舞台表演、球类竞赛）或是只需使用基本技能的服务（如快餐餐厅、汽车定期保养），通常不会因个别顾客的要求而轻易改变服务的内容或提供方式，因此客制化程度很低。

高度客制化代表顾客需求得以满足，但却不利于服务效率与成本。因此，如何在这两难之间找到适合的平衡点，是重要的管理决策。其实，许多服务产业内包含了不同客制化程度的服务，如从高度标准化的麦当劳到高度客制化的餐厅、从专做团体游客的饭店（低度客制化）到对个别旅客无微不至的旅馆等。因此，我们很难断言哪一层级的客制化才是最有利的。业界应综合考虑本身的核心竞争力与定位、消费者对服务效率与成本的反应、不同客制化程度带来的商机等，才能有妥当的决策。

另外，高度客制化的服务成果难以预料，顾客容易产生不确定感与知觉风险。因此，业者应该在消费者购买之前清楚地说明服务成果，甚至让顾客有选择的机会。例如，室内设计师提出不同的价位与设计方案；提出汽车的诊断结果，让消费者决定是否修车。

> 高度客制化代表顾客需求得以满足，但却不利于服务效率与成本。如何在这两难之间找到适合的平衡点，是重要的管理决策。

2.5.2.4 服务供需平衡的状态

无论是制成品或服务，或多或少都会面临需求波动（demand fluctuation）的问题。有些服务业的需求波动相当大且明显，如餐厅在午餐与晚餐时刻比其他时段人多、娱乐场所在周末比平日更容易客满、会计事务所在每年报税前夕异常忙碌等。相对而言，部分服务业的需求波动则相当小，如银行、保险、法律服务等（见表2-6）。

纵横天下

"食德好"利用剩食行公益

2009年，中国香港非营利组织职工盟教育基金会推动"食德好食物回收计划"，通过回收食材，同时缓解贫富差距、环保和失业问题。计划名称也取得富有时代意味。的确，在这个只要有钱，珍稀食材如松露、鱼子酱等都唾手可得的年代，"食得好"不如"食德好"。根据统计，全香港700万人，一天总共丢掉3200吨食物，而且全部进入堆填区，制造了空气和卫生污染。随着中国的改革开放，香港市场盘商和内地产地签订包销合约，用极低的价格收购农作物。摊商即使卖不完，把几十篮青菜丢掉，也毫不心疼。

每周一、周三傍晚，推车和蓝色集菜箱哐当哐当地行过富善街，食德好的"四朵金花"——想珍、碧娇、德梅和凤英的收菜时间到了。她们本是职工盟培训的待业中年妇女，刚加入收菜，市场菜贩又赶又骂，怕回收

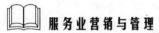

的菜被二次贩卖而影响生意。四朵金花只好等店家关门，再默默捡菜。捡了两个月，街坊才明白食德好的理念。

回收来的食材，在食德好可容50人同坐的大食堂内，经过妥善整理，各自有了新生命。动物内脏用来喂流浪狗；快烂掉的菜送往有机农场做化肥；新鲜的蔬果，经过四朵金花记录、规划菜单，隔天做成培训中心午餐，让经济困顿的劳工或待业人士能用不到80元台币填饱肚子。

回收的食材看似不多，却从此启动中国香港把垃圾变成黄金的改变，创造了人人皆有的幸福。

资料来源：吴昭怡. 回收食物，善待剩食救地球［J］. 天下杂志，2012（500）.

需求波动太大会造成高峰与低峰两种时段。在高峰时段，需求大于供给，顾客等候时间拉长，容易导致埋怨，或是部分消费者无法享用服务而离去，企业蒙受无形的损失。在低峰时段，供给大于需求，这代表资源的浪费。

由此可见，如何满足高峰的需求或填补低峰的供给，是营销人员的重要职责。在需求波动较大的服务业中，部分行业的产能主要来源是固定的空间或位子，如游乐园的场地、旅馆的房间、电影院与飞机上的座位等，产能不易增减，因此常用以价制量的手法来应对需求波动，即在高峰时涨价、在低峰时降价，以分别抑制或刺激需求。

部分服务业的产能来源则比较有弹性，因此可以通过调整产能来应对需求波动，如大学增减师资与课程、电力公司增减电力供应、婚纱摄影公司增减人手等。其他用来平衡供需的方式还涉及预约制度、策略联盟、服务类型调整等，第10章将进一步说明。

2.5.2.5 服务递送的方式

根据递送方式，服务业可以分为三类（见表2-6）：顾客亲临服务场所（如餐厅、美容、电影、游乐园）、服务人员到顾客所在地（如家教、餐饮外送、室内装潢、居家看护）、远程传递（如电视、电台、电信、网络购物）。对于涉及特定设备与仪器的服务，顾客往往需要亲临服务现场。如果相关设备与仪器可以移动，或是顾客所在地也具备这些设备与仪器，部分业者基于定位的独特性或服务消费者的理念，也会到顾客所在地提供

58

服务。例如，餐饮业者提供上门烹饪服务；部分金字塔顶端的顾客家中拥有整套美容设备，美容师可以登门提供服务。另外，当服务的标的与顾客所在地密切相关（如装潢、环境打扫），或是顾客特别重视节省时间与精力（如餐饮外送、家教、居家看护），业者也需要到顾客所在地提供服务。

值得一提的是，如果服务是属于人身的处理（参考 2.5.2.1 节），且不受场地的限制，或是属于物品的处理，且该物品是容易携带的，那么"顾客亲临服务场所"与"服务人员到顾客所在地"两种传递方式可以相互取代。例如，家教与补习班、居家看护与养护院可以取代彼此；计算机出现故障，可以请人到家中修理，也可以送到店家修理。

由于物流业与信息科技发达，越来越多的服务可以通过远程传递的方式完成。电视与电台服务自不必说，购物、订票、咨询等服务都可以通过网络轻易完成。物品与电器修理也可以通过物流业者运送，服务人员与顾客无需面对面接触。

不同的服务递送方式在服务过程上的管理与流通渠道策略上的意义，将在第 10 章与第 13 章进一步讨论。

📖 章末习题

基本测试

1. 学完本章后，试以自己的理解来解释"服务是什么"。

2. 什么是"服务系统"？

3. 服务特性是什么？

4. 客制化所涉及的两难是什么？

5. 请诠释"生产与消费是可以分割的"这句话。

6. 家教与补习班的传递方式恰好是相反的，试以服务特性比较这两者的差别。

进阶思考

1. "服务的易变性普遍存在于各行各业，因此造成众多消费者习以为常，长久下来，服务易变性对于消费者满意度的影响就会越来越小。"你同意这句话吗？为什么？

动脑提示：在什么情况下，这句话是成立的？在什么情况下，这句话是不成立的？所谓的"情况"，可以是服务易变的幅度、易变带来的不确定与风险程度、易变性在产业中有多普遍、产业中的易变性可有效防止的程度、该服务是否可轻易转换业者等。

_____

_____

_____

_____

2. "消费者参与的观念对于服务业的营销与管理有重要的意义，其中之一在于企业可以利用消费者参与来降低营运成本，同时又可以让消费者感觉到服务更新鲜、有乐趣或因参与而感受到成就感。"你同意这句话吗？为什么？

动脑提示：在什么情况下，这句话是成立的？在什么情况下，这句话是不成立的？至于什么"情况"，可往参与的定义与方式、消费者的服务相关知识与经验、消费者的价值观与感受、服务的专业性、服务的生产与传递方式等方面思考。

_____

_____

_____

_____

_____

活用知识

1. 观察市面上的各种服务行业，描述四个行业中的"不可储存性"情境，包含所碰到的难题以及解决的方式。

2. 根据"服务活动性质及服务标的"来分类，服务可分为人身、物品、心理刺激以及信息的处理。仔细观察学校里的各项服务，将这些服务分别归属在这四大类当中。

60

台版穷人银行 眉溪部落的互助大梦

眉溪部落没有邮局，也没有银行，1965 年成立全台第一个储蓄互助社。靠着族人储蓄存款、互助贷款，历年累计超过 8000 笔贷款，贷款总额高达 3.4 亿元新台币。眉溪储蓄互助社以股金为本，通过每股 100 元新台币的存款，积沙成塔。高达八成以上的部落户都是社员，每次配发股息分红时，就像是部落的大事，男女老少都会参加。

免抵押 创业不用靠银行

59 岁的王万全因为早年务农时身体出现问题，因此决定转型经营家庭旅馆。他捧着六笔土地权状，合计约有四五甲之大，到了银行柜台，竟然贷不到需要的钱。最后只好找朋友多借了两笔土地抵押，八笔土地抵押最后只能贷到 200 万元新台币。

"9·21"地震后，王家的房子多半被毁，更惨的是，梦谷瀑布崩塌了，游客也少了。当初当局曾放宽受灾户可以三年缓缴银行贷款，但银行的利息还是照样计算。后来，利息竟然高达二十几万元新台币。

之后连番几次的台风肆虐，王万全的鳟鱼场与农场设施都被土石流冲垮，一口气损失 300 多万元新台币，家境也陷入愁云惨雾。但他再也不敢向银行贷款，而是通过眉溪储互社的小额贷款，慢慢清偿债务。

微金控 相信社群的力量

29 岁的王家长子王嘉勋毕业后，想要贷款创业，却缺少资产抵押品。最后，他从储互社贷了 30 万元，在台中雾峰开了一家整合营销公司，不仅完成创业梦想，也赚得人生第一桶金。

目前，全台各地有 340 个储蓄互助社，共有 21 万社员，理事、监事志工达 5000 多人。储蓄互助社是一种社会运动，他们希望通过互助的力量帮助弱势者脱离困境，内政主管部门也通过储互社，试办脱贫计划。社员不仅可以存款，还可以互助贷款。

部落讨债高手　帮忙找工作

"我们是人性化协商还款，希望帮助族人渡过难关，而不是置他们于困境。"外界称王万全为"部落最会讨债的高手"。他不仅要设法催债，有时候族人还不上钱，他就得协商对方的亲族家人出面处理，甚至还要帮忙介绍工作，才有办法还款。

"部落族人就像是一家人，储蓄互助社的钱就是大家的钱，所以都会彼此叮咛要还钱。"眉溪储互社专职工作人员王美玉也说，过去常有族人还不上钱，最后召开家族会议，亲友一起发挥力量解决债务，帮助个人渡过难关。

走过近半世纪，盖在眉溪天主堂旁边的储蓄互助社，每逢周日总是挤满族人，去教堂前不忘排队申办贷款或存款业务。他们的钱不多，但每一笔都展现出彼此分享的信念，也展现了部落互助的力量。

■摘录自《天下杂志》第518期，2013年3月20日出刊。

【问　题】

1. 眉溪储蓄互助社的核心服务是什么？请从产业与个别企业的角度说明。

2. 眉溪储蓄互助社的服务拥有哪些特性？

3. 在Lovelock服务分类的五种方式中，眉溪储蓄互助社各属于哪种服务？

4. 试分析眉溪储蓄互助社的出现可能与哪些环境因素相关。

影音个案

日本金泽 "倚老卖老" 创商机

"倚老卖老" 是唯一的路

濒临日本海的金泽，原来是日本南北货的集散地，富庶繁华。

19 世纪，日本太平洋侧的港口城市，朝西化量产工业快速发展；而金泽交通不便，任何产品运到东京、大阪都贵，且依山面海腹地小，没有发展工业的本钱。慢慢地，金泽变成了日本的后山。

"倚老卖老"，发展文化与工艺，是金泽的选择，也是它必须走的道路。

守护祖产 全民参与

金泽能够孕育出的华丽不比京都，但细致却有过之的金泽文化，关键在于 400 年前的藩主前田利家。前田利家助丰臣秀吉统一日本，受封金泽为领地。其后，担心德川幕府猜忌，前田家族将财力全投到文艺发展中，以能乐（日本有代表性的舞台艺术）为中心，向漆、陶、茶、染辐射。

没有像京都的皇族贵族一样，将工艺圈在宫廷里自娱，前田家历代金泽藩主穷尽心力，让全民参与。

当时日本的社会阶级，几乎没有机会流动；唯有在金泽，平民可以晋升为武士、武士可以升等，而唯一的 "绩效考核指标"，竟是能乐和手工艺等文化技能。

以文化为主轴的发展

金泽市民从小培养公民意识，通过各式各样的町会（社团组织）参与城市公共事务的比例，金泽是全日本最高的。

投资市民的文化素养，金泽市每每有出人意料的大格局作为。得过威尼斯建筑双年展金狮奖的 "金泽 21 世纪美术馆"，是由日本名建筑师妹岛

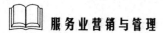

和世、西泽立卫设计的美术馆。馆外公园草地上有让人通话的金属大喇叭,是德国艺术家克拉尔(Florian Claar)的作品。上下游客可以互看的假泳池,是阿根廷艺术家艾尔利区(Leandro Erlich)的作品。

工艺现代化　传统变黄金

金泽每年有近八百万的旅游人口,是当地人口的二十倍;近600亿日元的旅游收入,贡献了当地GDP的10%,是全日本这一数字(5.3%)的将近一倍。

金泽最有名的金箔,囊括了全日本99%的产量。一张张只有十万分之一公分的金箔,过去只用在寺庙、艺术品和器具上,如今开发出融入化妆品、食品和建筑装潢的新应用之后,业者业绩翻了十倍。

然而,并非所有的工艺都有金箔那样的幸运。毕竟现代人的生活方式改变了,传统工艺品既贵又不实用,越来越难进入一般人的生活。和20年前相比,金泽传统工艺品业者家数少了1/3,产量只剩原来的1/4。

古调如何新弹,让现代人埋单,也正是整个金泽市的挑战。

■摘录自《天下杂志》第504期,2012年8月22日出刊。

【问　题】

1. 请分析金泽"倚老卖老"的旅游策略会受到哪些环境的影响。
2. 金泽旅游服务可能有哪些向后连锁效应?
3. 以金泽21世纪美术馆为例,说明其"服务系统"。
4. 中国台湾有无以文化为发展主轴的乡镇?请举例说明。

第 2 篇

掌握服务业消费者与营销核心

第 3 章 服务业消费者购买过程与行为

美丽之岛

对健康有益，对环境友善

2013 年 3 月世界棒球经典赛的首轮，中国台湾以一分输给韩国，虽然晋级八强，台湾球迷还是深觉惋惜。输球第二天，主管部门发表报告说我们不但棒球输韩国，健康也输：韩国男女平均寿命都优于中国台湾，因为韩国在癌症、心脏病、中风等方面的防治做得比较好。追根究底，中国台湾消费者的饮食观念、食材本身与烹调不当带来的毒素等，都是影响健康的主因。

其实早在 1993 年，一批有远见的主妇们就已预见中国台湾的健康问题，因此以"共同购买"为号召，带动消费者与生产端直接合作，让消费者能买到安心的食材及日用品。到了 2001 年 6 月，法规改变让合作社得以跨区经营，由 1799 名社员发起的"台湾主妇联盟生活消费合作社"终于成立，主妇们开始以爱心及魄力启动温柔革命。

有别于过去消费者仅止于扮演购买者的角色，加入主妇联盟的社员们必须担任合作社经营者的角色。社员入社时必须参加说明会，以了解合作社"社员出资、社员利用、社员经营"的理念。此外，为了建立社员与生产者之间的信任及共生关系，社员还要与业者开会沟通生产及运销等问

67

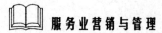

题，甚至参与产地之旅实地了解产品特性。

不同于团购是通过群体的大量购买来达到降价目的，主妇联盟希望通过社员的群聚力量，让生产者愿意持续提供安全及健康的食物与用品，以达到对环境友善、对身体有益的双重目标。例如，合作社鼓励自然农法栽培，邀请专家成立检验室，要求农药残留在标准的1/2以下，而且农产品只要有两种以上的农药，就不得上架；合作社也拒买作为海洋食物链基础的吻仔鱼，以维护海洋资源。

另外，主妇联盟还致力于环保教育，积极推动垃圾减量、节能省水、在地优先等观念。总而言之，主妇联盟期待能集结消费末端的力量，开启个人健康与环境永续的良性循环。成立10余年，主妇联盟目前拥有4万多名社员（连同眷属则超过10万人），设立42个分货站所，在2011年创造出超过8.4亿新台币的共同购买力。这群主妇共创的业绩虽然无法超越许多连锁超商，但她们却是这片土地上最执着的健康守护者。

📖 本章主题

一群主妇为了自己与家人的健康而加入合作社，还要负起经营的责任，甚至还推动环保与公益，这类消费者行为值得营销人员重视。许多营销决策都离不开消费者的心理与行为。消费者行为的理论相当广泛且复杂，我们无法也没必要一一说明。本章将聚焦于与服务业密切相关的消费者行为，以作为理解往后各章（尤其是第4～6章）的基础。本章主要内容如下：

1. 鸟瞰服务业消费者购买过程：本章首先提出消费者购买过程的三大阶段及相关议题，以作为之后三节的基础。

2. 购买之前的决策：主要讨论消费者在购买之前的重要考虑或行为，包含消费利益、知觉风险、信息收集以及期望的服务。

3. 购买当中的行为：主要讨论在购买当中的重要现象，包含服务接触、消费者参与、角色扮演与服务剧本、知觉控制。

4. 购买之后的反应：说明消费者参与对满意度的影响以及顾客抱怨行为。

3.1　鸟瞰服务业消费者购买过程

　　消费者行为（consumer behavior）是营销领域中极为复杂又极为重要的一环。复杂主要是来自人性、消费者需求、产品、情境因素等方面的多元与多变。至于重要，则是因为营销策略或措施经常是建立在消费者行为的基础上。

　　消费者行为的学术研究非常丰富，相关模式与观念可能以千计。在成堆的理论当中，营销人员最感兴趣的是"消费者从有需求开始，会经历什么过程，他们会出现什么心理与行为，我们该如何应对以获得消费者的青睐"。换句话说，营销人员想了解消费者的购买过程（buying process 或 purchase process），以便在策略方向与管理作为上能够找到着力点。

　　消费者的购买过程可以分成三大阶段（见图 3 - 1），即购买之前（prepurchase）、购买当中（purchase）及购买之后（postpurchase）。图 3 - 1 特别考虑服务业的特性，因此将服务接触与消费者参与纳入购买当中的阶段；图右方列举三大阶段中的"重要议题"，则是服务业者必须理解的消费者行为现象，也是本章的主要骨干。本节将大致介绍这三个阶段，第 3.2 ~ 3.4 节将有详细讨论。

　　在购买之前，消费者会经历问题察觉、信息搜集、方案评估与选择等过程。消费者的购买举动通常是因为感觉有所不足、想解决特定问题等所引起，而在察觉问题或需求之后，往往会搜集信息，并且比较各种方案，最后做出购买决定。

　　以上过程衍生出一些重要课题，如服务消费者追求什么利益？在追求利益与信息搜集过程中会产生什么知觉风险？什么因素会影响消费者知觉风险？面对知觉风险，服务消费者的信息搜集会出现什么特色？在购买之前，消费者应该对服务产生期望，那么，什么因素影响消费者的期望？这些议题对服务业者的意义何在？

消费者的购买过程可以分成购买之前、购买当中、购买之后。了解这三大阶段有利于在策略方向与管理作为上找到着力点。

69

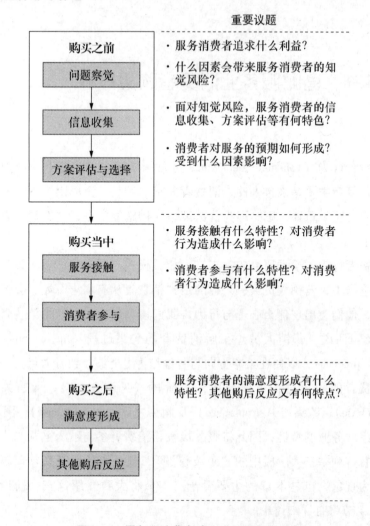

图 3-1 服务业消费者购买过程及重要议题

印度尼西亚消费者爱买、爱吃、爱 3C

印度尼西亚，刚起飞的经济体，2.4 亿人口，六成在 35 岁以下。目前，印度尼西亚人均年收入约 3500 美元，但大雅加达地区已达 10000 美元左右。年轻人平均拥有四五张信用卡。

汇丰银行印度尼西亚分行企业金融处主管廖家强（Haryanto Suganda）说，印度尼西亚人爱炫，对新奇的事物好奇，而且接受度高。手机就是例子。在雅加达，许多人拥有三部手机：第一部黑莓机；第二部通常是 Android 系统的手机；第三部若不是诺基亚的阳春机，就是 iPhone 或 Windows 手机。

印度尼西亚人重门面、派头，从婚礼的一掷千金就可见一斑。雅加达凯宾斯基大饭店宴会厅的一场婚礼中，客人送给新人的鲜花牌匾绵延数百米，俨然是"世纪婚礼"的规格。通常，一场婚礼要花多少钱？私人财务顾问高卓礼（Ahmad Gozali）表示，印度尼西亚婚礼至少邀请上千位宾客，两万美元跑不掉，有的甚至高达七万美元。因此，他经常帮客户规划子女婚礼的理财计划。

中国台湾的珍珠奶茶成为雅加达的新时尚。"日出茶太"由当地最大的五金连锁店华商家族代理，两年前打进印度尼西亚市场后，已经开了 37 家分店，多进驻各大商场。每杯超过 60 元新台币的售价，在雅加达消费者眼中似乎颇为"平易近人"。不但工作日的午休时间门庭若市，周末排队的人龙也将近 100 米。

许多印度尼西亚创业家已看到了这个商机。35 岁的伊斯兰服饰设计师莉亚经常接到客户订制高价手工刺绣与高级丝绸伊斯兰服饰的订单。她说："印度尼西亚人追求个人风格，每个人都想穿出自己的特色，就连头巾也不例外，只要看对眼，贵一点都舍得买。"

资料来源：林昭仪. 爱吃、爱买、爱 3C！全球成长最快的内需市场［J］. 天下杂志，2012（510）.

在购买当中，消费者经常与服务人员接触，如到银行开户需要与行员一一核对身份证件并填写数据、到学校上课与老师及其他同学互动、整形美容前与美容师交换意见等，都会产生程度不一的服务接触。除了服务接触，消费者往往必须参与服务的生产，例如，与拍摄个人写真的摄影师沟通自己的造型喜好、接受摄影师的指令摆姿势与装表情等。因此，这个阶段的主要议题是服务接触与消费者参与各有什么特色，对于业者有何意义。

在购买之后，消费者会产生购后或消费后反应，包含满意度形成与口碑流传等。这些反应有什么特色，与上个阶段的服务接触或消费者参与有什么关系等，都是值得探讨的议题。

应该提醒的是，图3-1的购买过程是一种理性的消费者行为，也就是按照一定步骤、经过一番深思熟虑而产生的行为。然而，消费者行为不全然是理性的，它未必依循一定的过程，而且可能会被消费者的情绪所引导。偏向情绪、感性或体验的消费者行为将在第6章讨论。

 ## 3.2 购买之前的决策

3.2.1 消费利益

消费者受到内外在刺激而产生购买或消费动机，动机的本质在于寻求某种消费利益，以便能解决某些问题或实现某种愿望等。

消费者通常是受到内外在刺激的影响而产生购买或消费动机，如肚子饿想去饭馆、身心不顺畅想游泳、受到女友嘲讽想美白牙齿、看到广告宣传而打算参加欧洲艺术游学。这些动机（motivation）的本质在于寻求某种消费利益，以便能解决某些问题或实现某种愿望等。

服务消费者追求的利益五花八门，但大致上可分为六类（见图3-2）。其中，功能利益是指服务带给消费者的最基本好处，如清洁公司将房屋打扫干净、自助餐厅提供足够且多元的菜肴让顾客吃饱、围棋教学灌输围棋观念并教导下棋技巧等。至于其他五类，则分别与个人心理、社会关系、财产收入、时间效率以及身体或物品等有关。

必须说明的是，某些服务的功能利益就是属于其他五类的其中一项，如卡内基机构的某些课程在于建立学员的自信心（心理利益）、投资理财服务的本质是保障与增进财产（财务利益）、银行保险箱是为保管贵重物品（实体利益）。所以，对于这些服务，功能利益与其他的消费利益类别有所重叠。

另外，任何服务都有可能提供多重利益。例如，有氧舞蹈教学指导如何随着韵律舞动身躯等技能（功能利益），同时又可使心情愉悦（心理利益）与身体健康（实体利益），甚至可以结交许多朋友（社会利益）；背包族旅游网站提供世界各国的自助旅游信息（功能利益），还可以节省背包族的旅游规划时间与金钱支出（时间利益与财务利益），以及让各地的"驴友"有交流的机会（社会利益）。至于这些多重利益孰轻孰重，则视消费者的需求及营销人员的定位与策略等而定。

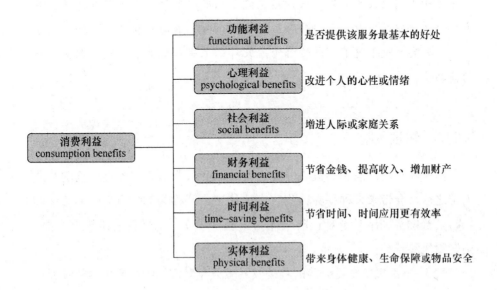

图 3-2　服务业的消费利益

<h2 style="text-align:center">中国东西南北消费习性大不同</h2>

中国拥有13亿人口，幅员辽阔，受地理环境、历史文化的影响，各地景色、文化拥有不同的面貌，消费习性更是大异其趣。例如，长期受历史古城氛围熏陶的北京人人文素养高，理性诉求的倡导较能使其埋单。此外，由于北方的冬季漫长而严寒，相较温暖的南方，北京人劳动时间较短、意愿较低落，也因此喜爱外送的服务。住在物产丰饶的"天府之国"、生活相对富足与安定的四川人容易养成小富即安的观念。他们比较淡泊名利，对于休闲娱乐十分注重，闲暇时常流连于茶馆中下棋聊天。同时，四

川山清水秀，更是让四川人一到假日便结伴出游。

位于南方的广东拥有千年商都的称号，各地移民众多。悠久的商业历史与多元的移民文化使广东人具有开拓创新的精神；此精神于服务上可见端倪，如深圳某商场设立"老公寄存区"，让女性消费者能安心逛街。上海除了是中国最大的对外通商口岸，更是长期以来外国人进入中国的重要窗口。由于中西合璧、新旧并存，上海人十分了解与接受西方文化，对于流行与时尚的追求更甚于其他都市。此外，上海人好面子，较少购买打折的商品。

3.2.2 知觉风险

消费者在确认消费利益的过程中，经常会忐忑不安，担心一旦购买或消费之后，会带来某种损失或伤害。这种现象就称为知觉风险（perceived risk）。当购买的结果越难预料（不确定性越高），以及负面结果越严重，则知觉风险越高。

表 3－1 汇整了知觉风险的种类及其服务业案例。细心或用功的读者应该能很快察觉到表 3－1 与图 3－2 很相似。为什么呢？其实，知觉风险原本就意味着"担心得不到或失去珍惜的东西"，而消费利益则是消费者所珍惜的，因此这两者是一体两面，也就不足为奇了。这个现象说明了业者设法降低（甚至消除）消费者的知觉风险，就是在为消费者创造利益。

> 业者设法降低（甚至消除）消费者知觉风险，就是在为消费者也是为自己创造利益。

表 3－1　服务消费者面对的知觉风险

知觉风险的种类	消费者的顾虑举例
功能风险（functional risk） 服务的功能没有发挥	• 参加这个俱乐部可以找到我的梦中情人吗 • 他们施工后真的可以让客厅焕然一新吗
心理风险（psychological risk） 负面情绪，如紧张、难过、不安	• 这家餐厅的服务可能会让我发飙 • 这项探险计划可能让我紧张到吃不下饭
社会风险（social risk） 人际往来或团体关系受影响	• 参加这次的宗教活动，家人会反对吗 • 看这种限制级电影，会不会被男朋友笑
财务风险（financial risk） 金钱或财产的损失	• 这种广告会不会让我的东西反而卖不出去 • 我的投资会因为经济逆转而蒙受损失吗

74

续表

知觉风险的种类	消费者的顾虑举例
时间风险（time - loss risk） 时间浪费	● 这广场的引导线好乱，进去会不会浪费时间 ● 这售票员的动作好慢，会不会害我错过火车
实体风险（physical risk） 身体不舒服或受伤、物品损坏	● 很担心这家伙的医术会给我带来后遗症 ● 这种包裹会不会把里边的东西摔坏啊

资料来源：Lovelock K., J. Wirtz and H. T. Keh. Service Marketing in Asia: Managing People, Technology and Strategy ［M］. Pretice Hall, 2002.

　　知觉风险会影响消费者的信息收集、方案评估与购买决策等。正因为知觉风险如此重要，营销人员不但需要了解消费者知觉风险的程度，更应该了解影响知觉风险的因素，以便能采取必要的应对措施。这些因素如下：

影响知觉风险的因素包括服务的无形性、易变性、消费者参与、消费经验、消费者保护与服务补救、情境因素及风险承担能力。

　　（1）无形性（intangibility）。许多服务的经验属性与信任属性导致无形性（参考第 2.4.1 节），进而使得消费者在购买前难以判断服务的内容与质量（有些专业服务甚至在消费之后还是无法评断），知觉风险也因此产生。

　　（2）易变性（variability）。服务环境、服务人员与顾客等因素容易造成服务质量不稳定（参考第 2.4.3 节），使得消费者难以预料服务水平，因此带来知觉风险。

　　（3）消费者参与（consumer participation）。当消费者觉得参与的方式或程度超过他的能力，或意识到应有的参与不足时，都会带来知觉风险。例如，有些人觉得高级西餐厅的"规矩"很多，害怕会丢人（产生社会风险）；病患觉得医师看诊太匆忙，没有仔细聆听他的病史（病患参与不足），因而担心误诊并导致病情恶化（遭受实体风险）。

　　（4）消费经验（consumption experience）。当消费者对某项服务的消费经验或相关知识越缺乏，则知觉风险越大。例如，经常出国的旅客在出发前非常淡定，但是首次出国的多少会提心吊胆（心理风险比较高）。

　　（5）消费者保护（consumer protection）与服务补救（service recovery）。来自政府、企业或相关机构的保护机制与补救措施，往往影响消费者的知觉风险。例如，假设政府严格执行有前科者不得驾驶公共交通工具的政策，将可以降低乘客大众的知觉风险；邮购产品可以在七日内退货，也使

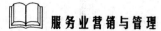

得邮购消费者的知觉风险大为降低。

（6）情境因素（situational factors）。当影响服务内容与质量的情境因素越多或越难预料时，消费者知觉风险越大。例如，与银行定存比较，股票投资显然因受到许多情境因素的影响而造成较大的知觉风险。

（7）风险承担能力（risk–taking ability）。每个人的财富、健康状态、时间观念等不同，因而风险承担能力与知觉风险也有所不同。例如，对于到国外自助旅游，体弱多病者的知觉风险会高于身强力壮者；对于投资上百万元购买基金，一般上班族的知觉风险势必高于亿万富翁。

以上讨论的管理意义在于营销人员应该采取某些作为，以降低其目标市场的知觉风险。也就是说，营销人员应该思考"我们的目标客户在购买之前可能会面临什么知觉风险，造成知觉风险的因素是什么，针对这些因素，我们应该采取什么行动"。

表3–2提出了企业应对消费者知觉风险的对策。只要留心观察，即可为这些对策找到不少实例。例如，旅馆强调装置反偷拍系统、采用防火建材与防焰地毯、设计大型的安全出口以及无死角的走廊等，就是在具体展现降低负面情境因素的措施，以减少消费者知觉风险。

表3–2　服务业者应对消费者知觉风险的对策

影响知觉风险的因素	企业对策
无形性	设法将服务具体化、有形化： ● 精心设计服务场所或实体产品 ● 使用服务象征 ● 展示书面证据 ● 提出使用见证
易变性	提升服务的稳定性： ● 慎重选用、训练、管理与奖励服务人员 ● 将部分服务流程标准化或自动化
消费者参与	协助消费者合理参与服务： ● 以多种渠道让消费者了解服务流程与参与方式 ● 针对不同市场区隔，检讨参与的要求或方式是否恰当

续表

影响知觉风险的因素	企业对策
消费经验	设法让消费者取得消费经验或相关知识： ● 利用网站等渠道传播用户经验或知识 ● 让消费者试用或在虚拟环境中体验服务 ● 鼓励先前使用者发表经验谈话
消费者保护与服务补救	配合消费者保护机制，强化服务保证与补救措施： ● 提供令人信赖的申诉渠道 ● 做好售后服务、维修保养或技术支持 ● 公开具体的服务保证与补救措施
情境因素	尽力减少情境因素的负面冲击： ● 事先沙盘推演不利情境并备妥应对方式 ● 采取具体措施减少负面情境因素发生的可能 ● 公开并落实服务补救措施 ● 事先诚实沟通可能发生的情境因素
消费者风险承担能力	难以影响消费者的风险承担能力，但应思考市场区隔与目标市场选择上的意义，即是否可以依据不同的风险承担能力区隔消费者，以及对于不同的区隔，市场机会是什么

以下是某位旅游业者在座谈会上的谈话，我们从中可以发现降低顾客知觉风险有多重要：

> 我认为所有从事服务业的，让消费者觉得安全、安心是经营的最基本要求。让人感到安心不见得就能招揽生意，但任何细节只要让消费者觉得放心不下、有风险，生意就飞走了。所以像我们这行，小到服务人员的应对、付款方式，大到旅程规划、餐点安排等，都必须仔细地检查，甚至要对旅途突发状况做沙盘推演，以便提供给消费者百分百的安心。

3.2.3 信息搜集

消费者在寻求消费利益的过程中，为了判断、选择产品，也为了降低知觉风险，往往需要搜集信息。信息搜集（information search）有两大来源：内部搜集与外部搜集。

3.2.3.1 内部搜集

内部搜集是指从记忆中获取信息，而记忆又可以来自消费者本身的使用经验或外部信息。它也带来唤起集合，即很快地想到的一组能符合需求的品牌或名称。

内部搜集（internal search）是指从记忆中获取信息，而记忆又可以来自消费者本身的使用经验或外部信息（如广告、他人的意见）。这种脑子里的活动会带来唤起集合或考虑组合（evoked set），也就是当消费者在察觉到需求时，很快地想到的一组能符合需求的品牌或名称。例如，某位游客想要利用假日到北部的老街走一走，马上想到九份、深坑、淡水、平溪等地，这些地点组合就是唤起集合。

值得注意的是，如果消费者的需求涉及专业性较低或较简易的服务，他的唤起集合中往往包含自行提供服务（self-supply service）。例如，可以在家自己洗头、请岳母照顾小孩、自行粉刷公寓等，而不必请专人来做。因此，业者应该意识到市场机会未必只来自争取竞争者既有的客户，还可以来自说服消费者放弃自行提供服务。当然，业者也应该警惕自行提供服务的趋势是否不利于市场的规模与成长，如旅行社应留意越来越多人自行上网订机票与旅馆对市场的影响。

3.2.3.2 外部搜集

消费者通常比较重视人员渠道的信息，尤其是在评估较专业的服务时。

当内部的信息不足，消费者就需要借助外部搜集（external search）。外部搜集又可分为人员渠道（personal sources）与非人员渠道（nonpersonal sources），前者包含家人、朋友、邻居及服务人员，后者则有媒体广告、宣传册、户外广告牌及店面橱窗等。消费者通常比较重视人员渠道的信息，尤其是在评估较专业的服务时，主因如下：

（1）人员渠道比较容易沟通。人员渠道容易表达较复杂或抽象的观念，而且可以当面询问及厘清问题等，因此特别适合具有无形特质的服务。

缤纷课外

网址：Mobile01、PPT

顾客心向来就是海底针！消费者心中想什么，其实真的不容易猜透，谁又会知道在他们表现正常地吃完餐厅的餐饮，或在付款时礼貌地说声谢谢后，内心是满意还是压抑。而且多数消费者并不愿直接面对面地表达他们的感受。

好在越来越多的消费者愿意在网络上写出自己的满意、委屈、气愤或感恩。除了博客或脸书外，最常会聚网友讨论的平台不外乎 BBS 类的 PPT 和网站类的 Mobile01 了，它们也因此成了消费者征询购买意见的重要指标。这股力量还受到企业的重视，如台铁组成"PTT 监看小组"，每日固定将民意送达高层，并针对重要事件以"tr0800"账号上网响应说明，创下公务单位首例。此外，高铁也会每天巡逻 PTT，了解民意。

另外，根据资策会"数字生活形态"调查，最受台湾网友欢迎的讨论区是 Mobile01，因为有许多专业玩家会图文并茂地讨论各领域的产品；而经常引发话题、创造流行用语的台大 PTT 实业坊，则排名第二。

典范人物

用功学习、重视执行的流通业霸主
—— 徐重仁

1979 年，统一集团从美国引进 7 - Eleven，到了第 100 家成立当年才转亏为盈，那年已经是 1986 年。2011 年，近五千家门市创造了超过新台币 1227 亿元的营收，占中国台湾便利超商总营收的一半以上。业界公认这项霸业的灵魂人物是徐重仁。

徐重仁曾经强调："我不是天生很会经营事业，但是我看书很会吸收、学习，很会执行。"他出生于书香世家，不但热衷学习，还重视"学了一定要用"。他从日本早稻田大学商学研究所毕业后投入统一超商，将所学应用在经营管理上，造就了 7 - Eleven 经营效率一流、收集情报迅速、商品与服务持续创新等特质。

从消费者的需求出发掌握商机是徐重仁的经营核心观念。"统一超商所经营的行业，完全都是内需市场，所以，如何创造更好的商品和服务，让顾客觉得更方便，这是一个基本点，也就是我们商机的所在。"徐重仁在媒体采访时如此说道。不难发现 7 - Eleven 的熟食、代收水电费、宅配、提款服务等都是源自这种替消费者服务的观点。

除此之外，徐重仁相当重视科技应用。他导入销售点情报系统（Point of Sales，POS），以记录及分析市场数据、掌握顾客的需求，进而提升顾客满意度；他也催生了 7 - Eleven 的手机 App。他曾说自己是个"后知后觉的人"，所以"必须更用功地学习世界潮流和市场动态"。也因此，他几乎把所有对新科技的理解，都转化成服务消费者的动力。从 7 - Eleven 起步，徐重仁后来还领导统一流通次集团，集团底下有康是美、星巴克、圣娜多堡、21世纪、统一多拿滋、无印良品、统一阪急百货、捷盟营销、宅急便等40多家公司的旗下2万多名员工每天服务600万人，创造了2000亿元的年营业额。

2012年6月21日，64岁的流通业霸主徐重仁卸任7-Eleven总经理，10月任职商业发展研究院董事长。他期望能将自身35年的商场实战经验分享给中国台湾的服务业，让台湾地区服务业具备更厚实的竞争力。

（2）人员渠道比较具有信赖感。对于容易产生知觉风险的服务而言，信息的可信度相当重要。许多非人员渠道的信息是来自业者，难免落入"老王卖瓜"的嫌疑；相较之下，人员渠道（尤其是有经验的消费者）的信息比较能反映服务的实情，因此比较受到重视。

（3）服务信息的传播受到限制。某些专业服务受制于法令规定或主事者对广告宣传的排斥，而不常在非人员渠道上曝光，消费者不得不依赖人员渠道。因此，营销人员应该重视人员渠道的信息对服务消费者的影响，并设法促进正面口碑（word-of-mouth）的流传、通过意见领袖（opinion leader）传播信息等。另外，网络上的虚拟社区（virtual community）已经成为相当普遍的人员渠道（虽然互不见面），营销人员也必须多加重视。

3.2.4　期望的服务

消费者在开始搜集信息之后、正式购买之前，会对服务持某些期望。期望对服务质量及满意度的形成都扮演着重要角色，因此值得我们深入了解。创立PZB服务质量模式（参阅第4.2节）的三位学者于1993年发表了这个议题的论文，论点完整且广被引用，因此本小节的内容也以他们的研究为主要依据。

3.2.4.1　*渴望的服务*

渴望的服务是指消费者非常希望获得的高水平服务。

消费者对服务的期望，包含"渴望的服务"与"适当的服务"，以及介于这两者之间的"可接受的服务"（见图3-3）。渴望的服务（desired service）是指消费者非常希望获得的高水平服务；显然地，它受到业者的宣传与承诺、口碑、专家意见、消费者以往的经验等影响。除此之外，它还被下列因素所影响。

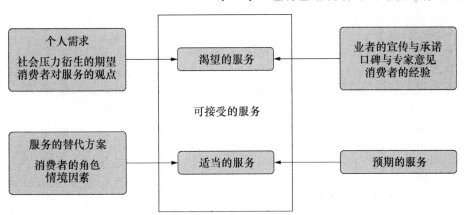

图 3 - 3　期望的服务：组成与影响因素

资料来源：Zeithaml, V. A., L. L. Berry and A. Parasuraman. The Nature and Deter-minants of Customer Expectations of Service ［J］. Journal of the Academy of Marketing Science, 1993, 21（1）: 1 - 12.

（1）个人需求。每个人在察觉需求时，对需求与服务的渴望会因当时的身心状态而异。例如，想要使自己在派对上看起来出众的人，应该比只是出门与老朋友聚餐的人更在意美容师化妆后的效果；急需有从业证以便脱离失业的考生，比生活无虞的考生更会要求从业证补习班的教学效果。

（2）社会压力衍生的期望（derived expectation）。购买服务时如果背负着其他人的期望，往往会带来压力，进而提高对服务的要求。例如，为从外地远道而来的客户安排一趟台湾之旅，或替公司筹划年度活动，都分别面临了来自客户、同事及上司的压力，因此对相关服务有更高标准的要求。

（3）消费者对服务的观点。这是指消费者如何看待服务或服务人员。例如，认为服务态度代表尊重他人人格与维护他人尊严的消费者，就会严格要求服务人员的态度。

3.2.4.2　适当的服务

多数消费者了解到渴望不见得可以实现，因此转向实际希望有适当的服务（adequate service），也就是最起码的、可以及格的服务。这项期望受到下列因素的影响：

（1）服务的替代方案。当替代方案缺乏时，消费者通常会降低适当的服务水平。例如，镇上只有一家脏兮兮的西餐厅，许多居民可能会说"有就不错了"，但如果出现了几家窗明几净的快餐餐厅、牛排馆等（替代方案），那么原先的想法可能变成"别人可以做到，为何它不行"，对于适当

> 适当的服务是指最起码的、可以及格的服务。

81

服务的水平因而有较高预期。

（2）消费者的角色。适当的服务水平也和消费者如何认定他在服务过程中的角色有关。例如，自认为一定会遵照医生指示每天定时复健的病患，比起自认是"懒虫"、很难彻底执行医生指示的病患，会期待较好的服务水平。

（3）情境因素。当消费者意识到服务遭受难以控制的因素影响时，适当的服务水平会下降。例如，到了桃园国际机场才知道目的地有大雨而影响了班机起降，因而比较能包容班机误点（降低适当的服务水平）。

3.2.4.3　可接受的服务

可接受的服务是指至少不会让顾客感到不满的服务水平。

在渴望与适当的服务之间，是可接受的服务（tolerable service），也就是至少不会让顾客感到不满的服务水平。这项期望的范围比前两种还要大；服务落在这个范围内，会被认为是正常的，甚至不会引起特别的注意。然而，一旦超出这个范围，就会引起消费者高度注意，甚至是较强烈的反应；也就是说，低于适当水平会带来不满、埋怨，高于渴望水平则带来惊讶、喜悦等。

营销人员应该注意个别顾客或顾客群的可接受范围受到哪些因素影响（见图3-3及以上两小节的讨论），以便做好应对措施。例如，同样是带团出国旅游，带领银发长者团的导游可能比带学生团更需要不时地提醒用餐地点、集合时间、洗手间的位置等，参观景点时的脚步也要放慢许多等，这样才算得上是一位称职的导游。

3.3　购买当中的行为

3.3.1　服务接触

服务接触是重要的购买体验来源，不但影响交易质量，也是整体服务是否能成功传递消费利益的关键环节。

服务消费者进入购买阶段，就会与服务实体环境、流程及员工等产生互动，这种互动称为服务接触（service encounter）。服务接触是重要的购买体验来源，不但影响交易质量，也是整体服务是否能成功传递消费利益的关键环节。

服务接触的对象可以分为以设施为主、设施与员工兼具、以员工为主，并分别有高低之分（见表3-3）。对于以设施为主的服务接触，设施平时的保养维修及现场运作的状态相当重要；以员工为主的服务接触，员工的训练、态度、反应等则是管理的重点；至于设施与员工兼具的服务接触，设施与员工的管理则同等重要。另外，高度服务接触比较讲求客制化或给予顾客多种选择（如多项套餐、多种游乐设施）；低度服务接触则强调标准化或机械化，以求大量服务顾客及提升成本效益。

表 3 - 3　服务消费者与设施及员工的接触

		接触对象		
		以设施为主	设施与员工兼具	以员工为主
接触程度	高	汽车旅馆 电动游乐场	高级餐厅 航空服务	家教 病患看护
	低	自动柜员机 网络服务	银行柜台服务 大班教学	汽车保险 电话咨询

纵横天下

重视客户接触点，DHL 表现亮眼

物流业竞争激烈，竞争者强强联盟，直接威胁 DHL（德国邮政）的龙头宝座；"穿草鞋"的蚂蚁大军，也携当地优势来势汹汹。领先者该如何维持既有优势，并找出真正差异化的突破点？与客户接触的这最后一项服务，才是决胜关键。

"服务不是平均数字，是很亲密、很个人、一对一的经验。"中国台湾洋基通运（即 DHL 快递部门）总经理朱耀杰说。竞争对手或许也会谈服务，但重要的是执行力，必须落实到每个服务人员身上。朱耀杰举例，他们不相信语音服务，每通电话都要专人接听。而且，客服中心墙上还有一个分数板，监控打来的每通电话，是否都能在十秒内被接听。

这几年安澎（DHL 全球执行长）的核心工作是推行"首选项目"（first choice），以成为投资者、员工和客户的"第一选择"为目标。这在竞争激烈、消费者辨别度低的市场里并不容易。

出身于管理顾问公司麦肯锡的他，从制造业"六个标准偏差"和"精实管理"借方法，整合成"定义、衡量、分析、改善与控制"五个阶段的方法来改善流程与服务。从 2007 年开始，他们已经就这个方法训练了 25000 名、相当于 5% 的集团员工。每位训练完成的员工，都由安澎亲笔签名、颁发证书。至今，他们执行了至少 2100 个改善计划。

资料来源：谢明玲．五阶段管理，决战大象与蚂蚁［J］．天下杂志，2012 (503)．

在服务接触的关键时刻中，顾客一点一滴地感受、看透业者的用心与质量，而业者也一点一滴地拉拢或失去顾客。

其实，无论服务接触的高低，任何接触都是关键时刻（moment of truth），这是指企业与消费者的接触是决定企业成败的重要时机。这个观念是 SAS 航空（Scandinavian Airlines）前总裁 Jan Carlzon 所提倡的，他有一段描述具体说明了关键时刻的重要性：

> 去年，我们 1000 万名客户分别与 5 名 SAS 员工接触 15 秒钟。这 5000 万次的 15 秒关键时刻是决定 SAS 成败的时刻。就在那一时刻，我们必须证明 SAS 是顾客最好的选择。

因此，小至欠款催缴信函上的用字、碗盘上是否有一丝污垢或一点缺角、电话另一端的招呼语气，大至咨询顾问的仪表与精神、导游在解说过程中的神态与举动等，通过这些细节，顾客都在一点一滴地感受、看透业者的用心与质量，而业者也在一点一滴地拉拢或失去顾客。每一瞬间的接触都在决定顾客与业者的距离，所谓的关键，意义在此。

3.3.2 消费者参与

消费者参与是指消费者提供信息给服务人员，并贡献时间与精力等，以便服务流程更为顺畅、成果更加完美。

为了让服务流程更为顺畅、成果更加完美，消费者经常需要提供信息给服务人员，并贡献时间与精力等，这个现象就是消费者参与（consumer participation）。消费者因为在服务生产中扮演重要角色，而被部分学者称为局部员工（partial employee）或协力生产者（co‑producer）。

消费者参与通常是在协助服务人员与顾客本身。例如，准留学生告知留学代办中心有关学校的偏好、经济条件限制等，还必须提供自传、成绩单等数据，为的就是协助代办人员做好申请文件，同时也是协助自己申请到理想的学校；同样地，孕妇在生产前几个月听从医生的指示学习拉梅兹呼吸法，不但是协助医师到时方便接生，更为减轻本身分娩时的痛苦。当然，所谓"协助"，前提是正确的参与，否则会越帮越忙。

有时候，消费者参与也是在协助其他顾客，例如，搀扶在同一个院内

84

的居民到户外散步、上课时身旁的同学答不出来而举手代答等。无论是出自自愿或他人要求，只要是正确的参与，协助他人也可以提升服务效率。

以上提到两次"正确的参与"，言下之意是消费者参与也有可能是错的、反效果的。例如，企业主管在管理顾问师面前报喜不报忧、游客一时兴起在台北故宫内大声为外国游客导览、课堂讨论时某位学生经常插嘴并离题发言等，都有可能为相关服务带来困扰。消费者参与得正确与否，与消费者的角色扮演有关。

3.3.3 角色扮演与服务剧本

我们会在亲近的人犯点小错时，开玩笑地说："你欠骂喔"！但在顾客面前这句话绝对不能说出口。我们会在父母肩膀酸痛时愿意帮忙按摩，却很少有人会对着办公室的异性做出同样的意愿表示。我们会穿着泳衣在海滩戏水，但绝不会身穿泳衣参加朋友的婚礼。为什么呢？答案就在于角色扮演。

角色扮演（role playing）是指在特定的社会情境中，当事人通过学习与经验等而出现符合周遭人士所接受的行为举止。家庭、办公室、海滩、婚礼等，都有特定的社会情境，在这些情境中的多数人了解哪些言语行为是恰当的，哪些是不恰当的。只要出现恰当的行为，就是正确的角色扮演，一切看来正常顺畅；相反地，如果任何人出现不恰当的行为，场面就显得尴尬、荒谬等。

因此，如果顾客与服务人员都能各自正确扮演对方所预期并接受的角色，则服务比较有效率，顾客也比较满意。有些学者套用戏剧的观念，认为顾客与服务人员就像在合演一出戏，双方的脑海中必须有正确的服务剧本（service scripts），即指导双方如何演戏的行为准则，这场戏才演得好，尤其在高度接触的服务中更是如此。

以上讨论显示，业者应该设计适当的服务剧本（见图3-4，只显示顾客端），并且尽力协助顾客了解及扮演好角色，如学校举办新生讲习、餐厅服务生解说如何点餐、历史纪念馆的简介中提示参观者的仪容、开放观众参与的电视节目在录像前要观众配合演练等。业者甚至可以奖励顾客扮演适宜的角色（如情侣穿情人装入场票价七折优待、两点前到会场报到则赠送纪念品、抢答答对问题赠送明星海报等），以便塑造更有效率或效果的服务。有时为了避免不同的顾客角色之间产生碰撞，业者还需要将顾客分区或分群，如有些旅馆有一般楼层、商务楼层、贵宾楼层等；某些商展先在前几天开放给厂商进场，之后才开放给一般大众；大型聚餐在安排座

角色扮演是指在特定的社会情境中，当事人通过学习与经验等而出现符合周遭人士所接受的行为举止。

85

位时，将有相似背景的宾客安排在同一桌等，都可以避免某些顾客因为角色与周遭的人不协调，而出现不安、不满等负面情绪。

当然，比起顾客的角色扮演，服务人员是否能扮演该有的角色，甚至演到"入戏"，才是决定顾客满意度的关键。《远见》杂志曾在几年前对服务评价甚高的六福村有以下描述，很值得业者参考：

> 六福村教育员工，穿上制服的就等于穿上戏服，开始表演。"演员"的工作，除了拿着剧本演戏，还必须随时懂得临时应变，为了让他们不至于手足无措，庄秀石（总裁）告诉他们，只要是对客人好、对公司好、对员工好和对社会好，就放手去做。例如，客人到餐车刚买完冰淇淋，走了没两步，就不小心掉在地上，这时冰淇淋摊主就要立刻递上新的冰淇淋。

> 迪士尼公司发现，清洁工比正规的客服人员，更常被游客询问信息，所以每位清洁工必须接受 $4 \sim 40$ 天的训练。

> 可是在中国台湾，清洁工不是年纪很大就是兼职人员，庄丰如（执行长）想了一个办法，让每个清洁工身上的腰包都附有一张园区地图，好在客人询问时，能清楚指引。

3.3.4　知觉控制

尽管在线购物已经非常普遍，但担心被诈骗或不懂如何在线付款的民众还是宁愿多跑几家店面，摸摸看、用用看自己想要买的物品之后才当场购买；台北市立动物园熊猫馆开张之前就有人猜想前几周一定涌进大批人潮，还是不要去排队的好；有些游客到国外自助旅游，面对复杂的公交车或地下铁路线而不知所措，于是干脆搭乘出租车或参加当地的旅游团等。

以上现象显示出在某个特定的服务情境中，不想或无法参与的消费者比比皆是。原因之一涉及消费者的知觉控制（perceived control），即消费者感觉到他能够掌控某个特定情境的程度。

控制有三种不同的形式。

（边注） 业者应设计适当的服务剧本，协助顾客了解及扮演好角色，甚至将顾客分区或分群等，以提升服务效率及顾客满意度。

（边注） 知觉控制是指消费者感觉到他能够掌控某个特定情境的程度。一般而言，知觉控制越高，满意度越高。不过，要求顾客配合的行为，或给予顾客的信息或选择方案越多不见得越好。

86

12:00~12:05餐前准备

1. 抵达餐厅门口

2. 到洗手台洗手

3. 到餐具区领筷子汤匙

4. 到餐点区用托盘领餐

5. 到用餐区自由入座用餐

12:05~12:35用餐

1. 先喝汤

2. 再吃菜饭

3. 可交谈，注意用餐礼仪

12:35~12:40餐后清洁

1. 用纸巾清洁桌面

2. 摆好桌椅

3. 餐具端至清洁区分类摆放

4. 到洗手台漱口

5. 向厨房阿姨道谢，离开餐厅

图 3-4　幼儿园小朋友用餐的服务剧本

（1）行为控制（behavioral control）。这是指是否有能力采取行动以便达到特定目的或避免负面结果，如在大型百货公司里无论上楼、下楼、左转、右转都感觉难以找到正门门口，顾客就会感觉到欠佳的行为控制能力；消费者要摸得到、看得到商品才安心购买，就是在追求行为控制。

（2）认知控制（cognitive control）。这是指是否能够搜集、汇整与运用相关资料，以便了解及掌控周遭情境，如在游乐区里可轻易看到园区地图、方向指示，或有服务人员可随时询问等，可以让游客感受到理想的认知控制。

（3）决策控制（decisional control）。这是指是否有足够的方案以供选择，如饭店提供的早餐一律是鸡肉蔬菜堡加柳橙汁，就会让旅客难有决策控制能力。

消费者对于这三种控制类型的感受会影响他参与服务过程的意愿，也会影响顾客满意度。一般而言，知觉控制越高，满意度越高。不过，必须注意的是，要求顾客配合的行为，或给予顾客的资讯或选择方案越多不见得越好。例如，信息太多让人觉得受到疲劳轰炸，选择方案太多（像餐厅菜单上密密麻麻的菜品）让人觉得不知如何选起，甚至会让顾客觉得"失控"而不利于满意度。

 ## 3.4 购买之后的反应

3.4.1 满意度

消费者在购买及消费服务之后，往往会因为服务的表现或成果而感到失望或愉悦等，也就是会形成满意度。有关顾客满意度的理论与现象相当丰富，而且与顾客知觉价值、服务质量等息息相关，因此这几个议题都放第 4 章详加讨论。本小节顺着上一节的内容，讨论消费者参与如何影响顾客满意度（见表 3-4）。

表 3-4 消费者参与对顾客满意度的影响

	服务成果理想	服务成果不理想
参与程度低，业者是支配者	觉得由业者负责，对业者满意	觉得业者需负责，对业者不满
参与程度高，消费者是支配者	本身成就感大于对业者的满意	自责可能大于对业者不满，除非找到免予自责的线索
参与程度高，双方共同支配	同等感觉本身的成就感与对业者的满意	不一定，视归因等因素而定

我们可以合理推测，当消费者参与程度低（业者是理所当然的支配者）服务成果理想时，顾客会对业者感到满意；服务成果不理想时，则对业者感到不满。

当消费者参与程度高且消费者是支配者，而服务成果理想时，顾客既会产生成就感，也会对业者满意，但前者可能高于后者。但是，当服务成果不理想时，一般顾客应会自责，而且由于业者并非支配者，顾客应该不至于对业者不满，除非他们找到免予自责或业者犯错的线索。例如，顾客甲购买瘦身舞蹈教学光盘并在家勤奋练习，而后发现效果十分有限；如果甲发现其他人一样无效、光盘里的老师被揭发伪造经历、某知名医生怀疑该光盘的瘦身原理等，则顾客比较能免予自责，甚至对业者产生不满。

当消费者参与程度高且服务是由双方共同支配，服务成果理想时，顾客既会有成就感，也会对业者满意。但是，当服务成果不理想时，顾客可能会自责，但由于业者也扮演重要的角色，顾客极有可能比较容易找到（甚至故意找出）业者的"把柄"，因而加剧对业者的不满。例如，"他们的专业与经验比我强，当然要为这种差劲的结果负责"、"就算我做法不对，但他们也一起参与，应该要看出来告诉我才对，怎么可以眼见错误发生"等，都是典型的"责任转移"方式，因此业者经常会成为箭靶。

以上讨论显示了在服务业中的顾客满意度形成，消费者参与、归因（原因归纳的方式）及其他情境因素等都是重要的影响因素。营销人员需要了解这些因素及其影响力，才能恰当应对顾客满意度（尤其是不满）。

3.4.2 顾客抱怨

顾客不满的后续反应值得营销人员重视，因为若处理不当极可能伤害顾客关系，并危及企业经营的根基。图 3-5 说明了当顾客对服务不满时，可能出现的五种反应。

没有抱怨（complaints）的可能原因如下：

（1）服务的重要性或缺失的严重性不足。也就是顾客虽然心生不满，但却觉得"这是小 case"而缺乏抱怨的动机。

（2）诉怨机制不明或繁琐。这是指顾客想抱怨但却不知道去哪或该如何提出抱怨，或是意识到提出抱怨必须花费过多心力而作罢。这是属于"非不为，乃不能也"的原因。

当消费者参与程度低而服务成果理想时，顾客会对业者感到满意；服务成果不理想时，则对业者感到不满。当消费者参与程度高而服务成果理想时，顾客既会产生成就感，也会对业者满意，但前者可能高于后者。但是，当服务成果不理想时，一般顾客应会自责，不至于对业者不满，除非他们找到免予自责或业者犯错的线索。

顾客心中不满却不抱怨，可能的原因有：服务的重要性或缺失的严重性不足、诉怨机制不明或繁琐、对抱怨的作用持悲观态度、担心抱怨带来不愉快。

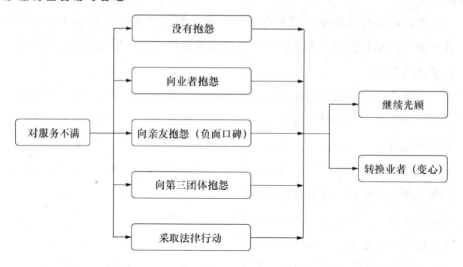

图 3 - 5 顾客对服务不满之后续反应

（3）对抱怨的作用持悲观态度。这是指顾客不认为企业有反省与改进的意愿，因此觉得"抱怨也没用"。这是属于"非不能，乃不为也"的原因。

（4）担心抱怨带来不愉快。有些顾客担心抱怨后会被服务人员无礼对待，甚至是带来人身安全上的威胁；另外，有些顾客感觉在社会经济地位、知识水平等方面不如业者，若抱怨会承受一定的压力（甚至是亲友的压力），这种情形在医疗、法律等专业服务中相当常见。

不满的顾客也有可能会向业者抱怨，主要动机是发泄不满情绪、想获得补偿、不希望其他顾客有同样的遭遇（同理心）、希望企业改进让自己以后享有更好的服务等。在几种顾客抱怨方式中，这一项对企业伤害最小、收获最大，因为这不但可以避免"家丑外扬"，还可以让企业有机会改进缺失，减少其他后来顾客不满的机会。因此，有真正服务与营销理念的企业不应把顾客抱怨当作"找碴"，而应该持"哀莫大于顾客心死"的警惕，欢迎顾客抱怨。

当然，顾客也有可能向亲友或第三团体（如消费者保护组织、媒体、业者之主管机构）抱怨，甚至向法院提出诉讼等。这些抱怨行为使得企业被蒙在鼓里，或是错过了在第一时间处理问题的机会。如果顾客向第三团体抱怨或采取法律行动，企业就必须有良好的危机处理与公共关系策略来应对。

　　图 3 - 5 显示，无论有没有抱怨，或是向谁抱怨，顾客还是得面对要不要继续光顾该业者或转换业者的决策。这个议题与顾客关系管理、顾客忠诚度等有关，因此将在第 5 章讨论。

📖 章末习题

基本测试

1. 购买过程包含哪三大部分？以服务业举例说明。

2. 影响知觉风险的因素是什么？以服务业为例说明。

3. 为何服务接触是重要的购买体验来源？

4. 何为部分员工或共同生产者？对于服务的生产有何意义？

5. 请说明知觉控制和哪三种控制的种类有关。

6. 角色扮演与服务剧本有何关联？它们又与服务营销有何关系？

7. 对服务不满的顾客有可能抱怨，也有可能不抱怨，分别的原因是什么？

进阶思考

1. 任何服务都有可能提供多重利益，多重利益是否越多越好，以便增进消费者的满意度？相反地，多重利益是否模糊了企业的定位，稀释了服务的主轴或重点，因而混淆了顾客对企业的认知？

　　动脑提示：这个问题表面上要读者"二挑一"，但须小心的是，管理实务上有太多的"视情况而定"。想想看，假设任何服务都有多重利益，那么企业如何处理或表现这些多重利益，是否会对企业定位与顾客认知产生不同的效果？

_____

_____

_____

_____

_____

　　2. "不满意即可在七日内退货"，许多厂商都有类似的保证以降低消费

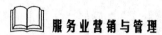

者的知觉风险。这项保证在服务业行得通吗？如果行不通，该如何应对？

动脑提示：对于该题目，读者应该懂得先"分类"服务。对于什么性质的服务，这项保证是可行的？如果不可行，想象一下，身为消费者的你希望用什么方式来降低不确定感与风险，才让你有尝试购买这项服务的意愿。

_____

_____

_____

_____

_____

活用知识

1. 请以某服务企业为例，找出知觉控制的三种形式，以及如何利用知觉控制来提高顾客满意度。

2. 请以百货公司专柜为例，观察三个服务接触的案例（即服务人员如何与顾客互动，他们之间有什么举动与对话等），然后为这个柜台写出可供服务人员参考的服务剧本。

第4章 顾客知觉价值、服务质量与顾客满意度

美丽之岛

真情流转，回味无穷

很多人在婚前都有一种美梦，想要依着山傍着水将婚纱照拍得美美的；很多人在婚后也有一种感叹，结婚后婚纱照就再也不拿出来看了。婚纱照拍得美不是难事，但是有真情流转其中，让人看了就感动落泪的婚纱照，就需要用心和创意了。

林煜为，曾经在知名婚纱公司担任摄影总监多年，在业界名利双收。"我在婚纱摄影业界十几年，以前只要礼服、造型和摄影强，婚纱照保证美美的，新人都很满意。"但是随着竞争者投入市场，婚纱摄影变成价格竞争，甚至连身为摄影总监的他都要到婚纱展上拉客推销，那时他不禁想："身为艺术创作者，看到自己的作品变成削价竞争的产品时，是很心痛的。"于是，林煜为在还没想出解决之道前就递出辞呈，他心中只想着："婚纱摄影对新人的意义难道只是拍美丽的相片，在婚礼现场展示之后就束之高阁？"

直到有一天，林煜为听着新人的爱情故事时，惊觉"每对新人都有他们自己的爱情故事，要把新人的故事拍进去，作品才会有感情"。他认为每对新人的独特之处就在于两人一路走来的经历，于是他仔细从新人的故

93

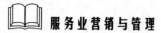

事中抽丝剥茧，构思呈现的手法，甚至画了电影分镜图，结果像电影画面一般的相片成形了。

于是，计算机成了网恋新人的婚纱照里功不可没的功臣：小学同班同学的新人都穿上了小学校服回到学校重温命运微妙的牵引；总是相隔两国的新人穿着婚纱在机场感受求婚当天的浪漫；为了考游泳救生员而相识的新人当然就在水中拍照；在加油站打工相识的新人穿着婚纱绑着红线，再次回到加油站前为他俩新的人生加油。

进入丽时婚纱摄影的主页，会发现每个作品都像一部部令人迫不及待想看的电影，虽只是几张相片，却传达了每对新人从相识、相爱到相守的历程。婚纱照成了时光机，带人停留在人生最美丽的时光。从新人上网的回应，可以发现丽时给他们的已经超越了美丽的婚纱，而是通过打动人故事的架构能力和摄影团队的创意巧思，将新人生活中的重要时刻或平凡细节，原汁重现也好，细腻捕捉也罢，将人生中最动人的真挚情感延续到未来。

于是，人生因为有真情，时光因而才美丽。

本章主题

婚纱摄影，原来不仅是拍照留念，也不仅是证明"我们结婚了"，而可以是两个生命历程的见证。丽时婚纱摄影之所以特别，是因为他们为新人们创造了特殊的价值。价值以及质量、满意度等观念是营销的根本，本章的焦点就在于此。本章的架构如下：

1. 顾客知觉价值：首先探讨为何需要讨论顾客知觉价值等观念，并说明顾客知觉价值的内涵与构成因素。

2. 服务质量：讨论PZB服务质量模式的概念、实务价值与盲点，并说明服务质量的构成方面。

3. 顾客满意度：说明顾客满意度的意义、形成与追踪。

▶▶ 4.1　顾客知觉价值

4.1.1　营销的本质：为顾客创造价值

本书第一篇共有两章，讨论了服务业的重要性、影响服务业的环境因素、服务的意义、特性与类型等，主要是让读者鸟瞰并了解整体服务业。第二篇第 3 章的消费者行为，则是营销人员的必备知识。读者在掌握了服务业营销与管理的基础之后，接着应了解"服务业营销管理与策略的焦点在哪里"。要回答这个问题，就必须回到营销的本质。

营销的本质是什么？各家说法略有出入。我们采纳美国营销协会（American Marketing Association，AMA；全球规模最大、最重要的营销学术团体）于 2004 年公布的定义：营销是创造、沟通与传递价值给顾客，及经营顾客关系以便让组织与其利益关系人受益的一种组织功能与程序。

以上定义显示营销强调价值的创造与交换。也就是说，组织通过营销创造与传递价值给顾客，重视顾客关系并满足对方的需求，以便让它本身及其利益关系人（包含员工、股东、供货商、经销商等）受惠。这项论点符合一代管理宗师彼得·德鲁克（Peter Drucker）知名的说法"企业的目的是创造并保有顾客"，即企业应该设法争取消费者的青睐，并继续满足他们的需求以便能长期往来。

> 营销强调价值的创造与交换，并重视顾客关系的经营。

上述观点已是现代企业的"普世观点"。浏览任何一家稍有规模的企业的网站，在企业愿景、使命或经营理念之下，总有一段文字直接或间接地表达"我们为顾客或大众提供什么价值"。例如，"104 人力银行"宣示"不止找工作，为你找方向"、"国宾大戏院"宣示"提供给影迷全台湾最震撼的影音享受"、"台北君悦大饭店"致力于让旅客"享受精致时尚生活"等。营销是最贴近市场的企业功能，因此由营销挑起这些主张的担子，也就理所当然了。

由上可知，服务业的营销管理与策略必须聚焦于为顾客创造价值，以便能满足顾客，同时提升企业永续经营的机会。

必须强调的是，价值固然是由企业来创造、沟通与传递，但它不是企业说了算，而是必须由顾客来理解、诠释与感受，才能真正让顾客认同与满意。因此，学术界普遍采用顾客知觉价值（Customer Perceived Value，CPV）的说法以贴近这个观念的内涵。

顾客知觉价值是增进顾客满意度的重要元素，它由两大因素构成，即顾客所享有的质量/利益以及为了取得服务而必须付出的成本/代价（见图4-1）。这两大因素主要是由服务营销管理的七大功能（以下简称"7P"）塑造而成。也就是说，企业使用"7P"作为管理工具，决定了他们的顾客付出多少成本/代价，以享有某些服务质量/利益，进而为顾客创造价值与满意度。

> 顾客知觉价值由两大因素构成，即顾客所享有的质量/利益以及为了取得服务而必须付出的成本/代价。这两大因素主要是由服务营销管理的七大功能塑造而成。

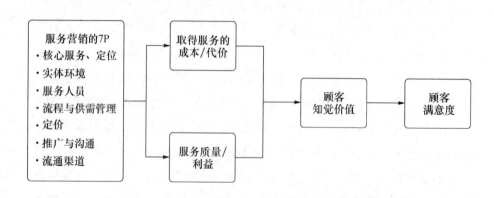

图4-1 服务质量、顾客知觉价值与顾客满意度的关系

例如，威秀影城为了让影迷在花费约300元新台币（电影票加零食饮料）的成本下，能够得到"在豪华舒适的气氛下享受热门电影"的利益，因此主要播映好莱坞大片，实体环境讲求设计感与现代装潢，服务人员要经历一定的礼仪与应对训练等。相反地，二轮电影院则以较偏僻的地点、一般的实体环境与服务人员等，让影迷花费大约200元新台币以获得一般的观影质量。

服务营销的七大功能将分别在第7~13章中详加说明。在学习往后各章时，读者应该要回顾图4-1及相关的内容，如此一来不但可以避免

"不知为何而读"的疑惑，更可以连贯地掌握本书的内容。

4.1.2 顾客知觉价值的基本观念

顾客知觉价值涉及两大要素：付出与收获。付出是指在取得与使用产品的过程中，顾客必须承担的成本或代价；收获则是指顾客享有的质量与利益。因此，我们可以将顾客知觉价值定义为"顾客在综合考虑了取得产品的成本/代价与得到的质量/利益之后，做出的效益评估"。

根据以上定义，增进顾客知觉价值有两大途径：降低成本/代价及提高质量/利益。如果设身处地从消费者的购买情境来思考，就可以发现成本/代价与质量/利益并不开始于也不结束于购买的那一刻。如图4-2所示，从产生购买的念头开始（购买之前），到购买当中，乃至购买之后，它们都可能存在，而且在每个阶段的内涵有所不同。另外，它们也会分别形成整体的成本/代价以及整体的质量/利益，并共同影响顾客知觉价值①。

> 顾客知觉价值是指顾客在综合考虑了取得产品的成本/代价与得到的质量/利益之后，做出的效益评估。

> 增进顾客知觉价值有两大途径：降低成本/代价及提高质量/利益。

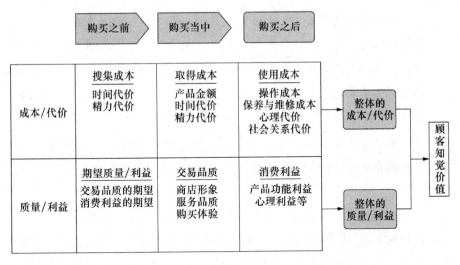

图4-2 顾客知觉价值的构成因素

所谓"整体的成本/代价及整体的质量/利益共同影响顾客知觉价值"，可以用简单的数学概念来说明。顾客的价值评估有差异法与比率法。例

---

① 由于顾客知觉价值及图4-2的架构适用于多种产品形式，因此本章多处提到的"产品"应以广义来看，它包含制成品与服务等。

97

如，某位消费者如果觉得他付出了 10 分，却只获得 5 分的利益。使用差异法（利益 - 成本）可得到 -5 分的差异，而使用比率法（利益 ÷ 成本）则得到 0.5，都会让这名顾客做出较低的价值判断。差异法要得到正值，比率法要得到 1 以上，顾客才会有"物超所值"的感觉。

当然，消费者的思维并非如此精细计算，但价值的评估与成本/代价及质量/利益密切相关，这是不争的事实。以下是某消费者在某家店受气后发表的网络文章（已局部修改并隐匿真名），从中可以看出一般消费者如何评估价值：

> 我因为工作顺路的关系，最近几年都是在××路上的××3C 量贩店购买计算机产品。当然他们的服务也不错，尤其是店长，态度亲切不用说，他简直是计算机达人，所有"疑难杂症"都难不倒他，有问题打电话去问还乐于服务。但是，前几天在店里我遇到了超级不爽的事情。
>
> 我已经有超过半年没去这家店，那天去是为了看笔记本电脑。没看到原来的店长，后来得知他离职了。我看了几台，问最轻巧的是哪一台，有一位瘦高男店员说："那要看你对轻巧的定义。"好吧！算我不懂，于是我说："我常出差，不要太重的，1.5 公斤以下。"然后他居然说："计算机又不是水果，不能只是看重量啦！"同时还瞄我一眼！那时超过他们闭店时间只有大概 3 分钟，他还说："看你要不要回去想清楚需求，过几天再过来？"我永远都不可能再踏进一步了！

以上的案例显示，这名消费者在购买之前对这家商店的印象不错（购买之前对消费利益的期望不差），而且因为是老主顾了，对这家商店相当了解（信息搜集的成本低），并预期店长会给予良好的服务（预期交易质量不差）。但是，这回店家的服务品质却异常差劲（交易质量不佳），使得这位消费者购买之后还是愤愤不平（心理代价太高）。由于这名消费者的整体成本/代价比质量/利益还大，知觉价值极差，决定从此不再光顾。

有些读者比较图 4 - 1 与图 4 - 2 之后或许会纳闷：为什么两个图中的影响因素不同？不会抵触吗？其实，这两者没有抵触，反而是相辅相成的。图 4 - 1 是从管理人员的角度思考"我们掌握什么工具，可以影响

98

消费者的成本/代价与质量/利益",因此发展出服务营销的七项功能。图 4 - 2 则是探讨在消费者的购买过程中,哪些因素会影响成本/代价与质量/利益。因此,两个图只是角度不同,了解这两个角度都具有实务价值。

4.1.3 顾客知觉价值的构成因素:成本/代价

消费者在购买过程的三个阶段中,会分别付出搜集、取得与使用成本,这三类成本/代价会综合起来形成消费者的整体成本/代价。相关观念说明如下:

4.1.3.1 购买之前的成本/代价:搜集成本

消费者在察觉购买的需要后,会展开信息搜集(information search)。消费者通常先进行内部搜集(internal search),即从记忆中寻求信息;当内部信息不足时,则会依赖外部搜集(external search),即从商业、公共与人脉渠道等搜集信息。这些搜集活动都会衍生搜集成本(search cost),主要是时间与精力上的牺牲。

营销人员应该设法降低消费者的搜集成本,以提升顾客知觉价值。由于深刻记忆来自深刻的感动,因此降低内部搜集成本的方法之一是把握每一次与消费者接触的机会,创造难忘的经验。难忘的经验通常令人津津乐道,造成口碑快速广泛流传,因此也有助于降低缺乏直接经验者的外部搜集成本。例如,有人观赏了《宝莱坞生死恋》、《心中的小星星》、《三个傻瓜》等影片后对印度宝莱坞电影赞不绝口,不但下回观赏印度电影的概率大增,还可能对周遭朋友进行宣传推荐,降低他们在选择非主流电影时的搜集成本。

另外,让消费者方便使用信息渠道,是降低外部搜集成本的有效方法。例如,灿坤 3C 在店家外墙上贴出它们是"电器医生",大幅降低了消费者寻找修理电器店家的时间。家乐福等各大卖场也在主要入口处放置商品目录,介绍全店的商品与售价,省去了消费者在卖场内一一寻找商品的时间,还能顺便促销商品。

应该提醒的是,网络普及使得消费者的外部搜集更为方便(搜集成本下降),也让消费者变得更"精明"。雄狮旅行社副总陈宪祥在某座谈会上就提到:

消费者在购买之前的内外部搜集活动会衍生搜集成本,主要是时间与精力上的牺牲。

为顾客创造难忘的经验,提供方便使用的资讯渠道等,可降低内外部搜集的成本。

99

现在的消费者要去北海道，他就会到网络上搜寻，找到两三家北海道行程做比较，比完了还打电话到旅行社问，"你们第三天的那个点为什么跟别家不一样"。他的功课做得比旅行社还努力，需求的样貌跟以前完全不同。五年前他们比完后打电话进来，大概有一半是要成交的，但从 2005 年、2006 年开始不一样，他们不但会问旅行社，还会到网络上去问：雄狮这家旅行社好不好、这个行程好不好、这个领队好不好、这个服务员好不好。所以，在过去十年的发展过程中，我们发现，因为网络，消费者进步了。

因此，在网络时代，如何为消费者提供方便、足够、有说服力的信息，对顾客知觉价值及购买决策，具有关键的影响。

4.1.3.2 购买当中的成本/代价：取得成本

取得成本（acquisition cost）是指为了获得产品而必须付出的代价，其中产品金额是最主要的取得成本，其他的则有时间与精力牺牲。依据理性行为观点，降低产品售价可以提高知觉价值并刺激销售量，但值得注意的是，对于奢侈品或是那些消费者倾向于用价格来推断质量的产品，售价过低却有反效果。

企业如果能显著减少消费者取得产品的时间与精力牺牲，不但可以获得消费者青睐，也较能避免陷入恶性价格竞争。例如，7 - Eleven 因地点便利、陈列整齐、服务快速等而大幅减少了消费者的购买时间与精力，因此虽然产品价格不低，顾客仍是络绎不绝。另外，部分服务业者"代客停车"，或是快餐店的"得来速"也属于降低取得成本的手法。

> 显著减少消费者取得产品的时间与精力牺牲，不但可以获得消费者青睐，也较易维持较高的售价。

4.1.3.3 购买之后的成本/代价：使用成本

从许多人"拥有是灾难的开始"的经验中不难理解，消费者在购买之后会遭遇多种使用成本（usage cost），包含操作、保养与维修成本，以及从中衍生的心理代价（因使用产品而导致如烦躁、焦虑等心理状态）。对于制成品而言，这些成本与代价并不难想象（设想你不幸买到操作复杂的手机或故障连连的汽车）。至于服务，计算机维修不当带来的种种不便、顾问建议错误使得经营困难等，都会让当事人遭遇操作成本与心理代价。

顾客在购买服务之后，也有可能付出社会关系代价。例如，因为设计师的调色失误而染了一头鲜艳的发色，被上司视为不专业；花大钱购买事后证明无效的健身计划，换来另一半的责骂。这些案例都牵连当事人的人际交往或团体关系，而不利于顾客知觉价值。由此可见，企业可以设法通过减少社会关系代价来提高顾客知觉价值。

4.1.4　顾客知觉价值的构成因素：质量/利益

相对于成本/代价，消费者在购买过程的三个阶段中，分别享有不同形式的质量/利益，而这三类质量/利益会综合起来形成消费者的整体质量/利益。

4.1.4.1　购买之前的质量/利益：期望质量/利益

在购买之前，实际的质量和利益还没发生，但是消费者对于接下来两个阶段的交易质量与消费利益，会产生期望。在这一阶段，企业最应留意的是传达切合实际的、能够做到的承诺，免得消费者期望越高失望越大或是因不当期望造成误会，而减损了顾客知觉价值。企业应小心处理消费者期望的另一个主因是期望与服务质量及消费者满意度等观念息息相关，有关这一点将在第4.2节及第4.3节中说明。

4.1.4.2　购买当中的质量/利益：交易质量

对于许多消费者，购买是一种为产品加值的过程。有时候，购买本身的重要性甚至超越产品，如有些人重视餐厅的气氛甚于餐饮、店员的笑容甚于货品等。因此，包含了商店形象、服务质量、购买体验等因素构成的交易质量（transaction quality）是决定顾客知觉价值的关键因素。

商店形象（store image）是指消费者综合某家商店的功能属性（如商品组合、价格高低、陈列方式）及心理属性（如归属感、亲和力、趣味性）而形成的感觉。商店形象越正面，越能让消费者感受到购买的重要性，也越能提升消费者对产品与购物过程的评价。许多精品店限制店内的顾客人数，就是为了避免店内过于拥挤而破坏了商店与产品的尊贵价值。

服务质量（service quality）包含实体环境（physical environment）、服务人员（personnel）与服务过程（process），即专属于服务营销的"3P"元素。它涵盖的观念与意义相当丰富，是近二十年来最受营销学术界与业界重视的议题之一，将于第4.2节详细讨论。

另外，消费者在购买时也等于在经历一场体验。购买体验（buying experience）是指沉浸在购买情境中的消费者因感官、情绪与认知被刺激而在

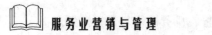

意识中引发的美好感觉。顾客体验在近几年受到学术界与实务界的高度重视，第6章将深入讨论。

4.1.4.3　购买之后的质量/利益：消费利益

消费者在购买之后得到的利益包含功能利益与心理利益等，前文已有所说明，这里不再赘述。本小节特别提出一个值得注意的现象：全球有越来越多消费者对于服务与消费利益的要求不仅停留在吃饱喝足、消磨时间、方便就好等显而易见的层面上，而是注重与内在精神、健康幸福、公共利益、地球环保等相关的意义。

我们以餐饮为例说明。全球的素食人口（不一定全素，但以食用蔬果及五谷杂粮为主）越来越多。2012年，印度的素食人口比例为全球之冠，达12%（约1.5亿人）；德国与英国分别是8%（约640万人）与7%（约420万人），是欧洲的前两名；中国台湾则是大约10%，比例不低。根据调查，素食消费者的动机多是为了健康养身、爱护动物、保护地球、宗教信仰等。

英国知名主厨，也是全球最富有的主厨杰米·奥利佛（Jamie Oliver）专门在推动健康饮食的观念，《天下杂志》曾经报道过他的事迹：

> 奥利佛的理念很简单：要从小教育孩子认识真正的食物，学习健康的烹饪方法，并使用新鲜食材，才能改变饮食习惯，避免垃圾食物和加工食品的侵袭，以及肥胖导致的各种疾病……他更前往世界最不健康的国家——美国，从小镇扎根，和小区、学校合作，推广健康饮食和烹饪教学。并将每年5月19日定为"食物革命日"，至今已有62个国家、600多座城市响应……"我深信食物的力量，在家庭占有一席之地，为我们留住生命中的美好。"奥利佛说。他将继续"通过食物，帮助他人找到自己的力量"。

原来，食物可以"留住生命中的美好"以及"找到自己的力量"，这个观念正在普及并改变许多人的饮食，如中国台湾有越来越多的小学推动一周一次素食午餐，甚至出现一周四天素食午餐，如云林古坑的桂林小学。像这类非主流的、正在发展的趋势，值得营销人员多加留意。

4.2　服务质量

在图 4-2 的多项因素中，服务质量受到的重视远超过其他因素，主要原因是质量一再被证明与顾客满意度及忠诚度等密切相关。有关服务质量的讨论中，以 PZB 模式最受瞩目；第 4.2.1 小节至第 4.2.4 小节的讨论以该模式为焦点，第 4.2.5 小节明确定义服务质量。

4.2.1　PZB 服务质量模式：基本观念

美国三位学者 Parasuraman、Zeithaml 和 Berry 于 1985 年提出一个知名的服务质量模式，简称 PZB 模式（PZB model）或 PZB 缺口模式（PZB gap model）（见图 4-3）。根据该模式，服务质量（service quality）取决于消费者期望的服务（expected service）与认知的服务（perceived service）之间的差距，即缺口五；当认知的服务达到或优于期望的服务，是正面的质量，反之则是负面的质量。缺口五可被称为服务质量的缺口（service quality gap）。

根据 PZB 模式，服务质量取决于消费者期望的服务与认知的服务之间的差距。当认知的服务达到或优于期望的服务，是正面的质量，反之则是负面的质量。

典范人物

向往与追求美好社会的智慧女性
——殷允芃

当许多人为了牛肉该不该进口而吵成一团时，《天下杂志》冷静地分析了"一块牛排背后的秘密"；当缅甸开始向世界开放时，《天下杂志》派人前往采访并发表"不可思议的缅甸"；当中国台湾许多中小企业对经营彷徨时，《天下杂志》引进了"隐形冠军"观念；当吴宝春无法在中国台湾申请 EMBA 时，《天下杂志》指出了中国台湾高等教育的问题。

"假如世界是个黑黑的舞台，媒体就像探照灯一样，你打在哪里，观众就看到哪里。"《天下杂志》发行人殷允芃将媒体的重要性做了个巧妙的比

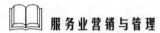

喻。三十多年来,《天下杂志》探照了中国台湾与世界的许多角落,因而被其他地区的媒体誉为"反映台湾成长的一面镜子"、"台湾最有影响力的杂志"等。

殷允芃曾任《纽约时报》、《亚洲华尔街日报》、《经济学人》的驻台记者或特约撰述。1981年,她向母亲借钱,在众人"皆曰不"之下创办一本强调高质量、不流俗的财经杂志。她告诉自己三年内若没成功就改行当翻译,但最后证明她的理想与坚持是对的。创刊号在两天之内销售一空,并再版了三次,这本创刊当年也被誉为是台湾媒体进入专业时代的分水岭。

由于殷允芃坚信经济发展与政治、社会、环保等息息相关,因此《天下杂志》不走狭隘的财经杂志路线,而是以人文关怀的角度探讨社会上的多元议题。基于对社会各层面的关心,同时也为了杂志差异化,她后来还创办了《康健》、CHEERS以及《亲子天下》等。

不过,殷允芃对社会的关怀不只是表现在纸上,而是结合公关与社会运动的手法,带动更多人关心社会,其中最有名的是带动数十万人走访各乡镇的"319乡"活动。为什么举办这类活动?殷允芃认为许多台湾人对台湾缺乏认识,同时"台商如同放上天去的风筝,心之所系的那条线是不是还能紧紧跟台湾联系在一起?每当台商午夜梦回时,是否能知道自己的家在哪里、是为谁而战?我们希望举办这项活动让台湾有如家一般的温暖感觉。"

殷允芃被誉为是"安安静静做大事"的智慧女性,她如今还在坚持《天下杂志》的理念:向往与追求一个美好的社会。

例如,预料24小时内该送达目的地的运输服务果然如期完成,或是某银行行员如预期般地以满脸笑容、主动积极的态度解答疑问,就会让人感受到正面的服务质量。相反地,如果该运输服务花费30小时才完成任务,或是该行员面无表情、动作迟缓,则会带来负面的服务质量观感。

根据PZB的看法,服务质量的缺口(缺口五)由下列四种缺口促成(见图4-3)。

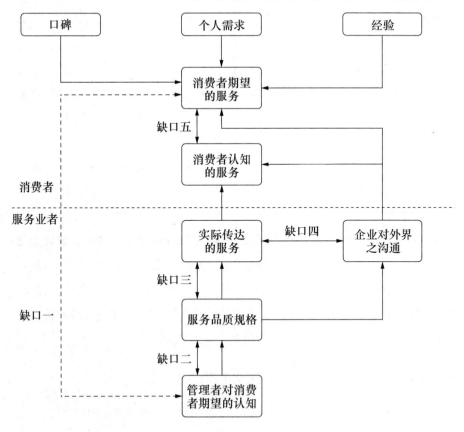

图 4 - 3　PZB 服务质量模式（PZB 缺口模式）

资料来源：Parasuraman, A., V. A. Zeithaml and L. L. Berry. A Conceptual Model of Service Quality and Its Implications for Future Research［J］. Journal of Marketing, 1985, 49（Fall）：41 - 50.

（1）缺口一，即顾客知识的缺口（customer knowledge gap）。这是指"管理者对消费者期望的认知"与"消费者期望的服务"之间的落差，通常取决于业者是否关心市场需求、是否有效使用市场调查等方法了解消费者等。管理者越了解消费者或越能掌握顾客知识，这个缺口就越小。

（2）缺口二，即质量规格的缺口（quality specification gap）。这是指"管理者对消费者期望的认知"和"服务质量规格"之间的差距，主要是由组织的资源多寡、是否真正落实顾客导向的观念、对服务的要求与用心程度等因素决定。

（3）缺口三，即服务传递的缺口（service delivery gap）。这是指实际传递的服务是否遵照既定的质量规格，主要决定于员工训练与技能、设备与仪器的质量、员工奖励制度等。

（4）缺口四，即外部沟通的缺口（external communication gap）。这是指企业对外传达的形象与承诺是否符合实际的服务情况，主要决定于企业是否了解消费者的信息需求、广告企划或沟通人员对服务实况的理解程度、沟通的内容与方式是否恰当等。

回到前述的运输服务的例子。该业者花费 30 小时运送，有可能是因为不了解顾客需求，误以为顾客把安全放第一，速度摆第二（顾客知识的缺口）；也有可能业者正确掌握了顾客对速度的要求，但却因为对这个行业缺乏深度了解，而难以制定相关的质量规格（质量规格的缺口）；或许规格不成问题，有问题的是员工因怠惰拖延运送流程（服务传递的缺口）；最后，也许 30 小时的运送速度在产业中已是佼佼者，但公司却把"今天上午投递，明天傍晚送达"的服务方案，利用"一天内送达"的广告文案大肆宣传，而造成了顾客希望 24 小时内可送达的预期（对外沟通的缺口）。

4.2.2 PZB 服务质量模式：实务价值

PZB 模式有两大实务价值：清晰易懂；为管理人员提示了管控服务品质的方向。

20 多年来，PZB 模式受到广泛的讨论与引用。一般认为，PZB 模式有两大实务价值。首先，这一模式主张服务质量（缺口五）是一种消费者观感，而这个观感的形成主要决定于业者的服务质量认知与作为。这项观点符合常理，加上模式中的因素为管理实务上的普遍观念，且因素之间的前后关系与缺口观念也不难理解，因此对管理人员而言，PZB 模式清晰易懂、容易被接纳。

另外，PZB 模式还提示了管控服务质量的方向；也就是说，模式中的前四个缺口提醒管理阶层，为了确保服务质量，相关人员必须合理塑造并掌握消费者期望，并切实地将消费者期望转换成质量规格，且根据该规格传递服务，让消费者感受到所期望的服务得以实现等。这项提示是营销规划与内部管理上的重要参考。

为了强化 PZB 模式的实务价值，三位作者于 1988 年提出针对前四个缺口的应对措施。从表 4-1 可以看出，这些措施涵盖组织内外部沟通、高级主管的理念与领导、员工训练与管理、评鉴与奖惩制度等。显然地，服务质量的管理并非某个特定部门的工作，而是必须由所有部门与全体员工共同承担。

表 4 - 1　服务质量四大缺口的应对措施

缺口	缩减缺口的措施
缺口一： 顾客知识的缺口	• 相关决策人员直接与顾客交谈沟通 • 通过营销研究了解消费者需求 • 鼓励现场服务人员直接向高阶主管反映消费者需求 • 考虑组织扁平化，让主管更能倾听市场的声音
缺口二： 质量规格的缺口	• 高阶主管必须有贯彻优良服务质量的决心，并能以身作则 • 融合顾客、现场服务人员与管理阶层的观点，制定服务质量的目标 • 应用科技或改造流程将服务标准化（如提款机、自助餐用餐方式） • 高阶主管应正面看待制定质量规格的可行性
缺口三： 服务传递的缺口	• 提升团队合作的意愿 • 确保员工能力能配合工作需求 • 确保设备、仪器与技术能配合工作需求 • 让服务人员感觉到能掌控其工作任务（有所作为），降低其无力感 • 实施服务人员评鉴制度 • 减少服务人员的角色冲突（如夹在公司与顾客需求之间而左右为难） • 减少服务人员的角色模糊（如任务不明，不知该如何把工作做好）
缺口四： 外部沟通的缺口	• 做好水平沟通（如营销企划、广告企划、服务人员之间应良好沟通） • 避免夸张宣传或夸大承诺

资料来源：Parasuraman, A., V. A. Zeithaml, and L. L. Berry. Communication and Control Processes in the Delivery of Service Quality [J]. Journal of Marketing, 1988, 52 (4)：35 - 48.

4.2.3　PZB 服务质量模式：盲点

PZB 模式发表后也受到一些批评，主要集中在服务质量的衡量方式及如何解释衡量的结果，说明如下：

（1）衡量顾客期望的时点。根据 PZB 模式，我们必须分别衡量顾客的期望服务与认知服务，然后求取两者的差，才能得知服务质量（假设分数越高代表越好，则认知等于或大于期望代表正面质量；反之，则是负面质量）。就理论而言，期望服务应该在购买前一刻衡量，而认知服务则是在购买之后衡量，然而这在实务上却窒碍难行。若是在顾客购买后才一起衡量这两个项目，却又违背了期望的意义（因为"期望"是事先的，而非事后的）；同时，购买之后的经验极可能会影响顾客对期望题项的反应，而严重影响调查的效度。

（2）顾客是否确知期望。顾客是否确知他的期望或该如何正确描述期望，也不无疑问。对于许多专业服务或经验有限的服务，消费者往往不知从何预期。另外，消费者平日接触多种服务业，而且每个行业的质量又涉及多个方面，面对众多行业的许多服务方面形成期望，显然超过多数人的头脑负担。因此，期望恐怕是个模糊的、不易衡量的观念。

（3）比较的谬误。我们先用个模拟。甲这次考试比上次进步4分，乙则退步2分，谁考得比较好？显然地，两者无从比较。同样地，以表4-2为例，某人对A银行的服务期望很低（2分），对B银行却很期待（6分）；但经过实际接触后，对A的认知服务是3分，B是5分。根据PZB模式，A的服务质量是1分，B则是-1分，因此A的质量比B好。但是，这位顾客事实上对B银行的认知服务是优于A银行的。由此可见，这种比较的谬误相当明显。

许多研究是直接以消费者的认知服务来衡量服务品质。

正因为以上的盲点，许多研究都不是以期望服务及认知服务之间的差距来衡量服务质量，而是直接以消费者的认知服务来衡量，即衡量顾客感觉到的服务表现水平。根据这种衡量方式，以表4-2为例，A银行的服务质量就是3分，而B银行则是5分。事实上，有些学者已经证明了直接衡量顾客的认知服务，比衡量期望与认知服务的差距，更具备研究上的效度（validity）。简单地说，效度是指我们是否真正衡量到想要衡量的东西。

表4-2　PZB模式的盲点之一：比较的谬误

项目	A 银行	B 银行
期望服务	2	6
认知服务	3	5
认知—期望	1	-1
根据 PZB 的解读	正面质量	负面质量

注：衡量尺度为1~7分，越高代表越好，4为中间值（不好也不坏）。

必须提醒的是，读者不应过度解读以上内容，认为顾客期望不重要，可以完全忽略。以上内容主要是指出根据 PZB 模式对服务质量的定义，期望具有衡量不易等潜在问题，但并没有否定期望在消费者决策、行为与反应上的重要性。

4.2.4　服务质量的构成方面

第 4.2 小节到目前为止，以 PZB 模式为焦点讨论了服务质量的形成过程，但还没有谈到"服务质量的组成成分"。也就是说，之前提到顾客期望服务与认知服务，到底是期望或认知到服务的什么层面，本章还未触及。从管理的角度来看，了解服务质量的组成成分，服务质量提升的工作上才有明确的管理标的，也才能妥善分配资源与设定绩效指标等。

多年来，营销学者不断探索"相对于制成品，服务在营销管理上有哪些独特且重要之处"。绝大多数学者认为由于服务有其特性，传统的营销组合（"4P"）不足以涵盖服务业的营销功能，因此需要新的元素来补充原有营销组合的不足。综合学界的建议，新的元素有实体环境（physical environment）、服务人员（service personnel）与服务过程（service process），与传统的营销组合加起来简称为"7P"。服务质量的构成方面就是这三个新增的因素。

本书第三篇将深入讨论"7P"，因此以下只是概括性地说明服务质量的构成方面（见表 4-3）。

服务质量有三大构成方面：实体环境、服务人员与服务过程。

表 4-3　服务质量的构面

构成方面	项目	消费者可能的反应
实体环境	空间/功能	这里的摆设非常整齐、干净
	周遭情境	这地方的灯光、音响好柔和，很"罗曼蒂克"
	标志/装饰	这场地标示不清，像个迷宫，让人团团转浪费时间
服务人员	可靠性	这家伙的表现像月亮，初一和十五不一样
	响应热诚	他的响应迅速，马上就能切中我的需要
	信赖感	这个人獐头鼠目，让人很不放心
	同理心	她常站在顾客立场设想，尽速解决问题
服务过程	精确度	这家公司是乌龙大王，常把东西寄错地址
	延误处理	他们常拖延交货，而且没有任何赔偿

4.2.4.1 实体环境

服务的实体环境与提供服务的空间或所在地有关，包含以下三个部分：

（1）空间/功能。包含空间设计与门窗、桌椅、地板、天花板、服务柜台、仪器等设施。消费者在还没有进入服务场所之前，就有可能先看到场所内的设施与设备是否清洁、整齐、新颖、方便、安全等，并马上产生第一印象，从而影响对业者的质量判断。对于已经在服务场所中的消费者，设施与设备对质量观感与消费行为的影响更大。

（2）周遭情境。服务场所也有软件的一面，也就是由视觉、听觉、嗅觉等构成的气氛。室内装潢的设计与色调、音乐、气味、服务人员的穿着等，都会影响消费者的内心感受、对业者的看法等。例如，一般高级西餐厅都是播放柔和的音乐，以年轻人为目标市场的则是以西洋及流行歌曲为主，这都是为了投顾客之所好，并塑造餐厅的质量观感与形象。

（3）标志/装饰。这是指在服务环境中是否有清楚的指示、地图、流程图等。一般而言，身处在大面积的服务场所或业务比较复杂的机构（如医院、车站、政府机构），顾客很容易迷失方向或不甚了解服务流程。因此，置身其中很容易迷惑、受挫折、情绪波动、感觉时间压迫等。由此可见，标志的设计与服务质量息息相关。

4.2.4.2 服务人员

凭着我们的生活经验或观察，就不难理解服务人员对服务质量具有举足轻重的影响。那么，服务人员哪些方面与服务质量有关？PZB 在一系列有关服务质量的研究中，曾经发展出一套称为 SERVQUAL 的服务质量量表，当中除了有形性（tangibles）（实体环境）之外，还包含四个与服务人员有关且被广泛引用的方面，简要说明如下：

（1）可靠性（reliability）。这是指服务人员是否能维持一致且精确的水平。服务人员的态度、服务方式、问题处理技巧等，都应该要维持在一定的水准上，以免因表现方式与水平飘忽不定，而造成顾客的困扰与不满。观察知名连锁店如麦当劳、7 - Eleven 的服务人员，无论是从客人进门的"欢迎光临"到客人离去时的"谢谢光临"招呼语，还是递送物品、找零钱的基本动作等，都有相当一致的表现。这些都是公司方面力求员工可靠性的结果。

（2）响应热诚（responsiveness）。这是指服务人员主动协助顾客与迅速响应顾客要求的能力。当顾客提问、要求、埋怨时，服务人员的响应速度经常被用来判断服务人员的热心与诚意。响应太慢，往往给人热心不足、没有诚意等负面感觉，因而容易引起埋怨与纠纷。航空界偶有所闻的纠纷事件的起因之一，就是乘客感觉到航空公司没有及时通知或迅速应对飞机的误点。相反地，快捷的回应往往带来正面的质量形象。

（3）信赖感（assurance）。信赖感是指服务人员的言语行为是否可以令人相信与安心。对于涉及消费者钱财、健康、生命的服务业，信赖感尤其重要。服务的实际表现与成果以及服务人员的专业知识等，是信赖感的重要来源，如每一回的服务都言出必行，而且表现出专业精神，信赖感就得以慢慢累积，服务质量形象也跟着提升。

（4）同理心（empathy）。这是指服务人员是否容易亲近、不摆架子、关怀他人等。同理心能激发亲和力，通常是通过眼神、笑容、谈吐、肢体语言等表现出来。服务人员越有同理心，顾客感受到的服务质量当然就越好。

纵横天下

帕克鱼铺以创新、热情及信念感动顾客

走在西雅图的帕克市场里，远远就可听到一阵阵开朗有劲的歌声应和着游客的掌声，循声而去，便看到身着制服、态度自在、满脸笑容的帕克鱼铺店员勤快地工作着。当店员冷不防地"丢"起鱼来，看着肥美的鱼像篮球一样灵巧地飞梭时，现场顿时欢声雷动。丢鱼告一段落，店员不但主动邀请游客合照，还免费提供超大只的鱼当"道具"入镜。

帕克鱼铺成立于1965年，20多年后的某一天，有人在例行会议上突发奇想：何不做个"举世闻名"的鱼铺？就此开启了小人物的传奇。鱼铺员工以"相信自己可以掌握生活并为他人带来正面影响力"为使命，不论客户是否买鱼，都要让他们感受到温暖与真诚，并且体会到"改变操之在我"的哲理。正因为他们坚持这样的信念，所以"举世闻名"自然来到他们的面前：帕克鱼铺上过大大小小各类媒体，甚至成了企业和大学的教学个案。每年来自世界各地的游客在这感受到的不只是"丢鱼"的美姿，还有丢鱼背后那种相信自己的信念。

111

4.2.4.3 服务流程

服务流程应该讲求正确无误，也就是在最恰当的时刻将最恰当的服务送到最恰当的地方。没有按时完成服务、提供有瑕疵的服务、传递服务到错误的地方等，都是服务流程中的精确度出现问题，也为服务质量带来负面冲击。

另外，服务难免会发生延误，因此对于延误以及因延误带来的顾客等待应如何处理，也是重要的服务质量管理工作。这方面的工作重点之一在于影响顾客的知觉时间（perceived time），也就是当顾客正在等待时，应尽力让顾客觉得时间过得很快，如让等候的顾客阅读报纸杂志、欣赏水族箱内的鱼群等。另外，服务人员也应告知延误的情况，尤其是延误的时间，以让消费者降低不确定感，并可调整行程等。

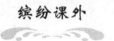

缤纷课外

电影：型男飞行日志

"所有的领导者与全世界的英雄都曾经坐在你的位置。"

"这是你人生的下一页，早一点认清能让自己更幸福。"

这是电影中男主角布莱恩工作时常讲的话，他的工作让他一年有322天在飞机、旅馆中度过。因为他任职于专门替各公司处理裁员问题的人力顾问公司，他是在第一线告诉员工"you are fired"，也是第一时间陪伴他们的陌生人。

正因为裁员总是面对员工错愕、震惊、愤怒、茫然等失控的情绪及哭诉，于是由布莱恩替各公司承担他们想要逃避的责任，免除公司开除员工时的尴尬、痛苦过程。布莱恩善于运用感同身受的表情和眼神以及激励人心的说话术，抚慰那些沮丧的心灵，并进一步提出渡过失业时期、找到下一个工作的计划，甚至鼓励员工重拾实践年轻梦想的勇气。

反观，电影中另一位菜鸟同事则提出将解雇视讯化可降低成本的建议，总是以事不关己、理性、专业的态度面对解雇者的反应。直到有一天，一位被她解雇的员工自杀后，菜鸟受不了打击而辞职。人力公司再度正视到"被解雇员工的感受、知觉"才是解雇服务的质量和客户（裁员的公司）满意的来源。

4.2.5 小结：服务质量到底是什么

根据上述讨论，我们将服务质量定义为"消费者主观认知到的服务表现水平"。这个定义认为服务质量来自消费者的认知（cognition），即对某事物的解读、评估与判断。至于表现水平（performance levels）的意义，是消费者会对服务做出程度高低、好坏优劣等判断。

> 服务质量的定义是消费者主观认知到的服务表现水平。

这项定义并没有被纳入 PZB 模式中期望与认知的缺口观念。原因之一是避免第 4.3.3 小节提到的诸多衡量问题；原因之二则是如果期望与认知服务的差距真的构成消费者的服务质量观感，那么这也应该会反映在消费者对于服务水平的主观认知中，因此我们就不需多此一举将缺口观念纳入定义。

应该提醒的是，服务质量也是个多方面的观念（参考第 4.2.4 小节）。但是，不同的服务业，构成方面之间的相对重要性有所不同。例如，对于餐厅，实体环境与服务人员可能同样重要，但对于顾问咨询业，服务人员应该远比实体环境重要。另外，个别构成方面之下的项目也因服务业而异。例如，实体环境对餐厅与旅馆都非常重要，但前者主要在于用餐环境，后者却可能包含住宿、用餐、休闲环境等。

▶▶ 4.3 顾客满意度

4.3.1 顾客满意度的意义

顾客满意度（customer satisfaction）是指顾客因购买与消费而引发的愉悦或失望的程度。更具体地说，无论来自个别的或长期累积的交易经验，顾客往往对于某家企业或某个产品都会评头论足一番，并产生正面或负面的情绪，而这些情绪反应就是满意度。

顾客满意度会影响顾客忠诚度、口碑流传、再购意愿等，并进而影响企业永续经营的基础。

满意度达到某个强度时，忠诚度才会大幅攀升。

顾客往往对于某家企业或某个产品（不管是整体或各个层面，如服务态度、接待流程、产品表现）都会评头论足一番，并产生正面或负面的情绪（affect），而这些情绪反应就是满意度。

现代企业普遍强调顾客知觉价值，就是为了创造顾客满意度。顾客满意度之所以受到重视，是因为它会影响顾客忠诚度（customer loyalty）、口碑流传（word‑of‑mouth）、再购意愿（repurchase intention）等，并进而影响企业永续经营的基础。

顾客满意度与顾客忠诚度的关系并非线性关系（非等比例的关系）。如图4‑4所示，当顾客感觉不满时，忠诚度极低；有点满意时，忠诚度会随着满意度逐渐增加，但大致上还是处在低档；只有满意度到达某个强度时，忠诚度才会大幅攀升。因此，为了能留住顾客及建立坚固的市场地位，企业不应只是让顾客满意，而是追求能令顾客高度忠诚的顾客满意度。许多专家提倡"卓越服务"，原因也在于此。

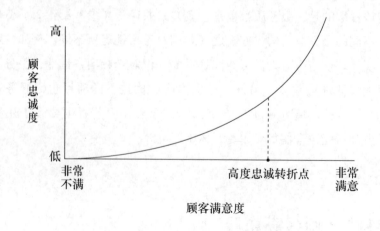

图4‑4　顾客满意度与顾客忠诚度的非线性关系

4.3.2　顾客满意度的形成

顾客满意度的形成可以用期望落差模式、归因理论及公平理论的观点来解释，分别说明如下（见表4‑4，表中的"产品"包含制成品与服务等形式）。

114

表4-4 顾客满意度的形成：三种不同的观点

模式或理论	满意度形成的方式	生活案例
期望落差模式	比较期望与产品表现：产品表现不如期望导致不满；产品表现达到或超越期望则带来满意	• 他们上菜的速度太慢了，还忘了淋上我交代的酱料，让我很不满 • 他们的菜色比想象中要好，甚至上菜时还念了一段漂亮的口诀，真赞
归因理论	综合考虑产品表现的原因归属、可控制性、稳定性而形成满意度，若表现不佳的原因在于企业，且是可以掌控的、经常发生的，则不满	• 鱼不新鲜居然还拿来煮汤，而且发生不止一次，这餐厅的管理大有问题，真烂 • 我刚才选的配料与酱料都不对，所以口味很怪，不关餐厅的事，算我倒霉 • 这家餐厅的整个团队很强，还经常到国外研究新的菜品，他们做得真好
公平理论	比较本身与他人的"收获与投入的比率"，若本身的比率较小，则产生不满；若双方的比率相等，或本身的比率较大，则满意	• 辛辛苦苦赶来，居然说今天是特别日子要先订位，但刚才好像有人没订位就进去了好气人 • 辛辛苦苦赶来，还好能够进得来，而且还可以买到优惠特餐，很多人都没这么好运，真高兴

4.3.2.1 期望落差模式的观点

学术界最常使用期望落差模式（expectation disconfirmation model）来解释顾客满意度的形成。第4.1.4.1小节提到，消费者在购买产品之前会对交易质量与消费利益产生期望。在购买和使用产品之后，消费者就可以感受到产品的表现。根据期望落差模式，顾客满意度决定于产品表现与期望的比较结果。如果顾客觉得产品表现达到或超过期望（正向落差），会感到满意；相反，如果表现低于期望（负向落差），则感到不满。

期望（expectation）可以分成三种：一是事先预测将得到什么，可称为预期（predictive expectation）；二是渴望（desired expectation），即"我

根据期望落差模式，顾客满意度决定于产品表现与期望的比较结果。

115

好想得到什么";三是消费者经常会出现"以我付出的代价,我应该得到什么"的想法,即应得的期望(deserved expectation)。无论是哪一种期望,通常是来自消费者的产品使用经验、他人的转述、企业所提供的信息与承诺等。

为了避免顾客有不当的期望而造成误会,或期望过高而导致失望,企业应该进行顾客期望管理(customer expectation management),即针对所有和顾客接触的信息渠道(如网站、广告、包装、传单、产品说明书),置入能够塑造合理或正确期望的内容,如某些游乐园的排队队伍旁设置等待时间的提示、有些旅游团在出国前事先说明旅程中某些辛苦与不便之处等。但是,企业也无需设定过低的期望水平,以免无法吸引消费者而招致无形损失。

另一种期望管理的方式是通过慎选顾客或有效搭配顾客与产品。例如,电影的分级让消费者对于影片画面、对话、意识等有比较合理的期望;部分外语游学团先进行语言能力检测,然后再以程度分配班级,避免造成课程内容太简单或太困难的期望落差。

纵横天下

日本 7 – Eleven 善解人意

1974 年,日本第一家 7 – Eleven 在东京成立,30 多年后,日本 7 – Eleven 门市数达 12000 多家,超过全球总数的 1/3。其背后的秘诀是什么?日本 7 – Eleven 拥有科技信息系统及善解人意的店员。斥资建置的 POS(Point of Sales)情报系统有助于正确解读多变的顾客心理,并实时反映在商品陈设上,如将包子的彩色剖面图贴在保温箱上,顾客就能清楚看到不同包子的内馅,提高消费意愿;而历久不衰的饭团、关东煮、鲜食便当等,也跟迷你火腿、小包装洋芋片一样,都是为了主要客层、广大的单身年轻族群所设计。另外,7 – Eleven 很少打价格战,这跟坚持服务质量与不断为顾客创造价值的政策有关。日本 7 – Eleven 会长铃木敏文深信"无法判断相对价值,就无法提升绝对价值",增加中价位的商品,就能让高价品卖得比低价品好,因为消费者在比较后便能发现,多花一点钱却更值得。铃木敏文表示:"现在最需要的不是经济学,而是心理学!"原来,这就是日本 7 – Eleven 成功的秘诀。

116

期望落差模式不但简单易懂，而且也符合一般顾客满意度形成的实际情况，但是它同样落入 PZB 服务质量定义带来的衡量问题（参考第 4.2.3 小节）。因此，大多数研究在衡量顾客满意度时，不理会产品表现与顾客期望的落差，而是直接询问因产品表现而出现的情绪反应。

期望落差模式的另一个问题是过于"结果论"而无法解释某些满意度的形成。例如，某医院病患预期等待一个小时内即可看诊，结果却等了两个小时才如愿以偿，这位病患就一定不满吗？如果是因为医生临时被请去替其他病患动手术呢？如果是因为这位从远处来的医生中途遇到塞车呢？如果是因为医生被之前几位病患家属纠缠不放呢？

面对以上三个假设情况，如果病患认为延误是情有可原的，就不至于对医生或医院不满。由此可见，顾客如何解释事情发生的原因也会影响满意度的形成。这个无法由期望落差模式来解释的部分，刚好可以由归因理论来补充。

4.3.2.2　归因理论的观点

归因理论（attribution theory）专门探讨人们如何为事件结果或行为表现寻求原因，以及这些原因如何影响一个人的情绪、态度和行为。根据这个理论，消费者会从三个方面来解释企业或产品的表现：原因的归属、可控制性及稳定性。原因的归属（locus）是指谁该负起行为表现或事件结果的责任。在前述的看诊例子中，如果病患认为延误的原因不是由医生造成的，就不会对医生不满；如果认为"医生临时被请去替其他病患动手术"是因为医院管理不善、人手不足所造成，则会对医院不满。可控制性（controllability）是指原因的发生是否可以掌控。以"医生被之前几位病患家属纠缠不放"的情况为例，如果病患认为是因为医生拖泥带水，没妥善处理一开始就可以轻易解决的问题才会被病患家属纠缠，则有可能对医生不满。稳定性（stability）是指原因的发生是一时的或经常性的，如看诊例子中举出的三种情况如果经常发生，则容易造成病患对医生或医院的不满。

综合来看，面对不理想的企业或产品表现，如果消费者认为原因的归属在于企业，而该原因是企业所能控制的，并且是经常发生的，消费者将容易产生不满。相反，当企业或产品的表现不错，而消费者认为原因归属在于企业，并且原因是可控制的、经常性的，那么消费者将对企业高度

根据归因理论，消费者会从三个方面来解释企业或产品的表现：原因的归属、可控制性及稳定性。

117

满意。

归因理论应用在顾客满意度对营销人员最重要的意义，在于指出企业该如何向顾客解释欠佳的表现。当消费者认为企业表现不佳确实是因外界引起，企业将原因的归属导向外界，应该可以被接受与原谅，如天气因素造成班机延误。当消费者认为企业该负起责任，企业如果能提出有说服力的证据证明原因的归属不全在本身，或可降低消费者的不满；但若处理手法不当，反而被指责为逃避责任，负面冲击反而扩大。

如果消费者认为是因为企业没将事情掌控好而造成失误，企业应避免"冲撞"消费者的想法，以免造成火上浇油的效果。

最后，无论消费者的归因性质是什么，企业都应该设法降低消费者"事情以后是否还会发生"的疑虑（以学术语言来说，就是降低"负面因素的稳定性"），尤其是当消费者认为事件原因是企业可控制的时候，更应如此。许多企业在面对错误时，除了立即道歉，还会提出未来改善的方向，就是着眼于此。

4.3.2.3 公平理论的观点

再次回到看病延误的例子。假设这名病患住在 300 公里外，耗费了 6 小时及 3000 元车费才赶到医院，然后打算一小时内看诊完毕好赶回去值夜班，这种情况下碰到看诊严重延误，情绪会如何？如果再加上住在医院旁边的大叔大摇大摆地插队看病，这名远道而来的病患又有什么反应？显然地，不管是期望落差模式或归因理论，都没有考虑到消费者的投入对满意度的影响，但公平理论可以补充这方面的不足。

公平理论（equity theory）的基本观点是，一个人不但关心本身的收获，也会比较本身与他人的"收获与投入的比率"。如果本身的比率小于对方，则感觉不合理，容易产生不满；如果双方的比率相等，或是本身的比率较大，则是合理，满意度也较高。因此，千辛万苦到医院的病患，投入项目很大，如果所得到的结果不尽理想，收获项目变小，因而相对于其他病患"收获与投入的比率"偏低，就容易滋生不满。至于那位住在医院旁边、大摇大摆插队的大叔，由于"收获与投入的比率"偏高，更容易让这名远道而来的病患感觉不满。

这种与他人比较的心理与行为，在生活中不难发现。从同学的"考题那么难，大家都不会，还好我不像其他人一样用功，要不然就亏大了"，到消费者的"什么？你在台北买的才 7000 元？我老远去香港花了 10000 元，还以为很划算，气死人了"，都是相关的例子。另外，消费者喜欢到处比价、爱探听行情等，似乎不全然是为了得到最便宜或最好的商品，其中多少夹杂了比较或寻求公平的心态。

根据公平理论，营销人员应该在消费群体中维持大致相同的收获与投入的比率。例如，飞机头等舱的乘客付出较多的票价，因此有专用的服务专柜与贵宾休息室、可以优先登机、享有较宽敞的座位与较细腻的服务等；而经济舱的乘客由于票价较低，因此在各方面享有的服务都比头等舱略逊一筹。这么做让头等舱与经济舱的乘客都觉得公平合理，因此可以在消费者当中维持一定的满意度。

4.3.3　顾客满意度的追踪

由于顾客满意度是重要的营销经营绩效之一，而且是企业永续经营的基础，因此如何追踪顾客满意度就成了重要的管理工作。以下介绍四种主要的顾客满意度追踪方式：

4.3.3.1　顾客满意度调查

最常见的顾客满意度追踪方式是顾客满意度调查（customer satisfaction survey）。这种方式通常是借由问卷定期衡量顾客的满意度，然后进行跨时间及跨部门（或属性）的比较。它也经常要求顾客提供基本资料、衡量顾客的再购买意愿、请顾客提出改进建议等，以便更深入地了解顾客的观感，并作为改善顾客满意度的参考。顾客满意度调查应该调查哪些项目因产品而异，如汽车、房屋、旅游、旅馆等衡量的项目就大不相同。重点是，营销人员必须事先掌握与顾客价值有关的项目，并注意这些项目在满意度指标上是否达到一定的水平。例如，除了服务人员与房间基本设施之外，温泉旅馆应留意温泉设施与质量、悠闲气氛等方面的满意度，而商务旅馆则应注意商务设备等方面的满意度。

> 顾客满意度调查通常是借由问卷定期衡量顾客的满意度，然后进行跨时间及跨部门（或属性）的比较。

4.3.3.2　神秘访客

神秘访客（mystery shopper）是调查人员佯装成顾客，以了解服务人员的质量与销售现场的作业情况等，有时这种方式也可以通过电话来进行。例如，瓦城泰国料理餐厅在多年前即实行"神秘访客计划"，邀请热爱美食的忠实顾客在身份保密的情况下到各分店检查环境是否清洁、餐点是否鲜美、气氛是否舒适、服务人员是否专业等；瓦城十余家分店一年内共经历近五百次的神秘访客评鉴，就是为了希望能保持高水平的服务质量与顾客满意度。

神秘访客的调查结果可能流于主观偏差，而且耗费的金钱与时间也相当可观，但是优点是可以直接观察到实际情况，甚至可以故意刁难以考验员工的反应。欧美企业（尤其是服务业）普遍上接纳神秘访客调查为一项专业；从事神秘访客业务的从业人员与机构甚至组成全球性的协会（Mystery Shopping Providers Association，MSPA）来推动相关业务。

4.3.3.3 顾客流失分析

顾客满意度会影响顾客的忠诚度与再次购买的意愿等，因此，顾客流失可以视为顾客满意度的重要指标。顾客流失分析（customer loss analysis）主要是定期检查顾客流失率、流失顾客的背景、流失原因、流失造成的影响等，以便检讨企业或产品的缺失，谋求改进之道。

4.3.3.4 申诉制度

申诉与建议制度（complaint and suggestion system）是企业用来持续搜集、了解与处理顾客心声的一套机制，分为两大部分：内部处理流程与意见搜集渠道。前者是指企业如何处理顾客的申诉与建议（在什么情况之下，申诉或建议交由谁来负责审视、调查及决定处置方式，并如何回复投诉人或建议人等）；后者则是为消费者所设立的申诉或建议渠道，形式相当多元，包含公关部门、服务柜台、免付费电话、意见箱、WWW 专区及电子信箱等。

从消费者的角度来看，企业是否对顾客有最起码的关心，往往可以从申诉与建议制度的建立与重视看出端倪。因此，这个制度普遍存在于现代化企业中。对于比较严重的事故，良好的申诉与建议制度往往可以带来"内部解决，控制危机"的机会，避免事故在公共场合或媒体上过度渲染而严重伤害企业或产品形象。

章末习题

基本测试

1. 何谓顾客知觉价值？举例说明。

2. 简单描述 PZB 模式的精神，并说明该模式的优点。

120

（旁注）

神秘访客是调查人员佯装成顾客，以了解服务人员的质量与销售现场的作业情况等。

顾客流失分析主要是定期检查顾客流失率、流失顾客的背景、流失原因、流失造成的影响等，以便检讨企业或产品的缺失，谋求改进之道。

申诉与建议制度是企业用来持续搜集、了解与处理顾客心声的一套机制。

3. 试述 PZB 模式的盲点。

4. 根据期望落差模式，顾客满意度是如何形成的？举例说明。

5. 根据归因理论的观点，顾客满意度是如何形成的？举例说明。

6. 根据公平理论的观点，顾客满意度是如何形成的？举例说明。

7. 服务业营销中的"7P"包含哪些元素？

进阶思考

1. "顾客在购买服务之前的期望越高，若实际得到的服务没有如预期那般，则失望越高。因此企业最好尽量压低顾客期望，免得容易造成顾客的失望与不满。"你同意这句话吗？为什么？

动脑提示：就算这句话是对的，但想想看如果真的"尽量压低顾客期望"，可能会有什么反效果？例如，对于企业理念、员工态度、合作厂商观感、竞争形势等会带来什么效果？这些效果最终可能又如何影响顾客观感与满意度？

_____

_____

_____

_____

_____

2. "顾客在取得服务的过程中付出的成本或代价越低，顾客的满意度就越高。"你同意这句话吗？为什么？

动脑提示：这句话代表一种"直线关系"（a 越怎么样，b 就越怎么样）。读者必须小心，管理实务中有很多现象不是直线关系的。针对这道题，想想看在什么情况下，顾客付出的成本或代价低到某个程度，可能无助于甚至伤害到顾客满意度？相反，在什么情况下，顾客多付出成本或代价，可能反而增进满意度？

_____

_____

活用知识

1. 你曾经使用过某个机构的申诉渠道吗？曾经向某个机构投诉过吗？你得到了什么响应？给你的启发是什么？如果都没有，尝试看看吧！

2. 试举一个例子说明营销是如何创造、沟通与传送服务价值给顾客们。

第5章 顾客关系与顾客忠诚度

美丽之岛

Liv 贴心服务女性单车族

　　Liv 是捷安特（巨大集团）于 2008 年成立的品牌，专为女性设立，不仅承袭了捷安特对于中国台湾的长久耕耘，更针对女性消费者将时尚元素融入生活与运动，在市场上创造新格局。此外，Liv 不但提供各种自行车相关商品，还通过服务与教学，让自行车不再只是一种交通工具，更成为女性生活中不可或缺的重要伴侣。

　　2008 年 5 月，Liv 主办的第一支女性环岛挑战团 Rolling Rose 正式启程，由奥运跆拳道金牌国手陈怡安、巨大集团执行副总裁杜珍等十多人组成，展开为期 12 天共 968 公里的自行车环台自我挑战。2009 年，第一届的 Club Liv 女性环岛活动，由 20 人组成的车队，在 11 天内完成了超过了 1000 公里的环岛艰巨任务。

　　环岛不仅是挑战自我的运动，更是体验同舟共济共患难的艰巨任务。例如，2012 年的 Liv 女性单车环岛团还没出发就引人注目：团员的年龄从 18 岁到 60 岁，骑车的资历从高手到甚至行前还不太会骑的新手。不过，正因为有如此大的落差，她们才能在环岛的路上相互鼓励、扶持，一起克服"怎么可能会完成"的疑虑。

　　当被问到这一团与男女混合团或男生团最大的不同点在哪时，带团主

123

控开玩笑地说："就像是在开姐妹会！"一群女生在一起会觉得特别自在，比较能放开心胸，也更容易变成好朋友，更会特别好玩；不仅如此，团员们彼此打气，凝聚更强烈的向心力，有分享不完的话题，如美容秘诀、生活经验等，甚至晚上入住饭店后还不知疲倦地相互"串门"，几乎比亲人还亲。

如此扎实的"革命情感"，不但存在于各个环岛团成员之中，更让 Liv 与这群自信勇敢的美丽女人之间，不再只是你卖我买的浅薄交集，而是有了共同理念，彼此成为鼓舞成长追梦的伙伴。Liv 品牌与其锁定的女性市场，也借此形成了最深刻的联结。

Liv 的经营贯彻捷安特的一贯信仰：除了在跨界、跨公司合作中追求品牌成长，也借由推广自行车运动，让更多人享受健康自在的人生。Liv 也证明了制造业有机会转化为服务业，甚至升华成为幸福产业。

本章主题

Liv 推出环岛等活动，赚取利润当然是动机之一，不过经营顾客关系却是更重要的着眼点。企业面对的竞争越来越激烈，因此无不绞尽脑汁极力开发与留住顾客。现今许多企业都有类似观念，然而服务却不可能十全十美，缺失难免会对顾客关系带来影响，加上如今的顾客越来越善变，关系也越来越难维持。因此，如何建立顾客关系、如何巩固顾客忠诚度是企业普遍关心的议题，也是本章的重点。本章架构如下：

1. 顾客关系与顾客忠诚度：首先讨论顾客关系与顾客忠诚度的内涵与重要性等，并提出建立顾客关系、强化顾客忠诚的架构，作为以下四节的基础。

2. 打造顾客忠诚的基础：说明为顾客忠诚度打下根基的方法，如慎选符合企业价值的顾客、以获利价值区隔顾客、重视服务质量等观念等。

3. 强化顾客关系联结：讨论四种强化与顾客关系的做法，即财务联结、社会联结、客制化联结与结构化联结。

4. 防止顾客变心：探讨顾客转换业者的原因与防止之道。

5. 补救服务缺失与提供服务保证：说明有效落实服务补救的方法以及使用服务保证的原则。

5.1　顾客关系与顾客忠诚度

5.1.1　顾客关系与关系营销

　　本书第二篇以四章的篇幅，从不同角度讨论消费者行为及相关现象。如此费尽心思，是因为什么？如果读者的答复是"因为消费者很重要，深入了解消费者可以协助成交"，只能算答对小部分，而且这个答复是属于20 多年前的营销思想。

　　传统上，营销理念强调消费者需求的满足，注重"4P"（产品、定价、推广、流通渠道与配销）的应用，以促成交易。产品功能利益普遍上被认为是促进购买及满足消费者最重要的因素之一。然而，学术界和实务界后来发现，企业和消费者之间的关系对持续的交易与消费者满足感也有举足轻重的影响。顾客关系（customer relationship）观念于是在 20 世纪 80 年代末期渐渐形成，并丰富了营销理念的内涵，甚至于 2004 年被纳入美国营销协会的营销定义中。

纵横天下

资料采矿，采出商机

　　全美各地，从大卖场、银行到邮局，几乎每家业者，都有一个擅长"从资料里挖金矿"（data mining）的单位，专门从顾客的购物行为，掌握他们的个人生活重大变动（结婚生子等）。

　　"塔吉特（Target）一直是这方面的个中好手。"资料分析专家施葛尔观察到这一点。最近几年，这家全美第四大零售巨擘为了冲业绩，把脑筋动到了最容易吸引顾客疯狂采购的怀孕生子商机上。成功的关键，就在于找对"时间点"，抢先对手一步，正确瞄准孕妇，让她们成为忠诚的顾客。

这一切，靠的就是"数据采矿"……他们把婴儿用品部门所有女性顾客的购买记录都拿出来研究，不断分析，直到找出有意义的购买模式。以乳液为例，他们在比对资料时发现，女性顾客通常会在怀孕四五个月左右，开始大量购买"无香味的乳液"，而且会在怀孕20周时，开始买很多钙、镁、锌等补品。另外，如果顾客突然开始买一堆无香味肥皂、超大包装的棉花球，还有消毒洗手液，就可能是快要生产了。

利用这些消费者洞察（consumer insight），他们找出25项商品，为每个女性顾客订出一种"怀孕预测"指数，估出大概的生产期。这样，塔吉特就可以在顾客怀孕的不同阶段，寄出适合的折价券，吸引她们上门购买。塔吉特这几年业绩亮眼，就是因为抓住了妇女怀孕商机，妇幼产品卖得特别好。

随着网络应用普及、分析演算技术不断进步，将有越来越多企业像塔吉特一样，把顾客资料变成商机。对消费者来说，除非改用现金购物、上网不留"足迹"，否则，想要逃过企业的"雷达"，恐怕非常困难。

资料来源：吴怡静. 我的隐私，他的商机［J］. 天下杂志，2012（492）.

关系营销重视顾客知觉价值与满意度，强调与个别消费者发展长期互惠的联络网络，以便拉近企业与消费者之间的距离，并持续维护与提升双方的关系。

在顾客关系的相关议题中，关系营销最受瞩目。关系营销（relationship marketing）重视顾客知觉价值与满意度，强调以多元化、个人化的沟通以及打动人心的服务，与个别消费者发展长期互惠的联络网络，以便拉近企业与消费者之间的距离，并持续维护与提升双方的关系。这个关系的发展是长期的，是超越任何一笔特定交易的。它同时也强调互惠原则。通过信息科技的协助，企业可以更快、更精确地掌握消费者的背景、事务历史记录、需求变化等，进而迅速切实地关注和满足消费者。另外，消费者也可以得到更全面的关注、更具有价值的产品等，从而提升消费者的福利。

关系营销的应用不限于产业，但显然地，由于服务人员与顾客互动频繁（不可分割性特质造成的结果），加上顾客对服务的多元及多变的需求，关系营销在服务业的应用如鱼得水，案例也比比皆是。例如，餐厅服务生熟记顾客姓名、职务、用餐习惯、座位偏好等，并与顾客有良好互动；旅行社将不同的旅游信息寄给有不同需求的顾客群；眼镜公司定期寄发信件或册子给顾客，提醒他们应该如何保养眼镜，说明镜框上的污垢对皮肤的影响，教导如何处理镜框上的污垢，甚至提供免费的眼镜清洗服务等。

回到本节开始的问题：我们之所以如此重视顾客相关议题，不仅是因为深入了解消费者可以协助成交，更重要的是成交之后的满意度与顾客关系，以便企业能持续地创造并保有顾客，让企业永续经营。

5.1.2　顾客关系的层次

就和其他的社会关系一样，企业与顾客之间的关系也有深浅之分，不同层次的顾客关系代表不同的关系期间、竞争力来源、营销目标、营销策略方向等。顾客关系的层次如下（见表 5 - 1）。

表 5 - 1　顾客关系的层次

	陌生人	相识者	朋友	伙伴
关系期间	无：还没正式购买，仅是潜在顾客，对企业与产品不甚了解	短：虽有购买经验，但顾客可轻易转换厂商，忠诚度不高	中：双方关系需花时间建立信任，顾客转换厂商的代价较高	长：双方已投入不少资源在关系中，双方利益紧密结合
竞争力来源	吸引力	满意	满意 + 信任	满意 + 信任 + 承诺
营销目标	争取初次购买	满足顾客的需求	留住顾客，维持关系	持续提升关系
营销策略方向	凸显服务的特色或相对利益，提供诱因或开放服务，鼓励试用	加强顾客对服务价值的认识，降低顾客的知觉风险与认知失调	提供竞争者难以模仿与取代的服务；强化企业形象与信赖感经营	掌握顾客在需求、价值观、生活形态等方面的变化，并持续改进服务

资料来源：M. D. Johnson and F. Seines. Customer Portfolio Management：Toward a Dynamic Theory of Exchange Relationships [J]. *Journal of Marketing*, 2004, 68 (4)：1 - 17.

5.1.2.1　陌生人

陌生人（strangers）是指那些未曾交易、有待争取的消费者。他又可分为两类：一个是从未购买过某类服务的消费者，另一个是"竞争者的顾客"。例如，从某宠物美容业者的角度来看，市场上还没购买过宠物美容服务的宠物主人是属于前者，而购买竞争对手的服务但尚未与该业者进行交易者，则是后者。

对于"陌生人"，营销目标在于争取初次购买。

企业与陌生人的关系是零，加上陌生人对相关服务所知有限，因此在营销目标上是"先求有，再求好"，营销策略的重点在于凸显服务的特色或相对利益，甚至提出优惠措施、开放服务（如 EMBA 课程开放旁听），以提升服务的吸引力，引发潜在顾客的兴趣与试用、初购的动机。

5.1.2.2 相识者

当顾客向某业者购买并使用服务，且逐渐了解该业者及其服务之后，他就成了该企业的相识者（acquaintances）。虽然相识者已经与企业有交易往来，并有一定的满意度，但他对服务价值的认识尚浅，对业者的信任也有所不足，因此这个阶段的顾客关系并不稳固，也就是顾客可能轻易地转换业者。

对于"相识者"，营销的首要目标在于满足顾客的需求。

对于这个层次的顾客关系，营销的首要目标在于满足顾客的需求。由于相识者对服务价值的肯定以及对业者的信任还不够坚定，因此企业必须加强说明服务价值为顾客带来什么好处、解决什么问题（即强化服务价值与顾客需求之间的联结），以求降低顾客的不确定感、知觉风险与认知失调等。

5.1.2.3 朋友

企业若继续与相识者互动，增进对相识者的了解，并提供更切合需求或更具价值的服务，那么顾客关系就会从相识者提升到朋友（friends）。与相识者比较，朋友同样对服务感到满意，但却多了一项条件：信任业者及其服务。在这个关系层次，顾客甚至在缺乏足够的信息下也会购买，凭借的就是对业者或服务人员的信任感。例如，许多成功的直销业务人员就有朋友等级的顾客；这些顾客"只要你介绍的，就没问题"的态度，让直销人员的业绩得到保障。

对于"朋友"，营销的目标在于留住顾客、维持关系。因此，企业应该对顾客提供独特的、令竞争者难以模仿与取代的服务。

对于朋友，营销的目标在于留住顾客、维持关系，原因有三点：第一，从陌生人、相识者，发展到朋友的关系，必然会耗费许多时间、心力代价以及金钱成本，若不继续保持好不容易建立的朋友关系，无异于成本的浪费。第二，留住顾客比开发新顾客还节省成本，加上朋友层级的顾客对营业额的贡献很大，因此留住朋友等级顾客有利于降低成本、提高营收。第三，高度满意的顾客比较愿意进行口碑宣传，而且说服力往往高于企业本身的推广活动，因此留住他们有利于市场开拓。

128

为了留住顾客，企业应该对顾客提供独特的、令竞争者难以模仿与取代的服务。要做到这一点，企业应该对顾客有更深层的了解，不仅是对方对服务的需求，还包含了他们的个人特质、生活形态、价值观念等；有些百货公司专柜人员、餐厅服务生、人寿保险专员、商店店员等与某些顾客互动，形同朋友，那就是因为有深层了解。另外，为了成功留住顾客，从服务人员的甄选、言行举止的管理，到推广与公关活动等许多营销与管理层面上，企业一定要谨慎经营本身的形象，以避免企业形象受损导致顾客信心动摇而离去。

5.1.2.4　伙伴

　　企业用心经营朋友等级的顾客，使得双方的利益更为密切结合，相互依赖程度更高，顾客关系便升等至伙伴（partners）关系。要达到伙伴关系，顾客除了满意与信任业者及其服务之外，还多了一项条件：承诺（commitment），也就是顾客忠心耿耿地将有形资产（如钱财、汽车、房屋）、无形资产（如健康、知识、形象）或愿望等付托给业者管理、加值或达成。

　　深度的相互依赖也是伙伴关系的特点，除了顾客不寻求替代方案，完全信赖业者的服务之外，业者也投入可观的时间与心力为顾客提供客制化服务。也就是说，顾客得到省时、完善、值得信赖的服务，而企业也得到长期、稳定、可观的商机。这类关系普遍存在于专业、需要客制化的服务中，如个人理财、法律与企业管理咨询。

　　在伙伴关系阶段，营销的目标在于持续提升关系。企业不应将双方的密切关系视为理所当然；就如同任何社会关系一样，"理所当然"的想法容易导致骄纵、自大、疏忽，以至于再密切的关系也容易被破坏。因此，企业应该格外努力地掌握伙伴顾客的需求、价值观、生活形态等各方面的变化，并据此不断改进服务以提升顾客关系。如此一来，才能保障顾客的长期忠诚。

5.1.3　顾客忠诚度与企业永续经营

　　上一小节的讨论显示，不同层次的顾客关系代表的内涵不同，而企业关注的其中一种关系内涵是顾客对企业的忠诚度。什么是顾客忠诚度？它的重要性何在？我们先看两段消费者发表在网络上的服务经验谈：

在伙伴关系阶段，营销的目标在于持续提升关系。企业应该格外努力地掌握伙伴顾客的需求、价值观、生活形态等各方面的变化，并据此不断地改进服务，以提升顾客关系。

129

　　每次有人问我，我的日语是在哪里补的，我都会推荐这一家。之前也跑过几家不同的补习班，但是来这里已经快一年了，不但柜台小姐很和气，老师也很会带动气氛、例句与文法讲解清楚、与同学互动亲切，加上价钱中等，又位于交通最方便的台北火车站附近，真的没话说！补完这回的初阶，高阶日语还是会选这一家。

　　他们的团体旅游很普通啊！不能说不好，就是不够周密、细腻，要交代的事经常没讲清楚，搞得有些人团团转，甚至浪费大家的时间。有几次原本想跟领队说一下他们的缺点，但话到嘴边又吞回去，主要是想到我管那么多干什么？他们办得好一些坏一些，与我何干？结果我后来跟家人去加拿大时找另外一家——××旅行社，虽然贵一点，但很满意。

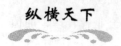

小城以大气魄吸引工艺人才

　　身为日本工艺之都，金泽大手笔投资人才。从定居有补助、职训、营销到提供场地贩卖，全部免费。这些还不够，更打造出全民都是艺术家的环境……和服、发髻，36岁的秋友美穗拿着喷枪，正以近千度高温火焰喷烧金片制作首饰。她不是金泽本地人，而是慕金泽之名，到金泽美术工艺大学念大学、研究生，再到卯辰山工艺工房进修，然后在东茶屋街里，开了自己的小工坊。

　　卯辰山工艺工房有陶、染、漆、金工、玻璃五个科，一年只收31名大学以上、有些基础的人才，三年研修期间，一分钱学费也不必付，全由市政府负担，还每个月给学生10万日元生活费。研修生七成来自外地，包括中国台湾。日本人口在减少、老化，但金泽三十年来，人口却从40万增加到46万，就是因为吸引到像秋友这样的人才。工坊24年来毕业了很多学生，"约1/3留下来，变成了金泽重要的人才资产。"工房馆长小松晓一说。

　　除了专业人士，金泽更有把每个市民都变成艺术家的意愿。倒闭了的

130

纺织厂，被市政府买下来，五个大小不一的仓库被改装成艺术村，让市民用便宜得惊人的价格租借里面的设备和场地练习、展演，且像便利超商般，365 天、24 小时不打烊。半夜的艺术村，大小练习室里灯火通明，有人练萨克斯，有人练现代舞。艺术村一年租借场地人次高达 20 万人，平均每 2.3 名金泽市民就有一人。

人的才华是流动的，唯有能够吸引优秀的心灵，城市才能获得成长。

资料来源：谢明玲．投资人才，小城市大气魄［J］．天下杂志，2012（504）．

以上的经验谈正好包含了顾客忠诚度（customer loyalty）的两大层面。其中一个是心理层面，即内心有多喜欢、信任某项产品，如上述例子的"真的没话说"、"与我何干"就代表了正反两面的心理感受；另一个则是行为层面，即重复购买的程度，如例子中"还是会选这一家"、"找另外一家"就代表了不同的重购行为。

顾客忠诚度的行为层面影响企业的留客率（customer retention rate），即在未来一段期间还会继续交易的新客户比率。图 5－1 显示了留客率的重要性。A、B、C 公司一开始有 100 名顾客，而且每一年都能够开发比前一年多 20% 的新顾客，但三家公司的留客率不同，分别是 85%、90%、95%。结果，虽然留客率相差不远，但多年后三家公司的顾客人数却有天壤之别。

我们可以想到 A 公司在开业之后几年总有"没什么进展，老是原地踏步"的感觉，而且无法像 B、C 公司般可以享有较理想的规模经济（scale economy）与学习曲线（learning curve）效果（前者是指量大使得固定成本分摊而造成平均成本下降，后者则是指因经验累积而提升效率、节省成本）。另外，由于顾客人数较少，A 公司得到的口碑宣传与推荐机会也会在 B、C 公司之后。

更重要的是，A 公司的客户所创造的总体顾客终生价值（customer life value，CLV）也远不如 B、C 公司。顾客终生价值是指某位顾客终其一生所能带给企业的总净利，其公式如下：

> 顾客忠诚度有两个层面：心理层面是指内心有多喜欢、信任某产品；行为层面是指重复购买的程度。后者会影响企业的留客率。

> 顾客越忠诚，企业的留客率越高，越能累积顾客人数，规模经济与学习曲线效果以及总体顾客终生价值也越高。

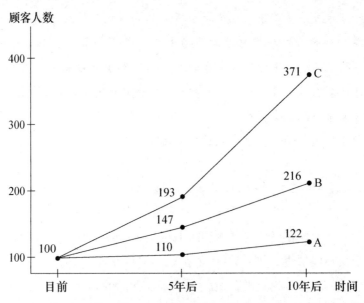

图5-1 留客率对长期顾客人数的影响

注：A、B、C公司每年都开发20%新顾客，但留客率分别为85%、90%、95%。
顾客人数 = 100 × （1.2 × 留客率）^{年}

顾客终生价值 $= \sum \left[\left(预期销售毛利 - 预期成本 \right) / \left(1 + r \right)^n \right]$

其中，n 是顾客对企业忠诚的年数；r 是折现率。

顾客终生价值即在一定期间内，顾客带来的毛利减去相关成本的现值。缺乏来自忠诚顾客持续不断的"金援"极可能造成A公司在竞争上的致命伤。

当然，A公司可以设法解决上述困境。例如，设法开发更多新顾客、降低开发新顾客的成本、提高服务的附加价值与价格、试图增加顾客的购买频率或数量等。但是，基于许多产业中"开发新客户比留住旧客户需要花费多几倍的成本"的营销铁律，以及服务的创新作为容易被竞争者模仿等现象来看，以上的解决方式相当艰辛。

总结而言，良好的顾客关系能提高顾客忠诚度与留客率，进而提升总体顾客终生价值，使得企业有更好的永续经营机会。

本书第三篇很多内容（第7~13章）都与强化顾客关系、建立顾客忠诚度有关。以下四节先提出建立顾客忠诚度的一般做法（见图5-2），即打造顾客忠诚的基础、强化顾客关系联结、防止顾客变心、补救服务缺失与提供服务保证。

图 5 - 2　建立顾客忠诚度的方法

 ## 5.2　打造顾客忠诚的基础

5.2.1　慎选与企业匹配的顾客

任何企业都得面对"我们的顾客是谁"、"我们为谁服务"等问题。消费者的背景、所在地、需求、追求的利益等差异很大，若要满足所有消费者是不现实的，因此只能从中挑选"对的顾客"，也就是能与企业的理念、定位、能力、服务资源、策略方向等契合的消费者。

> 企业应该选择能与本身的理念、定位、能力、服务资源、策略方向等契合的消费者，作为目标市场。

例如，对于以"让孩童接触土地与自然"为诉求的幼儿园来说，想要小孩提早学习学科知识或不希望小孩晒太阳玩泥巴的父母，就不是理想的顾客；同样地，对于专门在辅导传统产业转型的顾问公司而言，面对高科技公司的潜在顾客时，就要慎重考虑本身的能力与资源是否能满足对方的需求。

再举一个例子。彭婉如文教基金会的居家服务相当知名，天下杂志对该基金的某一段报道显示了"顾客与企业匹配"的重要性：

　　曾经，有使用者要求服务人员跪擦地板。基金会出面解释，可用不增加人员职业伤害的方式，达到相同质量。使用者不接受这样的解释，基金会只好撤回服务……之后，尽管使用者一再施压，基金会也坚持不再提供服务。"我们就像服务人员的娘家，必要的时候，当他们的靠山。"(基金会执行长)王慧珠说。

如果选择的顾客无法与企业相匹配，企业极可能需要花费一番工夫调

133

整本身的资源以迎合该顾客的需求，但如此一来却可能牺牲了为其他更理想的顾客提供更好服务的机会，或忽略了潜在市场上更好的顾客，严重的甚至造成员工士气低落、成本大幅提高、企业声誉受损等，结果是得不偿失。企业在选择目标顾客时如果能考虑到本身的能力与优劣势，才比较有机会提供优质服务。

5.2.2 以获利价值区隔顾客

企业在进行顾客管理及经营顾客忠诚度时，不应只注意到顾客的数量，还要考虑到每位顾客的价值。

就算选择了许多与企业匹配的顾客，大多数企业也都知道每位顾客对公司的获利贡献并不相同，而大部分的营业额或利润总是来自少数的顾客。这就是80/20法则（80%的获利来自20%的顾客）。这个现象代表企业在进行顾客管理及经营顾客忠诚度时，不应只注意到顾客的数量，还要考虑到每位顾客的价值。

缤纷课外

书：美味关系——纽约四星餐厅女领班的私房密语

如果说"穿着 Prada 的恶魔"描述的是上流时尚界的故事，那这本书就是餐厅版的"穿着 Prada 的恶魔"，因为它描述的是有关米其林三星级（最高等级）、纽约时报四星级（最高等级），以及常被评鉴为全美最佳高级餐厅——Per Se 法国餐厅的故事（从2004年开业以来，店内的15张桌子总是一位难求）。

拥有艺术创作硕士学位背景的作者菲比·丹若许潜身在 Per Se，从女侍一路做到女领班（在纽约亦属少见），用戏谑幽默的笔法，把餐厅里饕客、待应、酒侍、领班等的所有角色，时而讽刺、时而幽默地写在一个个故事中。让读者得以一窥这间餐厅何以将料理提升为艺术的秘密，以及高级餐厅在优雅外表与轻松背后的责任深度，验证了 Per Se "持续追求卓越"的过程本身就是维系顾客忠诚度的强力胶。

难怪《纽约观察者报》说："丹若许带着欢愉的口吻，带领读者一窥 Per Se 餐厅开业的浩大工程与各种作业。"

还没吃过？没关系，至少先一饱眼福！

因此，若企业有足够的数据可供分析，就可以依据顾客对获利的贡献程度，将顾客分成几个等级，然后针对不同的等级调整服务内容与营销策略等。这些等级可用图 5 - 3 的顾客金字塔（customer pyramid）呈现，说明如下：

（1）白金（platinum）。这群顾客虽然只占顾客群中的小部分，但却是重度使用者，因此对利润的贡献很大。他们通常对价格较不敏感，期望能得到高水平的服务，而且较愿意尝试新的服务及传播正面口碑。

（2）黄金（gold）。这个等级的顾客人数多于白金等级，但利润贡献却较小。他们对价格有些敏感，通常会要求一些折扣；他们会为了降低风险或寻求较低价格而同时与几家企业往来。

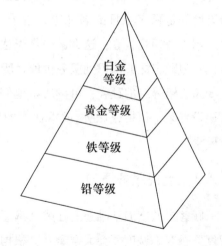

花费少许时间、精力与金钱就能维持关系；好相处；愿意传播正面口碑；获利佳

花费许多时间、精力与金钱才能维持关系；不好相处；获利差

白金等级

黄金等级

铁等级

铅等级

图 5 - 3　顾客金字塔

资料来源：V. A. Zeithaml, M. J. Bitner, and D. D. Gremler. Services Marketing：Integrating Customer Focus Across the Firm, (4th. edition)［M］. Boston：McGraw - Hill, 2006.

（3）铁（iron）。这个等级的忠诚度不高，只能带来边际利润，企业通常不会给予特别待遇。然而，他们的数量庞大，企业因此可以发挥规模经济，并维持一定的产能水平与基础建设，以提供白金和黄金等级的顾客更好的服务。

（4）铅（lead）。铅等级的顾客只能带来微薄的收入，但却会要求超过他们应得的服务水平，企业若答应他们的要求将会降低资源的运用效率，并造成亏损。

以上不同等级的顾客各有不同的期望、价格敏感度、忠诚度、获利贡献等，因此企业可以根据这些特性决定是否提升、保持或终止顾客关系。例如，对于白金等级的顾客，企业应该要至少保持（最好是提升）和他们的关系，以维持他们的高度忠诚；企业应该为他们提供额外的、不同于其他等级的服务与利益，因为他们极可能是竞争对手虎视眈眈的对象，而他们的流失将对企业的声誉与利润造成巨大的冲击。

对于黄金及铁等级的顾客，企业一方面应保持适当的服务水准，以维系既有的顾客关系，并防止他们掉入下一个等级；另一方面则应伺机强调公司的服务价值，或让他们有机会尝试较高等级的服务，以提升他们的关系等级与忠诚度。例如，某些旅馆会让累积一定住房次数的顾客，或是以当天恰好是顾客生日的名义等，给予房间升等，或免费享用一次 SPA 按摩、招待一顿晚餐等；这么做一是表达感激，二是通过非常态性的服务升级，希望顾客能够认识到服务价值之所在而提高忠诚度。

至于铅等级的顾客，可设法将他们提升到铁等级，或终止关系。企业应该设置某个价格或服务/成本比率的底线，以拒绝任何带来长短期亏损的要求。

5.2.3 重视服务质量

顾客忠诚度的基础建立在顾客满意度上，顾客满意度必须达到一定的程度，顾客忠诚度才会大幅攀升。根据前文相关讨论，我们可以了解服务质量是顾客满意度的重要决定因素。

因此，为了建立顾客忠诚度，企业就必须注重服务质量管理。服务质量一旦出现重大瑕疵，若再补救不当，势必导致顾客不满而离开。至于服务质量管理的相关议题，请参考第 4 章及第 8~10 章的讨论，在此不再赘述。

5.3 强化顾客关系联结

在建立顾客忠诚度的基础之后，企业接着应该设法拉近与目标市场的关系，也就是强化与顾客之间的关系联结（relationship bonds），主要的方法有下列四种（见表5－2）。

表5－2 顾客关系联结类型

关系联结类型	例子
财务联结	
1. 积点优惠	一年内住宿超过10次，之后免收服务费
2. 套装组合或交叉销售	每飞行10000公里，可享有1次免费机场接送或租车五折优待
3. 稳定价格或低价保证	保障VIP顾客一年内不会受到涨价影响
社会联结	
1. 持续保持联系	定期打电话问候或持续寄E－mail分享好文章
2. 具亲和力的服务	医生毫无架子，真正关心并尊重病患
3. 发展私人情谊	通过每周末的登山活动，发展成山友关系
4. 顾客之间发展友谊	健康中心会员之间越来越熟悉，经常相约逛街吃饭
客制化联结	
1. 发展一对一关系	餐馆依据年龄、体质与病史等为顾客设计年度养生计划
2. 大量客制化	网站提供几种网页形式及信息选项，会员可设计个人首页
结构化联结	
1. 联合投资	大专教科书出版社投资校园书店
2. 共享程序或设施	电影院开放场地给高中生及大学生举办活动
3. 整合信息系统	旅行社为企业装置出差旅游与报账系统

资料来源：Zeithaml V. A. and Mary Jo Bitner. Services Marketing：Integrating Customer Focus Across the Firm，（3rded）［M］. Boston：McGraw－Hill，2003.

5.3.1 财务联结

财务联结是指利用金钱诱因来强化顾客关系。积点优惠是近几年许多行业常用的方式，即消费超过一定的标准（如一年内飞行航程超过40000公里、累积消费达10000元等），就给予某种优惠（如赠送国内飞机票一张、回馈10%现金、获赠精美礼品）。

提供套装组合或交叉销售也是一种方式，如航空公司提供机票、住宿、市区半日游、机场接送等组合，价格比个别购买的总价还要便宜，或是只要缴费成为饭店VIP会员，即可在饭店内的商品专柜、洗浴、美容院及饭店所属集团内所有的商店，享有八折的优惠。这种方式通常涉及企业之间的策略联盟。如果套装组合与交叉销售包含的产品能够密切互补，就可以因为替顾客省下时间与金钱等而受欢迎。

还有一种财务联结方式是保障忠诚顾客享受最低价格，甚至承诺未来一段时间内不会受到涨价的影响。这么做主要是酬谢忠诚顾客为企业带来长期稳定的营收，并为企业减少某些资源的使用或支出（如缩短行政作业、减少开发新市场的支出）。

以上几种方法通常可以增进顾客的购买频率或数量，但是顾客的重复购买极有可能是基于优惠价格，而非服务的价值，因此顾客的内心有多少忠诚，值得怀疑。另外，这些方法容易被竞争者所模仿，在"一窝蜂"跟进的局面下，不但企业失去独特性，消费者也可能被宠坏，动辄见钱思迁，忠诚度被破坏殆尽。因此，企业应该设法兼用以下几种方法，才能长期维系顾客关系。

5.3.2 社会联结

社会联结（social bonds）是通过人际互动来建立顾客关系。最普遍的方式是平时与顾客保持联络、嘘寒问暖，甚至发展私人情谊。另外，通过恰当的活动和渠道与顾客互动，以及在服务时打从心里关心，确实尊重对方等，也是建立社会联结的方法。例如，从2010年开始，五星级饭店纷纷在台北立足，有些饭店以下列方式强化社会联结（天下杂志，2012/8/8）：

财务联结是指利用金钱诱因来强化顾客关系，方式包括积点优惠、提供套装组合或交叉销售、保障最低价格等。

社会联结是通过人际互动来建立顾客关系，方式有持续与顾客保持联络、提供亲切服务发展私人情谊、协助顾客之间发展友谊等。

138

（W 台北）擅长利用音乐、设计、时尚制造话题，每个月举办一次池畔派对，大量运用社群网站、饭店内电视墙与年轻人沟通，更与酒类、彩妆、时尚品牌合作，成功塑造出前卫活泼的品牌形象……

（大仓久和）强调"和"与"亲切"，和是指内敛、不扰人的服务；亲切则不单是对客人，连对员工、硬件设施，都要亲切、小心维护。

最特别的是在某些服务业中，如学校、俱乐部、健康中心以及顾客在特定场所内频繁互动的服务，顾客之间的友谊会间接巩固服务业者与顾客的关系。主要的原因是该服务业提供这一群朋友共同的生活经验（甚至将来的共同回忆），同时他们的情谊又可以降低转换服务业者的概率。这也是为什么某些俱乐部、健康中心设置联谊厅或举办联谊活动；汽车公司组成车队、车友会等。

相对于财务联结，社会联结的方法比较费事，但竞争者却难以模仿。而且社会联结一旦成功建立，除非发生严重的服务缺失，或有不得已的理由，一般顾客通常不轻言退出该社会关系，就这个角度而言，社会联结比财务联结更能确保长期的顾客关系。

值得警惕的是，不少消费者存有"既然认识，就该算便宜一点"的心态，生活中也不时可以听到类似"就是因为认识，才会被坑"的抱怨。因此，如何兼用社会联结与财务联结是服务业者必须面对的课题。

纵横天下

曼谷 Tenface 以神话及"宝盒"抓住旅客的心

曼谷的 Tenface 十面精品旅店，隐居巷弄深处，距离车站不近，虽然交通不便，却在搜寻引擎上有数千笔的博客推荐数据。为什么？抵达 Tenface，迎接旅客的是一道古铜色看似平凡的铁门，进到室内却是别有洞天；Tenface 的命名是来自泰国神话中的人物，因此室内随处可见的图腾、古文字都带有神话的影子。充满异国情调的设计，是 Tenface 给旅客的第一项惊喜。

Tenface 的接待人员介绍完房间、旅店的设备后，会奉上一个皮质的黑盒子。这名为 HeartBox 的"宝盒"，是 Tenface 的第二项惊喜。宝盒的第一层放沐浴乳、精油香皂等盥洗用品，第二层则是装满最新电影与音乐的 iPod 与房卡。为了让旅客能玩得尽兴，盒内还有 Tenface 推荐的十大景点名片与一日地铁券，有了这些"宝物"，即便语言不通也能顺利到达目的地。另外，盒中还有一张 50 泰铢额度的 SIM 卡以备旅客不时之需。这个充满惊喜的神秘宝盒，在游客间口耳相传，成为 Tenface 与其他旅店差异化的秘密武器。

5.3.3　客制化联结

客制化联结是指应对顾客的独特背景与需求等，提供量身定做的服务。

客制化联结（customization bonds）是指应对顾客的独特背景与需求等，提供量身定做的服务。其中，一对一服务是专门配合个别顾客，提供他们所需。对于家教、心理咨询、打官司、室内设计、医疗手术等服务，顾客之间的需求差异很大，很难事先掌握确实的服务内容，因此必须与顾客互动之后才能设计与提供服务。

至于旅馆、餐厅、美容美发等顾客造访频率较高的服务业，借由信息科技与服务人员的用心，也能够在一定的范围内做到一对一的服务。例如，美发店能从顾客数据中得知某位客人何时做过剪、烫、护发，买过哪些产品，甚至连喜爱的聊天话题都一清二楚。

台北的五星级饭店如何应对竞争，晶华与君品的做法之一是（天下杂志，2012/8/8）：

> 四成客源为日本客人的晶华，早已开始备战，不但成立专门服务日本市场的任务小组，强化日语人才培育，还将顾客分析，细化到个人层次，针对单一客人做服务研究……君品推出"late check out"服务，只要客人提出需求，即可将 check out 时间从一般的上午 11 点，延长至下午 1 点。

客制化联结让顾客感受到更专注与特别的服务，而且一旦习惯了眼前的服务方式与成果，就比较不容易转换业者。但是，由于客制化需要比较深入的顾客信息，因此业者应该小心使用与保护这些信息，以免顾客的隐私权被侵犯或个人资料被不当利用。

典范人物

以慈悲心聆听病患的人文医生
——黄达夫

多年前，电视剧"白色巨塔"热映，剧中深刻描述医院里的权力斗争，讽刺意味极浓。难道现实中的"白色巨塔"就无法绽放出善良医患关系的花朵吗？和信治癌医院院长黄达夫多年来一直努力给出肯定的答案。

1989 年，50 岁的黄达夫放弃美国杜克大学（Duke University）医学中心的高薪职位，回到中国台湾。在挂号慢、候诊慢、取药慢、看诊快以及医生高高在上的中国台湾医疗现实下，他希望带领和信医院走出完全不一样的路。

黄达夫认为，硬件科技再先进，都无法取代医生用心关怀病人的态度。关怀的第一步就是要"用心聆听"病人的声音，唯有如此，才能知道病人的问题与需求，才能提供正确、良好的医疗服务。医生对病人了解才能给予对方心灵慰藉和求生意志，这始终不是电脑、机器人等硬设备与新兴科技所能取代的。

在巡视病房时，黄达夫绝对不看手表。因为他在杜克大学学到"问题没解决、病人情绪还没有稳定下来前，我就不能离开"，他说"对病人而言，这是攸关生命的问题"，面对生命，黄达夫一丝不苟。

黄达夫感叹中国台湾不少门诊的医生对病情的判断，不是靠严谨推理与思考而来的，而是用直觉猜来的，甚至短短几分钟就打发一个病人。他认为这个问题的症结之一在于教育，在传统医学训练过程下教出来的学生习惯从书本上找答案，但从病人身上学到的才是活的知识。他始终认为"病人不是顾客，医院也不是商店；好医生的定义，不是他能创造多少绩效，而是他愿意为病人付出多少"。

黄达夫返台后的 20 多年花了许多精力演讲、投稿等，出版的著作包含《用心聆听》、《用心，在对的地方》、《有愿景的愤怒》、《永远站在病人这一边》等，都是在宣扬他的行医理念，对医疗环境的偏颇与矛盾也提出见解与

141

改善方案。他期待这些言论有如小水滴，有一天这些水滴可以贯穿中国台湾医疗环境这块大岩石。

5.3.4 结构化联结

结构化联结（structural bonds）是指双方因共享资源或信息等而建立起彼此的关系，这在企业对企业（business to business，B2B）的交易中比较普遍。其中一种方式是联合投资，如大专教科书出版社投资校园书局可以强化与书局的关系，同时在书本铺货、陈列等方面也享有一定的优待。

另外，共享程序或设施、整合双方的信息系统等也是结构化联结的方式。例如，公关公司替客户制作的在线媒体曝光查询系统，让客户可以随时上线查询新闻稿发布与曝光日期、刊登的媒体等资讯，有助于加强公关公司与客户的关系；唱片行在店门口与店内各角落，提供唱片公司发片歌手的宣传立牌、吊牌、海报、POP、酷卡等展示的机会，无形中巩固了唱片公司与唱片行的上下游关系；物流公司设计的信息系统可以轻易结合厂商的内部操作系统，方便厂商随时预约取货时间、追踪货品流程、定期结算等，也有助于巩固物流公司与厂商的关系。

▶▶ 5.4 防止顾客变心

服务业者费尽心思选择目标市场、强化顾客关系联结，无非是想让顾客满意，希望能长期留住带来营收的顾客。但事实上，让顾客满意无法保障忠诚度。正如图5-4所示的，只有在顾客极度满意时，忠诚度才能维持在高水平；如果只是稍微满意，甚至是满意，顾客还是很有可能变心的。

图5-4与业界盛传的说法"留住顾客要十分努力，失去顾客只要一分疏失"不谋而合。因此，企业应该要特别留意哪些因素容易造成顾客变心（customer defect）。

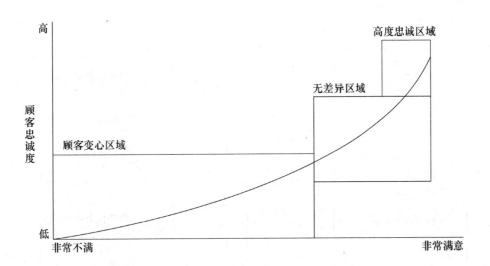

图 5 - 4　顾客满意度与忠诚度形成的"变心/忠诚"区域

资料来源：Jones，T. O. and W. E. SasserJr. Why Satisfied Customers Defect ［J］. Harvard Business Review，1995（11 - 12）：89 - 99.

顾客变心最具体的表现就是服务转换（service switching），即顾客离开原本的服务业者，另寻新的业者。Keaveney 曾经研究超过 500 名消费者在 45 种不同服务业中的服务转换经验，结果发现八类会造成服务转换的因素，其中三类与服务缺失有关（核心服务的缺失、服务接触的缺失、对缺失的回应不当），另外三类则与服务价值的流失有关（定价不当、便利性不足、竞争者替代），再加上道德问题与非自愿转换两类（见图 5 - 5）。

Keaveney 也发现多达 45% 的消费者会因为单一的因素而转换服务，其他 55% 的消费者则是要有两个或两个以上的因素出现才会转换。整体而言，造成转换最重要的因素是核心服务缺失，服务接触缺失与定价不当则是其次，接着是对缺失的不当响应与便利性不足等。由此可见，服务业者必须严格管理核心服务与服务接触、当心定价策略带给市场的观感、切实有力地响应顾客有关服务缺失的投诉、提升服务便利性等，才能有效减少顾客变心与转换服务。

除了图 5 - 5 的一般因素，某些服务业可能存在一些造成顾客转换服务的特殊因素。例如，在医疗业，当小区诊所没有精密的仪器可以检查病患时，

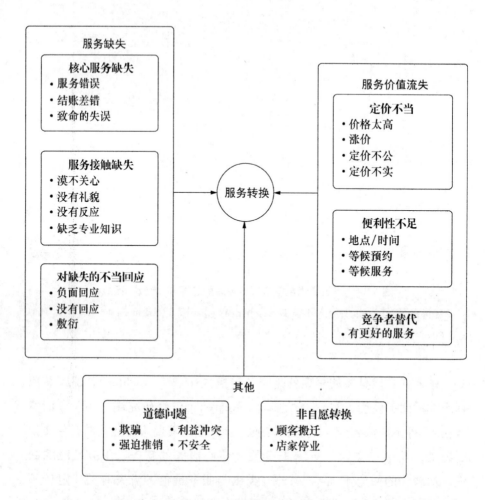

图 5-5 顾客转换服务的原因

资料来源：Keaveney, S. M.. Customer Switching Behavior in Service Industries：An Exploratory Study ［J］. Journal of Marketing, 1995, 59 (4), 71-82.

就必须将病患转诊至大型医院。另外，银行理财经理跳槽经常造成部分投资户跟着转换银行；在广告公司、律师事务所、补习班、医院等，顾客因为特定服务人员跳槽而转换业者的情况，也相当普遍。如何防止这些特殊因素出现或事后如何补救，是相关业者必须面对的管理课题。

5.5　补救服务缺失与提供服务保证

5.5.1　补救服务缺失

　　服务缺失，在所难免。如果补救得当，发生缺失还不至于造成顾客变心而转换服务；也就是说，服务补救（service recovery）是在缺失发生之后的最后防线，如果补救令顾客满意，顾客关系还是得以维系。

　　一般而言，业者主动发现缺失并予以补救，比顾客抱怨后才补救还受到肯定。这意味着企业必须设计并执行一套发掘缺失的流程或方法，通常这涉及主动询问或从旁观察服务结果。前者如汽车修理保养厂在交车之后主动打电话询问汽车性能、医疗机构致电了解病患的服药情况等；后者有餐厅指派服务生观察顾客用餐情况（如吃下第一口的表情、留意吃剩的饭菜）、教育机构相关人员观察学员的学习状况等。

　　不过，服务是否有缺失，企业与顾客可能有不同的观点，因此企业应该欢迎甚至鼓励顾客投诉，以便能及早改善。前文提到的几点妨碍顾客抱怨的因素（抱怨机制不明或繁琐、顾客对抱怨的作用持悲观态度、顾客担心抱怨带来不愉快的经验），都应该设法排除，如设置免费投诉电话或Email、立即以诚意处理顾客投诉、训练员工以良好的态度接受顾客抱怨、接受匿名投诉、以具体行动感谢顾客的建议等。

　　最重要的是，顾客通常希望抱怨能换来企业的正当响应，也就是下列三种"正当性"（见表5-3）。

　　（1）结果正当性（outcome fairness）。这是指顾客希望得到合理的补偿，包含重新提供服务（如更换汽车零件、换另一杯饮料、再表演一次），或赔偿金钱、时间与精神等方面的损失（如退费、送礼、赠送折价券）。

　　（2）程序正当性（procedural fairness）。顾客也希望看到企业的补救程序或措施是有制度且是合理有效的，如服务人员能够马上通知负责人出面解决问题、企业主管迅速召开会议并很快做出补救决定等。

服务补救是在缺失发生之后的最后防线，如果补救得令顾客满意，顾客关系还是得以维系。

145

表5-3 影响服务补救满意度的三种正当性

正当性类别	正当的案例	不正当的案例
结果正当性	"他们也承认放映机有问题,结果把电影票价全额退给观众。" "厨师向我们道歉,除了重新做一道菜,还送了一张折价券。"	"老板居然说同样的片我可以再看一次,但就是不能退钱,真离谱!" "厨师只是说声不好意思,也没想到补偿我们,太过分了!"
程序正当性	"他们内部马上召开会议处理我的申诉,事后还特地登门道歉。" "服务人员将我的意见反映给经理,经理马上就解决了我的问题。"	"他居然在电话里说了一个网址,要我上网申诉才肯正式处理。" "服务人员居然说经理出国一星期,等他回来后我再来找他解决问题。"
互动正当性	"这位客服小姐从头到尾都很有耐心,还笑容满面地听我抱怨。" "导游为了解决问题,跟我们耐心沟通半天,一刻都没有停下来。"	"这位客服小姐很敷衍,我跟他讲道理,她眼睛都不看我一眼。" "导游碰到这么大的问题,还对我们训话,最后甚至不理我们。"

资料来源:Tax,StephenS. and Stephen W. Brown. Recovering and Learning from Service Failure [J].Sloan Management Review,1988,40(Fall):75-88.

(3)互动正当性(interactive fairness)。这是指相关人员在处理服务补救时能够秉持良好的态度,如耐心聆听、面带微笑等。

5.5.2 提供服务保证

在制成品营销里,提出保证(guarantees)以降低消费者的知觉风险,并作为产品功能失常时的补救依据,已行之有年。至于在服务业,服务的无形性、多变性等特质使得保证的使用并不普及,然而,近年来竞争日益激烈使得业者积极寻求市场突破之道,服务保证(service guarantees)也逐渐受到重视而成为服务补救的工具之一。

服务保证可分为三大类(见表5-4)。第一种类型也是最简单明确的是针对某项服务属性提出保证,称为服务属性保证(service attribute guarantees),如表5-4所示的两个例子分别针对"供货充足"及"旅程纯度"提出保证。这项属性最好是顾客认为重要的,而且保证的内容可以带来竞争差异化。

表 5-4 服务保证的类型

保证类型	说明	例子
服务属性保证	针对某项重要属性，保证做到一定的服务水平或达到一定的绩效	DVD 租借服务："保证租到，否则下次免费。"旅行社："保证不擅自加入购物行程，否则全额退费。"
完全满意保证	没有针对特定属性，服务的所有层面都涵盖在保证范围内	网购服务："对于你购买的产品，只要有任何不满，请退回，我们将全额退费。"
混合式保证	以上两者混合，即提出完全满意保证，同时也提出重要属性的保证范围	论文中翻英服务："10 页以下 5 天内交件；精心排版、方便阅读；英文文笔流畅，绝无错字与文法错误。如果未达以上标准或你有任何不满意，我们将全额退费。"

第二种类型是完全满意保证（unconditional satisfaction guarantees），内容涵盖所有服务的层面。这种保证相当有吸引力，但要小心顾客滥用的问题；顾客滥用可能导致成本膨胀或管理资源的浪费，若得不偿失，则有必要检讨这类保证。

第三种类型称为混合式保证（combined guarantees），是前两种保证的混合，即结合整体满意与特定属性的保证范围，它综合了上述两种的优缺点。

理想的服务保证应该是让顾客容易理解的，而且是可信、重要、有意义的。同时，服务保证不应"暗藏"顾客认为是不合理的、苛刻的条件。例如，某家提出"保证最低价，否则退价差"的零售商，在面对顾客拿出某宣传单证明该商店比其他商家还昂贵而要求退价差时，居然说最低价是跟同个城镇里的同类型商店比较，以至于被消费者及媒体大力抨击。

好的服务保证除了可以作为补救服务缺失的工具之外，它还为员工建立一套可以依循的服务标准，同时，由于服务保证让顾客的问题或埋怨得

理想的服务保证应该是让顾客容易理解的，而且是可信、重要、有意义的。同时不应"暗藏"顾客认为是不合理的、苛刻的条件。

147

以进入企业内部，相关部门因此可以得知管理上的盲点，并在问题扩大前寻求改进之道。从顾客的角度来看，服务保证可以降低购买之前的知觉风险与购买之后的认知失调，而在服务缺失发生之后，也提供了一个申诉、沟通、处理缺失的渠道，实质上保障了顾客的权益。

章末习题

基本测试

1. 什么是关系营销？以服务业举例说明。

2. 顾客忠诚度何以影响企业的留客率？以图或表说明。

3. 叙述顾客关系的四个层次及其营销策略方向。

4. 企业可以用什么方法来强化与顾客之间的关系联结？

5. 造成服务转换的原因是什么？

6. 服务补救涉及哪三类"正当性"？

进阶思考

1. "顾客关系的好坏左右顾客满意度。因此，任何服务业都应经常与顾客保持密切联系，免得顾客感觉被忽略而伤害了顾客关系与满意度。"你同意这句话吗？为什么？

动脑提示：想一下所谓"经常与顾客保持密切联系"是多密切？密切方式为何？恰当的与不恰当的"密切联系"标准在哪？你认为，这些标准该从企业的观点来看，还是从顾客的角度来看？

_____

_____

_____

_____

_____

2. 对于变心的顾客，企业是否应该挽回？

动脑提示：面对类似题目，读者不应该只是回答"是"或"否"，而是应该思考什么情况下该挽回，什么情况下不该挽回。这些情况包含：对方是什么性质的顾客？该顾客有何重要性？变心的真正原因是什么？该名顾客变心带来的影响是什么？

_____

_____

_____

_____

_____

_____

活用知识

1. 访问某家服务业的从业人员，请教他用什么方法来强化与顾客之间的关系联结。他的说法与理论上的观念有何异同？

2. 访问某家服务业的从业人员，请他说明五个"顾客转换"的案例。他的说法可否印证书本的相关内容？

第6章 顾客体验与体验营销

美丽之岛

用灵魂演唱，用心听

一开始，琴声像滴落在澄静湖面上的水滴，在几千人的现场向我们流泻出音符的韵律，让人因期待演唱会开场的兴奋瞬间沉淀。"那年，小女孩，好爱荡秋千。秋千，乘着风，飞上蓝天……"人尚未出现，只听到饱满浑厚的男声以抛物线之姿毫无阻碍地穿越千人，像一场风暴席卷而来，只是这次的风暴极其温柔，瞬间将整个人隔绝于外，回到青涩缅腼的初恋。

当演唱者手搭着工作人员的肩自信地迈上舞台，由工作人员引导转向面对听众的那一刻，现场情不自禁地以热烈的掌声欢迎这位生命斗士，一位视障的柔道高手兼金曲奖得主。在黑暗中面对未知的前方，他看不见现场听众的表情，只是专注诚实地用心来唱歌。他的真心和情感幻化成一道光缓缓地从他的肺腑飘扬而升，又幻化成翩翩飞舞、透着光亮的彩蝶，轻点在现场每个人的心湖上，轻轻巧巧、不着痕迹地激起一圈一圈的涟漪，于是每个人的心因想起年轻的悸动而变得微醺。

"大家好，我们是全方位乐团，我是萧煌奇，我们看不到你们高兴的表情，所以请来点掌声！"当萧煌奇像大男孩般地露齿一笑，不造作的乐观打破听众原本准备好的小心翼翼，掌声响起时，他在黑暗中对着前方深

150

鞠一躬。唱起轻快节奏的萧煌奇，自得其乐地扭腰摆臀，虽然不能任意走位，但他仍在所能掌握住的小小范围里，忘情跳着、开怀笑着，尽情恣意地将他的身体、歌喉、笑颜、听觉发挥得淋漓尽致。于是听众用力打着拍子、尖叫，不只是想给他鼓励，更是对他为我们带来生命的感动致上最高的敬意。

"如果我能看得见，就能轻易分辨白天黑夜，就能准确地在人群中牵住你的手……是不是上帝在我眼前遮了帘，忘了掀开"，当他唱起自己创作的"你是我的眼"，高亢温暖的声音宛如黑夜中飞冲上天的炫丽烟火，不但绽放在他的心中，也绽放在现场千人的心中，一层层抚慰包围着曾经受伤的心灵。当他唱起怀念他阿嬷（奶奶）的"阿嬷的话"，很多人因勾起对自己阿嬷的想念而频频拭泪。

萧煌奇说："为梦前行，你我并无不同。"听全方位乐团和萧煌奇的演唱会，你将不是用耳朵在听，而是用"心"在听，用"感动"致意。

📖 本章主题

有些演唱会只是让人"听"歌"看"表演，有些演唱会却让人思念童年的纯真、感恩双亲的至爱、向往爱情的美好而震动心弦。同样地，有些服务只是让人用五官感受得到，有些却能触动思考的最深层、内心的最底部。区别"浅度服务"与"深度服务"需要理解本章的重点——顾客体验与体验营销。本章架构如下：

1. 体验营销的兴起与重要性：探讨体验营销兴起的环境背景，以及它对服务业者的重要性。

2. 顾客体验的决定因素与构面：讨论顾客体验的五大方面（感觉、情绪、思考、行动、关联）及两大类影响因素。

3. 体验营销的特性：探讨体验营销与传统营销的差异、消费者的体验需求与决策，说明体验营销的类型与注意事项。

6.1 体验营销的兴起与重要性

6.1.1 体验营销的兴起与相关环境趋势

如今消费者的期望与喜好已跳脱纯粹的理性或功能利益，开始重视感性的价值。国内外许多企业也都将"顾客体验"列为营销策略中的重要元素。

许多证据显示，如今消费者的期望与喜好已跳脱纯粹的理性或功能利益，开始重视感性的价值。例如，听演唱会不仅是想听歌、休闲（功能利益），还要寻求一种难以言喻的感动；到星巴克并不只是要一杯咖啡以满足口腹之欲（功能利益），而是想体会专属于星巴克的文化与店内氛围。这种强调气氛、感性、文化的消费倾向在近几年形成一股风潮，国内外许多企业也都将"顾客体验"列为营销策略中的重要元素，体验营销也逐渐成为一门显学。

除了星巴克，迪士尼乐园也被认为是实践体验营销的先锋与佼佼者。迪士尼特别在管理团队中设立"梦想工程师"，专门绞尽脑汁、尽善尽美地为游客创造一生难以忘怀的感动；从员工的角色与工作准则，建筑物的大小、远近、颜色、质地，到小如爆米花的包装等，只要任何与游客体验相关的项目，都是梦想工程师的专注所在。

中国台湾业界也在近几年纷纷采纳体验营销。例如，许多旅馆、民宿、餐厅、商店以独特的设计风格创造消费者的难忘体验；全台各地琳琅满目的观光工厂，不但让消费者体会陶瓷、灯笼、气球、纸张、梅子等产品的制作过程，还让人们体会动手做的乐趣。

以上国内外的例子都是体验营销的写照。体验营销虽然早在数十年前就已经被个别企业采纳，然而相关观念在学术界与实务界受到普遍重视，却是近几年的事。体验营销的兴起与环境趋势有关，说明如下：

6.1.1.1 经济发展

发达国家的经济发展可以大致分为四个阶段：农业、工业、服务与体验经济形态，每个阶段各有其特色（见表 6-1）。在经济演进的过程中，人们不断累积财富；财富增加不仅代表消费能力的提升，还改变了人们消费的方式。以晚餐为例，在农业经济时代，人们通常以自家的农畜产品为材料，烹调一顿晚餐；在工业经济时代，则是到商店购买食材回家料理；到了服务经济时代，越来越多的人选择到餐厅用餐；发展到体验经济时代，人们注意的不仅是餐厅的餐点，还重视餐厅的环境与用餐的感受。

表 6 - 1　各种经济形态

经济时代	农业	工业	服务业	体验产业
营销标的物	货物	商品	服务	体验
供应的本质	可取代的	有形的	无形的	可记忆的
基本属性	自然的	标准化的	客制化的	个人的

资料来源：PineII，B. Joseph and JamesH. Gilmore. Welcome to the Experience Economy [J]．Harvard Business Review，1998，76（4）：97 - 105.

上述晚餐的例子说明当经济发展到一定的水平时，人们会从必要性的消费转向较为奢侈的消费。所谓奢侈，包含物质与精神两大层面，精神上的奢侈是指注重消费经验是否带来乐趣、创造感动、值得回忆等。也就是说，对于已经拥有足够商品的消费者而言，他们不再问"到底还要买什么"，取而代之的是"我很想尝试但还没有机会尝试的是什么"。

以上价值变迁的现象，符合心理学家马斯洛的需求层级理论（hierarchy of needs theory），即人们在满足较低层次的生理需求之后，会逐渐地希望得到安全、社会接纳、自尊与成就感等，也就是从生理、社会到心理、心灵的层面。就在这种经济发展、财富增加、消费者价值改变的情况下，体验营销得以蓬勃发展。

6.1.1.2　科技发展

几十年来的科技倍速发展，使得产品加速创新，产品生命周期逐渐缩短，许多产品上市不久便落伍；同时，由于数字科技的发展，许多商品的焦点或诉求从硬件走向软件、从实体走向虚拟。因此，消费者开始追求使

当经济发展到一定的水准时，人们会从必要性的消费转向较为奢侈的消费，会注重消费经验是否带来感动等。

用产品的乐趣、创意、新鲜感等，使得产品的实体逐渐地不如心理层面的附加价值重要，这种新的时代推力使得体验营销有抬头的机会。

《今周刊》于 2011 年 4 月中评论宏碁执行长兰奇下台的报道，为以上论点做了很好的注示：

> 从 iPad 面世开辟第一个战线以来，似乎就注定台厂没有太多机会。光是去年被下载的 App 次数，其中每十个就有九个是从苹果的 App Store 下载的；今年 1 月，苹果还风光地宣布 App Store 下载次数已突破 100 亿次，有高达 18 亿美元（约台币 540 亿元）的营收来自 App Store。然而，在应用软件研发实力上远远落后的中国台湾计算机厂商，却还蒙着头追求规格的升级或加值，想破头要在硬件上追上 iPad，但实际上，问题不在硬件！

> "台厂要复制一个完全相同的 iPad 硬件，实在不难，真正难的是苹果所创造的使用者经验，庞大的 App 生态系统，是台厂怎么追也追不上的。"这是一位半导体供货商在看到兰奇黯然下台后，发出的最深沉的省悟。

人们逐渐接受深具创意的商品，商品的实体价值反而不如心理上的附加价值。这种推力让体验营销有抬头的机会。

纵横天下

想象＋娱乐＋科技，新加坡环球影城令人迷醉

新加坡环球影城于 2011 年 5 月下旬开业，为东南亚第一座环球影城，营运至今已成为游客必访景点。乐园内共有七大主题区，风格各异。一入园，映入眼帘的是"好莱坞大道"，这里多以纪念品店、餐厅为主。每到周末晚上，在繁星点缀下，还会有星光大道演出与烟火秀。"科幻城市"充满各种令人无法置信的尖端科技，在这里游客能操纵博派变形金刚飞天遁地，还可以坐上 360 度翻转的太空堡垒云霄飞车，挑战肾上腺素的极限。

154

在"失落的世界"里，游客搭着船筏穿梭在茂密的热带雨林中，时空错置地闯入远古的恐龙时代。进入以史瑞克为主题的"遥远王国"城堡里，游客与史瑞克一同参与一段营救费欧娜公主的冒险之旅；在史瑞克4D电影院，游客不仅能感受到视觉、听觉上的震撼，还有如绳子划过腿、水花溅到脸上等触觉上的全新感官刺激。除了上述区域，还有拥有经典电影场景的"纽约"、富有探险趣味的"古埃及"以及深受小朋友喜爱的"马达加斯加"。新加坡环球影城结合科技与游乐设施，向游客展示出电影产业的独特魅力。

另外，创造顾客体验往往需要应用科学技术；科技若没有发展到一定的程度，许多梦想将难以实现。例如，明华园就曾经结合现代化科技，如绚丽的雷射光效果、高空吊钢索及现代化消防洒水设备等，在观众面前呈现了一场惊天动地的水淹金山寺戏码。许多观众在事过境迁的多年后表示，该场表演精彩得让人宛如参与了一场奇幻嘉年华秀般，令人感动与难忘。

Wii 游乐器、模拟高尔夫球练习器、多媒体教学设备、动感立体电影馆等现代科技产品也都用来创造顾客体验。值得提醒的是，科学技术往往只是扮演辅助的角色，借由科技表现出来的内容以及表现方式等，才是能否创造顾客感动的关键所在。

缤纷课外

书：体验经济时代

为了超越竞争者、常保利润和生存，企业必须不断追求进步。但是商业竞争的进步轨迹是什么？本书提供了一个很清楚的架构和有趣的观点：体验经济结合了有形产品、无形服务，给予消费者一连串身临其境的"体验"，让企业摇身一变成为一出正在上演精彩好戏的舞台，而且演员之一就是你的顾客。

作者认为企业将商品通过客制化而升级为服务；再进一步客制化晋升为体验；而将体验客制化后，企业就是在帮助顾客"自我实现"，这时，顾客"转型"为企业的产品，如医疗、健身、教育等都是极具潜力的转型产业，因为他们服务后的顾客也成了他们的产品。

想要了解体验经济为何物？本书清楚地介绍了体验经济的由来、特色，以及成功企业的做法。这既是一本易懂的入门作，也是一本精彩的、讨论体验经济的代表作。

6.1.1.3　社会文化发展

体验营销的发展也和乐活、慢食、慢活等新兴的生活态度有关。美国社会学家 PaulRay 于 1998 年创立"乐活"（LOHAS，源自 lifestyles of health and sustainability）一词，主要是提倡健康与环境责任两大观念：前者包含健康的饮食与生活、身心灵的探索与个人成长等，后者则是强调生态永续的精神，如重视再生能源，或是有机、可回收的产品等。

另外，鉴于全球化的快餐与工业化食品让人们逐渐失去自主的味觉以及对传统美味的判别能力，源自意大利的慢食观念逐渐在全球受到重视。慢食（slow food）是指珍惜传统、细尝食材、用感情体会食物、感激农民的耕耘、欣赏厨师手艺的用膳态度。这项观念后来逐渐发展成"慢活"的生活观，慢活并非懒散、拖延、没效率等，而是强调专注、用心地去体会、完成或享受饮食、运动、医疗、工作、休闲等各种生活层面。

乐活、慢食、慢活等新兴的生活观带动了细细品味的消费行为，也为餐饮、休闲、旅游、健康等行业带来了创造顾客体验的契机。

这些新兴的生活观带动了细细品味的消费行为，也为餐饮、休闲、旅游、健康等行业带来了创造顾客体验的契机，不少以乐活、慢食、慢活等为诉求的服务也纷纷出笼。但很不幸的是，有些业者和消费者误用乐活观念，如在"乐活旅游"中大啃油腻腻的炸鸡腿、在超低温空调中盖棉被睡觉，都是违背乐活的健康与环保概念。

另外，年轻一代在较为富裕的环境中成长，比上一代更懂得消费与享乐，加上他们自小受到各式漫画、动画、电视、电影、音乐等耳濡目染，因此在购买与消费的过程中，比上一代更注重乐趣、感官刺激等。这也为体验营销创造了有利的环境。

典范人物

充满热情的饭店教父与年轻人导师
——严长寿

严长寿 23 岁时还是美国运通公司的公文小弟，28 岁因表现出众升为中国台湾区总经理。1979 年，32 岁的他就成为亚都丽致饭店的总裁，几年内将一个地点不佳、不易经营的饭店打响名号，因而被冠以"饭店教父"的称号。

严长寿认为服务标准不是用来遵守的，而是用来"超越"的，"好"的服务是"有求必应"，但"最好"的服务，却要能"比客人先想到"。曾经有高雄的客人北上开会，到饭店前台时随口询问第二天晚上台北是否有文艺表演，只见前台人员立刻给予明确的回复，还不忘推荐"曲目很精彩喔，涵盖了古典、浪漫到现代时期"，让客人大为惊讶。

严长寿不以培养出特定几位专业、能解决顾客疑难杂症的少数人员为目标，而是以让每一位员工都有专业技能与热诚的服务态度为首要工作，让人人都成为能打开顾客心房的"金钥匙"。因此，在亚都丽致倘若双手抱肩，服务人员会马上查看冷气是否太强；即使第一次光临的客人，还在机场时就会被饭店的接待人员以姓氏尊称，宛若熟人；二度光临的旅客，也往往惊讶地发现饭店竟然牢记自己之前不经意提出的需要等。

主动出击创造有利条件更是严长寿的经营作风。例如，他会亲自飞往国外邀请并聘雇各大名主厨进驻亚都丽致做菜，只为给顾客更完整、全面的饭店体验。

2009 年，严长寿成立公益平台基金会并担任董事长，在台东重建废弃小学，建立小区希望学堂，引进师资为当地居民上课，包括计算机、英文、音乐、手工艺、家庭旅馆经营等，以提升人才与产业素质，使文化特色与国际接轨。

严长寿自认是个平凡的人，但他常提到虽然自己只有高中毕业，但很早就找到了人生方向，而且认识自己、用心学习是他累积成就的主因。长久以来，他通过演讲、出书、公益，用热情与行动帮助更多年轻人早点找到了人生方向。

6.1.2 体验营销对服务业者的重要性

从营销管理的角度来看，体验营销让企业得以提升顾客导向的观念与作为、增进服务的附加价值，以及强化市场竞争能力。

服务业者为了让顾客满意，必须提供符合顾客需求与期望，甚至是超越顾客期望的服务。顾客期望与实际购买或使用服务的经验是否一致，是顾客能否满意的关键。然而，消费者的期望与价值并非是一成不变的，因此，是否了解顾客期望的改变，是现代企业生存的基本条件。

体验营销的观念可以让业者审视本身的作为，是否跟上顾客需求与期望的变化。由于服务业具有顾客涉入生产活动的特性，因此顾客的参与过程是传递顾客价值的关键；也就是说，顾客在购买与消费服务的过程中，付出时间、精神、体力等与服务人员互动，而在这个互动过程中，企业应该设法了解顾客期望的变化，让顾客深刻体验到价值利益，如此一来才能提升顾客导向的作为。

例如，过去大多小区或乡镇的旅游活动只是让游客静态参观、走马观花或是围成圆圈听故事，但是，随着越来越多习惯都市生活的民众想深刻了解乡镇文化，位于嘉义县东石乡的船仔头文教基金会推出采小番茄、拔花生、做咸鸭蛋、坐牛车、划龙舟等活动，通过这些亲手做或亲身体验的方式，成功地让游客感受到船仔头小区的风情，一改过去小区旅游的刻板印象。

体验营销也可以为企业增进服务的附加价值。体验营销的基本精神在于超越产品或服务的基本功能（如餐厅的基本功能是提供舒适美味的用餐体验），让顾客的认知与内心在当下感受到强大的冲击，体现一段难以忘怀的经验；相对于只是提供基本功能的做法，体验营销较能创造更高的附加价值。正如体验营销领域的先驱 Schmitt 所做的对比：当咖啡被当成货物贩卖时，一公斤卖几十元；当咖啡被包装为商品时，一杯就可以卖二十五元；当咖啡在一般的咖啡店中贩卖，一杯最少要三十五元；但如能让顾客体验咖啡的香醇与生活方式，一杯就可以卖到上百元。星巴克的成功就在于将顾客的消费过程设计成一种与咖啡交会的体验，使顾客从中得到感动，为顾客提供前所未有的价值。

体验营销的观念可以让业者审视本身的作为，是否跟上顾客需求与期望的变化。

体验营销的基本精神在于超越产品或服务的基本功能，让顾客的认知与内心在当下感受到强大的冲击，因此有助于创造更高的附加价值。

当体验营销创造出的独特性被市场青睐时，往往可以强化市场竞争力。例如，在桃竹苗等县市连成一线的桐花祭活动中，不少游客沉浸在五月雪纷飞的氛围里，并在导览人员说故事的气氛下被导入历史文化的情境，甚至在油桐花下闲情茗茶；相较于许多县市千篇一律的大型文艺活动，桐花祭的独有特色让它在旅游市场中异军突起。

6.2　顾客体验的决定因素与构成方面

体验营销与时代趋势的演变息息相关，并且已经成为重要的营销策略观念与工具，因此，我们有必要探讨顾客体验的本质，以便在执行体验营销或提供相关服务时有更周密的计划及更恰当的作为。

何为体验？我们以旅游来说明。有些人在参观某个景点之后，反应是"还好"、"过得去"、"就走马看花嘛"、"总算是来过了，以后不用再来"，显然地，这是一趟平凡无奇的，甚至是令人打哈欠的旅游。

相反，以下是某些巴厘岛游客的反映："工作太紧绷，早就该休息。现在果然来对了！连空气闻起来都那么的舒缓放松"、"怎么一星期这么快？感觉我才刚刚到"、"享受巴厘岛式按摩的那一刻，我感动得想哭，希望那一刻就是永恒"、"不自觉也入境随俗地在发梢插上一朵鸡蛋花，想象自己也是当地人"。显然地，这些游客体会到了深刻的、难忘的、具有意义的、与周遭融合的或物我两忘的旅行。

上述例子显示出三点：第一，体验是有深浅之分的，从非常平淡到超乎想象的境界；第二，深刻的体验涉及感觉、情绪、思考、行动，甚至可以超越现实，与任何人、事、物产生关联；第三，体验的形成与外在刺激、消费者的体验动机与预期体验等有关。图6-1综合这几项要点，并说明如下。

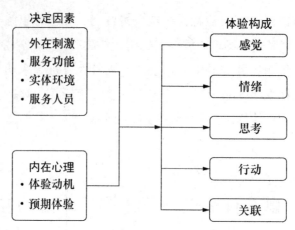

图6-1　顾客体验：决定因素与构成

6.2.1　顾客体验的决定因素

服务功能是指某项服务应该发挥的基本效用或利益，通常是诉诸顾客的理性思考，而且是形成美好体验的最低标准。

实体环境与服务人员比起服务功能更能影响顾客的情绪。

顾客体验有两大决定因素：外在刺激与内在心理。外在刺激包含服务功能、实体环境与服务人员，这三者可称为体验媒介。服务功能（service functions）是指某项服务应该发挥的基本效用或利益，如高铁准时行驶、学校提供知识、医生看诊并治愈病痛、电视播放清晰节目等。这项因素是形成美好体验的最低标准。也就是说，如果服务不能正常发挥功能，顾客将无法拥有美好的体验。

实体环境（physical environment）是塑造顾客体验的"舞台情境"，包含服务场所的空间大小与格局、设施、景观、装潢、灯光、声响、味道等。服务人员（service personnel）则是指影响顾客体验的员工相关因素，如穿着、眼神、笑容、谈吐、用字、反应、音调、音量、手势等。本书第8章、第9章将分别讨论服务实体环境与服务人员。

大食代美食广场很有 FU

　　新加坡上市公司"面包物语"来台，用20世纪50年代的怀旧风，让开业不满半年的美食广场热闹非凡。

眼前是木造窗棂、黄包车、砖墙和传统理发厅；身边穿梭身着白汗衫或国民领衬衫的服务生；耳边回荡的，是闽南语老歌。美食广场"大食代"不走奢华路线，改以 20 世纪 50 年代中国台湾怀旧空间来吸引消费者。

郭明忠（面包物语集团主席）经营美食广场，着重以美学营销，打造品牌。55 岁的郭明忠热爱艺术，至今仍收藏各种绘画，还担任新加坡美术馆的董事，培养新加坡画家。他注重空间规划，对时尚也很敏感。"大食代"在亚洲七国已拥有 40 家以上的店，每家店都要求主题式创新：有未来科技风，有西式图书馆风，也有仿造画廊。"展店和艺术创作很像，如果只是复制一个店，就会慢慢乏味。"郭明忠说。

为了塑造美感与氛围，郭明忠对细节非常要求。例如，要走怀旧风格，木制座位和窗棂就不能以新木头喷上漆的方式替代。为了找旧木料，他们花很多时间飞到苏州、上海寻找，再洗净运送回来。就连广场内难得一见的现代化设施——显示娱乐信息的数字大型广告牌，周围的框也没有忽略，完全用旧木头装潢。入驻的商家，还要统一穿 20 世纪 50 年代的服饰。每家店面还要有"实演"的空间，现场表演给客人看。

不满足于美食广场只是一群摊商集合的郭明忠，是否能以管理与美学颠覆中国台湾消费市场？值得期待。

资料来源：复古美学，抢占美食街［J］. 天下杂志，2012（497）。

顾客体验的另一个决定因素是顾客内在心理，包含体验动机（experience motivation）与预期体验（expected experience）。前者是指什么力量驱使消费者去体验，即"为什么体验"；后者是指消费者在进入体验的情境之前，对于体验抱着什么期待，即"想体验什么?"。显然地，体验动机会影响预期体验，而这两者对顾客体验（感觉、情绪、思考等）都会造成影响。

例如，某位游客去伦敦是为了看几场音乐剧和到知名百货公司"血拼"（体验动机），他可能预期在装潢得很气派的剧院里，坐在精致的椅子上聆听世界知名的"歌剧魅影"（预期体验），对历史古迹却提不起任何兴趣。相反地，想去逛遍历史古迹的通常对于伦敦的博物馆、历史遗迹和教堂等有所期待，对百货公司可能敬而远之。

以上讨论显示，为了塑造顾客体验，企业必须仔细规划服务功能、实体环境、服务人员等因素，同时也必须考虑消费者的体验动机与预期体验带来的影响。

6.2.2 顾客体验的构成方面

体验营销的先驱学者史密特（Bernd H. Schmitt）综合生物学、心理学、社会学等，提出顾客体验的五大构成方面：感觉、情绪、思考、行动、关联。以下分别说明这些构成方面的意义及其决定因素（见表6－2）。

表6－2 顾客体验的五大构成方面

体验构成方面	意义	例子
感觉	经由视觉、听觉、味觉、嗅觉、触觉所形成的知觉	优人神鼓剧团在舞台上的极简布置（视觉）与激昂鼓声（听觉）为观众带来独特的感觉
情绪	因体验媒介而引发的心情或感情，如快乐、骄傲、窝心等	随着优人神鼓变化鼓声与表演，观众的心情时而轻松镇定，时而奋起激动
思考	对于某个人、事、物形成一套想法或价值判断	观众认为，优人神鼓能将静坐、武术、击鼓等融入表演中，全球罕见，成就非凡
行动	产生特定的行为模式、选择某种生活形态，或与他人互动	观众随着鼓声节拍扭动身体，看到精彩处禁不住大力鼓掌，在演员谢幕时大喊安可
关联	与理想中的自我、某个角色、群体或文化价值产生联系	观众体会到生活应该沉淀与专注，并且觉得带有传统文化气息的表演团体是人生的导师

感觉是由知觉系统塑造而成的；有了感觉，才能带来其他体验，因此它在顾客体验的形成中扮演"火车头"的角色。

6.2.2.1 感觉

感觉（sense）是由视觉、听觉、味觉、嗅觉、触觉等知觉系统塑造而成的；有了感觉，才能带来情绪、思考等其他体验，因此它在顾客体验的形成中扮演"火车头"的角色。

消费者通过知觉系统接触到服务实体环境与服务人员等，从而感觉到企业的风格，并形成对该企业的整体印象。例如，天下杂志（2012/4/11）曾经报道过快乐发型明水店（位于台北大直）如何塑造环保无毒的感觉：

> 大门打开，就能感到一股不同的气息。发廊的入口，不挂时尚名模的海报，也没有热气和化学药剂在空气中弥漫。第一个看到的，竟是绿意盎然的植物墙……除了利用回收的木材、废纸打造墙壁，最顶尖的节能科技也能派上用场。洗头的水用热泵热水器迅速加温，大大减少浪费……墙上的植物、特殊的油漆，降低空气中化学物质的含量。快乐发型的洗发精和染发剂，几乎不含化学物质。

6.2.2.2　情绪

情绪（feel）是指内在的感性反应，包含心情、感情等。避免痛苦、寻求欢乐是人的本性，因此如何避免负面的情绪、引发正面的情绪是塑造顾客体验的重要课题。负面的情绪包含生气、不满、焦虑、悲伤、恐惧、羞愧、嫉妒、孤独等，而正面的情绪则有浪漫、疼爱、宁静、满意、乐观、欢欣、兴奋等。

> 情绪是指内在的感性反应，如何避免负面的情绪、引发正面的情绪是塑造顾客体验的重要课题。

例如，春呐是闻名遐迩的音乐祭，春假短短几天总是吸引 20 万人疯狂涌入垦丁。音乐祭之所以迷人，是因为它为乐迷与游客们带来强烈的情绪体验。以下是天下杂志（2012/4/11）的报道：

> 台大社会系助理教授李明璁也是春呐的资深乐迷，"音乐祭有一种近似仪式性的功能，能将人从日常生活中抽离，在短暂过程中，获得一种集体的共感觉"……舞台上，乐手卖力表演；舞台下，群众摇头摆脑。聆听与互动的过程是一种集体的经验……"没去过春呐，你不算真正年轻过。"这是很多人的心声。在垦丁鹅銮鼻公园搭帐篷，不怕雨水和泥巴，听着摇滚乐，追求自由的精神……

对于某些服务业或在特定的服务情境下，刻意营造负面情绪反而可以诱发正面情绪。例如，电影、电视节目、文艺展览可能让观众悲伤、愤慨等，却因此带来满足感；某些课程讲师会故意激发学员的焦虑或羞愧等，然后从中带动乐观与欢欣等正面情绪。

全城狂欢、丰收幸福的清迈水灯节

水灯节是泰国的年度大节，虽然各地都会庆祝，但第二大城市清迈的盛大三夜庆典，就是能让参加过的人上瘾，唯有年年都去才能解瘾。

在这充满祝福和祈愿的节庆里，整个清迈都沉浸在闲适、欢乐、感恩、虔诚和狂欢的气氛中。各种小吃都摆出来了，为的是让人们享受尝遍美食的快乐；各色摇曳流苏的灯笼也都高挂门楣、树梢、街头，仿佛悠然的古城在今晚重返了青春的艳丽；所有庙宇都灯火通明，佛祖的慈眼中仿佛也漾着笑意，正聆听善男信女的虔诚许愿；而所有的小沙弥也都出来体会这人间难得的热闹；人人都虔诚仰头送上许愿的天灯，也都蹲在河边轻推感恩的水灯。于是，数以万计的天灯从城市的各个角落，带着施放者的心愿缓缓升起，竟能彻夜未停，让星星都为之黯淡；各式各样以鲜花制成的水灯，小心翼翼地保护着被许以感恩的烛光随波荡漾，点点波光华丽无比，天上、水上交相映照人们的爱和希望。

在清迈，水灯节没有局限特定地点，夜幕低垂，只要看得到天空的地方就有天灯，只要有水的地方就有水灯，只要有空气的地方就有欢乐的气息。不管当地人还是游客，当献上天灯、推出水灯之际，每个人都只是平凡的表达感恩和祈愿的善良之人，难怪每年总吸引世界各国慕名而来的大量游客来此收获幸福。

服务情境中的外在刺激与内在心理因素往往促使消费者对特定服务或相关的人、事、物形成一套想法或价值判断。

6.2.2.3 思考

服务情境中的外在刺激与内在心理因素往往促使消费者"思考"（think），即对特定服务或相关的人、事、物形成一套想法或价值判断。企业当然希望能获得消费者的正面评价，尤其是希望在一些重要的服务属性上能够被认为是超越竞争者，甚至是独一无二的。

例如，某位曾经到过模里西斯岛 Club Med 度假村的房客以下列文字表达了他的价值判断：

> 庆幸有生之年能与这如梦幻天堂般的旅馆相遇，没有别的奢求，只求这场梦不要醒来……我住过其他五星级饭店，但是一旦享受过这里的精致服务，经历过海天一色的感动以后，我以后再也不想去住其他饭店了。

6.2.2.4　行动

消费者受到服务情境的影响，可能出现特定的行为模式，甚至在接受服务之后，会选择某种生活形态或与某些人互动等，这些现象统称行动（act）。当然，这些行动或多或少表现（甚至强化）消费者的感觉、情绪与思考。

例如，有些人住过不错的饭店之后，主动到旅游网站将下榻的经验推荐给其他网友，或将在饭店拍摄的照片张贴在部落格上，并写下心情日记，甚至将家中卧室尽力布置成旅馆房间的样子，以期延续曾经有过的感动。

6.2.2.5　关联

关联（relate）是指与理想中的自我、某个角色、群体或文化价值等产生联系。关联可能以感觉、情绪、思考或行动的形式出现，然而，和这些体验构成不同的是，关联涉及更广泛的社会文化环境或现象，而且对于消费者也具备更深刻的意义。

例如，有些人到外地旅游，见识到大自然的美妙，感受到保留大自然对后代子孙的重要性，进而邀请志同道合的亲朋好友，一起加入净化海边沙滩的行列，致力要将更多干净、无污染的海边风光呈现在家乡人面前。

上述旅客想到的不是只有业者或现实中的自我，而是延伸到更大的范围，这就是关联的重要特色。就好像有人到了日本体验过精致的饮食文化后，也将"把做菜当成作画"的料理精神带回中国台湾来开店，让台湾民众也能享受到好看又好吃的餐点。

消费者受到服务情境的影响而出现特定的行为，甚至选择某种生活形态或与某些人互动等，这些现象统称行动。

关联涉及广泛的社会文化环境或现象，而且对于消费者也具备深刻的意义。

6.3　体验营销的特性

上一节说明了顾客体验的决定因素与构成方面。这一节将以上述内容为基础，以服务业为例，分四小节讨论体验营销的特性。

6.3.1　体验营销与传统营销的差异

简单地说，体验营销（experience marketing）是"经由激发消费者的感觉（包含视觉、听觉、味觉、嗅觉及触觉）、情绪、思考与行动，以促使他们产生购买或使用产品的动机，同时设法使他们在购买或使用产品后留下深刻记忆"的营销方式。根据学者 Schmitt，体验营销与传统营销在某些观点上有所不同（见表6-3）。

表6-3　传统营销与体验营销的比较

比较项目	传统营销	体验营销
营销重点	专注于产品的属性与效益	重视顾客的体验
产品分类方式	以产品属性及效益来分类产品	以消费情境来分类产品
对顾客的假设	顾客是理性决策者	顾客是理性与感性并重
营销研究方法	量化的、口语的	方法与工具是多元且歧义的

资料来源：Schmitt, Bernd H.. Experiential Marketing：How to Get Customers to Sense, Feel, Think, Act and Relate to Your Company and Brand ［M］. New York, NY：Free Press, 1999.

6.3.1.1　营销重点

传统上的营销活动专注于表现与宣传产品的属性与效益，也就是产品的特性及其发挥的功用。例如，出租车服务的属性包含车子大小、车内设备与性能、服务区域与路线等，效益则是提供乘车的方便与舒适、准时接送等；美容院的属性包含美容技术、设备、用品等，效益则是美发造型、皮肤保养等。

然而，体验营销的重点是顾客的体验，也就是重视顾客在整个购买与消费历程中（甚至是消费之后）的感觉、情绪、思考、行动与关联等反应。例如，出租车服务可能着重降低旅途的不确定性、减少乘客工作与生活上的疲劳、舒缓大都市里的压迫感；美容院可能强调偷闲享受生活片刻、提升顾客的自信心、促进人际关系等。

> 体验营销重视顾客在整个购买与消费历程中，甚至是消费之后的感觉、情绪、思考、行动与关联等反应。

6.3.1.2　产品分类

在传统营销的世界里，产品的分类方式及其衍生出来的竞争者界定，通常是以产品属性及其效益为出发点。例如，出租车被归类在公共运输业，而竞争对手则是同业和公交车、地铁等；美容院则是属于美容业，所有的美发美容店是理所当然的竞争者。

相反地，体验营销以消费情境来分类产品。例如，坐上出租车的外地游客往往对街道上的人群、商店、景物等感到好奇，因此对他们而言，出租车成了移动的导览工具或信息站；对于刚下班、累了整一天的上班族而言，上了出租车便巴不得闭目养神，出租车仿佛成了"摇篮"。至于美容院，不少客户在现场体会放松的心境，为接下来的忙碌储备能量，有些人则是为了享受被人服务的尊贵感。

> 体验营销以消费情境来分类产品。

产品分类方式不同，竞争者界定或策略上的意义就有所不同。例如，美容院若被视为"让人享受服务的尊贵感"的场所，SPA、按摩服务、餐厅等都是竞争对手。

6.3.1.3　对顾客的假设

传统营销将顾客视为理性决策者，购买决策过程相当机械化。也就是，顾客在察觉购买需求后，会多方搜集信息，然后评估各个购买方案的特性与重要性，并根据评估结果来购买。

体验营销却认为顾客兼具理性与感性。顾客虽然经常进行理性选择，但在购买过程中也常常受到感性的影响，或是追求感性的体验。例如，日出集团旗下的"宫原眼科"（位于台中）推出的冰淇淋大受欢迎，假日甚至要排队至少 30 分钟才吃得到。日出总经理在接受天下杂志（2012/12/26）访问时，有一段她对顾客的假设就符合了体验营销的观念：

> 体验营销认为顾客兼具理性与感性。

　　　　冰淇淋能带来一种欢乐气氛，而且老少咸宜。任何人站在冰淇淋柜前，都会想到儿时的感受。哪怕只是站在路边吃，大家围成一个圆圈，那种凝聚的感觉就会出来……未来，冰淇淋应该要有更多创新和体验。除了持续研发新口味，服务、包装、感受，都要让人意想不到……冰淇淋结合中国台湾的人情味，让客人也能感受到这碗冰的热情。客人的感受一点一滴累积，他们喜欢，才有可能变成流行。

6.3.1.4　营销研究方法

过去的营销研究方法比较偏重量化或口语化研究。前者是指所搜集的数据或研究成果必须以数据呈现；后者则是以个人深度访谈、焦点团体等方式进行，通过消费者的口头回答来搜集资料。

体验营销则是强调更多元的资料搜集方法。除了接受前述的量化与口语化研究，也不排斥实质性的、非口语化的方法，如观察一群顾客在商店内的表情、肢体、人际互动等。

6.3.2　消费者的体验需求与决策过程

越来越多消费者正在从急速膨胀的物质生活中清醒，开始重视用"心"消费，因而期待在购买与消费的过程中能够追求感觉、纾解情绪、挑战创意等。具体而言，消费者期待服务的各种元素（包含服务的内涵、服务实体环境、服务人员、程序、成果）能够凸显个人信念与独特性、撩动思念或怀旧思绪、提升美感与灵性、激起梦想与热情、表达关怀与感恩或是带来友谊与情感等。

以上提及的体验需求通常都难以言喻，然而一旦经历过深刻的体验、内心深处某些埋藏许久的感觉被层层掀开之后，许多消费者的感觉往往就借由语言文字、肢体动作、尖叫呐喊或是泪水汗水等而挣脱枷锁，显形于外。以下例子是消费者深受感动后的真实写照：

> 某位歌迷在一位歌手演唱会后这样描述："真是太精彩了！她的高音比莎拉布莱曼还穿彻云霄、低音比黄小琥还荡气回肠、快歌有如来自爱尔兰的踢踏节奏、慢歌则好似让人悠游在夜间星空下的海洋般舒畅。她可能是上帝派来抚慰子民的！"

体验需求通常都难以言喻，然而一旦经历过深刻的体验，许多消费者的感觉往往就借由语言文字、肢体动作等，显形于外。

168

某位学生写信感谢某教授："听您的课总是让我热血沸腾，感到天底下有无数的机会，未来充满无限的希望。还有，您不断强迫我们深入思考，像被人不断剥皮般，很痛苦，但我们却有不断蜕变、死去又活过来的感觉。"

某位信徒的拜佛经验："天地之大，我的灵魂却被禁锢在方寸的黑洞中，在漫无止境的时间中无助地瞬间碎裂成无数的粒子，飘散在空气中，唯一记得的是在碎裂俱灭之前，我发出微弱的呼唤，从遥远深邃的黑洞中。不知过了多久，有一双慈悲温柔的双手用无上的温柔轻抚着承载在每个粒子上的痛苦。随着鼓声作响，我的元神在每一声的鼓声中一层一层归位，直直落于心中。鼓声敲击，于是心脏开始跳动，双眼开始睁开，光线开始投射进来。"

显然地，以上的体验难以在事先清楚描述，消费者的内心、认知、行为等必须经历一定的冲击之后，才能表达相关的感受；当然，某些情境甚至会令人感动得说不出来或是笔墨难以形容。既然体验需求是难以言喻的，那么传统营销学里"消费者理性决策过程"的观念就无法套用在体验营销的情境中。这是因为理性决策假设消费者相当了解本身的需求，或是在搜集相关信息后，能够在几个方案中针对重点比较而做出合理的抉择。

因此，有学者提出了符合体验营销观点的消费者决策模式（见图6－2）。根据该模式，消费者在做出购买决策之前会产生消费愿景（consumption vision），也就是脑中会呈现出一出有视觉意象的故事，故事中有主角（消费者本身）、情节及场景等。例如：

好期待今年的紫荆影展，不但可以和几百人在黑暗中一起欢笑、一起落泪，还可以飞越到别的地方，感受其他地方的人如何思考、如何生活。

下周就要去温哥华游学，有点刺激啊！当地人跟我讲话一定鸡同鸭讲，……不过，听说加拿大人都还友善，嗯，如果碰到问题，我一定要多点微笑、主动打招呼。

根据体验营销观点的消费者决策模式，消费者在做出购买决策之前会产生消费愿景。

169

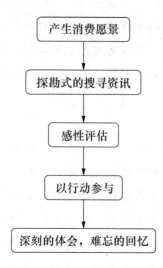

图 6 - 2　体验营销观点下的消费者决策模式

资料来源：Phillips, Diane M., Jerry C. Olson, and Hans Baumgartner. Consumption Visions in Consumer Decision Making［A］//F. Kardes & M. Sujan. Advances in Consumer Research, Provo,UT：Association for Consumer Research, 1995, 22：280 - 284.

追求体验的消费者在搜集信息时是相当有弹性的、兴致勃勃的，甚至尽力突破各种限制，以实现愿景。

　　接下来，消费者的信息搜集活动是探勘式的，而且在评估信息时是感性多于理性。也就是说，消费者并非像去超级市场般事先列举购物清单，每买一项就划掉一项。相反地，消费者在搜集信息时是相当有弹性的、兴致勃勃的，甚至尽力突破各种限制，以实现愿景。例如，得知影展的各场次放映时间与相关活动后，设法排除工作加班与私人约会等因素的干扰，甚至考虑成为影展义工，以便可以免费观赏电影及近身接触导演与演员来宾等；计划到温哥华游学者除了搜集相关学校的资料（如学杂费、课程、师资），还搜集加拿大的历史、地理与文化等数据，并想象如何在白雪皑皑中庆祝在外地的第一个圣诞节。

　　最后，消费者按照他们想象的故事景象实地演出，以行动参与他们所建构的愿景，并尽力从中得到深刻的体会、难忘的回忆等。消费者甚至很少回顾或评估整个购买过程，只觉得拥有或经历过了就胜过一切。

6.3.3　体验营销的类型

　　针对消费者的体验需求，企业该如何规划与表现体验营销活动？要回答这个问题，必须正确认识"消费者到底要什么"。有关这一点，近年来

170

多位学者专家提出了幻想、乐趣、感受、娱乐、艺术、休闲、文化、故事、浪漫、怀旧等概念来描述消费者所需，说法不一，不过也显示了消费者体验需求的多元性。

有关消费者体验需求及其对应的体验营销类型，Holbrook 提出的分类是目前为止较为完整的。他将体验营销分成四大类，在之下又分别拥有三项形态（见表6-4），举例如下：

表6-4 体验营销的类型

Experience（体验）	Entertainment（娱乐）	Exhibitionism（表现欲）	Evangelizing（佳讯分享）
Escapism（逃避现实）	Esthetics（美学）	Enthuse（热忱）	Educate（教育）
Emotions（情感）	Excitement（兴奋）	Express（表达）	Evince（证明）
Enjoyment（享乐）	Ecstasy（出神入化）	Expose（展露）	Endorse（认可）

资料来源：Holbrook，Morris B. . The Millennial Consumer in The Texts of Our Times：Experience and Entertainment［J］. Journal of Macromarketing，2000，20（2）：178 – 192.

（1）体验（experience）。这包含逃避现实、情感、享乐等，最典型的例子有游乐园、赌场、购物中心等所提供的服务。

（2）娱乐（entertainment）。包含美学、兴奋、出神入化等，例子有演唱会、电影院、电视节目等。

（3）表现欲（exhibitionism）。可以让消费者表现热忱、表达或展露自我的服务都算作此类，如电玩或计算机游戏、普通人上电视比赛唱歌的节目，以及其他与自我炫耀相关的服务。

（4）佳讯分享（evangelizing）。包含教育服务，证明或认可某个人、事、物的活动，包含讲学、公益活动、许多商业机构的推广活动等。

任何特定服务有可能兼具以上的类别。例如，一家商店的内部设计、灯光与音乐可能让人觉得出神入化而兴奋，同时带来逃避现实的感觉；某间餐厅可能以稀有珍材及养生有机为诉求，教育消费者，希望消费者认可

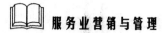

新的用膳哲学，而这项诉求可能吸引某些顾客带着亲朋好友上门，以表现自己的健康观念。

6.3.4 体验营销的注意要点

在结束本章之前，提醒几个实施体验营销时必须注意的要点。首先，良好的服务质量是体验营销成功的关键，不容忽视。任何服务都有一般与独特的质量要素。前者是指普遍受到消费者重视、不分服务种类的质量要素，如环境卫生、服务人员的态度、正确的服务流程等；后者则是专属于某个服务种类或企业的要素，如自助餐厅的餐饮多元化、网吧的计算机连接速度等。无论是一般或独特的要素，只要有一项的表现不被接受，极可能就造成"一颗老鼠屎坏了一锅粥"的效果，让体验的效果大打折扣。

其次，体验的营造必须精致、一致与清晰，才能保障成功。也就是说，体验的主题必须精细设计、清楚聚焦、明确表达以让消费者清楚了解及感受。不一致或不清楚的主题诉求将会使消费者觉得混乱而无法受到感动。例如，迪士尼乐园严禁扮演卡通的工作人员在公共场合拿下装扮，就是为了避免唐老鸭的肥胖身体却连接工作人员的头，而让游客的美好幻想破灭。

再次，任何成功的体验营销必须有不断的新创意，营造新的体验，否则无法永续经营。因此，有些企业运用创造力来结合故事与服务，并且把故事讲得精彩，以营造难忘的消费体验。例如，许多动物园从动物的生活百态或突发事件中找到故事的灵感，利用故事及其新闻价值来让到访的游客有更深刻的体会。

最后，企业应该考虑结合相关的服务或与其他企业策略联盟，以创造体验营销的经济效益，如最近受到瞩目的医疗旅游就是结合两种服务的概念而兴起的。其他的例子还有外语游学课程结合当地的文艺节目欣赏、汽车经销商与家庭旅馆业者合作推出户外赏星活动等。

📖 章末习题

基本测试

1. 经济、科技与社会文化的发展与体验营销的兴起有何关系?

2. 体验营销对于服务业者有何重要性?

3. 以服务业为例,说明顾客体验的两大决定因素——外在刺激与内在心理。

4. 顾客体验包含哪五项构成? 试以服务业举例说明。

5. 以服务业为例,说明体验营销观点下的消费者决策模式。

进阶思考

1. 讲求顾客体验的服务机构在雇用第一线服务人员时,应该设定什么录取标准或条件?

动脑提示:从书本中先了解顾客体验的内涵,以及体验营销的性质与可能的效果等,然后思考本题。也可以把服务稍加分类再回答,答复会更为周密与深入。

_____

_____

_____

_____

_____

_____

2. "规模越大、资金越丰富的服务业者,比起小型的业者更能推动体验营销,让顾客更为感动。"你同意这句话吗? 为什么?

动脑提示:可以尝试先挑战这句话。也就是说,先想"这句话不一定是真的",然后想"在什么情况下,这句话的推论刚好相反"。先了解顾客体验与体验营销的内涵,然后想想大型与小型服务业者各有哪些优缺点。

_____

_____

_____

活用知识

1. 到某家百货公司逛逛，尽量用你的五官去感受，把感受与想法记录下来，然后检视你的感受与想法是否符合书本中提到的顾客体验五项构成方面。

2. 根据体验营销观点下的消费者决策模式，消费者在购买服务之前会产生"消费愿景"。找一位最近一年内有出游的人，请他谈谈旅游前的"消费愿景"，并观察他的愿景有何特色。

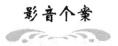

爱美爱买　印度尼西亚内需大爆炸

印度尼西亚，刚起飞的经济体，两亿四千万人口，六成在三十五岁以下。喜欢尝新，勇于消费，对品牌认同度高，是台商打造国际品牌最好的练兵据点。

勇于消费、重门面

不只是年轻人勇于消费，印度尼西亚人重门面、派头，从婚礼的一掷千金就可见一斑。通常，一场婚礼要花多少钱？私人财务顾问高卓礼（AhmadGozali）表示，印度尼西亚婚礼至少邀请上千位宾客，20000 美元跑不掉，有的甚至高达 70000 美元。因此，他经常帮客户规划子女婚礼的理财计划。

目前，印度尼西亚人均年收入约 3500 美元，但大雅加达地区已达 10000 美元左右；年轻人平均拥有四五张信用卡。

中信银行印度尼西亚子行总经理石家林说，当地银行正力推信用卡业务，每家银行的营收获利，每年都以超过 20% 的速度增长。

法国莱雅，用力理解印度尼西亚女性的需求

莱雅印度尼西亚总经理夏尔玛（Vis‐may Sharma）举例，印度尼西亚地处赤道附近，气候湿润，但当地人饮食偏好油炸，皮肤容易出油长痘，肤色较暗沉、肤质较粗，又不喜欢浓妆艳抹。因此，绝对不能把欧美地区、干燥气候适用的油性化妆品，直接拿到印度尼西亚卖。

除了砸重金研发适合印度尼西亚女性的产品，为了提升中低消费者的购买力，莱雅用小包装策略，让价格变得更亲民，大大提升竞争力。因此，连续两年在印度尼西亚营收获利增长三成。

夏尔玛预估，随着经济增长，未来 3 ~ 5 年，印度尼西亚女性平均每月花在保养品与化妆品上的开销，将从目前的平均 10 欧元，增长两倍至三倍。

排队百米喝珍珠奶茶

中国台湾的珍珠奶茶，成为雅加达的新流行。"日出茶太"两年前打进印度尼西亚市场后，已经开了 37 家分店，多进驻各大商场。工作日，日出茶太每杯超过 60 元台币的售价，平均每家店每天可卖三百多杯饮料。到了周末，卖出五六百杯很平常，最高纪录是七百多杯。

当人们收入增加，对于休闲、娱乐、餐饮服务、旅游、教育服务的需求也会提高。但印度尼西亚目前能提供的服务和产品价格不菲，与中产阶级对高质量的需求有颇大落差。

许多印度尼西亚创业家已看到了这个商机。35 岁的伊斯兰服饰设计师莉亚，经常接获客户订制高价手工刺绣与高级丝绸伊斯兰服饰的订单。

她曾说"印度尼西亚人追求个人风格，每个人都想穿出自己的特色，就连头巾也不例外；只要看对眼，贵一点都舍得买。"

摘录自《天下杂志》第 510 期，2012 年 11 月 14 日出刊。

【问　题】

1. 日出茶太应如何降低或消除印度尼西亚消费者的"知觉风险"？

2. 试分析印度尼西亚化妆品业者的顾客知觉价值的构成因素。

3. 从影音及文章内容推断，餐饮业者可通过哪些方式来强化印度尼西亚顾客的关系联结？

第 3 篇

规划服务营销策略

第7章 服务的 STP 与创新

美丽之岛

在混乱的时代，发出清明的声音

"当前传播环境急速崩坏，公共论坛空间日益萎缩。《天下杂志》有感于媒体的社会责任，于 2013 年 1 月 1 日推出'独立评论@天下'新网站，希望在最混乱的时代，发出最清明的声音，努力打造一个能够理性思考与公共论辩的空间，让民主社会与自由媒体最重要的公共论坛机制得以维系。"

"独立评论@天下"网站上一段简短有力的缘起说明，凸显了《天下杂志》依然坚守 1981 年创刊时揭示的"对一个美好社会的向往与追求"的理念，以及一群拥抱社会公义的人士没有放弃他们的理想及希望。

缘起说明的第一行"当前传播环境急速崩坏"点出了中国台湾最恶质的社会环境：电子媒体的名嘴们全方位经营，集政治、经济、法律、核能、刑事等专业于一身，专家角色随议题转变；核四公投问题闹得沸沸扬扬时，总统女婿及人鱼线却中途杀出成了媒体主角；八里妈妈嘴咖啡店发生命案，媒体人成了剧作家，一日一剧本，甚至亲到命案现场面对镜头以夸张的肢体神情当起福尔摩斯；中国大陆和国际新闻则被缩小再缩小，仿佛世界只有中国台湾。

正如独立评论专栏作家之一管中祥所言，不少媒体老板把新闻当商

179

品，只在意收视率，"想象观众想看什么，但却又经常猜错"，而"当新闻不再受到社会信任，不但这个'产业'会大幅衰退，也可能让整个社会陷入公共事务无能的窘境"。

什么是"陷入公共事务无能的窘境"？当太多人对事关大众的议题（小到如学校宿舍的安全、小区环境的美化，大到如中国台湾如何应对可能到来的粮食危机、如何走向真正的绿色大国等）缺乏完整的信息，不知如何表达看法，想表达看法却苦无渠道等，最终让每个人变得自私或冷漠，就是一种公共事务无能的现象。

对于向往与追求一个美好社会的《天下杂志》而言，当然对公共事务无能深感痛心，因此特别开辟"独立评论@天下"这块园地，让数十名关心公共政策、财经管理、国际两岸、文化生活的人士发声，让更多人以多元角度观照中国台湾的社会发展。这种创新不见得带来金钱收益，但却令人喝彩。

本章主题

在媒体最混乱的时刻，以追求美好社会自许的《天下杂志》邀约数十名评论人共同经营"独立评论"，获得不少媒体人与社会人士的掌声。这个案例显示营销管理与策略的一项真理：抓对目标市场，有正确的定位，再配合不断的改善创新，是成功营销的第一步。本章将聚焦于这几个观念，架构如下：

1. 目标市场营销：首先说明目标市场营销观念，接着讨论其中的市场区隔划分与目标市场选择。

2. 服务的定位：讨论定位的意义与重要性、服务定位的基础、服务定位的选择，以及如何判断定位的优劣。

3. 服务的创新：说明新服务的分类，并介绍几种新服务构想的来源。

7.1　目标市场营销

本书前六章主要是让读者了解服务业的重要性及其发展趋势，以及服务业消费者的心理与行为。以上述内容为基础，接下来的七章（第 7 ~ 13 章）将分别讨论服务营销的七大功能（见图 2 - 2 及相关说明）。由于目标市场营销及其衍生出来的 STP 观念是营销管理与策略的枢纽，因此我们先从这个议题谈起。

7.1.1　目标市场营销：概论

我们先到都市一隅走一遭。这家大街旁的书店除了充满原木的装潢与气息，还流泄着"四季"小提琴协奏曲，顾客优雅地翻阅书籍，与窗外斜照进来的夕阳辉映成一幅安静的画作。隔壁巷子有间小型儿童书店，在"彼得与狼"的乐曲中交杂着父母的朗读声、孩童的嬉闹声，好不热闹。小书店对面是一家韩式餐厅，穿着韩国传统服装的服务生在门口招呼客人，对离开的客人还不忘送上一声韩国版的"谢谢光临"。隔两间则是一家印度餐厅，从墙上的海报、餐巾纸到餐盘，无处不是印度文化的色彩。

市面上如上述般的多元色彩举目皆是，这都是来自业界的目标市场营销（target marketing），也就是企业根据某些消费者特性将广大的市场分类，然后再决定针对哪一群人提供什么产品利益或特色。企业之所以如此，主要是因为市场上存在着多样化的需求，即市场异质性（market heterogeneity）。由于科技日益翻新、传播媒体迅速发展、营销刺激源源不断，加上消费者的可支配所得增加，市场异质性逐渐扩大，以致任何一项服务已经难以被全体消费者所接受，企业因而有必要只针对部分消费者提供他们所需要的。

另外，企业很难有庞大的资源服务市场上的每一位消费者，因此衡量本身的资源、服务部分消费者，不但可以避免乱枪打鸟，浪费有限资源，也可以因为专注而提升专业，进而提升营销管理的效率与效果。

> 目标市场营销是指企业根据某些消费者特性将广大的市场分类，然后再决定针对哪一群人提供什么产品利益或特色。

目标市场营销有三个步骤：划分市场区隔、选择目标市场、确立定位，简称STP（见图7-1）。前两者将在以下两小节说明，定位由于数据丰富，单独于第7.2节讨论。

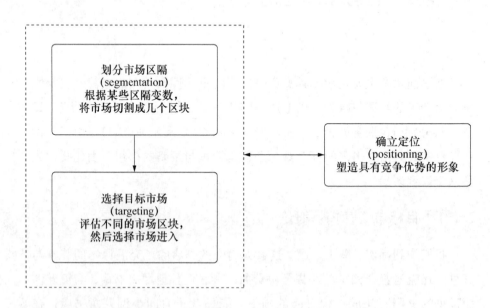

图7-1 目标市场营销的做法：STP

7.1.2 服务业市场区隔

划分市场区隔（segmentation）就是根据某些区隔变量（segmentation variables）将市场划分成几个区块。消费者市场（针对个人或家庭的市场）中常用的区隔变量有地理、人口统计、心理统计及行为四大类（见表7-1）。

（侧栏）划分市场区隔就是根据某些区隔变量将市场划分成几个区块。

表7-1 服务业消费者市场的区隔变量

区隔变量	解释/举例
地理变量	
● 气候	依据四季变化、温湿度、风向、雨量等所形成的区隔，如热带、温带、寒带等
● 城镇规模与人口密度	依据城镇规模及人口密度的区隔，如大都会、小镇、乡村等
● 区域	依据地理区块划分，如北部、中部、南部与东部地区

续表

区隔变量	解释/举例
人口统计变量	
● 性别	将市场分为男、女两大类
● 年龄	如儿童、少年、青年、中年与老年市场
● 所得	如年收入 50 万元以下、50 万~100 万元、100 万元以上等
● 职业	如白领、蓝领，或工商业、军公教、学生、主妇等
● 教育	如初中以下、高中、大学、研究生以上等
● 家庭生命周期	如单身、结婚无小孩、结婚有小孩等
心理统计变量	
● 人格特质	以一个人的个性或性格区隔，如自信、服从、退缩、敏感等
● 生活形态	综合消费者的活动、兴趣与意见等来区分市场，如家居生活、户外冒险、自然恬静等
● 价值观	以消费者根深蒂固的信念、判断是非对错的观念来划分市场，如节俭型、务实型、挥霍型等
行为变量	
● 追求利益	以消费者想从产品得到什么好处来划分市场，如从旅游中沉淀心灵、学习国外文化、大肆采购等
● 时机	以消费时刻、节庆、社会情境、某种心理或生理状态等来划分，如上午场、下午场、午夜场等
● 使用率	根据购买频率与数量来划分市场，如从未购买、小量购买、大量购买等
● 反应层级	如将消费者分为知晓、了解、有兴趣、有意愿购买等市场

7.1.2.1　地理变量

地理变量（geographic variables）包含气候、地形、城镇规模、人口密度、区域等。采用地理变量的主要原因是这些变量所隐含的自然环境（如四季变化、温度）与人文环境（如经济条件、文化习俗、交通建设），会造成对服务的需求产生差异。

例如，许多国外餐饮业者来台发展，为了反映不同城市对西餐的接纳程度及市场规模，将中国台湾市场分成三级，如第一级有台北、新北市、台中、台南、高雄，第二级有基隆、桃园、新竹、嘉义等，接着是更小的城镇与偏僻乡里等。

值得一提的是，不可分割性特质造成许多服务无法像制成品般自由流通，因此只能定点提供服务，于是距离远近与交通便利性就成了消费者购买决策的重要因素。这使得许多服务业者在划分市场区隔时不得不考虑到地理变量。例如，中国台湾的就业服务中心就将邻近的县市组合起来，把服务区域分成桃竹苗、中彰投、云嘉南、高屏澎东地区等，毕竟住在桃园的待业居民不可能经常前往中南部找工作。

另外，不同区域或城镇可以支持某些服务的资源有所不同，因而造成相关业者也理所当然地以地理变量区隔市场。例如，非好莱坞电影的发行商通常将市场分成"台北市"、"新竹、台中、台南、高雄"两大区块。台北市拥有众多电影院，其中还包含国宾长春、真善美、光点等专放非好莱坞影片的电影院，因此是商家必争之地；新竹等则有个别电影院或市立电影馆，或许有放映机会；至于其他城镇，则是几乎不考虑。

7.1.2.2　人口统计变量

人口统计变量（demographic variables）用来了解人们的基本背景，包含性别、年龄、所得、职业、教育、家庭生命周期、宗教、族裔等。由于这些变量相当清楚明确，营销人员很容易辨认、猜测或经由询问得知，加上它们与消费者需求密切相关，因此是非常普遍的区隔变量。

例如，美国、马来西亚、新加坡、欧洲许多国家都有多语平面与电子媒体，显示族裔是媒体业重要的区隔变量。航空公司有不同等级的座位、旅馆有精致套房和总统套房等，都显示以所得来区隔市场。另外，年龄、教育程度与职业等是出版社常用的区隔变量，如《天下杂志》针对的是30岁以上的大专程度的中高级主管，天下杂志社还出版了 Cheers，针对30岁以下的大专生或社会新人。

7.1.2.3　心理统计变量

具有相同人口统计变量的消费者经常出现截然不同的消费行为，如两位同样在南投市的小康家庭中长大的20岁男生，从小到大都同班，但在课余休闲时，其中一人老爱呼朋引伴去唱歌，另一位却喜爱独自浸泡在古典音乐的世界里。他们的差异，极可能是和人格特质、生活形态、价值观等有关。这几个变量统称为心理统计变量（psychographic variables，又译为心理描绘变量）。

例如，小区的成人学习中心设有烹饪、书法、国标舞等课程，就是依据居民的不同生活形态而设计的；BODY SHOP 在网站上鼓励女性朋友做自己与不盲从其他人对"美"的看法，就是将目标族群设定在人格特质有"自主"倾向的女性；早期的汽车旅馆重点是"床"，近几年却纷纷推出主题式套房，如洗涤心灵的禅风、浪漫激情的法国风、神秘动人的南洋风等，将人格特质与生活形态在市场区隔上的应用推向极致。

7.1.2.4　行为变量

相对于心理统计变量的内在与深层特点，行为变量（behavioral variables）比较外显，它包含追求的利益、时机、使用率、反应层级等，其中又以利益及时机的使用最为普遍。

纵横天下

以微额贷款消弭贫穷的葛莱敏银行

葛莱敏银行（Grameen Bank），相信穷人，帮助穷人。它秉持消弭贫穷使命，提供微额贷款服务，让数以百万的穷人们不需苦等慈善救助，便能自行创业脱离贫穷。或许你会疑惑，像这样一个不收任何担保品、没有就业训练、收取年息 20% 的非营利银行，为何能有低于 1% 的呆账率，让全球一亿人口脱离贫穷生活？那是因为葛莱敏银行相信穷人是用自己的性命在为借贷做担保，打破"穷人还不起钱"的成见，鼓励穷人贷款就业，并收取一定利息。基于这一理念，葛莱敏银行成立数年便不需外界捐款，还能持续扩大业务范围，造福更多穷人，达到消弭贫穷与永续经营的双赢局面。今日，葛莱敏银行已提供 38 亿美元贷款给 240 万个孟加拉国的农村家庭；全世界则有 100 个国家补助该国建立葛莱敏银行经营模式；而葛莱敏银行创办人穆罕默德·尤努斯，更于 2006 年获得诺贝尔和平奖的殊荣。葛莱敏银行以微额贷款消弭贫穷，证明促进社会福祉也可以是企业生存之道！

例如，幼儿园市场上有强调学习英语的、训练十八般才艺的、让孩童免于数学恐惧的，也有重视养动物、种花草、玩泥巴，只要让童年快乐的，这些不同的市场区块反映了家长们追求的各种利益。另外，餐饮、花卉与礼品等从业者在情人节、母亲节、父亲节、农历新年、毕业季前大力宣传，或是婚纱摄影业者强调老夫老妻应该在银婚（25周年）及金婚（50周年）时再度披上新娘新郎装与子孙合影等，都是在使用时机区隔市场。

某些业者也使用消费者参与服务的程度来区隔市场。因此，有些洗车场有专人服务，有些则是DIY（do‐it‐yourself），让顾客自己动手；餐饮业中有一般餐厅、半自助餐厅、自助餐厅；除了有服务生24小时待命的旅馆，也有一切都要自己来的自助旅馆。

7.1.2.5 划分市场区隔：一些提醒

在结束市场区隔这个单元之前，有两点提醒。以上讨论虽然将不同的区隔变量分开讨论，但这不代表实际使用时只能择一采用。相反地，划分市场区隔通常会用到至少两个变量，如使用地理变量将中国台湾分成北、中南、东三区，每一区再以人口统计变量中的性别（男、女）及年龄（青壮年、老年）划分，共形成12个市场区块。

另外，不同区块间应该要有不同的需求，而且部分区块中的消费者人数要够多、容易辨识、可以接近、得以让营销人员发展策略及发挥影响力等，否则到了下一个阶段——选择目标市场，将会发生无从选择的窘境。

7.1.3 目标市场选择

面对不同的市场区块，企业必须从中选择目标市场（target market），也就是决定"我们为谁服务"。

目标市场的选择必须考虑三大因素：市场情况（如规模、增长率、风险）、竞争者（如家数、规模、竞争策略）、厂商本身（如目标、资源、优势）。一般而言，市场内有购买力的潜在客户越多或增长率越高，则该市场越有吸引力。但市场吸引力越大，竞争者通常越多，尤其是在获利前景看好的市场，而这将不利于资源缺乏或后来进入的企业。因此，厂商在权衡市场与竞争两个因素时，也需要考虑本身的目标、资源与优势等，以选择比较理想的目标市场。

目标市场的选择必须考虑三大因素：市场情况、竞争者、厂商本身。

186

就建立顾客关系的角度来看，服务业者在选择目标市场时应该特别留意以下几点：

（1）服务与顾客的配合程度（service – customer fit）。这是指服务的方式、技术、设备等是否能够与消费者的需求或特性配合。例如，现定现做餐点就难以配合那些步调异常快速的上班族；专长在人力资源管理的顾问公司难以满足想解决品牌形象问题的企业。如果业者抱着"没关系，赚他一次就好"或"勉强应付得来"的心态，反而会严重破坏顾客关系与企业形象。

（2）顾客同构型（customer homogeneity）。影响顾客观感的除了服务人员，还有在场的其他顾客，而顾客之间的差异往往会让某些顾客感觉格格不入，甚至是不满。当然，任何两名顾客之间无法完全同质，这里的同质是针对顾客特别介意的"关键特质"。例如，商务旅客老是在旅馆走廊碰到背包族，或隔壁房住着半夜哭闹的婴儿等，都极有可能会影响该旅客与旅馆的关系以及再度光临的意愿。

（3）麻烦顾客（troublemaker customer）。我们虽然提倡顾客导向的观念，但也得承认极少数消费者在本质上就是完全无法取悦的。讨好这些麻烦消费者往往耗费过多的时间、心力与其他资源，并且牺牲服务其他顾客的机会，甚至间接破坏与其他顾客既有的良好关系。因此，企业必须小心过滤麻烦顾客，以免得不偿失。

（4）顾客组合（customer portfolio）。服务业者应该思考如何服务不同的市场区块，以形成有利的顾客组合。所谓的"有利"是指"是否有利于供需平衡，让业务更为稳定"，或"是否有利于短中长期的营收"。例如，游学代办中心的顾客多数是学生，业务多集中在寒暑假，因此部分业者为了开发业务而锁定七八月毕业但想"休息一阵"的研究生以及离职待业的上班族。

7.2 服务的定位

7.2.1 定位的意义

一听到或看到知名品牌，我们马上就会联想到某个鲜明的形象：迪士尼是"充满梦想的乐园"；eBay 是"全球最大的拍卖网站"；王品是"中国台湾最大的餐饮集团"；中国台北故宫则是"中国古物与文化的荟萃之地"。我们之所以能够不假思索地联想到这些品牌的特质，就是定位带来的结果。

定位（positioning）是指"在消费者的脑海中，为某个品牌或企业建立有别于竞争者的形象"的过程，而这程序的结果，即消费者感受到的相对于竞争者的形象，在中文上也称为定位（position）。定位的意义有以下重点。

> 定位是指"在消费者脑海中，为某个品牌或企业建立有别于竞争者的形象"的过程。

纵横天下

新奇、刺激、顶级的旅游

1958 年，年仅20 多岁的阿瑟塔克（Arthur Tauck）接下他父亲经营多年的小旅行社，通过创新经营，如今塔克世界探索旅行社（Tauck World Discovery）拥有 150 位正职专业领队，成功带领超过百万旅客出游，逐渐赢得"美国旅游界龙头"的称号。

塔克的旅游以新奇、刺激、顶级知名。例如，带游客到加拿大偏僻的冰河区深达几百公尺的地洞探险，这种地方几无人迹，丢个石头到地洞里可能要大半天才会听到石头坠地的回音，想象用直升机将人垂吊在这种地洞里有多刺激。原先塔克怀疑能否有人接受这种玩法，没想到塔克旗下百余种这类新奇刺激的探险旅游，居然让数以万计的游客大排长龙，许多行程要等候好几年。

此外，顶级是塔克的另一特色。例如，搭乘商务舱、住景观最佳的旅馆，甚至推出一个人也能参加的特别行程。旅途中各种费用几乎全包，在旅馆内餐厅可任意点餐，甚至餐后不必另付小费，只要在账单上签 Tauck Tours 即可。

7.2.1.1　差异化

当营销人员为目标市场推出服务时，不能假设该市场内全无竞争，就算这是针对利基市场（niche market）的独特产品，也是如此。为了对竞争，必须争取目标市场的注意与认同，因此有必要清楚地告知市场"我和其他品牌或替代品有什么不同，我的优点在哪"。也就是说，企业应该要有差异化（differentiation），否则定位将窒碍难行。因此，差异化是定位最重要的前提。

第2.3.1节曾经从两个角度来看核心服务。从产业的角度，核心服务代表服务所带来的"最基本利益"；从个别企业的角度，核心服务应该要超越"最基本利益"，塑造出不同于竞争者的独特卖点。后者其实代表了定位的精神，即追求一种独特的、有别于对手的核心服务。

例如，中国台北忠孝路上的好样书店就是以装潢设计及选书的差异化而入选纽约文化生活网站（flavorwire.com）全球前20名最美书店的。《天下杂志》（2012/2/22）报道如下：

> 这间只有约42.9平方米的台北东区小书店，是好样集团执行长汪丽琴在餐厅、日租型公寓之后的新尝试。除了原本擅长的摆设、装潢设计，她在选书方面特别用心，以设计、艺术、摄影、时尚等生活美学的书种为主。特殊的纸张、装帧书籍，也不计成本引进，简直就是一场书香盛宴……"二月初的台北国际书展，我去听原研哉演讲，买了好几本他的著作请他签名。"汪丽琴得意地说，"读者若买到日本设计大师的签名书，一定会特别开心。"

7.2.1.2　消费者认定

定位的结果不应由营销人员认定，而是以消费者的主观认知来判断。

差异化是定位最重要的前提。

迪士尼于 1992 年建立巴黎迪士尼乐园，自信满满地以为所有欧洲人都会接受迪士尼代表的文化内涵，没想到崇尚大自然的法国人却无法认同，众多法国人认为迪士尼的想象世界是幼稚、愚蠢和无聊的。开业当天只有 5 万名游客（只有预估中的 10%），开业后几年，巴黎迪士尼乐园被迫逐渐实行法国元素（如增加法国知名科幻小说的内容），情况才稍微好转。这个例子说明了营销人员必须从目标市场的感受来判断定位的结果，否则将不利于产品规划与营销策略。

7.2.1.3 复位位

虽然定位必须持续一段时间，以便消费者能建立深刻的印象，但它并非是一成不变的。在大环境、竞争形势、消费者需求变化之下，任何品牌都可能需要复位位（repositioning）。例如，7 - Eleven 在美国创办初期为了凸显它的营业时间不同于其他朝九晚五的商店，以 7 点到 11 点的营业时间为定位；当延长营业时间也变成其他商店的常态时，再加上市场上出现夜间购物的需求，7 - Eleven 的定位改为 24 小时全天候服务。

在中国台湾，当 24 小时成为众多便利商店的营业模式后，7 - Eleven 改以供应熟食（如茶叶蛋、关东煮、热馒头和包子等）为定位；当几乎每一家便利商店都跟进时，7 - Eleven 另以"方便的好邻居"为定位，推出资源回收、代收各类费用等服务；当竞争对手都纷纷跟进成为好邻居时，7 - Eleven 则通过发行旅游刊物，贩卖各地名产，进驻车站、高速公路休息站、旅游区等，全面掌握物流与人流（物品及民众的流动），定位改为民众生活不可或缺的服务中心。

7.2.2 定位的重要性

定位是营销管理中非常重要的观念。首先，定位可用来占据目标顾客的脑海版图。科技倍速发展造成新产品迅速推出与信息爆炸，加上消费者记忆空间有限，因此，如何快速地、长久地在目标顾客的脑海中占有一席之地，是产品成败的关键。恰当的定位可以避免产品印象被边缘化，协助产品占据消费者的脑海版图，并增加被购买的机会。

其次，定位可以协助口碑流传，扩大市场基础。通过良好的定位带来的产品鲜明形象，有助于消费者向外谈起使用经验时找到着力点，并带来生动的描述。如此一来，将带动产品探询与采用的概率，进而扩大市场基础。

再次，定位是营销策略规划的基础。产品的规划、广告设计、价位或销售渠道等营销组合决策，都必须配合定位才能有效突出产品的整体形象，因此，定位是营销策略规划的"火车头"。有些学术界与企业界人士相信"定位的选择，就是策略的选择"，也显示定位在营销策略规划上的重要性。

最后，从服务业的角度来看，相对于制成品，服务的形式较为无形、质量较为多变，消费者因而比较没有安全感，容易产生知觉风险，如此一来，服务业的经营与发展势必受到限制。因此，服务业者如何应用定位塑造本身的形象，降低消费者的知觉风险与忧虑，且能跟竞争者有差异化，就显得特别重要。

7.2.3 定位基础

定位基础是用来表达某个品牌与其他品牌的差异之所在。它通常来自品牌的四大构面，即属性（attributes）、功能（functions）、利益（benefits）、个性（personalities）（简称 AFBP）。此外，也有来自使用者及竞争者，分别说明如下。

7.2.3.1 属性与功能

属性是指构成一个对象的有形元素或无形特质，例如，相机的属性有机身材质与颜色、液晶屏幕、镜片（以上为有形元素）、影像处理速度、美感（以上为无形特质）等。功能则是指这些属性"有什么用途或发挥什么作用"。

服务的属性主要由服务实体环境、服务人员及服务流程等构成，图2-2列举了这三大类属性涵盖的层面，第8～10章将进一步说明。这些属性都有其功能，如实体环境的空间可以容纳人群、服务现场的颜色与装潢可以刺激视觉并引发特定的心理与行为反应、服务流程可以让服务更顺畅等。

使用属性与功能作为服务业定位的实例相当普遍。例如，有些客运公司打出总统级座椅、坐卧两用真皮沙发座椅为号召，是以实体环境为定位切入点；提出"保证准时、否则退钱"质量保证的联邦快递，是以服务流程为定位；许多服务强调人性化的服务、亲切有礼等，则是以服务人员为

定位基础是用来表达某个品牌与其他品牌的差异之所在，它包含品牌的属性、功能、利益、个性、使用者及竞争者。

服务的属性主要由服务实体环境、服务人员及服务流程等构成。这几项属性及其功能都可以作为服务的定位基础。

191

定位基础。

服务类别不同，消费者重视的属性也跟着不同，如实体环境对便当外送服务、网络购物等就不重要，但对于旅馆、餐厅、医疗等却相当关键。因此，在进行服务的定位时，业者应该先辨认目标市场重视的，甚至未被满足的服务属性及其功能。

典范人物

为眼界与知识插上翅膀的出版人
——郝明义

如果郝明义没有踏入出版界、没有舍弃畅销书排行榜、没有慧眼识英雄的眼光，也许就没有几米的崛起、没有独树一帜的书系、没有新的阅读局面。

奉行"创造新的阅读需要"的郝明义，认为出版的存在是基于"分享"、"人性"和"社群意识"。除了满足读者的阅读需要并与其分享阅读的乐趣外，出版的内容、服务与营销模式也应考虑到"伙伴"的社群意识，也就是由出版者、作者、书店、图书馆、读者等组成的社群，彼此应拥有共识建立更多元的阅读需求，不受网络影响，也不受畅销书数字的局限，使整个社群发展趋于均衡完整。

因此，在出版界驰骋三十多年的郝明义缔造了不少里程碑。在时报出版公司担任总经理的八年里，刚好面临中国台湾出版业处于国际化的阵痛期，且此时的公司体系庞大，他却铆足了劲向前冲。原本时报出版公司一年出版约一百种新书，到了郝明义手上却有六百种，其中包含中国台湾本土漫画家的作品，从国际市场引进的米兰昆德拉、村上春树、卡尔维诺等的作品。

四十岁之后，郝明义想做出与众不同的书，而非可遇而不可求的畅销书，他曾以棒球比喻："畅销书是全垒打，是打击者可遇不可求的，而我的目标是维持一定的安打率，每本书都有不错的质量，让公司能生存发展。"于是，郝明义先后创立大块文化、"网络与书"网站、"大辣"和"小异"等，这些风格迥异的品牌各自为政，纷纷以别出心裁的风格屹立在市场上，开拓与满足不同的阅读需求。

近些年来的郝明义为了文化与社会建设而积极贡献己力，如参与"中国台湾出版业者通路秩序联盟"、发起"我们的希望地图"以表达对这块土地的未来希望；现在更跨入华语文产业，推出结合学习、数字及游戏的"中文妙方"（ChineseCUBES），将中文的美国际化。

郝明义以惯有的坚持，一直在做自己认为值得、有意义的事。

7.2.3.2　利益

除了服务属性与功能，业者还可以用更"营销导向"的观点来定位：这些属性与功能到底能为目标市场带来什么好处？能为顾客解决什么问题？相较于以属性及其功能来定位，从顾客追求的利益来定位往往更能契合目标市场的需求。

7.2.3.3　品牌个性

在较昂贵、涉入程度较高或可以用来彰显个人品位或地位的服务中，使用品牌个性来定位的手法相当普遍。例如，在强调"年轻绅士、现代品位"的王品台塑牛排，店内装潢就以暗红色传达绅士的品位，而服务一点也不马虎，每桌都有负责的服务生帮忙点餐，而且记住不同位置的客人点的餐点，确保上菜时准确传递，"只款待心中最重要的人"则是一语道尽这个品牌的个性。同属王品集团的西堤牛排，虽然一样卖牛排，但是"年轻热情、大方自在"则是集团赋予该品牌的个性，全店以橘色和绿色互相搭配，其中等价位也间接反映了西堤的目标客群。

另外，与艺术、文化、人文、心灵等有关的服务业，或想凸显这些特色的服务业，也常以品牌个性定位。例如，表演艺术团体相声瓦舍奠基于传统中国文化，却在题材、内容与风格上超越传统，塑造一种"活泼的、现代感的中国文化"特色；位于苗栗的华陶窑融合了中国台湾民俗建筑与花、陶、窑、景等，建立了一个具有强烈本土文化的休闲与文化体验场所；在餐饮业中，星巴克以"城市雅痞"个性来定位，85 度 C 则是走开放亲近的平民风格。

7.2.3.4　使用者

以使用者为定位的手法强调，哪一类型的人最适合或最应该使用某个品牌。例如，台新银行玫瑰卡不断传达"认真的女人最美丽"，以"玫瑰

相较于以属性及其功能来定位，从顾客追求的利益来定位往往更能契合目标市场的需求。

在较昂贵、涉入程度较高或可以用来彰显个人品位或地位的服务中，使用品牌个性来定位的手法相当普遍。

卡最适合认真生活与工作的女性"为定位；某希腊廉价旅馆以"只给要流浪的人"为诉求，服务那些以流浪心态到希腊的背包客。从以上例子可以发现，品牌个性定位其实和使用者定位几乎同步，也就是说，品牌个性的定位也在暗示"想表现某某个性的人，最适合用这个品牌"。

7.2.3.5 竞争者

与竞争者针锋相对也是定位方式之一，暗示性质或指名道姓的比较性广告常出现这种定位方式。在美国有三个非常经典的案例，其中两个来自服务业：1963 年，租车公司 Avis 喊出"我们第二名，我们更努力"（We're No. 2. We try harder. ）的口号，这种坦白、谦虚却又不服气的态度马上受到市场欢迎，业绩因此大幅攀升；1967 年，七喜汽水（7 - Up）以"非可乐"（uncola）为定位，市场反应热烈，从此奠定了七喜是可乐替代品的地位；1984 年，温迪汉堡（Wendy's）提出"牛肉在哪里"（Where's the beef）的口号，以暗指竞争对手牛肉分量不足的手法来自抬身价，在当时造成轰动。

7.2.4 定位的选择

7.2.4.1 了解产品知觉图

业者在选择定位时，必须分析竞争者在目标市场中的定位。

厂商在选择定位时，最重要的工作是分析竞争者在目标市场中的定位，也就是了解各个竞争品牌在消费者的产品知觉图（product perceptual map）中所占据的位置。产品知觉图存在于消费者的脑海中，用来表示对各个品牌的不同印象。我们以图 7 -2 进一步说明。

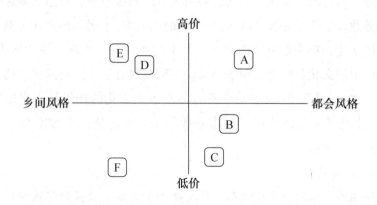

图 7 -2 旅馆的产品知觉图（虚拟）

产品知觉图有两大要素：定位基础与品牌。图7-2假设目标市场是以价位及设计风格为基础来比较六家旅馆的定位。综合而言，目标市场感觉A、B、C偏向都会风格，而后两家是属于中低价位；D、E、F则是乡间风格，其中的D、E价位与A相差不远，F则是六家当中最低价的。

产品知觉图显示两种定位选择方案：直接面对竞争以及寻求空当避开竞争。关于前者，营销人员可以将产品定位在任一竞争品牌的相同或邻近位置，如定位在D与E附近，强调高价的乡间风格旅馆；这种选择的前提是业者有足够的条件与资源挑战既有竞争者，以及市场规模还可容纳其他企业。另一个选择是利用知觉图上的空当来定位，如选择E与F之间的位置，推出中等价位、乡间风格的旅馆。

> 产品知觉图显示两种定位选择方案：直接面对竞争以及寻求空当避开竞争。

除了从既有的知觉图上选择定位，其实有不少企业另辟消费者或其他企业未曾注意但却重要的定位基础，而创造一个全新的市场空间，许多知名的案例都是以此改变市场游戏规则。例如，TutorABC"在线真人英语教学"打破以往英语学习的方式（如在补习班面对面教学、购买教材自学），在市场上取得立足点；台新银行不走信用卡市场以身份地位为诉求的主流，特别诉诸女性心理，提出"认真的女人最美丽"的口号，成为女性信用卡的霸主；位于苏格兰南部、只有3000位居民的小镇葛特纳格林（Gretna Green）发展婚庆服务业，每年吸引全球5000对新人来此结婚。

> 企业可以另辟消费者或其他企业未曾注意但却重要的定位基础，而创造一个全新的市场空间。

上述例子显示出，通过消费者调查而获得的产品知觉图固然可以协助营销人员选择定位，但也可能造成思考上的框框，局限其他定位方案。因此，营销人员应该在既有的产品知觉图之外，探究是否还有其他更好的定位。营销人员能否敏锐察觉环境趋势与社会脉动，潜入消费者的内心去感受、了解他们的深层需求，是成功定位的重要条件。

> 营销人员能否敏锐察觉环境趋势与社会脉动，潜入消费者的内心去感受、了解他们的深层需求，是成功定位的重要条件。

值得一提的是，营销人员在选择定位时，可以尝试重新界定消费者比较各品牌的基准或范围，以取得较深刻的定位。例如，"藏书最丰富的私立大学"、"中台湾最大的荷花池"、"亚洲十大巨蛋球场"等，都是类似的手法。

7.2.4.2 选择多少定位基础

企业应该使用多少定位基础呢？也就是说，企业应该表达多少品牌的特点呢？一般而言，专家建议在一定的期间之内只需要使用一项强而有力的定位基础，以便在目标市场中建立鲜明的形象，并为组织上下塑造精神标杆，清楚指引组织资源的配置方向。例如，诚品书局长期以来标榜"人文艺术"，已经在市场上塑造了牢不可破的印象，同时无论在店面装潢、文案撰写、选书等方面，都表现出强烈的人文艺术风格。换句话说，定位有如剑尖，剑尖不在多，只需一个锋利无比的顶点就可占据上风。

然而，也有营销人员建议当某个特点被其他品牌追赶，或渐渐成为产业中的常态而不再独特时，只表达一项品牌特点并不恰当，这时应该使用双重特点来定位。然而，这个说法最大的问题在于：既然其中一个优点已经成为产业的常态，即代表它已不再具有竞争优势，那又何必用来作为定位基础呢？因此，双重定位并非不可，但所呈现的优点应该是独特的，或让人感觉是超越其他品牌的。

应该提醒的是，业界常犯的定位毛病是"贪心"，想表达太多品牌的优点，如此一来，往往造成"讲得太多，没有焦点，等于没讲"。另一个毛病是"夸张"，也就是选择了一项自以为是的优点，然后无限放大，如许多提到"中国台湾唯一"、"世界第一"、"独霸全球"的定位，都让人怀疑，反而欠缺说服力。

定位不应表达太多或夸大品牌的优点，以免造成失焦或失去说服力。

7.2.5　定位的优劣判断

定位的选择形形色色，判断其中的好坏有几个要点。首先，定位应该清楚地表达与竞争者的差异所在，差异性越大越能吸引目标市场的注意，并建立鲜明与深刻的印象。因此，如果绝大多数消费者对于目前银行的服务态度都很满意时，"良好的服务态度"就不是银行理想的定位。同时，差异所在越难被竞争者模仿、超越，则该定位越好。

其次，前面提到的竞争差异性是否被目标市场认可，或认为是有必要的或重要的，也是定位优劣的判断标准之一。"总经理是 EMBA 毕业"、"内部装潢最有禅意"对于银行似乎就不是理想的定位。另外，目标市场是否能负担得起该定位所衍生的价值，也是重要的考虑。

最后，品牌定位除了需要具备竞争差异性与市场接受度，还需要符合企业的目标与策略，拥有恰当与足够的资源配合，并且能够带来获利，这才是理想的定位。

7.3　服务的创新

7.3.1　服务创新的重要性

"不创新，便等死"（innovate or die），这句话在业界广为流传，一语道破创新对企业的重要性。业界已经普遍接受一项事实：创新不保证成功，不创新却是死路。创新（innovation）已被普遍认为是企业拥有持续竞争优势（sustainable competitive advantage）的关键。所谓持续，即继续维持不易被竞争对手取代的市场地位，要做到这一点，企业必须不断的创新，寻求突破。

服务创新的重要性，从台北车站近年来的改变就可以理解。《天下杂志》（2012/7/11）报道：

> 五年前，微风集团将原本人烟稀少、脏乱不堪的台北车站二楼，转型为人潮聚集的美食广场。去年 11 月，再加码把火车站一楼与地下一楼打造成光鲜亮丽的纪念品中心……火车站不再只是旅途的转运点，已成为许多人旅途的目的地……二楼十亿元，一楼加地下一楼也是十亿元，今年仅台北车站就会为微风创造二十亿元的营收。

服务的创新有个难题。相较于制成品，服务比较缺乏技术门槛与专利权保护，同时许多服务的生产与消费容易暴露在消费者眼前，难以保有商业机密，服务的创新因而容易被对手模仿，甚至被超越。

正因为服务的创新容易被模仿，更凸显出创新在服务业管理中的重要性。也就是说，既然不得不创新，服务业者如何更积极、更具创意地寻找、规划与执行具备竞争差异性、被市场认同的"新服务"，以便甩开对手的纠缠，为自己建立稳固的市场地位，就显得特别重要。

然而，何为新服务？要做到什么程度才称得上"新"？新服务的构想又

服务的创新有个难题：服务如不创新，企业无法拥有持续竞争优势，但是，服务的创新却容易被对手模仿，甚至被超越。

197

从何而来？以下两小节将解答这些问题。

缤纷课外

影集：谁是接班人

身为观众，你是否已看腻千篇一律按照剧本台词设计的电视剧？已看腻总是由俊男美女诠释夸张不切实际的故事？身为学生，你是否已看腻教科书上生硬的管理理论？已看腻顶尖企业的成功个案？

"谁是接班人"绝对会是一部颠覆你刻板印象、挑起你的好奇和兴奋的电视节目。2004 年初，美国 NBC 频道播出了由美国艾美奖得奖制作人马克·伯奈特（Mark Burnett）与纽约地产大亨唐纳·川普（Donald Trump）联手制作的真人实境节目"谁是接班人"，以"平凡人"为主角，看他们如何"在现实的条件下"完成一个个的营销任务。独特的定位让节目一播出就登上全美收视冠军，吸引全球上千万观众，川普的经典名句"You are fired"更成为当时流行的用语。

每一季的节目都会从上百万的报名者中挑选出 14~16 位参赛者，将他们分为两组，同时进行某知名企业给予的营销任务，再从失败的一组淘汰一位，以此类推直到最后选出一位优胜者，获得川普公司一份年薪 25 万美元、为期一年的合约。

此剧如此吸引观众的原因在于，观众可以看到顶尖名校毕业生、商场中小企业主、律师、会计师或大公司的高阶主管在竞赛中使出浑身解数完成任务，过程中人性的美好和丑陋、尔虞我诈、勾心斗角一一尽现。更重要的是，观众不止得到娱乐，更能借由每次的任务学习到真实的企业运作和营销实务，以及能一窥川普以及知名企业主管等看待任务和团队失败的思考角度。

Want to succeed? 看"谁是接班人"就对了！

7.3.2 新服务的分类

根据服务营销学者 Lovelock 的观点，新服务可以根据其新颖程度与创新方向区分成以下七种：

（1）主要服务创新。主要服务创新（major service innovation）是指市场上前所未有的核心服务，通常包含新的服务特征、突破性的流程、新的服务类名称等。App、网络电话、在线拍卖、高速铁路等，都是中国台湾市场这十多年来出现的主要服务创新。不少主要服务创新与科技的突破有关。

（2）主要流程创新。主要流程创新（major process innovation）是指使用新的方法来传递既有的服务，并伴随额外的利益。例如，自动柜员机（ATM）刚出现时就是主要流程创新，因为它以新的流程来提供提款服务，给予民众许多方便，也大幅省下了银行人工行政作业与成本。在线教学、网络购物等也都是属于这类新服务。主要流程创新也往往与新科技有关。

纵横天下

日本兴起"分租住宅"

据统计，日本全国的分租住宅（share house）市场五年来已成长 10 倍，达到 1004 栋。特别是在"3·11"震灾后，通过共同生活，既分享空间，也分享信息、拓展人脉的分租住宅，在日本二三十岁年轻人之间十分流行。这些分租住宅的卧房各自独立，卫浴、客厅、厨房等空间共享，重点在于它有主题，有相应的硬件设备，房客也经事先过滤。

以不动产投顾公司 DCI（Delta Capital Investment）所经营的 connect house 为例，以餐饮事业创业者为招租对象，进行培育计划。顾名思义，connect house 就是打造一个平台，让不同背景但有相同目标者，能借着这个居住空间，彼此接触、切磋、成长。这个提供创业舞台的蓝图来自本身热爱料理餐饮的 DCI 执行长保罗杨年轻时即存在的梦想。想要住进 connect house，得先通过两次面谈，不但必须对料理餐饮有热情、未来有开店或当主厨的计划，同时还要看其在面谈过程中随机应变的能力与沟通技巧。为了支援有志于餐饮事业的创业者，公寓里特别配备了专业的厨房烹调设备，DCI 还聘请企管顾问、餐饮业者、主厨等专业人士举办专业的讲习课程。

目前，connect house 在东京有三家，因为市场定位明确，具有特殊性和稀有性，一推出就抢租一空。DCI 预计，未来将陆续推出以音乐、艺术、动画及电影制作为主题设施的分租住宅，让更多有才能、有理想的人聚居在一起，共同分享信息、为梦想打拼。

资料来源：陶允芳. 必须面试的"分租住宅"［J］. 天下杂志，2012（5）.

（3）产品线延伸。企业也可以新增服务项目让市场耳目一新，这种新服务称为产品线延伸（product line extension）。例如，大学管理相关科系为社会人士开办学分班、EMBA 班等；"中华邮政"于 2004 年开办自营销售中心，邮局除了提供邮政与简易金融服务，还销售火车票、休闲度假村门票及住宿券、美容保健产品、酒类礼盒及饰品等。

（4）流程线延伸。流程线延伸（process line extension）跟主要流程创新一样，是通过与以往不同的方式来传递现有服务，但创新程度较低。例如，实体商店将目录置于网页上，提供网络购买的机会；咖啡店在门外走廊设置简单的销售摊位，方便行人与驾驶人购买；图书馆在校园内不同角落设置还书点，方便师生归还书本。

（5）附属服务创新。附属服务创新（supplementary service innovation）是指大幅改善现有的附属服务，或是新增附属服务以强化核心服务。例如，旅馆增加停车位、重新设计与装潢大厅和柜台、采购最新的健身器材；地铁可以设置怀旧车厢、车厢服务人员以古典装扮、内部以老照片及图像装饰等。这些看似个别独立的创新活动如果能够妥当整合，将可为顾客带来全新的服务体验。

（6）服务改善。服务改善（service improvement）是相当普遍的创新方法，主要是适度改进现有的核心服务或附属服务。例如，电影院在座椅上新增饮料座、餐厅在无线上网区增加插座、服务人员更自然地笑脸迎人等。

（7）风格改变。最简单的创新类型莫过于风格改变（style change），这是指改变某些服务元素的外貌，但却不会对任何服务流程或绩效带来影响，例子包括重新粉刷建筑、员工换新制服、重新设计名片、节庆布置等。风格改变很容易被看出来，因而极易创造新鲜感，并可能会鼓舞员工的士气。

7.3.3 新服务构想的来源

企业应该秉持"不断改善服务"的精神，持续地、有方法地、有系统地从各方搜集新服务构想。构想的主要来源如下：

（1）消费者。消费者是服务的使用者，对现有服务有哪些不足之处、如何改进现有服务、希望有什么新服务等，常有深刻的认识，因此他们的建议与抱怨是重要的新服务构想来源。不过，营销人员应该警惕的是，许多消费者的想象空间可能跟不上科技的发展，以至于他们的建议可能仅限于现有服务的改进，对于全新构想的贡献可能有限。

（2）企业内部。员工在外接触合作厂商与消费者，甚至探听到竞争者的动向，极可能引发新服务的灵感。此外，无论是第一线服务人员还是单位的员工，对于如何改进服务经常都有想法。因此企业内部也是重要的构想来源。

（3）竞争者。从竞争者的广告、商展、年报、新闻稿与网络信息当中，常可获得竞争者发展新服务的蛛丝马迹，并带来新的构想。

（4）供货商、经销商与广告代理商等。这些合作厂商所提供的消费者反应、竞争者情报、新的产业趋势等，对于新服务的开发都具有参考价值。

（5）研究机构。研究机构的学术刊物、专题报告、研讨会、咨询服务等极可能透露新技术，因而激发新服务构想。

除了以上所列举的构想来源，企业也可以借助创造力技术来产生新服务构想。这些技术的种类很多，其中较普遍的有下列几种：

（1）属性列举法（attribute listing）。这种方法先列出服务的属性，然后提出改进每一属性的各种办法，使服务出现新的形式或用途。例如，先针对旅馆房间内的床想象一些替代的、改良的方案。可能出现的新构想有用可掀式、可直立收藏在墙面的床以节省空间；用心形的床塑造浪漫气息；完全不用床，以蒙古包来取代。

（2）强迫关系法（forced relationships）。这种方法结合两个或以上看似无关的事物，企图从结合中寻找新奇的构想。例如，结合文学和交通让人想到"让乘客即时创作的车厢"、结合手机和旅馆则出现"强调与大自

消费者是服务的使用者，对现有服务有深刻的认识，因此他们的建议与抱怨是重要的新服务构想来源。

201

然融合的旅馆，在旅客居住期间规定手机等电子产品要由旅馆代为保管"等。

（3）结构分析法（morphological analysis）。这又称形态分析法，是将产品的组成要素分解，然后以另一种方式组合这些要素，以便产生前所未有的构想。例如，上课时所有椅子围成圆圈，老师在中间讲课；演唱厅的舞台伸展到厅内不同角落，座位可以 360 度转动，观众可用任何角度与演唱者互动。

（4）逆向假设分析法（reverse assumption analysis）。这种方法即挑战与颠倒我们习以为常的假设，发展新的想法。例如，"旅馆不是用来休息或睡觉的"衍生出在旅馆办"轰趴"的业务；"上课不一定要大家坐好"衍生出老师可以利用无线麦克风在一群站着的同学中穿梭，随意互动，传达知识。

（5）全新情境法（new contexts）。这种方法即想象一个新的情境，并套用到平日的生活片段或某个服务的使用情况中。例如，"每晚睡觉前都能看到星光闪烁"激发出房间内布置星空天花板的概念；"一进到旅馆就要感受芬芳"让旅馆业者想到，顾客到来时就赠送有花香的、令人神清气爽的热毛巾。

（6）心智图像法（mind mapping）。这种方法有如"概念接力赛"，先从某个概念开始，然后逐步展开联想，如从"课堂"想到"瞌睡"，接着是"提神"、"安静的提神方法"、"不被发现的提神方法"、"能提神又能专心听讲的方法"、"提神的教具"、"提神的桌椅"等，在概念接力中或许就能激发出新构想。

（7）脑力激荡法（brain storming）。这种方法是让一群人（通常是 6 ~ 9 人）在不受压抑的环境中提出想法与相互讨论，以通过"滚雪球"的效果来搜集众人的构想。脑力激荡的四大原则是不批评别人的想法、想法越多越好、联想越自由奔放越好、尽量组合与改善别人的构想（"搭便车"）。

章末习题

基本测试

1. 简述服务业市场区隔的四大类变量，并分别举实例说明。

2. 就建立顾客关系的角度来看，选择目标市场有哪些注意要点？

3. 服务业为何需要定位？

4. 服务业有哪些定位基础？举例说明。

5. 根据其新颖程度与创新方向，新服务有哪些类别？

6. 新服务构想有哪些来源？举例说明。

进阶思考

1. 现今便利超商、超级市场和大卖场充斥，一般杂货店近似穷途末路，以你所学的定位知识，可否为杂货店再创商机？

动脑提示：这是创意题，先不管可行性，多想一些可能。例如，想想产品线、店面形象、服务人员、策略联盟、小区关系等方面是否有可突破之处。另外，也可观察看看目前存活下来的，或存活得不错的杂货店，是否给你带来什么灵感。

_____

_____

_____

_____

_____

_____

2. 定位等于在消费者脑海中建立一种强烈的、独特的形象。服务业者在内部管理中应该注意哪些单位或哪些人，以便定位不会轻易被稀释或模糊？

动脑提示：先把服务业者的内部有哪些单位或个人一一列出来，然后想象这些单位或个人在服务的定位上扮演什么角色，可能带来什么影响等，答案可能就呼之欲出了。

_____

_____

_____

_____

_____

_____

活用知识

1. 选定一个服务产业，收集产业里各个商家的报纸杂志广告、电子广告、文宣等宣传资料，从中你是否可看出它们的服务定位？可以看出商家之间的差异？

2. 抽空到麦当劳、肯德基、汉堡王、摩斯汉堡等快餐连锁店，尽可能观察、体验它们的定位，你觉得它们各自的定位如何？各家是否有明显不同？再和同学朋友讨论，你和他们的看法有何差异？为什么会有这些差异？

第8章 服务实体环境

美丽之岛

自在惬意，浪漫如诗

"白日，自在惬意，品尝闲情；傍晚，点亮陶灯，浪漫如诗。入夏，蝉鸣响彻山林，漫天扑地；入秋，纷纷转为金黄，浮光掠影"，华陶窑在网站上"写"下这段人在自然中恬适自得的诗意生活。

早期知名作家三毛初到华陶窑，惊奇地问："是什么样的人，躲在这儿做神仙呢？"她甚至写道："这种地方，如果躲在千里之外，也算了，如果确实知道，就在苗栗，有这么几个人，住在一个他们自造的仙境里——而我却不能，这份怅，才叫一种真怅。"

1984年，陈文辉夫妇结合土地关怀之情和生活艺术之美，在苗栗建立了一座四季花景缤纷、诗词写意的园林，在深浅绿意和木造曲桥的交相掩映中，黑瓦红砖悄然现身，为经济起飞中的中国台湾守住一个世外桃源，等待被物质充斥的心田在荒芜之后的回首中还能重回自然静谧和谐的怀抱中。时至今日，传统登窑技术和陶艺工作室，在经营者的坚持和拓垦精神中，逐步蜕变成生活艺术的园林和文化创意产业的翘楚。

为了呈现自然人文细腻相织的情调，华陶窑采取预约和人数管制的制度，规划专人导览的华陶知性之旅，让人在踏进华陶窑的那一刻起，便暂时将凡间俗事阻隔于外，呼吸着绿树的清新、脚踏泥土石头的温软踏实、

205

听着鸟语虫鸣的交响乐，被沿路上时而奔放时而含蓄的各种叫不出名字的花朵所惊艳着。可能在蜿蜒的小径转弯处、荷花池的亭子里与自然惊喜相逢，或在古意盎然的砖瓦屋被以诗寓情、以词写意的古朴文字所吸引，然后亲自在陶土捏揉中，感受从无到有的收获欣喜。

华陶窑的创办人曾说：如果，每一个人都能疼惜自己的土地，这世界上就没有一处真正荒芜的所在了。华陶窑以二十多个寒暑，为自己精粹出属于自己的味道，而且正持续着。

本章主题

华陶窑尽是小径、园林、陶土、瓦屋，景象从眼帘走到心底，却化成一首诗、一幅画、一壶茗茶或一曲清弦。实体环境就是如此奇妙，它不仅是有形材料的堆积，还深深影响人们的感觉、情绪，甚至是行为。本章以服务实体环境为焦点，讨论以下重点：

1. 服务实体环境的角色：说明服务实体环境对企业有何功能。

2. Bitner 服务场景模式：介绍在学术界里公认最完整，也是最常被引用的服务实体环境模式。

3. 服务实体环境的构面：说明服务实体环境中的周遭情境、空间/功能，以及标志/装饰三大构面。

4. 服务实体环境的设计：从营销管理的角度，简略讨论在设计与管理服务实体环境时应该重视的因素。

8.1　服务实体环境的角色

每一种服务实体环境必然扮演特定角色，如车站是交通枢纽、餐厅可供用餐、仓库用来堆放物品等。甚至，同样的实体环境往往因为当事人的心情及使用动机等有所不同，而被赋予不同的角色，如大学是"让知识与心灵邂逅"、"让爸妈不会失望"或"由你玩四年"的场所，这就因人而异。

从营销管理的层面来看，服务实体环境有以下的角色（见表 8 – 1）。

表 8 – 1　服务实体环境的角色

角色	例子
树立形象，建立定位	●旅馆以挑高设计、名贵建材等建立高贵气派的形象 ●餐厅以农具、扁担、斗篷等装饰表现中国台湾特色
方便传递服务	●海关设立快速通道，让无需申报的旅客快些入境 ●漫画出租店在墙外设置投入箱，方便顾客随时还书
促进人员交流	●将教室的桌椅排成"Π"形，方便师生互动 ●健身中心设置交谊厅与小型咖啡座，方便会员交流
引发特定的反应	●游乐园以轻快音乐、卡通偶像引发游客愉悦的心情 ●展览馆在出口设立贩卖部，引发顾客的冲动性购买

8.1.1　树立形象，建立定位

服务实体环境最积极、最具有策略意义的角色在于树立形象、建立定位。也就是，通过实体环境的外观设计、内部装潢、设施与物品布置等，服务业可以凸显经营理念、风格或特色，并在众多竞争者中呈现差异性，甚至脱颖而出。

例如，中国台北 101 大楼每八层楼就有一个环节，主要是取八（发）的吉祥音，而层层相叠象征着"财"高八斗；另外，大楼造型宛若劲竹节节高升、柔韧有余，象征生生不息的中国传统建筑含义。整体而言，中国台北 101 大楼代表台北市在国际化与在地化之间的平衡点上立足，并高瞻远瞩地迈向未来。

有时候实体环境中某个引人注目的元素或画面，就足以表达服务特色。例如，Aranzi 是日本插画家以插画人物延伸出来的生活杂货品牌，中国台湾代理商使用可爱的图像在台北创立 Aranzi Cafe，年轻消费者为之惊艳（天下杂志，2012/4/18）：

位于仁爱路的 Aranzi Cafe，从进门处的门把就大玩插画人物游戏。

服务实体环境最积极、最具有策略意义的角色在于树立形象、建立定位。

207

从天花板、窗台、家具、餐具到餐点，连咖啡上的拉花，都可以是插画家族成员的图案。吃完猫熊蛋糕，盘子底部还会出现一只眼神无辜的猫熊……"就是要用'可爱'不断攻击消费者。"代理阿朗基已12年的小天堂创意开发公司总经理谢圣麒，早就把这一整套战略想好了。

另外，服务实体环境的风格具有筛选顾客的作用，因此有助于业者锁定目标市场，如有些较为保守的顾客对西门町唯恐避之不及、富丽堂皇的饭店让预算有限的顾客望之却步、内部装备较为"家庭式"的理发店无法吸引想表现都会前卫风格的男士。

服务实体环境的风格具有筛选顾客的作用，有助于业者锁定目标市场。

8.1.2　方便传递服务

服务实体环境也与服务传递的效率或效果有关。例如，麦当劳的得来速可以更快地服务需要外带的顾客（提升效率），并可疏解店内人潮、减少排队时间，进而提高顾客满意度（提升效果）；邮局、银行及公务机构通常采用"多服务窗口，每个窗口各有其功能"的设计（如设立领取申请表格、申请与面试、缴费、领件等窗口），是为了提升低接触服务的效率。

服务实体环境也与服务传递的效率或效果有关。

缤纷课外

杂志：Shopping Design

创刊自2006年的Shopping Design（设计采买志），目前每个月5号出刊，瞄准的是一群具有消费力的生活品位家，每期平均销售7万册。因为标榜"买设计、学设计、享受设计"，所以锁定商品、店铺、空间、城市、建筑、文艺六大领域，从中介绍能让人们生活得更美好的设计，因为他们认为许多美好的Shopping并不是通过刷卡购物完成的，而是一种"人和物"、"人和环境"之间心领神会的精神交流，因此好的设计或许就藏身在咖啡厅的灯光或桌椅之间，也有可能是在餐厅地板的材质或墙上的布置。

Shopping Design最常介绍的是空间的设计，如家、厨房、咖啡厅、设计迷的私房店铺等；也介绍过美味、食物等食材的设计；当然也会针对设计大国和地区如日本、德国、意大利、北欧等，进行国家级的设计探讨；也曾探讨脚踏车、眼镜、鞋子等产品的设计。此外，会不定期推出特刊介绍最佳年度设计 100 大等。

诚如杂志所宣称的：对身处风格社会和美学经济的消费者而言，Shopping 不难，难的是如何 Shopping "Design"。

引进中国台湾已经超过 20 年的火车寿司（或称回转寿司），是相当有创意的案例。顾客在寿司台前围坐着，载着食物的小火车从面前驶过，只要看中哪一碟就把它从小火车上取下来，结账时就依据碟子的多寡。这种传递寿司的方式不但有趣，而且可以节省人力、增进服务效率。在日本的外国旅客相当喜欢这种服务方式，因为不太需要语言沟通，可以避免"鸡同鸭讲"的尴尬，同时业者也可以避免服务上的困扰。

另外，占地广阔的服务业在设计实体环境时，也常考虑到顾客参观的方便性。例如，有些农场在园区入口处提供电动车和脚踏车租用服务，让游客在广大的农场里轻松移动；在屏东海洋生物馆的玻璃隧道内，顾客只需站在输送带上缓缓前进，鱼群就在四周游来游去，让游客宛如置身在大海中；迪士尼乐园的小小世界中，游客坐在小船上游览，沿途欣赏不同民族公仔唱歌跳舞。其他如大卖场里的电动扶梯、大型国际机场的接驳电车等，都是为了方便传递服务而设计出来的实体环境元素。

8.1.3　促进人员交流

有些服务实体环境的设计是为了促进员工与顾客之间，或是顾客之间的交流。教室的桌椅排列是相当明显的例子。目前大多数教室是采用"排排坐"的设计，主要是为了节省空间，并配合多数老师演讲式的授课方法（即方便服务传递），但这种设计却不利于师生交流或学生之间的讨论。相反的，"∏"形的座位排列让教师可以走进教室中央，方便与所有学生互动，并有助于引发学生之间的讨论。

同样地，以往的演唱会或舞台演出通常是采取传统舞台的方式，台上台下之间的交流相当有限；不过，近年来不少演唱会采用"T"形舞台（类似模特儿走秀的伸展台），台上台下的交流显著提升。有些餐厅突破传统，将菜肴制作放到前场，不但让顾客目睹平时不易见到的厨艺功夫，还

有些服务实体环境的设计是为了促进员工与顾客之间，或是顾客之间的交流。

209

可以增进顾客之间的聊天话题。

对于某些服务业，服务人员与顾客原本就相当接近，如何让双方有更理想的互动，往往要从室内风格、布置、设备等下手。例如，许多心理辅导服务采用家庭式的、温暖的布置，主要是为了消除当事人的紧张情绪，方便辅导人员与当事人互动；管理咨询服务通常在小型会议室内进行，是为了促进咨询顾问与顾客的讨论。

8.1.4　引发特定的反应

服务实体环境经常被用来引发消费者特定的心理与行为反应。

服务实体环境可以用来引发格鲁恩转移效果，也就是将原本要购买某个特定商品的顾客，转变成没有特定购买目标并具有冲动性购买倾向的顾客。

实体环境经常被用来引发消费者特定的心理与行为反应。例如，个人或情侣汤屋可以让顾客享受独自或两人的宁静与泡汤乐趣。某些高级旅馆设有 VIP 接待区，房客不需站在柜台前填写资料，而是坐在舒服的沙发上，服务人员先端上热毛巾与迎宾饮料，然后代为填写资料，这么做往往可以让房客感觉很受尊重。

不少业者使用实体环境来制造格鲁恩转移效果（Gruen transfer effect），也就是将原本要购买某个特定商品的顾客，转变成没有特定购买目标并具有冲动性购买倾向的顾客。例如，古董商刻意将商品胡乱摆设，再配合上店主的谦逊态度，这种气氛容易让顾客感觉可以在杂乱中寻得宝物，也满足了搜寻宝物的梦想；拉斯维加斯赌场刻意让人不见天日，在墙上也不挂时钟，同时由于红色容易让赌客激动，因此多以红色的地毯、窗帘等来布置，为的是希望赌客多赌一些。

格鲁恩转移效果是为了纪念被称为"美国购物中心之父"的建筑师 Victor Gruen。他于 1956 年建造的 Southdale Mall 采取封闭式设计，并尽量利用自然光线，以植物花卉美化、广设销售亭等，成了日后美国购物中心的范例。

▶▶ 8.2　Bitner 服务场景模式

我们可以从服务实体环境的角色看到它的重要性。因此，营销人员与相关主管应该了解服务实体环境的组成元素及其影响，以便在拟定服务营销策略时能更为周密。

有关服务实体环境的模式并不多见，其中 Bitner 于 1992 年发表的服务场景模式（servicescapes model）被公认是最完整，也是最常被学术界引用的一个（见图 8 - 1）。该模式是非常典型的 SOR 模式（SOR model），也就

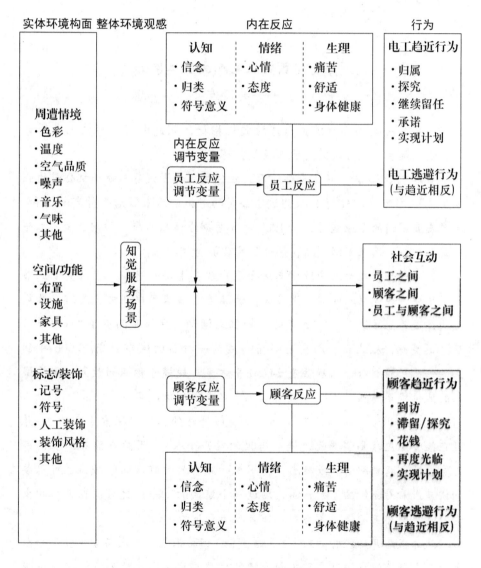

图 8 - 1 Bitner 服务场景模式

资料来源：Bitner, Mary Jo. Servicescapes：The Impact of Physical Surroundings on Customers and Employees ［J］. Journal of Marketing, 1992, 56（4）：57 - 71.

是把实体环境当作刺激（stimulus），该刺激导致有机体（organism）发生变化（导致员工与顾客的认知、情绪与生理等内部机制产生反应），进而引发员工与顾客的行为反应（response）。第 8.2.1~8.2.3 节将分别以这三个层面来讨论该模式；第 8.2.4 节则是评估该模式的适用性。

典范人物

丰富阅读内涵的人文企业家
——吴清友

诚品书店被公认为中国台湾的文化指标，也是中国台湾文化界的奇迹。毫无疑问，这奇迹的灵魂人物是吴清友。

吴清友于 1972 年从工专毕业后，担任饭店餐厨设备与咖啡机公司的业务员，31 岁时（1981 年）成为这家公司的老板。后来饭店数量渐趋饱和，吴清友开创新的企业版图，于 1989 年 3 月创办诚品书店，初期专卖艺术与建筑类书籍，后来不断创新，展开了文化界奇迹之旅。

诚品创始店在台北市敦化南路上刚出现，丰富的建筑、艺术类专业书籍就很快掳获爱书人的心。没多久，诚品更在书店里规划文艺表演及展览空间，成为业界第一。1995 年的一场征文活动，更让诚品有了"不打烊书店"的灵感，从此让"深夜逛书店"成为一种新的城市时尚。2006 年创立的信义店旗舰店含商场共有 24750 平方米，规模号称亚洲最大，更将诚品的地位推至高点。2011 年总计有 1.2 亿人次到访诚品。

吴清友认为"书店是可以让人心有所寄托的、可以探索生命的"，并且在经营上应该要"尊重走进书店里的每一个人"。因此在诚品，人们可以自在地随意翻阅书本或杂志，不用担心柜台紧迫盯人的眼神；也可以参加讲座或看看新锐画家的作品，度过一个悠闲的下午；更可以在失眠的夜晚，在夜间守卫的保护下与书本作者来场无声的对话。

诚品书店开始经营的前 15 年都赔本，但施振荣、殷琪与童子贤等个人大股东支持吴清友的理念及中国台湾的优质文化，因此长期投资这一不赚钱的事业。和硕董事长童子贤曾说："我乐意看到文化走入日常生活里，让每个人伸手即可得到美好的生活经验……应以实质力量支撑让诚品继续

212

苗壮。"

随着年纪渐长，吴清友也逐渐将诚品交给女儿吴旻洁。2004 年从英国毕业回国的她进入集团担任董事长特助，三年后接下执行副总的位子，其行事果断、细腻、沉稳又具亲切感，是个让吴清友相当放心的女儿、女企业家，现为诚品集团副董事长。

8.2.1　实体环境构面与整体环境观感

Bitner 服务场景模式包含三大类实体环境因素：周遭情境、空间/功能与标志/装饰（将在第 8.3 节详加讨论）。这三大类因素是客观环境，它们会共同塑造人们的整体环境观感，即知觉服务场景（perceived servicescape）。

知觉服务场景是一种心智形象（mental image），因而难以衡量。但是，由于它会影响员工与顾客的内在反应与行为，其重要性不容忽视。由于知觉服务场景常被用来辨认或推断服务的内涵与水准，而且是消费者在选择服务时的重要依据之一，因此服务业者在塑造消费者的知觉服务场景时应该仔细考虑"目标市场是谁，他们期望的知觉服务场景是什么"，以便能精确掌握目标市场的来源。

例如，某位母亲参观了住家附近的两家幼儿园后，在网络上发表了下列文字：

> 第一家刚开不久，设备全新、光线明亮、安全措施周到。由于诉求美语教学，整个感觉很美式。但最大的问题也就是在这：教室太像美语补习班了，没有幼儿园的感觉，而且东西摆得整整齐齐的，看不到教具、学生作品之类的，完全没有孩子的味道。至于第二家，前院特地开辟小农地，小孩可以挖土种东西，会搞得全身脏兮兮的。我的心里很矛盾，觉得这地方很自然、很人性，让孩子享受没有压力的童年，但又担心每天洗那些脏衣服，也难免担心小孩的文字数字学不多，将来赶不上其他人。真的要挑一家的话，我想我还是会挑第二家。

显然地，第一家带给这位母亲的知觉服务场景是"很美式、太像美语补习班、没有幼儿园的感觉、没有孩子的味道"，第二家则是"很自然、很人性"；然而，其他母亲可能反而觉得第一家很有质感，第二家太粗糙。不同消费者有不同的环境观感，这相当正常，正因如此，业者应该事先确认服务的定位与目标市场，然后思考如何引导出应有的知觉服务场景。

纵横天下

在清迈的林野间发呆，是一种奢侈

1995 年，专营高级旅馆的四季饭店集团选择在泰国清迈北边的 Mae Sa 山谷间，建造一座近乎完美的世外桃源。于是，全球十大尊贵度假村之一就在亚热带的山林间诞生。

"清迈四季饭店"仅有 64 间客房、17 栋独栋的 villa，建筑风格以 700 年前泰北的兰那王朝（Lanna）为蓝本。打开这里的任何一扇窗，从眼下的田野，到天际的远山，集合了天下所有的绿，有墨绿、翠绿、淡绿、黄绿……走在这里的石阶步道上，身边是翩然起舞的彩蝶，耳际是清脆悦耳的鸟鸣，伴奏的是淙淙溪水声。围绕饭店四周的大片稻田是为了塑造气氛特地栽种的，40 位农民每天早起下田，夜晚时则在田间点上盏盏油灯，营造出专属于泰北的田间光影。于是，在这里发呆，也是一种奢侈。于是，每一位来到这里的旅客，都不愿离开；即使离开，心也还留在这里。

如果没有泰北的山林、苍绿、历史、文化，就没有清迈四季的美好。但是，如果没有清迈四季的美好，泰北的一切也是枉然。

8.2.2 内在反应

实体环境与知觉服务场景会影响员工与顾客的内在反应（internal responses），包含认知、情绪与生理反应，不过影响的强度与方向因员工与顾客的某些特性而异。以下主要从顾客端来解释相关观念。

8.2.2.1 认知反应

认知反应（cognitive responses）是指个人受到外界信息的刺激而产生某些想法。它又可细分为信念、归类与符号意义等。消费者往往根据服务

实体环境的某些线索，对业者的服务水平、效率、效果等做出判断，并产生一套"自认为错不了"的想法，即信念（beliefs）。例如，上个例子中的母亲对于第一家幼儿园可能产生"他们的教育扼杀小孩的想象力"的信念；其他如"新光三越是鼎鼎有名的百货公司，里头应该没有仿冒品"、"花东的步调慢、空气好，住这比较没烦恼"也都是许多人的信念。

认知反应是指个人受到外界信息的刺激而产生了某些想法，可细分为信念、归类与符号意义等。

实体环境也会影响消费者对于某项服务的归类（categorization）。如幼儿园例子中的母亲根据环境的线索，以人性化程度将学校分类；我们也经常根据旅馆的装潢、设施等，给予旅馆不同的星级。

另外，人们也会赋予实体环境某种意义，即符号意义（symbolic meaning）。如果某家餐厅处处充满了风车、郁金香、木屐，人手一杯海尼根啤酒，则可能被解读成是一家专门供应荷兰菜的餐厅。

8.2.2.2　情绪反应

实体环境会影响员工与顾客的情绪反应（emotional responses）。如音乐的节奏感、歌词的意境、光线的亮度、色彩的协调性、气味的浓烈程度，都可能带来平静或紧张、喜悦或哀伤、畅快或郁闷等心情（mood）。

实体环境会影响员工与顾客的情绪反应，包括心情与态度。

上述元素也牵动员工与顾客对某个服务或服务场所的态度（attitude），也就是正面或负面的感受。例如，带有性暗示或粗暴语言的歌曲让有些人反感；光线明亮的脚底按摩中心较能带来正面的感受等。当然，无论是心情还是态度，业者都应尽力让员工与顾客产生正面的反应。

8.2.2.3　生理反应

实体环境引发的生理反应（physiological responses）包含身体上的痛苦、舒适、健康状况等。例如，二手烟、空气中的灰尘、震耳欲聋的音乐、阴暗或刺眼的光线等，不但会带来不良的情绪反应，更不利于员工与顾客的健康。

实体环境引发的生理反应包含身体上的痛苦、舒适、健康状况等。

一般而言，除了极少数行业是为了适应市场需求或服务定位上的需要（如充斥喧闹音乐的舞场），业者普遍上都会避免让员工与顾客的身心受损。这已不尽然是营销上的议题，更是企业道德上的必要作为。

8.2.2.4　内在反应调节变量

实体环境与知觉服务场景对员工与顾客的内在反应造成什么影响，以及影响力有多大，往往因员工与顾客的某些特性而异。说得学术一点，员工与顾客特性是调节变量（moderators），左右实体环境对内在反应的影响。

215

例如，平时听来振奋人心的音乐让某员工的士气高昂、心情愉快，然而当这位员工正在处理非常重要的业务，极需冷静思考时，振奋人心的音乐反而干扰思绪，让他心烦。同样地，超大型百货公司里迷宫般的动线规划让来逛街消磨时光的顾客感觉乐趣无穷，但如果顾客临时有事赶时间，该动线反而带来时间急迫感与心理压力。

8.2.3　行为

员工与顾客的内在反应会引发两种行为：趋近与逃避。

员工与顾客的内在反应会引发两种行为（behaviors）：趋近与逃避。趋近（approach）是指接纳并融入服务环境中，如员工对工作更有探究的精神、愿意在该企业服务、努力协助公司达成目标等；顾客比较愿意到访、花钱、待在现场或再度光临等。逃避（avoid）则是无法认同该服务，想离开该服务场所等，其具体行为正好与趋近相反。

纵横天下

和日本卡通相遇在博物馆

东京都的三鹰市有一座宫崎骏博物馆，每年都吸引很多宫崎骏迷前来圆梦。远看还是爬满藤蔓的古老建筑物，接近售票口就会听到"卡哇伊"此起彼落的声音，原来一只大龙猫已经坐在售票亭里迎接访客。门票则是每张都不一样的宫崎骏彩色电影胶卷片。

这是一个没有参观路线的博物馆，以控制游客人数来维持体验质量，也禁止摄影。如此一来，每位访客才能脱离用相机看世界、拍了就走、走马看花式的观光习惯，而是用心体验每个卡通人物，用自己的方式来品味美梦成真的每一个细节。这里有天空之城的大型机器人、画家的模拟工作室，也可以看到宫崎骏的卡通手稿等，最特别的是有实体的卡通原理展示，利用快速旋转，龙猫的主角们似乎都真的动了起来。还有让人惊喜的大型绒毛龙猫公交车，小朋友们几乎都难以抗拒地在公交车上玩个不停。玩累了，还有红猪餐厅可以休憩、用餐。

在博物馆里，理性决策不管用，因为每个人都只是单纯快乐的小孩。

216

重要的是，员工与顾客的个别行为会影响服务场所中的社会互动（socia linteractions），包含员工之间、顾客之间以及员工与顾客之间的互动。员工（尤其是前线的员工）之间的互动不仅影响工作效率，更重要的是互动过程中显示的团队精神、对工作的投入、不分彼此协助顾客的态度等，都会在顾客眼前呈现，并进而影响顾客满意度等。

至于顾客之间的互动，也受到不少实体环境因素影响。例如，空间太小导致人潮过于拥挤；动线规划混乱令人脚步慌乱，容易和别人碰撞；光线太昏暗或音响太吵造成情绪低落，人际互动无精打采；教室桌椅设计不良妨碍学生讨论。

最后，社会互动还包含员工与顾客之间的互动。当员工出现逃避行为时，与顾客的互动将难有良好的质量，甚至很容易因员工的敷衍、漫不经心等而让顾客极度不满，使得双方发生冲突。最理想的情况当然是员工与顾客都出现趋近行为，两方的正面认知、情绪与生理状态会形成良性循环，无论是对员工工作满意度还是顾客满意度都大有帮助。

员工与顾客的内在反应会影响员工之间、顾客之间以及员工与顾客之间的互动。

8.2.4 Bitner 服务场景模式的适用性

Bitner 服务场景模式对于实体环境如何影响员工与顾客的内在反应与行为，有相当完整的描述。同时，该模式有相当不错的适用性，我们用表 8 - 2 进行说明。

表 8 - 2 服务类别：依据实体环境的使用与复杂程度分类

实体环境的使用	实体环境的复杂程度	
	复杂	简易
自助式服务 （顾客为主要使用者）	KTV 游泳池 泡汤屋 电影院 羽毛球馆	自动提款机 自动贩卖机 投币按摩椅

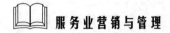

续表

实体环境的使用	实体环境的复杂程度	
	复杂	简易
人员服务 （员工与顾客都是使用者）	餐厅 诊所 银行 学校 航空公司	摊贩小吃 擦鞋服务 快速按摩服务
远距服务 （员工为主要使用者）	保险公司 远距教学 水电服务 在线专业服务	网络购物 电视购物 自动语音服务

资料来源：Bitner, Mary Jo. Servicescapes：The Impact of Physical Surroundings on Customers and Employees ［J］. Journal of Marketing, 1992, 56（4）：57−71.

表8−2利用两个构面来分类服务业。其中一个是实体环境的使用，分为自助式服务（顾客为主要使用者）、人员服务（员工与顾客都是使用者）以及远距服务（员工为主要使用者）。对于自助式服务，显然地，相关决策人员应该要从目标市场的需求与观点来设计实体环境，以便能吸引潜在顾客，并提升顾客满意度，也就是将重点放在 Bitner 模式的下半部。至于远距服务，实体环境的设计应该考虑到员工的工作动机、生产力、效率等，也就是考虑 Bitner 模式的上半部。最后，由于人员服务涉及员工与顾客的互动，因此应该参考整个模式。

另一个构面则是实体环境的复杂性，分为复杂与简易两类。无论是哪一类，其实都可以参考 Bitner 模式来设计实体环境，或了解实体环境带来的影响。不过，该模式的参考价值对于复杂的环境显然较大。

总而言之，Bitner 服务场景模式清楚地呈现实体环境的不同构面，并涵盖了实体环境的两大用户——员工与顾客——如何受到实体环境的影响，而且会产生什么内外在反应。服务业的形态虽然多元，但是无论什么形态，都可以根据本身实体环境的使用与复杂性，参考 Bitner 模式的部分或整体内容。

8.3 服务实体环境的构面

8.3.1 周遭情境

周遭情境（ambient conditions）构成实体环境的基本背景，它包含可由感觉器官感受到的温度、空气质量、气味、声响、色彩、灯光等元素。消费者与服务人员的认知、情绪与生理往往受到这些元素的影响。例如，震耳欲聋的音乐可能不会在一分钟内带来明显的影响，不过在几分钟之后可能造成头痛、思绪混乱、情绪烦躁等。不过，有时候就算对这些情境元素的感觉是无意识的，影响还可能存在，如空气中的灰尘与宠物皮垢不易察觉，但实际上却影响人们的生理健康。

> 周遭情境构成实体环境的基本背景，它包含了可由五官感受到的温度、空气质量等元素。

以下讨论一些常见且重要的周遭情境元素，及其对人们内外在反应的影响。

8.3.1.1 色彩

一本介绍日本京都旅游的书上是如此形容京都的四季变化的：

> 春天，它为自己扑上了一层粉红色的嫣红，让天地之间所有颜色都汗颜；夏天，它又换上了翠绿色的外衣，调皮地邀请你出门游玩；秋天，有点害羞的它悄悄地拿着一只咖啡色带点红色的水彩笔，将漫山遍谷的树换了心情；冬天，则是闭眼休息片刻的时候，它无声无息地为城市盖上了一件雪白的外衣。

另外，联电工程师 Justin 在其轰动一时的游记网站"我的心遗留在爱琴海"上，如此形容希腊的蓝：

> 清晨五点多，阳光透过窗缝射了进来，打开窗户，天空蓝，爱琴海蓝，加上清晨特有的蓝色调，白色房屋也映得蓝蓝的，眼前尽是一片蓝色世界。

通过以上文字的形容，京都不再是一个古老的、没有朝气的城市，而是一个不论哪一个季节造访都能看尽造物者变化的地方；希腊不再是一个停滞在某个历史时点上的国度，而是一个因蓝色而引人无限遐想的诗境。色彩对心情、认知的影响，由此可见。

根据曼塞尔色彩系统（Munsell Color System），色彩有三大构面：色调、亮度、彩度。色调（hue）是指基本色素，主要用来区分色彩的种类，俗称颜色，包含红、橙、黄、蓝、绿等。亮度（value）是指色调的明暗程度，色调中加入白色会使得色彩变得更明亮，相反如加入黑色，便使色彩变得昏暗。彩度（chroma）则是指颜色的鲜浊强弱程度，又称饱和度（saturation）；彩度使得颜色有浓淡之别，如红色有深红或浅红之分。

色调可以划分为暖色、冷色与中色系。暖色系有红、橙、黄，冷色系有蓝、绿、紫，而中色系则有白、灰、黑等。不同色系或色调往往带来不同的联想与情绪反应（见表8-3）。顾名思义，暖色系会带来温暖的感觉，如室内的窗帘、地毯等若是红、橙等色彩，身处其中会有暖和感；许多人在炎夏时喜欢将窗帘、床单、家居布置等改换成蓝、绿色，则是因为冷色系能带来清凉感。

> 色调可以划分为暖色、冷色与中色系。它影响人们的温度感、重量感、湿度感与情绪等。

表8-3 色彩的联想

色彩	具体的联想	抽象的联想
红	火、血、口红、苹果、热气、母亲节、喜庆	危险、治疗、情欲、革命、热情、强烈、凶猛、生气、兴奋、积极
橙	橘子、柿子、火焰、秋天、金属	温暖、无情、忌妒、骄傲、自我、热情、活泼、积极、欢乐、丰富、满足
黄	阳光、柠檬、香蕉、月亮、黄金、蛋黄	警告、快乐、光明、希望、积极、神圣、有朝气、健康、启发
绿	绿叶、草地、森林、田园、邮差、大自然、清凉、海、尸体	清静、清爽、和平、生命、成长、年轻、恐怖、惊吓、疾病、晦暗、罪恶感
蓝	天空、水、冰、海、山脉、天国	寒冷、沉着、理智、冥想、宽广、悠久、灵性、奉献、忧愁、畏惧、忧郁、隐秘

续表

色彩	具体的联想	抽象的联想
紫	葡萄、茄子、牵牛花、紫罗兰	凉的、朦胧的、优雅、高贵、权势、神秘、华丽、悲伤、寂寞、绝望
棕	泥土、粪便、物质、肉体	依赖的、身体感觉、责任、小气、节俭、关怀
白	雪、白纸、护士、棉花、云、白天	纯洁、干净、神圣、空无、天真
灰	水泥、阴天、老鼠、灰炉	平凡、中庸、忧郁、悲伤、无精打采
黑	晚上、墨、木炭、头发	严肃、死亡、罪恶、恐怖

资料来源：吴仁芳．色彩的理论与实际［M］．中国台北："中华色研"，1992．

　　色调除了影响人们对温度的感觉，还会影响重量感、湿度感等感受。例如，暖色偏重，显得干燥，而冷色偏轻，感觉较湿润；暖色有高密度的感觉，透明感较弱，而冷色有稀薄的感觉，透明感较强。另外，暖色有迫近感、前进感，冷色则有宽阔感、后退感，因此在比较狭窄的空间，通常会采用冷色调以便让人感觉宽敞。

　　至于对情绪的影响，暖色系通常给人强烈、热情、希望、积极、兴奋等感受，但也较容易引发焦虑感。同时，有研究指出，暖色系有助于加速决策，因此较适合低涉入购买或冲动性购买的情境。相反地，冷色系则带来沉静、和平、理智、隐秘、优雅等感觉，因此较适合用在需要较长时间抉择或高涉入的购买情境中。

　　在亮度与彩度方面，明亮、鲜艳的色泽让人感觉空间更为开阔，而昏暗的色泽则有压缩空间的效果。淡的亮色使人觉得柔软、轻快，而暗沉的、浓烈的颜色则让人感觉比较强硬、沉重。

　　当某个色彩跟不同色彩配合在一起时，它给人们的感觉也会跟着不同，因此服务场所应注意色彩如何搭配的问题。例如，色彩学家伊顿（JohannesItten）曾说：

　　　　在深红的底子上，红色平静下来，热度逐渐熄灭；在蓝绿色底子上，红色有如燃烧中的火焰；在黄绿色底子上，红色变得冒失、莽

221

撞、激烈；在橙色的底子上，红色似乎被压抑，暗淡无光，好像被烧焦了似的。

另外，在空间较大的服务场所，色彩有时会被用来协助辨别。例如，在台北市的忠孝复兴捷运站里，想要往南港或昆阳方向的旅客应该跟着蓝色指示牌走，而棕色指示牌则是引导游客往木栅线移动；台北市三军总医院将急诊区漆成粉红色、X光区为黄色等，以便民众能快速辨别，更快到达目的地。

最后必须强调的是，人们对色彩的感觉与诠释，因个人的年龄、性别、职业、种族、社会文化及教育背景等而有所不同。例如，男性比女性更排斥粉红色的实体环境；白色是日本婚礼的代表颜色，而在中国台湾则用在丧事的场合；谈到代表皇室的颜色，英国是紫色，中国与泰国则是黄色。

8.3.1.2 音乐

音乐是许多服务实体环境中的重要情境元素。不同的音乐特性引发不同的情绪。如同表8-4显示的，音乐的调式、节拍、音高、旋律、和声、音量等共同塑造音乐给予人们的感觉，如令人欢乐的音乐通常为大调、快节拍、高音、流畅的旋律等，而庄严的音乐则是大调、慢节拍、中音高、坚定的旋律等。

表8-4 音乐的特性与情绪

音乐特性	情绪								
	严肃	难过	感伤	安详	幽默	欢乐	亢奋	庄严	恐怖
调式	大调	小调	小调	大调	大调	大调	大调	大调	小调
节拍	慢	慢	慢	慢	快	快	快	中等	慢
音高	低	低	中	中	高	高	中	中	低
旋律	坚定	坚定	流畅	流畅	流畅	流畅	不规律	坚定	不规律
和声	协和	不协和	协和	协和	协和	协和	不协和	不协和	不协和
音量	中	小	小	小	中	中	大	大	变化

资料来源：BrunerII, Gordon C. Music, Mood, and Marketing [J]. Journal of Marketing, 1990, 54 (4): 94-104.

音乐不但影响情绪，它还让人感觉到周遭情境的气氛，并影响待在服务实体环境的意愿与时间、动作速度、工作效率等。例如，农历新年之前此起彼落的贺岁歌曲、12 月中旬以后不绝于耳的圣诞歌曲等，都在塑造佳节的气氛；当然，商家也期待这类应景音乐能够催化消费者提早购买节庆商品。

许多西式快餐店播放节奏轻快的音乐，不但带来年轻活泼的气氛，还可让员工工作得更起劲，并加快顾客吃喝的速度，进而提高餐厅的翻台率（table turnover）（想象一下，如果麦当劳播放沁人心脾的二胡悠扬乐曲，对吃薯条的速度与翻台率有何影响）；有些较高级的餐厅播放缓慢优雅的音乐，顾客的用餐速度较慢，停留的时间较长，但却可能会多点饮料点心等而提高餐厅营业额。

在某些工作压力较大或顾客情绪较易紧张不安的服务业中，音乐扮演着重要的角色。例如，在医院、飞机上、飞机场等候区等通常播放轻柔的音乐，主要是医疗与航空业和人们的性命、安全相关，服务人员与顾客会禁不住地担心、焦虑等，而轻柔的音乐有助于舒缓相关人员的情绪。

音乐也可用来传达特定信息，协助顾客辨认或解读周遭情境。例如，在综合型卖场中隐约听到某处传来印度的音乐，顾客或可猜出附近可能有展售南亚的商品。晚间时刻在百货公司听到费玉清的"晚安曲"，顾客就知道百货公司快要打烊了。

值得提醒的是，虽然音乐常被誉为"人类共同的语言"，然而不同性别、年龄、生活与文化背景者，对音乐的感受与解读往往有所不同。例如，目前 45 岁以上者可能会沉浸在约 30 年前盛极一时的校园民歌中，但时下绝大多数青少年可能无动于衷；喜好原始自然风格者可能觉得巴厘岛甘美朗音乐优美无比，而有些人却可能觉得平淡乏味。

8.3.1.3 气味

除了视觉与听觉，嗅觉也会影响人们在某个服务场所的认知、感受与行为等。如同色彩、音乐一般，气味也可以传达服务业的特性，正因如此，我们预期在图书馆内有书香、庙宇中有檀香、花园里有花香等。这些服务场所如果少了特定的气味，顾客极可能感觉若有所失。如果气味与服务的属性无法搭配，如图书馆内弥漫烤肉香、庙宇中尽是香水味等，轻则让人觉得莫名其妙，重则会破坏该场所的气氛与形象，甚至导致顾客的逃

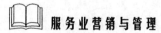

避行为。

在另类或非主流医疗中，芳香疗法（aromatherapy）是历史相当悠久的方法（可追溯到古埃及时代），这是指借由从芳香植物萃取的精油作为媒介，并以按摩、泡澡、熏香等方式，经由呼吸或皮肤吸收进入体内，来达到增进身体健康的一种自然疗法。根据芳香疗法，各种不同的天然香味对人们的生理与心理各有影响（见表8－5）。综合而言，这些芳香被认为可以镇静心神、带来喜悦、增进精力等。因此，不少旅馆、美容院、SPA中心等刻意在服务场所内散发天然香味，以便让员工与顾客感觉愉悦等。

表 8 – 5　香味对生理与心理的影响

香味	对生理与心理的潜在影响
橘子	放松紧张情绪，纾解心神不宁
佛手柑	镇静精神状态，让人感觉舒服
含羞草	放松身心，让人感觉舒服，促进协调与平衡感
黑胡椒	平衡情绪，激发性欲
薰衣草	放松身心，创造舒适的感觉
茉莉花	感觉清新，带来喜悦，激发性欲
葡萄柚	提神醒脑，增强体力
柠檬	增强精力，感觉愉悦，恢复精神
薄荷	增强注意力与精力
桉树	增强精力，促进平衡感，带来洁净的感觉

资料来源：Lovelock, C. and J. Wirtz. Services Marketing：People, Technology, Strategy（5ed.）[M]. Pearson, 2004.

另外，学者曾经证明香味对于店家的整体感觉、店家环境与商品的评价等都有提升作用（见表8－6）。超级市场中刚出炉的面包总是聚集人潮，游乐园中爆米花的香味总是让许多人闻香而去，从这也可以看出气味对饥饿神经与购买欲望的影响。不过，人们对气味的感受会受到个人文化背景的影响，如从小在海边长大的对于海风中咸腥的气息感觉亲切，许多人则不然；有些人觉得榴莲臭不可闻，但有些却认为那是来自天堂的香味。

表 8-6 香味对店家评价的影响

评价项目	无香味的 评价平均值	有香味的 评价平均值	有无香味的 评价差距
店家整体感觉			
●坏/好	4.49	5.11	0.62
●不喜欢/喜欢	4.27	5.10	0.83
●负面/正面	4.65	5.24	0.59
●过气/现代感	3.76	4.72	0.96
店家环境			
●没吸引力/有吸引力	4.12	4.98	0.86
●不舒适/舒适	4.84	5.17	0.33
●压抑/欢乐	4.35	4.90	0.55
●封闭/开放	4.04	4.99	0.95
●色彩单调/色彩丰富	3.63	4.72	1.09
●无聊/令人兴奋	3.75	4.40	0.65
●呆板/活力	3.73	4.35	0.62
●黯淡/光明	4.00	4.58	0.58
●不愉快/愉快	4.47	5.15	0.68
商品印象			
●过时/新颖	4.71	5.43	0.72
●种类不足/齐全	3.80	4.65	0.85
●低质量/高质量	4.81	5.48	0.67

注：评价数值为 1~7。

资料来源：Spangenberg, E. R. , A. E. Crowley, and P. W. Henderson. Improving the Store Environment：Do Olfactory Cues Affect Evaluations and Behaviors？ [J] . Journal of Marketing, 1996, 60 (2)：67-80.

8.3.2 空间/功能

服务场所的空间设计，各类设施的材质、体积、形状与摆放位置等与服务的功能或表现息息相关。以飞机上的洗手间为例，在这么狭小的空间内，居然可以摆放马桶、洗手槽、垃圾箱、各类清洁用品等，显然整个空间大小、设施配置及用品摆放等都经过仔细的设计，才能让小小的空间发挥了洗手间应有的功能。

相较于上一小节的周遭情境以及下一小节的标志/装饰，空间设计更为复杂、专业，而且由于涉及的面积与硬件更大更广，因此一旦付诸实践，若要变动将大费周章，改变的弹性较小。

只要稍微注意周遭的服务场所，即可发现空间与设施的配置设计对于人们心理与行为的影响，举例如下：

（1）高雄市的爱河在多年前是一条臭水沟，但是在大力清洁整顿与招揽餐厅业者、艺术文化商店进驻之后，高雄多了一个休憩游览甚至是激发市民荣耀感的空间。

（2）85度C刻意采用简洁、高雅、明亮、开放的空间设计，橱窗展示一律使用透明玻璃，清楚地秀出商品及价格，拉近店家与消费者之间的距离，无形中带动消费者光顾。

（3）中国台湾不少图书馆的右边大门是入口方向，左边大门是出口；而进入大厅后，右方是参考咨询台，左方则是出纳台，如此一来可以使入馆咨询的读者与出馆前借书的读者互不干扰。

（4）感染症专责医院须有负压隔离病房（负压隔离的目的是将非感染区与感染区分开，空气的流动是由非感染区流入感染区，而感染区流出的气体必须以高效滤网过滤），病房内严格采取单一动线规划，工作人员与病患出入分开，不能逆向行走，以防止病患与工作人员交叉感染等。

8.3.3 标志/装饰

大多数服务场所中或多或少都有记号、符号、人工装饰品等，以便让顾客知道身在何处与何去何从、掌握恰当的行为规范、正确认识服务的内涵与方式等。例如，百货公司都会有进出口、服务台、洗手间、手扶梯、电梯等方向指示；某些服务场所的入口处特别标示禁止摄影、禁带宠物、不得抽烟等标志；其他如无线网络服务标志、旅游卡特约商店标章、优良服务GSP（good service practice）认证标章等，都是用来表示服务的内容或水平。

对于新的或不常光顾的顾客、大面积的服务场所（如捷运站、博物馆、动物园、百货公司、展览会场），或是当服务人员不足时，标志就显得特别重要。清楚的标志可以减轻在场顾客的时间压力，进而避免因时间紧急而导致的负面情绪，同时也可以避免在场员工动辄被顾客拦截询问而影响工作效率。

相较于标志，服务场所中的装饰（如泰式餐厅内的泰国手工艺品、补习班外墙或走廊贴满恭贺考生的红色字报、影城内的电影海报或巨星的画像）比较倾向于美化环境、传达服务的内涵、塑造气氛等。当然，有些装饰也是为了激励员工或提醒员工某些重要的观念，如张贴顾客致赠的感谢状、高挂表达企业理念的书法等。

 ## 8.4 服务实体环境的设计

服务实体环境的设计是一门相当复杂且专业的学问，涉及美学、符号学、人体工学、环境心理学，甚至是文学、医学、戏剧学等。这些领域已经超出本书的范围，以下我们仅从营销管理的角度，简略讨论在设计与管理服务实体环境时应该重视的因素。

8.4.1 服务定位

服务实体环境的设计应该事先思考服务定位，即"我们相对于竞争对手的特色是什么，我们想凸显哪些优势，我们要在消费者心目中建立什么形象"，然后检视实体环境的设计与管理是否符合（或至少不能抵触）定位及整体营销策略。只有如此，实体环境才得以强化（或至少不会拖累）服务定位。

例如，古典玫瑰园不惜重金将英式下午茶的风气引进中国台湾，店内除了看得见以玫瑰为主题的画作之外，所有的下午茶器具也都有玫瑰图案相伴；除此之外，洗手间也是一贯的主题延伸，更体贴到用玫瑰的香气来装点，加上穿着有如英式女仆服装的店员，顾客宛如置身于英国贵族家中。无论是从软件或硬件来评价，古典玫瑰园都给人以地道的英国风味。

服务实体环境的设计应该事先思考服务定位，然后检视实体环境的设计与管理是否符合定位及整体营销策略。

227

　　相比之下，天仁茗茶旗下的吃茶趣餐厅用竹林与流水，营造一种属于中国台湾式的用餐气氛，从由绿色与白色构成的餐具与茶具、明亮且宽敞的用餐空间、茶香弥漫的空气，到穿着中式服装且笑容可掬的服务人员等，将茶、餐点与用餐环境成功地结合在一起。以上两家餐厅都是从各自的定位出发，发展出截然不同的环境氛围。

8.4.2　特定营销目标

服务实体环境的设计经常是为了唤起消费者的美好经验以刺激购买欲望，或是引发消费者冲动购买行为。

　　服务实体环境的设计也可以从特定的营销目标来考虑。唤起消费者的美好经验以刺激购买欲望，或是引发消费者冲动购买行为来增进营业额，都是很常见的目标。例如，大型百货公司的寝具部门经常布置得很有家居的气氛，主要是为了引起消费者的美好想象，并刺激他们的购买欲望；许多博物馆、水族馆或景点的纪念品商店刻意设置在出口处，则是为了消费者在参观后，在兴致高昂之际能够冲动购买。

纵横天下

人文、美学、节能的设计当道

　　被誉为"最适合人类居住城市"的墨尔本，兴建了全球第一个"环保六星级"的会议展览中心，18米高的玻璃外墙使得采光充足，加上精心设计的空气循环及永续使用的建材，使其成为澳洲绿建筑的代表。这座在2009年开业的会展中心因节能环保特色而成了许多国际会议的预定地，创造了绿色商机。"绿建筑"在德国、瑞士等欧洲国家已行之有年，在设计上注重采光的角度以减少照明用电，谨慎计算建筑物的热负荷量，规划通风并降低空调的使用率，在美学上融合环保及自然的概念，在文化上则考虑使用者的生活习性，以便将节能效率发挥到最大。在经济衰退及能源危机席卷全球的背景下，节能概念在生活中日益受到重视，但是节能设计又不能与舒适、美观等背道而驰。综合而言，结合人文、美学、节能的绿建筑被预料将日益普遍。

　　通过巧思，实体环境也可以变成活广告，协助提高企业能见度。剑湖

228

山世界最具代表性的设施——88 米高（约 30 层楼高）的摩天轮——设立的位置绝佳，从远处的 3 号省道或第二高速公路古坑路段就可清楚看到，让路过的驾驶人不得不留下印象。有些针对年轻族群的商店利用灯光、灯管、镜子等塑造绚丽多彩、耀眼夺目的效果，也同样让路过者印象深刻。

另外，有些实体环境的设计是让消费者尽量接触到甚至是试用新产品。例如，部分车商将保养修护厂的顾客等候区设置在新车展示区旁，就是为了提高顾客参观新车的机会。

8.4.3　顾客使用状况与利益

设计服务实体环境时还必须考虑到顾客的使用状况、安全、感受、需求与利益等。例如，在玉山银行千万元的资助下，台大管理学院建立了一间以"参与者为中心"，并能贯彻"百分之百要求学生发言"精神的个案讨论教室；该教室的角度、挑高、声音反射控制等都经过仔细精密设计，以便让在场的 70 位学生可以看清楚、听清楚其他人的神情与发言，而学生座位前可方便置放名牌、教室中有三面大黑板等，也都有助于相互讨论与教学。

另外，一些户外的服务场所（如公园、动物园、游乐场）装置水雾喷洒器，以便在艳阳高照时给顾客消暑；部分游乐场在极端刺激、挑战胆量极限的机械设施旁设有呕吐槽，以便让惊吓过度的顾客呕吐后感觉比较好受；养老院在马桶及浴缸周遭装置扶手、电灯开关贴上荧光贴条、寝室与浴室内设置紧急通报系统、走道与楼梯间装置良好的照明和防滑设备等，以维护老人的安全。这些都是从顾客的角度出发设计出来的实体环境。

有些服务业为了满足应顾客的多元需求，还会特地设计多元的实体环境以供选择。例如，飞机座位分经济舱、商务舱、头等舱；餐厅提供日式榻榻米包厢、中式的宴会圆桌、欧式长桌等；旅馆房间有的面山、有的面海，或是有不同大小格局与设施组合等。

8.4.4　成本与后续维护

以上三小节提及的考虑因素偏向营销效益，而效益的产生往往必须耗费金钱、人力、时间等资源。几乎所有的服务实体环境决策都会涉及建造

设计服务实体环境时，还必须考虑到顾客的使用状况、安全、感受、需求与利益等。

有些服务业为了满足顾客的多元需求，还会特地设计多元的实体环境以供选择。

与保养维护的成本，因此决策单位必须针对实体环境的设计方案，考虑是否负担得起成本支出、相关金钱投资多久可以回收、实体环境的运作将会衍生哪些成本（如水、电、清洁）与多少成本、是否能切实掌握后续的维修保养技术、维修保养方式是否会中断或影响服务运作等。

例如，山区里的度假木屋除了建造成本，还必须考虑往后的防潮、防霉、防虫、防污、防裂等衍生的成本；高级餐厅若特地采用进口的瓷砖、特殊造型灯泡、用餐设施，必须考虑到这些材料与设施的保养维修成本及对服务的可能影响；一些服务场所喜爱以树木美化环境，则虫害、落叶、树根蔓延等造成的后续处理问题必须事先了解与规划。

设计服务实体环境时，应该考虑到建造与保养维护成本。

章末习题

基本测试

1. 何为格鲁恩转移效果？

2. 从营销管理的层面来看，服务实体环境扮演什么角色？

3. Bitner 服务场景模式包含哪三类实体环境因素？举实例说明。

4. 简略描述 Bitner 服务场景模式及其适用性。

5. 服务实体环境的设计应考虑到哪些因素？

进阶思考

1. 实体环境对于所有服务业都是关键的因素吗？对于哪一类服务业，它可能是次要甚至是不重要的因素？或在什么情况下，实体环境并非重要的因素？

动脑提示：本题并不困难，但读者需留意的是，不应只是以一一列举服务的方式来回答类似的题目（例如，"我觉得对于 A、B、C、D 服务业，实体环境是次要因素"），读者应该还要说明"对于什么性质的服务业"、"对于采取什么传递方式的服务业"等，实体环境比较次要，以及为什么。

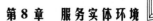

2. "实体环境经常被企业用来包装自己，甚至是用来掩饰核心服务上的不足，以便成功迷惑顾客。"你同意这句话吗？为什么？

动脑提示：其实，这是属于相当主观的题目。你可以发挥观察与论述的能力来证明这句话是真的。你也可以进一步说明，在什么情况下，这种掩饰核心服务不足的技巧，未必能成功迷惑顾客。

_____

_____

_____

_____

_____

活用知识

1. 选择属于同个产业的三家服务业者，分析它们在实体环境的色彩、音乐、气味上有何异同。说明为何有这些异同？

2. 选择某家百货公司或大卖场，分析它的装饰与布置在不同的节庆（如农历新年、圣诞节、情人节、母亲节等）有何特色。

第9章　服务人员

美丽之岛

以人才摘下服务业的金牌

　　一踏进店面就会看到穿着干净明亮的粉绿色制服，并戴白手套的男女亲切微笑，迎面便是十五度的鞠躬欢迎，别怀疑，你走进的是玉山银行的大厅！在这里连警卫都意气轩昂地站着，服务导引、嘘寒问暖，让顾客感到宾至如归，这也难怪，在《天下杂志》首度的金牌服务业大赏调查里，玉山是银行业里的第一名。在七大指标中，顾客的口碑、满意度与行员的服务态度，玉山都是冠军。

　　没有财团背景的玉山银行在成立之初就发现"服务"是中国台湾的银行普遍缺乏的观念，对五星级饭店来说服务早已司空见惯，这是对顾客的基本尊重，因此玉山银行多年前就把服务带进银行，并在每个单位设置"顾客服务师"。"顾客服务师"是从当选三季以上的模范员工中挑选的，并在每周的顾客服务课程上担任讲师，进行经验传承。

　　服务质量是每家金融机构都强调的，何以玉山的服务满意度会脱颖而出？玉山银行很重视人才征选，玉山高层会在最后的面试结束后一起列队鞠躬感谢考生来面试，并祝福未来一切顺利，让这种"彼此尊重，没有身段"的文化深入玉山人的心中。玉山打的是团体战，不鼓励英雄主义，这是玉山人内化的价值观，如果不认同这种信念，便不会进入玉山。"人才

232

是企业最大的资产",这是玉山高层始终坚持的信念,除了完善的教育训练、公开的升迁制度,也与员工"博感情",只要是婚丧喜庆,公司主管一定出席,把员工当成自己的亲人来看待。

不过,总经理的言教还比不上老员工的身教,在总行训练完成,还要到第一现场的各分行观摩学习,看着老员工怎么服务客人,然后再亲自实地演练。为了追求更好的服务水准,玉山不断挑战自己,原本帮客户办一张信用卡,需要 5~10 天,但现在只需要 3~5 天,提升了服务质量。

玉山银行不仅将服务的观念用在内部,还拓展到银行之外。例如,成立志工基金会,以有效整合玉山资源,落实"知福、惜缘、感恩"的企业文化。2008 年以来,基金会已经在超过 50 个偏远小学成立"玉山图书馆"。就是这种奉献的精神,让玉山银行成为了金牌赢家。

本章主题

中国台湾的银行面对异常激烈的竞争,如何创造持续竞争优势成了重要的管理议题;玉山银行选择从服务人员切入,成功获得市场肯定。毫无疑问服务人员的素质是企业建立持续竞争优势的关键,特别是在以人员为基础的服务业。

截至目前,本书的第三篇已经讨论了发展服务营销策略的两个要素,这一章是第三个要素——服务人员。各节的重点如下:

1. 服务人员的重要性:说明服务人员对企业的持续竞争优势有何价值、对服务营销有何影响等。

2. 跨界者角色与冲突类型:主要讨论服务人员的重要特性,如跨界者角色、情绪劳务以及造成工作压力的各种冲突类型等。

3. 服务业人力资源管理:从招募与甄选、员工教育、提供支持系统、员工激励、服务文化等角度讨论如何管理服务人员。

▶▶ 9.1　服务人员的重要性

微软创办人 Bill Gates 说过："我最重要的工作是聘任优秀的人才。" IBM 创办人 Thomas J. Watson 也曾说："你可以用资本盖一栋大楼，但你必须拥有人才方可建立事业。"两位企业巨擘不约而同地道破人力资源对企业的重要性。

在日常用语上，我们常把"服务人员"当成是在第一线与消费者互动的员工。然而，从更广的角度来看，会计、企划、秘书等虽然较少与消费者互动，但他们也同样在"服务"，而且工作成果也会冲击消费者的观感，如会计老是记错账可能让顾客收到账单时火冒三丈。正如第 2 章在谈到服务的前场与后场时曾写道："消费者看不见后场管理，但能看见与感受到后场管理的结果。"因此，虽然本章内容多针对第一线人员，我们也不应忽略了后场员工的重要性。

服务人员的重要性可以从以下几个角度来看：

9.1.1　服务人员为生产单位、关键资源

> 许多服务业员工与服务本身是密切结合的，他们的知识、技能、表情、肢体等，无法与服务切割。

许多服务业员工与服务本身是密切结合的，如美发、按摩、清洁、咨询、教学、演出等，完全是由服务人员生产与提供的；他们的知识、技能、表情、肢体等，无法与服务切割。服务人员就像是一座工厂，专门出产顾客所需；假设服务人员因故不能提供服务，就如工厂停摆无法生产，则一切企业活动就得停摆。只要想象机场、旅馆、餐厅、政府机构等行业的服务人员若因故怠工、罢工而对企业造成的冲击，就可以了解服务人员对企业的重要性有何等巨大。

管理学中的资源基础观点（Resource – Based View，RBV）认为，企业的持续竞争优势（sustainable competitive advantage）决定于企业是否能有效地创造、发展、累积、应用自身的核心资源和能力。对大多数服务业而言，服务人员必然是核心资源。根据资源基础的观点，服务人员越是具备

下列特点，就越能协助企业取得持续竞争优势：

（1）有价值（valuable）。人员的技能与表现可以改善组织效率、提升生产力、创造顾客满意度等，才是有价值的资源。

（2）稀少（rare）。人员的技术、知识和能力等是竞争者欠缺的，否则竞争优势将难以持续。

（3）难以模仿（imperfectly imitable）。人员的技术、知识和能力不容易被竞争对手学习与复制。

（4）不可取代（non‑substitutable）。就算企业具备有价值、稀少、难以模仿的资源，若竞争者能以其他方式取代该资源，还是难以取得持续竞争优势。

例如，中国台湾民众的好客、热情与友善被许多外来游客肯定（民众素质是有价值的资源），同时这些民众素质被认为优于许多地方（稀少性），而且难以模仿或取代。因此，中国台湾民众及其共同塑造的社会文化是中国台湾旅游业的关键资源。

9.1.2　服务人员的营销与推广责任

服务人员同时也肩负着营销与推广的责任。无论是日常观察或学术研究结果，都显示服务人员的专业知识、应对进退、服务质量与成果等直接影响企业的营销绩效，如顾客满意度与忠诚度等。其实，许多服务人员要面对企业的销售额度要求或依靠佣金收入（如房屋中介、汽车销售人员），甚至本身就是老板，当然就要承担营销与推广的责任。另外，有时服务人员还要协助企业收集市场信息、竞争情报等，等于是扮演了部分营销研究人员的角色。

> 服务人员的专业知识、应对进退、服务质量与成果等直接影响企业的营销绩效。

缤纷课外

书：我在底层的生活

芭芭拉·艾伦瑞契（Barbara Ehrenreich），一位洛克菲勒大学细胞生物学博士，曾任《时代杂志》专栏作家。在 60 岁时为了验证那些叫人"改变人生"的言论（宣称只要有工作，不论是哪种，都能使你向更好的生活前进的言论）是否真的可行，于是加入 6～7 美元时薪的底层劳工阶级，共做过女侍、旅馆房务员、清洁女工、看护之家助手、快餐店员工以及大卖场售货员六项工作后，以幽默与辛辣的笔调描写交杂着汗水、泪水、清洁剂与番茄酱的低薪生活。

本书上市后在全美造成广大反响，各大媒体也以本书为主题拍摄相关的专题报道，且盘踞 Amazon 商业类畅销书榜长达 10 年，开启"卧底报道"的先河。

波士顿学院社会学教授 Juliet Schor 说："芭芭拉对这些经验的描述令人难以忘怀，使人揪住心、义愤填膺，她的文笔生动、机智，而又无比有力。很少读者能不被美国经济底层那种令人羞愧的现实状况所触动。这本书必在底层报道的经典著作中占有一席之地。"

读过本书之后，你对服务人员的看法和态度必定不一样。

有些行业中的服务人员传统上是以服务客户为主要职责，无须协助开拓市场。但是，在面对日益激烈的市场竞争或内部资源有限的情况下，越来越多服务人员被要求"走出门口"，负起推广的责任。例如，近几年从幼儿园到大学，有不少老师应学校的要求，需要到校外招生。

9.1.3 服务人员代表企业形象

服务人员总是被消费者视为企业形象的代表。他们的穿着、仪表、专业、态度等，都会牵扯到企业形象。

无论服务人员接不接受、喜不喜欢，他们总是被消费者视为企业形象的代表。穿上企业的制服或佩戴企业的标志，一个人就不是单纯的"小明""小华"，而是代表某家企业的"小明""小华"，甚至在下班之后、公司之外，也是如此。因此，服务人员的穿着、仪表、专业、态度等，都会影响企业形象。有些旅馆与餐厅严格要求所有员工在碰到客人时，必须注视、微笑、问候、让行等，都是为了维护企业形象。

以上讨论的服务人员重要性，在高接触服务（high-contact service）中特别明显。那么，低接触服务（low-contact service）呢？科技发展与自助服务兴起的确减少了部分服务人员与顾客直接、长时间接触的机会。不过，正因为如此，企业更应注重那些机会不多、接触时间又相当短暂的"关键时刻"，因为在那极短的时刻内，服务人员的表现就决定了顾客对企业的最终评价。不像在高接触的服务中，顾客还有不少机会或较长的时间

236

来观察、了解、评断服务与企业，偶发的失误还有澄清与更正的机会，而低接触服务往往没有类似的机会。由此可见，服务人员的表现在低接触服务中也非常重要。

9.1.4　服务人员与内部营销

服务人员的重要性也和服务三角形（service triangle）观念有关。根据该观念，任何服务业都存在着三种营销作为（见图 9 - 1）。外部营销（external marketing）是组织针对外部顾客的营销活动，包含定位、定价、推广等。互动营销（interactive marketing）则是服务人员以专业知识及互动技巧，为消费者提供服务。在互动过程中，消费者除了重视服务成果，还注重服务人员的礼貌与热忱等，因此服务人员必须重视关乎服务成果的技术质量（如医术、美发技巧等），同时也须注意功能质量（如医德、美发师的谈吐与关怀等）。

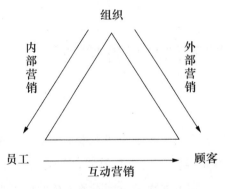

图 9 - 1　服务三角形

《天下杂志》（2012/5/16）在报道肯园资深芳疗师 Esther 时，有一段有关互动营销的描述：

> Esther 就像是身体的阅读者，借由触摸与感受，了解客人的身体变化……Esther 会问客人疗程前后的不同之处，引导客人感受与了解自己……Esther 除了阅读顾客的身体，也能阅读他们的心灵……"芳疗师就是聆听者，陪伴他，让他情绪有出口。"Esther 想起老师曾说过的话。

服务三角形显示
消费者对服务的
质量观感与满意
度，除了受到外
部行销与互动营
销的影响之外，
组织对于员工的
观念灌输、文化
塑造等内部营
销，也是重要的
影响因素。

内部营销（internal marketing）是指组织灌输全体员工营销导向与顾客服务的观念，并训练与激励员工，以便他们确实了解本身的形象与工作如何影响顾客满意度与企业形象。内部营销期望专业与快乐的员工能够提供优质服务，进而创造或留住顾客。内部营销的对象不仅包含前场服务人员，还包括后场员工（如企划、会计、维修人员），原因在于后者的工作也会间接影响顾客满意度，同时他们也不排除需要与顾客沟通，因此需要正确的观念与态度。

服务三角形的观念显示消费者对服务的质量观感与满意度，除了受到组织营销活动（外部营销）与个别服务人员表现（互动营销）的影响之外，组织对于员工的观念灌输、文化塑造等（内部营销），也是重要的影响因素。因此，组织做好内部营销，就是在训练服务人员发挥正面影响力，提升顾客对服务与组织的质量观感。

9.2　跨界者角色与冲突类型

上一节说明了服务人员对企业有多重要，然而，服务人员的工作压力却相当大，若处理不妥容易造成身心俱疲，并危及工作效率、工作意愿，甚至是职业生涯发展。本节的重点在于服务人员的压力来源。

9.2.1　跨界者与情绪劳务

作为跨界者，服
务人员需要了
解、过滤、解释
与传递来自组织
与顾客的信息或
资源，以便双方
的需求最终得以
满足。

服务人员常扮演跨界者（boundary spanner）角色；也就是他们的工作角色是作为组织与顾客之间的桥梁，需要去了解、过滤、解释与传递来自双方的信息或资源，以便双方的需求最终得以满足，即顾客能够顺利购买与消费所需服务，解决某些问题或获得某些好处，同时企业也能销售获利。

以下某位沙龙美发设计师表现出来的无奈，就是源自跨界者的角色：

　　早就知道当上设计师后，就要学会让自己的客人买点护发产品回家，可是真的轮到要开口了，才知道困难重重，偏偏这个月结算业绩的时候又要到了，不管了，只好硬着头皮对每个客人都说一样的话。"你的头皮有点红红的喔，一般来说，经常熬夜啦、压力大都会有影响，建议你带我们的这罐产品回家使用，只要每次洗完头后抹一点在头皮上就可以改善。当然是搭配同系列的洗发精，效果会最好。某某名人的姐姐也是带这款产品回家使用的喔，原价一罐 600 元，连洗发精一起买的话，算你 980 元就好。"几次下来，我已经练就了对着就算没有红红的头皮的客人也可以讲得很生动，看着同事窃笑的表情，他们哪里懂得我内心的挣扎。想离职，可是又听说这个行业大多是这样，唉，看着我日益精进的演技，越来越讨厌自己了。

跨界者角色存在于几乎所有的服务业及职别当中。不论是旅馆业中的司机、机场接待、门卫、行李员、柜台接待、房务人员、餐厅服务生、值班经理，医院里的接待人员、挂号人员、护士、护理长、药剂师、医检师、医生，或是商店的店长、店员、送货员等，经常需要耐心倾听顾客的问题与意见，然后将信息加以过滤、整理后呈报给组织相关单位，有时也必须代表企业传达信息、替顾客解决问题，甚至进行销售活动等。

服务人员因跨界者角色而成了"夹心饼干"或容易陷入"里外不是人"的窘境，因此需要具备更多的技能以处理工作上面临的各种难题。跨界者经常要付出情绪劳务（emotional labor），这是指服务人员为了配合组织或情境的需求，必须在公开场合控制与隐藏自己真实的情绪，展现合宜的情绪，以便能顺利处理人际沟通与冲突，并进而提升顾客对服务质量与企业形象的评价。也就是说，员工的情绪是影响工作成果的重要投入，情绪劳务的名称也因此而来。

> 服务人员经常需要付出情绪劳务；他们的情绪是影响工作成果的重要投入。

纵横天下

原一平如何成为日本最伟大的保险经纪人？

也许很多人不知道原一平是谁，但在日本近百万的寿险从业人员中，没有人不认识原一平。他的一生充满传奇，从被乡里公认为无可救药的小太保，最后成为日本保险业连续 15 年全国业绩第一的"推销之神"，连续 17 年推销额达百万美元。

原一平是明治保险公司的业务员，虽被尊称为"推销之神"，他并没有傲慢自大，反而谦逊为怀，口口声声感谢公司的栽培。他十分尊敬公司，睡觉时脚不敢朝向公司的方向。他有坚强的毅力和信念，为了赢得一个大客户，曾经在 3 年 8 个月的登门拜访 70 次都扑空，但最终获得成功。

他定期举行"原一平批评会"，听取他人的意见来检讨并改进自我。每星期去日本著名的寺庙听吉田胜逞、伊藤道海法师讲禅，来提高自己的修养。他对每一个客户都有一个详细清晰的调查表，并建立了分类档案。把微笑分为 38 种，对着镜子苦练，曾经在对付一个极其顽固的客人时，用了 30 种微笑。他的微笑被人们誉为"价值百万美元的笑"。

尽管原一平功成名就，但他不愿意停下来，还继续工作，他的太太埋怨说："以我们现在的储蓄已够终生享用，不愁吃穿，何必每日再这样劳累地工作呢？"原一平却不以为然地回答："这不是有没有饭吃的问题，而是我心中有一团火在燃烧着，这一团永不服输的火在身体内作怪的缘故。"

情绪劳务的例子不胜枚举。例如，空乘人员除了从事劳心、劳力的工作之外，仍不时维持笑容并压抑自己的情绪，让乘客感觉到被关怀且身处安全无虞的情境中；百货公司电梯小姐不得出现坏心情，必须按照规定展现一系列的动作，如微笑、问候、道别等；医生及护士再忙碌不堪，都需要随时以和蔼可亲的态度去关怀每一位病人等。

情绪劳务的过度负担会造成情绪失控，长期下来可能导致情绪耗竭（emotional exhaustion），即对生活与工作失去感觉、关怀、信任、兴趣和精力的疲惫感。情绪耗竭出现在各个行业中，其中以需要长期面对与处理他人的心理行为者（如护士、教师、社工人员）尤为严重。因此，服务业的主管应该特别注意跨界者的情绪劳务、情绪耗竭等现象。

情绪劳务的过度负担可能导致情绪耗竭，即对生活与工作失去感觉、关怀、信任、兴趣和精力的疲惫感。

9.2.2 服务业的冲突类型

作为跨界者，服务人员必须扮演不同的角色，如传递服务、推广与销售、聆听顾客意见、解决顾客的问题等，因此无可避免地要面临与处理许多冲突（conflicts），即任何两个单位之间因认知或要求不同而产生的对立。

240

这些冲突造成工作压力，甚至情绪耗竭，因此是主管必须正视的现象。服务业常见的冲突可以分成七种类型（见表9-1），说明如下。

表9-1 服务业常见的冲突类型

与员工相关的	与员工及顾客相关的	与顾客相关的
● 员工角色冲突	● 员工与顾客的冲突	● 顾客角色冲突
● 员工与组织的冲突		● 顾客与组织的冲突
● 员工之间的冲突		● 顾客之间的冲突

9.2.2.1 员工角色冲突

造成员工角色冲突的主因来自服务人员感受到不平等困境（inequality dilemma），即服务人员通常被教导扮演毕恭毕敬的角色，被灌输应尽力满足顾客、给予顾客尊重的感觉。但当面对无理的顾客时仍要求服务人员秉持"顾客永远是对的"的原则，则会让服务人员觉得委屈或不满。

例如，游乐园里某工读生在盛夏中已经当了几个小时的卡通玩偶，就在他忍受饥饿、闷热之际，偏偏来了一位顽皮男生对他又拉又踹，这时候工读生便容易产生角色冲突：到底要对这家伙和颜悦色，还是严厉警告他？同样地，某电梯小姐已经超时加班、体力不济，却必须保持微笑服务顾客，忽然在电梯里被某位顾客调戏，此时电梯小姐容易陷入两难：应该装作不知情，还是揪出这位恶劣的顾客？

此外，许多服务业明文规定员工的穿着、礼仪与笑容等。例如，航空公司规定机长与空乘人员的服装要求；某些银行规定女性员工一定要将长发盘起，可以染发但不可以染另类的颜色等。服务人员如果对这些规定不以为然，就容易产生角色冲突。

为降低服务人员的角色冲突，企业应该尽力征选那些符合工作角色所需特质的应征者，如航空公司会考虑应征空姐者的亲和力、服务热情、笑容甜美和反应快速等特质。另外，企业内部也可借由教育训练、员工抱怨和申诉渠道等以降低服务人员的角色冲突。

员工角色冲突来自于员工感觉到不平等的要求，或对相关规定不以为然等。

9.2.2.2 员工与组织的冲突

当服务人员陷入顾客需求与组织目标冲突的困境时，便会产生员工与组织的冲突。

跨界者角色常令服务人员面临两个老板的困境（two – boss dilemma）——老板之一是顾客，另一位则是企业主管，即顾客需求与组织目标冲突时对服务人员造成的困扰，这类困境通常在服务人员无法认同组织目标时更为严重。

例如，医院的护理人员面对已经超过探访时间的病患家属，是否应坚持规定不准家属探视？当这名家属态度极佳、处境堪怜时，护理人员将面临介于组织规定和顾客之间的两难困境。

为降低这类冲突，公司在平时就应让服务人员确实了解公司的制度规章，同时也授权第一线服务人员适切的决策衡量权，并支持服务人员权衡之后做出的决定。

9.2.2.3 员工之间的冲突

同个单位的服务人员之间，或是第一线服务人员（前场）与后勤支援人员（后场）之间，经常因沟通协调等问题而发生冲突。

在同个单位的服务人员可能因利益分配问题、工作缺乏协调等而发生冲突。另外，员工之间的冲突也经常发生于第一线服务人员（前场）与后勤支持人员（后场）的互动中，主因是两者缺乏良好沟通、后场人员不认真执行前场服务人员对顾客的承诺、前场人员不满意后场人员的服务质量等。

例如，餐厅服务生将顾客对于菜色的要求（如少放盐、不放味精等）或抱怨（太油、太咸）转达给厨师，但是厨师有可能因为传达上的误差、人格特质或专业的坚持等而未达成消费者预期，因而造成厨师和服务生之间的冲突；计算机软件公司的业务人员答应厂商两个星期内完成信息系统，但系统工程师因工作负荷太重无法如期完成任务，因而造成业务人员与工程师的冲突。

为了降低这类冲突，企业应该树立服务人员团队意识，并设计一套机制以确保员工之间能够充分沟通、互相了解对方的工作性质与状况、协调彼此的工作等。例如，在员工教育训练中模拟各种顾客的特殊要求，让前场与后场人员培养共同应对的默契；清楚规范在什么情况下前场人员可以接受顾客的特殊要求，什么情况下则必须事先与后场协商等。

典范人物

实践"一家人主义"的餐饮巨人

——戴胜益

1992年，第一家强调"一头牛只做六客牛排"的高价、全熟牛排"王品"在台中开业。如今这家餐厅已经发展成拥有王品、西堤、陶板屋、原烧、聚、ikki创意怀石料理、夏慕尼新香榭铁板烧、蔬食舒果、品田牧场、石二锅、漫咖啡11个品牌的集团，一年创造123亿元的营收，甚至已设定了2030年的目标：全球一万家店。

在戴胜益的餐饮王国里，没有服务生，只有主人和贵宾。王品集团不但将顾客视如己出，更视员工为家人。和顾客"博感情"的企业文化是王品业绩扶摇直上的原因之一，但"一家人主义"更是王品能在员工流动率最高的餐饮业留住优秀人才的最大推手。

除了教育训练和福利措施，戴胜益鼓励内部创业，让人才不需出走就有宽广的舞台，因此推出"醒师团计划"，目标是每年开发两个新品牌，让集团内优秀的"狮王"担任品牌总经理。此外，戴胜益更从海洋公园的海豚表演中得到"立刻奖励"的灵感，每个月与员工分享上月利润，而非年底才给予迟来的奖励。

戴胜益还重视员工的视野、气魄与健康。他以身作则地实施登玉山、泳渡日月潭、自行车环岛等"王品新铁人"及走百国、登百岳、吃百店的"三百学分"；前者是员工的必修课程，后者是主厨以上主管的必修学分。

戴胜益令人称道的还有他的人本思维。"王品股票上市在即，自己何德何能能分万余张股票？这是同人打拼与客人肯定换来的。"抱着这样的想法的戴胜益捐出80%的资产回馈员工与社会，子女仅各分5%。50%的股息成立"戴水（戴胜益父亲戴芳与母亲黄水剩）清寒奖助学金"，提供5000~6000位小学生一学年的学杂费。另外30%股息成立"戴胜益同仁安心基金会"，如有罹患重症、意外而伤残的员工，王品愿意照顾他们一辈子。如此对待顾客、员工、社会，不难看出戴胜益的用心付出以及他的"一家人主义"。

9.2.2.4 员工与顾客的冲突

员工和顾客的冲突主要来自服务人员或顾客的行为不符合对方期望。例如，到故宫参观时，访客期待"高水平"的专业导览员能亲切地回答其所提出的问题，而不只是照本宣科，其他相关知识贫乏。同样地，故宫也期待访客穿着整齐，不穿拖鞋、不嚼槟榔、不大声喧哗。一旦以上的期望落空，尤其是落差很大时，服务人员与顾客之间即有可能发生冲突。

即使是资深或表现优良的服务人员，还是难免会和顾客发生冲突。例如，《天下杂志》（2012/2/22）在报道 G&H 西服优秀店长郭俪玲时，有下列描述：

> 尽管销售经验丰富，讲话直率的她，也曾遇到过客人发飙。当时，郭俪玲因客人大腿较瘦，建议客人修改。但身旁的太太却睁大了眼睛直说："你怎么可以说我先生身材不好？"郭俪玲愣了一下，连忙说不好意思，内心却很受伤。私下反复思考自己说错了什么，最后说服自己顾客是对的，不要想太多。

预防这类冲突之道有两大方向：教育顾客与训练员工。前者是指向顾客说明应有或应该避免的行为举止，尤其是对新的顾客更应如此；后者是指教导员工如何恰当处理顾客的不当行为。

9.2.2.5 顾客角色冲突

顾客角色冲突来自顾客本身，主要源自顾客没有认清本身在服务过程中，应该扮演什么角色或出现何种言语行为。这类冲突较常发生在高度专业的服务业（如会计、法律相关服务），或是顾客陌生的行业。

例如，顾客理应扮演"信息提供者"的角色，以便律师能够有所依据而给予专业的协助，然而有些顾客却想指挥律师的处理方向，甚至隐匿某些信息企图"引导"律师的决策。就算是一般的服务如公共交通系统、餐厅、旅馆等，第一次接触的顾客也难免会有角色冲突，如不知如何购票、表现应有的礼节等。这类冲突的源头虽然与员工无关，但结果却很可能为服务人员带来压力，影响工作效率与效果等。

9.2.2.6 顾客与组织的冲突

顾客与组织之间的冲突相当常见，通常是顾客觉得企业没有履行承诺，或顾客期望与组织政策之间有所矛盾而引起的。例如，游客觉得旅程安排不如广告宣称般理想、旅馆房客认为上网费用过高、银行存户对银行收取手续费的项目和金额不满等。

顾客的不合理预期、企业沟通不良或政策不合理等，都可能是这类冲突的源头。由于服务人员站在企业的前线，直接面对消费者，因此经常要面对这类冲突引发的"炮火"，造成沉重的工作压力。

顾客与组织之间的冲突通常是顾客觉得企业没有履行承诺，或顾客期望与组织政策之间有所矛盾而引起的。

9.2.2.7 顾客之间的冲突

顾客之间的冲突通常是来自顾客各自拥有不同的期望或立场、在同个服务现场的顾客因故发生摩擦等。例如，观赏球赛时，两队球迷们各自为支持的队伍加油欢呼，球赛越激烈，双方球迷就越有可能发生冲突；歌星签唱会常看到某位歌迷握手拍照过久，而引起后面排队歌迷的不满；电影院里有人大声打电话也可能造成观众之间的冲突。

9.3 服务业人力资源管理

服务人员的热情是企业攻顶的燃料，如何找出适当的服务人员，并让他们有机会且愿意在组织内持续散发热情、贡献所长，是主管的要务。虽然不少主管感叹"好的员工就像好的灵感一样，可遇不可求"，但求才育才留才仍然有一套管理原则，遵循这些原则至少可以提高遇到或留下人才的概率。

以下分五个小节，从招募与甄选、员工教育、提供支持系统、员工激励、服务文化角度讨论如何有效管理服务人员（见图 9 - 2）。

9.3.1 招募与甄选适当的人才

9.3.1.1 招募与甄选的准则

招募与甄选是人力资源管理作业的第一步，在这阶段相关主管应该要

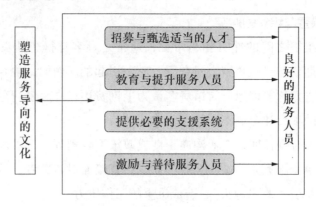

图9-2 服务业人力资源管理

深切了解"我们需要什么人才",也就是清楚界定招募与甄选的准则。选才准则因服务类别或工作性质而有所不同,但大致上可以分为"服务技能"与"服务性向"两大类。

服务技能(service competence)是属于特定服务业或工作性质所需的知识与能力。有些服务业或职务需要的技能比较专业,通常要求用学位、证照、工作经历与绩效等来证明;教师、厨师、药剂师、管理顾问、证券营业员等,都属于此类。有些职务(如柜台接待、店员)的技能要求与学位或专业证照无关,但也有一定的基本条件,如懂得写字、运算、操作收款机、使用计算机等。

服务技能固然重要,但是服务人员的态度对服务质量与顾客满意度的构成却有举足轻重的影响。例如,服务人员的回眸微笑、优雅举止、问候关怀,令人感动与感激;相反地,他们的扑克嘴脸、粗劣举动、尖酸回话,令人心寒、生气。这些都是服务性向,与技能无关。

服务性向(service inclination)是指一个人经由言行与态度展现出来的服务质量。它的重要性不分行业,是服务人员招募与甄选时的普世准则。根据PZB服务质量模式,服务性向包含以下四个构面(参阅第4章4.2.4.2节):可靠性(reliability)是指维持一致服务水准的能力;响应热诚(responsiveness)是指迅速响应、主动协助顾客的能力;信赖感(assurance)是指言语行为是否令人安心与信任;同理心(empathy)则是指服务人员是否站在他人的角度思考,表现亲和力关怀他人。

招募与甄选的准则可以分为"服务技能"与"服务性向"两大类,前者是属于特定服务业或工作性质所需的知识与能力,后者则包含稳定性、反应、信赖感与同理心等。

246

以上四个服务性向的构面应该受到同等重视，或至少每个构面都应有最起码的要求，以免服务人员的态度有所偏差，长久下来会危及企业的服务文化。例如，有些人的响应热诚与同理心表现不错，但欠缺信赖感，轻则让消费者感觉专业不足，重则让人觉得"笑里藏刀"；有些人的可靠性与信赖感都没问题，但响应热诚与同理心严重不足，则过于冷漠。因此，在招募与甄选服务人员时不能忽略服务性向中的任一构面。

纵横天下

新加坡求才若渴

新加坡自然环境条件缺乏，"人才"是该国竞争力的利器。新加坡从几百万人口的贫穷小岛，借由政府大力推广政策延揽海外人才，如今跃升为跨国公司纷纷成立总部的国家。新加坡政府创造多重诱人的条件以吸引人才，除了丰厚的薪资，还有良好的社会秩序、完善的交通与清廉高效的政府等；并且新加坡科学园区给予良好的经营空间外，还提供幼儿园、诊所等配套措施，将科学园区营造出生活圈概念，让国外的专业人才乐意留在新加坡工作。除此之外，留学也成为一种另类的吸引人才的方式，基于独特的制度、语言等原因，新加坡的教育体制能与西方教育体制直接接轨。留学生毕业后，只要找到任职公司就可以获得就职许可证而留在新加坡工作。为了更进一步招揽人才，政府更释出善意，只要凭商业计划即可申请至新加坡居留两年，实现创业计划。至于艺术文化人才，新加坡更是欢迎，所以李连杰、巩俐等知名影星已纷纷成为新加坡公民。

甄选服务人员的准则相当多，孰轻孰重要考虑到产业特性、企业的经营理念、发展策略与服务定位等。例如，某些餐厅有不少日本游客，因此在应征服务生时偏好通晓日语者；有些餐厅强调年轻时尚与前卫风格，对应征者则注重亮丽外形与独特气质；至于强调"妈妈的味道"的餐厅，则希望录取较为亲切、保守的人员。

9.3.1.2　招募渠道

人才招募活动应该要带来相当数量的应征者，企业才得以从中精挑细选出所需人才。企业常用的招募渠道有媒体广告、校园征才、人力顾问公司、员工推荐、就业辅导机构、建教合作与网络人力银行等。随着互联网的普及，网络人力银行（如 104 人力银行或 1111 人力银行）已逐渐取代其他渠道；它的主要效益在于媒合企业与求职者的平台使用方便，且能节省应征者与企业的求职、招募成本。

应该注意的是，不同的招募渠道可能吸引不同的应征者，甚至影响日后的服务文化。例如，通过校园征才而来的应征者通常缺乏工作历练，但可塑性高；员工推荐来的比较偏向亲朋好友，日后或许能相处融洽，但有可能因缺乏异质性而妨碍创新精神，甚至有结党营私的疑虑。因此，企业须事先评估招募职缺的特性，选择最适当的渠道，以争取理想的员工。

不同的招募渠道可能吸引不同的应征者，甚至影响日后的服务文化。

纵横天下

这些职位，另类、冷门、高薪

2010 年，富比世提出一份高薪的职位榜单，这份榜单不外乎股票交易员、律师等熟知的职业，然而，也指出一些另类、冷门的高薪职位。令人感到惊讶的有三份海底工作。潜水采珍珠者与油气田潜水员，他们皆训练有素，必须在高度危险的环境下工作，可能是海面下 30 米处或者全世界最恶劣的环境中。另外，潜艇厨师必须牺牲陆地上的乐趣和自由，忍受长年离家的条件，因此丰厚的待遇可想而知。陆地上也有一些非比寻常的工作。澳门赌场中介，负责主持高赌注的赌局，从客户筹码中抽取佣金。另外，澳洲拥有古老职业技能的砖匠也因为建筑和其他基础设施项目而带来丰硕的收入。高级侍酒师与芳香治疗师这种富有情调的职业也是榜上有名，侍酒师让用餐者能品尝与美食完美搭配的美酒、芳香师营造令顾客能心灵放松的环境，这样浪漫职业的背后，必须先通过国际级的专业认证，还要能细数大量葡萄酒的详细资料或者一百种不同精油的功效。从事一份冷门、另类、高薪的工作，从来就不是一件容易事。

9.3.1.3　甄选方法

甄选是通过一定的程序与工具，以找出具有发展潜力的员工。它通常包含审查应征者的履历资料、筛选出初试者、邀请初试者面谈与测验、评估人选、录用人选等。其中，面试是相当关键的步骤，因为应征者的履历就像精美的包装纸，而面试的作用是揭开这张包装纸，看看装在里面的是不是真材实料。

一般来说，面试是当面询问一连串经过设计的、有深度的问题，以了解应征者的服务技能与性向。但面试也可以结合其他有创意的人才评估方法。例如，从集体面试当中观察应征者如何与他人互动；要求应征者角色扮演，以观察他们对特定情况的理解程度或问题解决能力（如碰到刁难的顾客如何反应）；要求应征者组成工作团队，仿真某个任务的规划活动，以了解应征者的团队精神与人格特质等。

应征者的履历就像精美的包装纸，而面试的作用是揭开这张包装纸，看看装在里面的是不是真材实料。

9.3.2　教育与提升服务人员

许多新进服务人员就像一块艺术品的原料，必须经过一段时间的雕琢、检修、磨炼，才得以成为艺术成品（当然，从成品、精品到极品，路途更为漫长）。这段提升人员的过程，少不了企业的教育训练、赋予员工权能、团队合作等任务。

9.3.2.1　教育训练

教育训练是提供服务人员执行工作时所需的知识、技术、能力与态度的学习过程，以提升员工的工作绩效。通过良好的教育训练，企业期待员工能清楚地了解企业文化及目标、面对工作问题时能做出理想的决策、能表现出一致且可靠的工作态度等，更希望员工能自我提升并对企业有长期贡献。

服务业的员工教育训练通常涵盖组织目标与策略、专业技能、人际关系与沟通、商品与服务相关知识等内容，以提升员工的工作绩效。

为了达到上述目标，服务业的员工教育训练通常涵盖下列内容：

（1）组织目标与策略。企业通常拥有特殊的组织文化、经营理念、目标及策略等，为了让员工能尽早融入企业大家庭，并确保所有员工都能朝组织目标努力，企业都会将这些无形的、精神层面的组织要素纳入课程中。

（2）专业技能。专业技能包含所有与工作执行有关的技能，如计算机、收款机或机器设备的操作，或是执行任务所需作业程序，如银行的存放款作业、顾客退货的处理等。

（3）人际关系与沟通。服务业的经营重心在于人际互动（如员工与顾

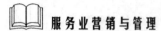

客、主管与部属、员工之间的互动），因此会安排沟通、礼仪、谈判、领导统御、顾客满意度经营等课程。

（4）商品与服务相关知识。这包含商品的特性、操作、效用，服务的性质、流程、结果，以及与商品或服务相关的问题解决方法等。

例如，麦当劳在 1961 年（创立后第 6 年）成立第一所汉堡大学，专责中高级主管的培训。之后为了更有效地培训国际人才，还在德国、巴西、澳大利亚、日本、英国、中国香港等设立国际汉堡大学，分别以地区性语言教学，以达到最佳训练效果。目前每年有大约 10000 名主管修习高级营运课程，某些课程甚至拥有美国教育委员会的认证；其中于 2000 年在中国香港成立的第 7 所国际汉堡大学，每年为中国（包括港澳台地区）培训约 500 名管理人才。

汉堡大学及各国的训练中心（中国台湾称为麦当劳顾客满意学院）秉持"全职涯培训"的观念，致力于传授麦当劳核心专业及领导技能，灌输员工荣誉、学习和欢笑等价值观，并注重训练成果和工作的结合，因此在受训前和受训后三个月都会请直属主管评量学员的工作绩效，以衡量训练的成果。一位麦当劳餐厅经理的诞生，至少花费新台币 500 万元的投资与超过 450 个小时的训练。

9.3.2.2 赋予权能

企业也可以通过赋予权能（empowerment）来教育与提升服务人员。这是指赋予服务人员在服务顾客时所需的权力，以便能实时响应顾客需求，并且期待员工从掌握与运用自主权当中自我学习与成长（empowerment 的中文翻译有很大分歧，包含赋权、授权、增权、充权、赋能、授能、增能、加能、灌能、灌顶、培力、活化、能量提升等，都是以"赋予权力"及"培养能力"为主，因此本书融合两者译为"赋予权能"）。

许多企业发现，如果培养服务现场人员处理事情的能力与判断力，并授权他们根据现场的情况做出适当的决策，不论是对顾客服务的质量、服务的口碑流传，还是对员工的成就感与工作满意度，都有好处。然而，赋予权能可能衍生某些成本，如为了寻找能够胜任被赋予权能的员工，企业可能需要增加人才招募、甄选与训练的成本等。有关赋予权能的其他利益与成本如表 9 - 2 所示。

表 9 – 2 赋予员工权能的利益与成本

利益	
缩短响应时间	员工可以依据当下顾客的需求迅速响应,而不必通过请示上级、冗长的行政体系来响应,可缩短服务时间
加速服务补救	传递系统有疏失时,员工可当场补救,缩短顾客等待时间,并避免事态扩大
强化工作的认同感	让员工勇于承担责任,使得员工对自己的工作更满意,降低工作流动率与缺席率
促进员工与顾客互动	员工的良好响应与正面情绪会扩散到与顾客的互动上
刺激服务的创意来源	让员工对服务内容有深刻的责任与认识,往往较容易看到服务不足或需改进之处
加速口碑传递	员工与顾客之间的互动往往容易被记住,且满意的服务也容易被顾客宣扬出去,因此是珍贵的口碑宣传
成本	
增加员工的甄选与训练成本	员工需要更多关于产品与服务的知识,与如何弹性面对顾客需求的技巧,因此需要花费较多的甄选与训练成本
增加劳力成本	员工需要学习的地方多,故无法使用兼职人员,且需要较高的薪资来要求员工承担责任
造成服务水平不一	为满足不同顾客的需求,服务传递会较慢;且不同顾客之间的满意水平也不同,可能使得服务水平不一致
顾客觉得不公平	根据上述,若顾客发现自己的服务水平与他人不同,就会认为组织不公平
牺牲公司利益	被赋予权能的员工在面对顾客的要求或是补救服务缺失时,有可能做出组织无法承担的昂贵决策

资料来源:Bowen, D. E., & LawlerIII, E. E. The Empowerment of Service Workers: What, Why, How, and When [J]. Sloan Managementreview, 1992, 33 (1): 31 – 39.

另外,学者也发现拥有某些特质的企业比较适合赋予员工权能,包含外部环境比较多变、强调差异化经营、技术应用比较复杂、顾客多为长期关系等;而且,人际关系技巧较好、社会需求较强、自我成长的需求较高的员工,也比较容易接纳赋予权能的政策。因此,企业应该要仔细衡量赋予权能的得失、审视企业本身与员工的特质后,才决定是否实施赋予权能的政策。

9.3.2.3　团队合作

资质不错的服务人员就像珍珠，但一颗珍珠的价值毕竟有限，如果把珍珠串连起来成为项链，价值将更为非凡。这就是团队的意义：串起每个人，集体发挥更大的作用与成就。显然地，许多服务工作需要团队合作以有效达成目标。只要稍微想象一下，餐厅的服务生或是医院的护士与医生如果是一盘散沙，对服务质量的伤害有多严重，就可以理解个中道理。因此，促成服务人员形成团队并相互合作，是培育优良服务人员的必经过程。

团队合作的力量主要来自三方面：知识分享、任务互补、相互取暖。团队成员如果把个人的经验与知识贡献出来与众人分享，成员之间将互相砥砺、学习、成长。例如，许多人寿保险公司与直销商有朝会、研习会或读书小组等，就是为了达到经验与知识分享的目的。

另外，为了完成工作任务，往往需要有不同的服务人员在不同的岗位上扮演个别的角色，并发挥他的专长，如旅馆有门卫、行李员、柜台接待，餐厅有带位、服务生、结账等。不同的角色之间形成任务互补，才能确保服务顺利传递；任何角色的任务只要出现差错，将对服务质量造成伤害。

最后，不少服务工作充满挑战，但也容易造成挫折感，而有合作精神的团队往往可以互相打气支持以突破困境。

9.3.3　提供必要的支持系统

"工欲善其事，必先利其器"。希望服务人员能传递高质量的服务，企业就必须给予必要的支持。支持可分为两大类：有形的如技术与设备、无形的如公司政策与内部程序等。

9.3.3.1　技术与设备

企业应该要评估"为了协助服务人员有良好的表现，他们需要哪些技术与设备"。就算提供了相关的技术与设备，企业也应留意后续的维护或更新。缺乏理想的技术与设备支持，服务人员容易遭受挫折，更别说提供高质量的服务了。设想收款机若老是死机，收银员为了面对与安抚顾客的不耐烦，得额外付出多少"情绪劳务"。

由于科技的快速发展，越来越多支持服务人员的技术与设备也开始高科技化。例如，长荣桂冠酒坊在 2007 年建置的"智慧购物商店 Dr. Win"，结合了葡萄酒的专家知识库及智能型点餐助理等功能，并通过灵活的 PDA 操作界面，能在各种消费情境中，由计算机主动推荐适合顾客购买的酒类，帮助消费者自行选酒、配菜等。

应该提醒的是，先进的设备固然重要，但良好的服务人员永远把"人"当重点，把"科技"当辅助。如果保险业务人员的目光停在平板计算机上的时间多于在客户脸上，他或许已被科技制约，将难以表现动人的人性。

> 良好的服务人员永远把"人"当重点，把"科技"当辅助。

9.3.3.2 公司政策与内部程序

除了技术与设备支持，公司政策与内部程序也应该要协助服务人员传递高质量的服务，或至少不会对服务人员的努力扯后腿。有些企业的内部程序受到官僚气息、成本控制、传统观念等影响，缺乏服务观念与顾客导向的精神，常让第一线员工在顾客面前尝尽苦头。当服务人员经常在顾客面前说出"办不到，公司规定不行"时，极可能代表企业的政策与内部程序正在拖累服务人员的表现。

> 公司政策与内部程序应该要协助服务人员传递高质量的服务，或至少不会对服务人员的努力扯后腿。

我们以公共服务为例。多年前《自由时报》社论曾经写道：

> "盖章文化"令投资者摇头叹息，都是大家耳熟能详甚至亲身经历的痛苦经验。正因如此，每次政府高层痛批官僚心态，或者惩戒公务人员时，小老百姓无不感觉出了胸中一口闷气。只不过，骂归骂，罚归罚，有些政府机关也有了一些变化，官僚心态的老问题还是解决不了……所谓取得执照需要盖一千多个章，未必是公务人员好管闲事，而是相关法规互相矛盾所产生的怪现象……

这段社论点出机构的内部问题对服务人员、顾客、民众等带来的负面冲击。虽然我们的公务文化已大为改进，但这段文字仍然可以让服务业者引以为戒。

> 服务人员需要被激励与善待，才有可能持续对工作保持热情，进而对顾客提供优良的服务。

9.3.4 激励与善待服务人员

服务人员需要被激励与善待，才能持续对工作保持热情，进而给顾客提供优良的服务。在所有的激励方法中，薪酬是最常被提及的。一般而言，企业若想吸引优秀的人才，员工薪酬就不能低于产业的平均水平，因为优秀的人才会预期薪酬在产业的平均之上。

不少服务人员的薪酬制度中有奖金红利的规划。奖金红利的发放通常跟业绩有关，业绩越好领得越多，因此它比底薪、固定薪等较能激励工作人员的表现。然而，业界经常发现在员工的激励作用方面，金钱往往是保健因素（hygiene factor），也就是低薪一定会造成员工不满，但有了高薪却不见得能激励工作表现。

比较能长期激励服务人员的因素包含明确的工作目标、具挑战性的工作内容、赋予权能、良好的升迁渠道、工作表扬与回馈等。另外，企业是否善待员工也是重要的因素，通常这表现在企业的福利措施、休闲政策、工作环境的塑造、对服务人员的自我发展与家庭的协助等。这些能够真正带动工作表现的因素称为激励因素（motivation factor）。

例如，中国台北君悦大饭店就提供了每日免费供餐、制服与换洗服务、年度员工体检、在其他地区的君悦饭店免费住宿等福利来激励与留住员工。员工折损率相当高的广告业更懂得珍惜员工的道理：奥美集团的大楼里就有篮球、象棋、拳击擂台三大运动场，玻璃撞球间，限卖奥美客户产品的员工补给站，可以畅饮的 T Bar，屋顶的 BBQ 和泡茶区，以及提供员工发泄个人情绪的隐秘专区等。类似这类在薪水之外的软硬件福利，都是激励员工的重要因素。

比较能长期激励服务人员的因素包含明确的工作目标、具挑战性的工作内容、赋予权能、良好的升迁渠道、工作表扬与回馈等。

9.3.5 塑造良好的服务文化

服务文化（service culture）是指重视优质服务的组织文化，具有这种文化的企业，其服务人员把传递优质的、令顾客满意的服务视为理所当然，并在态度与行为上都以创造优质服务为目标。

重视顾客满意度的企业文化是构建服务组织的基石，企业必须让全体员工了解顾客满意是公司的核心理念，也是竞争成败的关键。正如美国联邦快递某高级主管所言："任何公司的企业文化能够紧扣着顾客满意的经营理念，那么员工无论在何时何地心中都会怀抱着提供高度顾客服务满意的意念。"由于服务业的质量控制比制造业更难，因此服务组织更需要发展出服务导向的文化，借此达成优良的服务质量。

服务导向的企业要发展服务文化，必须将焦点放在第一线服务人员上。第一线服务人员直接面对顾客，且顾客的问题通常希望能在第一时间获得解决，因此服务业的组织设计应该将第一线服务人员摆在"倒金字塔"组织的最上层（见图9-3），中高级主管只是扮演协助的角色，以支持第一线员工执行服务传递的工作。

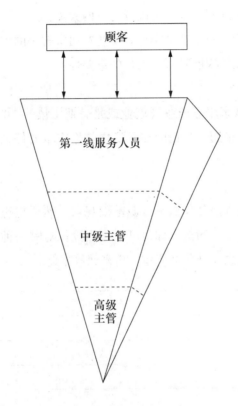

图9-3 强调第一线人员的倒金字塔组织

在"倒金字塔"组织中，第一线服务人员的工作为传递服务、处理各种突发状况与解决问题。如第9.3.2.2节讨论的赋予权能观念，要让服务人员具备执行工作所需的知识与技能，组织就应充分授权，中高级主管只要负责提供相关支持，如此一来，第一线服务人员在拥有资源与支持的情况下，就能够及时解决顾客的问题，提供优质的服务质量。

255

章末习题

基本测试

1. 服务人员对企业有何重要性?

2. 请解释服务三角形的观念。

3. 何谓跨界者角色? 何谓情绪劳务? 这两者有何关联?

4. 甄选人才的准则大致上可以分为哪两大类?

5. 服务人员所面对的冲突类型有哪些? 通常解决的方式是什么?

6. 举例说明赋予权能对服务人员的重要性。

进阶思考

1. 假设你想从事服务产业（就业或是暑期工读），并想从资源基础观点为自己写一份应征履历，请问在下笔之前你应该要仔细考虑到什么因素才能将履历表写好。

动脑提示: 先弄清楚什么是资源基础观点，然后想想一般而言业者希望吸收什么样的员工。当然，你也可以先假设你对哪一种服务业或哪一家企业有兴趣，以及想应征什么职位，再来回答本题。

_____

_____

_____

_____

_____

2. 本章最后提到"服务导向的企业要发展服务文化，必须将焦点放在第一线服务人员上……"，请问这句话如果无限上纲，在企业内部可能造成什么问题?

动脑提示: 显然地，任何企业不是只有第一线服务人员。想一想，这句话如果无限上纲，对于第一线服务人员、幕后管理人员、双方关系等，可能带来什么影响? 还有，要注意何谓"服务文化"，不同的定义，是否会带来不同的内部问题?

_____

_____

_____

_____

_____

_____

活用知识

1. 到商场逛逛，观察询问处小姐、专柜小姐、电梯小姐，还有手戴臂章的督导人员（常出现在假日人潮汹涌的美食街），请问他们各自提供什么服务？当你询问他们洗手间位置时（或任何你自定义的问题），哪类的服务人员最亲切，让你最满意？哪类服务人员，你觉得最不及格？他们的表现有可能受到什么因素影响？

2. 选择一家餐厅或商场，观察他们每天在开门前是否集合服务人员？是否有精神喊话？做些什么行为？你觉得他们为何选择在大门口或其他顾客看得到的地方做这些训练呢？请记录下来，和其他同学分享你的观察和心得。

第10章　服务流程与供需管理

美丽之岛

另类"笑"果，纾解烦躁

"市政府站已经到了……"起身整装的旅客，心中满怀对新年的无限希望，以及对跨年晚会的满满期待。没想到，车门一开，前方不是一条充满希望的康庄大道，而是挤得水泄不通的可怕人潮。行进缓慢的步伐就如利刃一般，一层层削去在场旅客的耐心；偶尔被后方陌生人推挤，更让人无奈苦恼。"究竟什么时候才能疏通啊？"然而，旅客越是着急，心里就越烦躁，跨年的好心情已经快消失一大半。

"请继续往你的人生方向前进，赶快去追逐风！追逐太阳！在人生的大道上，继续往你的目标前进！"带着逗唱的音调、满脸亲切笑容的台北捷运服务员实时丢下"救生圈"，让快要沉溺的心情重游上岸边。

另一头，几位服务员身穿正式的台北捷运工作服，头上却戴着七彩炫丽的假发，有一种说不出来的古怪与好笑。当音乐一响，他们居然大跳骑马舞，跟不上节拍的动作和姿态，反而成为一种另类笑点，顿时让原本死气沉沉的台北捷运感染了轻松有趣的气氛。

其实早在2012年3月，台北捷运公司就已经针对跨年倒数晚会的可怕人潮开始规划各类应对措施，如视人潮状况机动调整部分列车过站不停、弹性加发部分班车，为的是尽量减少尖峰时段人车的供需差距。另外，也

258

计划视情况实行"月台疏导管制"、"收费闸门疏导管制"、"出、入口疏导管制"三级管制来引导人潮分流，避免同时段中人潮过度拥挤。

在所有的应对措施中，最特别的是一支历经数月训练、由台北捷运公司四位酷哥与五名正妹组成的"潮天团"。他们事先模拟各类状况，如孩童走失、寻找失物、民众昏倒等突发事件，都考验着成员的临场应变能力，但最重要的还是如何应对过度拥挤造成旅客的不耐久候。因此，他们在引导、疏散人潮之余，还不断制造笑点，冷笑话、骑马舞、歌唱、短剧表演等各种活泼逗趣的方式样样不少。这些都是为了能够有效减缓人们因等待而产生的烦躁情绪，最终让大家能"开开心心跨年迎新、快快乐乐平安返家"。

2012 年的台北跨年晚会吸引了 85 万人，不过在应对措施、1000 名志愿者与捷运警察以及潮天团都发挥了作用之下，这批创造中国台湾公共活动纪录的人潮顺利地迎接了 2013 年。

本章主题

面对异于平时的庞大人潮，台北捷运以活泼创意的方式一方面纾解人潮，另一方面纾解在场民众的烦躁，效果相当成功。从这个案也可以看出，如何解决服务流程与供需不平衡的问题，是服务业者的难题。本章就是要讨论服务流程与供需管理等议题，主要内容如下：

1. 服务流程管理：主要说明一般服务的流程以及服务蓝图及其用途。

2. 服务流程中的顾客角色：讨论消费者参与、共同生产者和自助服务等观念。

3. 服务供需管理：探讨服务需求与产能之间的落差以及供需不均时的应对方式。

4. 降低顾客等候负担：探讨顾客等候的潜在问题和应对方式。

10.1　服务流程管理

10.1.1　一般服务的流程

把服务流程中每个步骤做好，才能为顾客提供优质服务与创造价值。

第2章在讨论服务的意义时，曾提到服务的本质是"通过某种举动、程序或活动，为服务对象创造价值"。换句话说，服务本身是一种流程，而流程中包含环环相扣的步骤，只有把每个步骤做好，才能为顾客提供优质服务与创造价值。

在高接触服务中，服务流程涉及的步骤相当多且繁杂，只要观察或回想在国际机场登机出国、到西餐厅用餐、到医院看病等，就可以体会到这一点。例如，到医院看病至少要经历挂号、候诊、看诊、付费、领药等，甚至在看诊后被要求抽血、验尿、照X光等，流程相当复杂。相对而言，低接触服务虽然可以划分为几个步骤（如百货公司服务台短短一分钟的咨询可以划分为招呼、回答、感谢），但整个流程却简单多了。

虽然每一种服务的流程有其独特的细节，但就大方向来看，不少服务的流程有其共通点，即包含如图10-1所示的许多步骤。当然，这些步骤可能因产业或企业而调整，如管理咨询服务通常是先接单、付款，接着才有咨询；快餐业几乎没有托管服务等。另外值得一提的是，有些步骤是为了协助完成核心服务，包含信息、接单、结账和付款，因而称为辅助型服务（facilitated services）；有些则不但协助完成核心服务，还可以提升核心服务的水平与绩效，如咨询、接待、照顾和例外处理等，这类服务称为增值型服务（valueadded services）。

改进服务流程可提升效率、降低成本，甚至带来拓展市场的机会，例如（天下杂志，2012/6/13）：

不用到中国大陆设据点，小商家也可以在中国台湾赚人民币。更重要的是，可以直接在中国台湾的户头里收到新台币……三月中旬，

260

玉山银行与中国大陆最大的第三方支付业者——支付宝，宣布合作推出两岸支付通服务。这是结合两岸资金流、物流与信息流的完整服务，是中国台湾业者可以合法以新台币收取货款的新网络购物平台……简单地说，第三方支付就是提供购物者事先储值再消费，商家确认可收到货款再出货的平台。

信息不对称使得消费者担心会受到业者的操弄或蒙骗。因此，提供咨询服务的业者在展示专业的同时，也要能让顾客感觉到合理、诚实的对待。

10.1.2　服务流程各步骤

一般服务流程可分为信息、咨询等步骤（见图 10-1），说明如下：

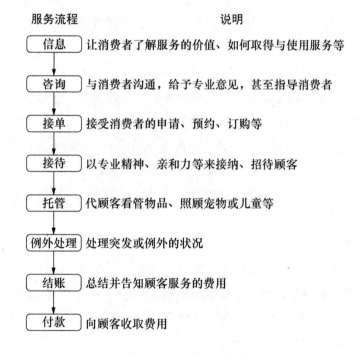

服务流程　　　　　　　　　　　**说明**

信息	让消费者了解服务的价值、如何取得与使用服务等
咨询	与消费者沟通，给予专业意见，甚至指导消费者
接单	接受消费者的申请、预约、订购等
接待	以专业精神、亲和力等来接纳、招待顾客
托管	代顾客看管物品、照顾宠物或儿童等
例外处理	处理突发或例外的状况
结账	总结并告知顾客服务的费用
付款	向顾客收取费用

图 10-1　一般服务的流程

10.1.2.1　信息

消费者需要正确的信息（information）以了解服务的价值、比较不同的服务方案、选择正确的方案等。这些信息涵盖服务特色（如服务地点、营业时间、服务理念与效益）、如何取得服务（如购买资格与条件、预约方式、付款方法）、如何使用服务（如使用期限、注意事项、法律责任）等。在高涉入的购买情境下或对于首次购买的消费者，信息尤其重要。

信息需实时与易懂，因此在什么地方发放信息、如何呈现信息是重要的管理决策。

261

信息除了正确，还需要实时与易懂，因此在什么地方发放信息、如何呈现信息是重要的管理决策。原则上，能够让消费者看到的、听到的、接触到的任何地方，就是可能的信息渠道。除了传统的平面媒体、电子媒体、服务人员、户外广告牌、传单与手册等，近年来的信息渠道已经密切结合科技，如光盘、网站、电子邮件、手机信息、触摸屏等。

10.1.2.2 咨询

信息是针对消费者的问题或疑惑而提出的简单回应。然而，在首次购买或消费经验不足的情况下，或是对于比较复杂或专业的服务，消费者为了降低不确定性与风险，往往需要咨询（consultation），即较为深入、专业的沟通与指导。例如，美容保养、儿童照顾、选读研究所、个人理财规划等，通常都需要咨询服务。

有效的咨询需要充分了解消费者的状况之后，才能给予适当的建议，因此在顾客关系经营上，咨询比信息更加重要；咨询作为"增值型"服务的意义也在于此。不过，服务业中的咨询涉及信息不对称（asymmetric information），消费者常感觉本身拥有的信息与知识不如业者丰富，因而担心受到业者的操弄或蒙骗，这种情况在专业服务（如医疗、理财、法律）中特别明显。因此，业者提供咨询服务时除了展示专业，也要让顾客感觉到合理、诚实的对待。

10.1.2.3 接单

接单（ordertaking）是指接受申请、预约、订购等。某些服务为了控制人数、慎选顾客、维持服务质量等而需要事先申请。信用卡银行要事先过滤财务状况与信用记录不良者、大学系所招生委员会要挑选心目中优秀的甄试生等，都是申请的例子。

预约跟申请的不同在于它不涉及过滤与挑选消费者；消费者通过事先的要求与安排而得到优先购买或使用的权利，因此预约的特色是"先要先有、顾客至上"。餐厅、旅馆、美容院、航空公司、博物馆的团体导览服务等，通常都有预约制度。最后，订购则是最简单与直截了当的接单方式；现场订购、电话订购、网络下单等都普遍存在于绝大多数的服务业中。

业者应该要特别注意接单的效率与顾客的疑虑。通过电话与网路接单已是大势所趋，因为业者可以借此降低成本、提升效率。不过，仍有部分消费者对于这种缺乏人际互动、无纸化的接单方式，担忧其保障不足。因此，订单编号、电子收据、手机传讯确认等经常用来消除消费者的疑虑。

10.1.2.4　接待

在接单之后，通常就进入接待（hospitality）阶段。无论是通过面对面、电话或网络，在这个"迎接、招呼、表达欢迎"的阶段，企业及其员工表现出来的专业精神、亲和态度、效率等，对于顾客的服务质量观感、满意度、再度购买的意愿等，都有相当大的影响。

对于那些顾客必须长时间待在服务现场，或是当顾客抵达现场时精神状态可能欠佳的服务业，如医院、旅馆、机场等，接待的重要性不言而喻。除了上面提到的态度与效率，服务现场的设施、布置、气氛、用品等也应予以重视。

10.1.2.5　托管

顾客抵达或待在服务现场时，可能需要托管（caretaking）服务，如代客泊车、保管行李、宠物看管、儿童照顾、贵重物品保存等。托管服务的最高原则是"安全"：任何受托看顾的人或物在归还给主人时，应该至少保持原来的状态，不得有任何损伤。当然，更理想的服务是为托管的人或物"加值"，如将车子洗净后归还、让孩童回到父母身边时更加活泼快乐等。

> 托管服务的最高原则是"安全"，更理想的是为托管的人或物"加值"。

10.1.2.6　例外处理

例外处理（exception dealing）是针对非一般情况提供的服务。服务过程中可能出现的例外情况相当复杂，可以依据服务实体环境、服务人员、服务流程、服务成果、顾客特殊要求与言行等来分类（见表 10-1）。优良或有经验的业者应该会设想到服务过程中可能发生例外情况，因此事先备有应对计划。相关员工应该要了解这些计划，甚至演练计划中的某些行动方案，除了可以避免在真正碰到问题时目瞪口呆、不知所措，更重要的是可以在关键时刻迅速有效地处理意外状况。

> 优良的业者应该会设想到服务过程中可能发生例外情况，因此事先备有应对计划。

表 10-1　例外状况：类别与例子

类别	例子
服务实体环境	• 因涌进过多人潮而导致空间与设施不足 • 设施运作发生故障，如停电、停水、计算机死机

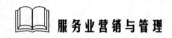

续表

类别	例子
服务人员	• 现场人手因故不足 • 员工情绪突然失控、行为不检
服务流程	• 流程因故中断或迟缓 • 等候线过长引发顾客不满
服务成果	• 顾客质疑服务成果不如预期 • 服务成果明显不佳，引发顾客埋怨
顾客特殊要求与言行	• 顾客临时要求更换服务项目或方式 • 顾客故意刁难服务人员 • 顾客发生意外，如失踪、病倒、被抢劫 • 顾客情绪失控、行为不检

如果有些例外情况一再发生，这可能表示更根本、严重或潜藏的现象与问题值得重视。例如，计算机三天两头就死机，可能是因为信息或计算机操作人员操作不当、计算机设备老旧或程序设计不良等；顾客经常要求为了孩子改变餐点内容，可能代表业者忽略了儿童顾客的需求、目标市场的设定不够明确等。类似这些不单纯的例外状况，相关主管应该深入了解问题的本质并有效处理。

如果有些例外情况一再发生，这可能表示更根本、严重或潜藏的现象与问题值得主管重视。

10.1.2.7　结账

结账（billing）通常在服务的尾声，方式有服务人员口头叙述、手开收据、计算机打印、定期寄送报表等。无论是什么方式，清楚易懂、确实无误是结账的最基本要求，否则会动摇消费者对企业的信心，导致顾客不满等。

清楚易懂、确实无误是结账的最基本要求。

基于服务效率与满足忙碌顾客的需求，快速结账已经成了某些服务业的趋势。例如，旅馆让顾客在退房前利用房间里的电视审视账单、退房当天早上将账单送到房间、事先取得信用卡数据以加速结账流程等。另外，定期通过邮政或网络寄送账单的方式，应该特别保护顾客隐私权，不当揭露身份证号码、消费地点与金额或是误寄等，都应该避免。

10.1.2.8　付款

顾客付款（payment）有多种方式，如付现金、签支票、刷信用卡、自动扣缴、银行转账、储值扣款等。顾客一旦不付款，就会形成企业的呆账，若事态严重可能伤及企业的生存命脉。因此许多企业都有"事前控制"的机制，包含订立拖延缴款的罚则与提早全数缴款的奖励等。一旦有拖延付款的现象，则会有催收行动。

10.1.3 服务蓝图及其用途

以上是一般服务的流程，流程中的每一个环节都涉及实体环境、服务人员等元素，这些元素必须发挥正常功能，服务流程才能达到该有的效率与效果。为了能做好服务流程中的每个步骤，并让整体服务连成一气顺利完成，服务蓝图的观念被派上用场。

蓝图一词源自建筑学，主要用来具体表现建筑的设计理念及细部规格；图中的线条与批注等都以蓝色来表示，因而得名。简单地说，服务蓝图（service blueprint）是指用来呈现服务程序与细节的流程图。它的组成包含以下几点：

（1）服务流程。顾客经历的一连串步骤（见图10－1），即服务前场。步骤的划分应有管理上的意义或方便管理，如以"进门、用餐、离开"来描述餐厅服务流程就过于粗糙，而"注视、招呼、询问、带位、请坐、点餐……"则太琐碎。

（2）实体环境。这是指顾客在上述步骤中停留的空间或使用到的设施等。

（3）工作重点。这是在顾客经历的各个步骤中，后场有哪些主要的任务或准备工作以支持前场的服务流程。

（4）负责单位。这是每个步骤的主要执行单位，可以是个人、团队或部门。

图10－2 显示了某安亲班的服务蓝图。图中标示了前场的服务，从"接小朋友"到"下课回家"，共七个步骤，各有其相对应的实体环境。在后场方面，每个步骤也都有相关的工作重点与负责单位。

绘制服务蓝图并没有一定的规则。无论是符号使用、项目种类等，因使用目的、对蓝图繁简程度的要求、企业的习惯而有所不同。只要能恰当表现实际的流程与内容，清楚易懂，符合使用目的等，就是一个理想的服务蓝图。

服务蓝图是指用来呈现服务程序与细节的流程图。它的组成包含服务流程、实体环境、工作重点、负责单位。

服务蓝图可用来作为发展服务剧本的基础、降低服务人员的工作疏离感、规划资源使用、协助品质控管。

265

　　服务蓝图不仅让服务人员知道整个服务流程，若企业主管稍加用心，它还有以下的用途：

　　（1）作为发展服务剧本的基础。企业可以把每个步骤涉及的实体环境当作"舞台"，并设想在这个舞台上相关人员该如何走动、与其他人互动等，以便服务的传递更为顺畅。以图 10-2 为例，该安亲班可以想象在报到安置的步骤中，从报到处到置物柜之间，柜台助理如何招呼、引导小朋友，小朋友可能有什么响应等，以便双方有良好的互动品质。

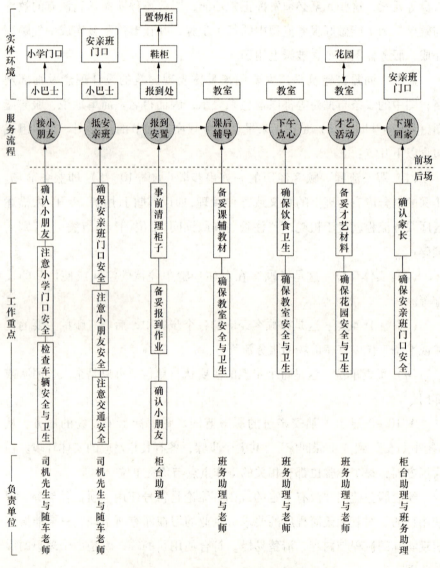

图 10-2　服务蓝图：以安亲班为例

（2）降低服务人员的工作疏离感。服务蓝图也可以让所有服务人员鸟瞰整个流程，从中培养工作的整体感与切身感，避免"只管门前雪，不管他人瓦上霜"的态度。从水平线来看，任何服务人员都可以看出从服务的开始到结束之间，他所扮演的"承先启后"角色；从垂直的角度看，则可以看出在每个步骤当中后场与前场的关联性何在。因此，服务人员可以意识到"原来我的工作对其他人及整体服务会发生作用"，多少会降低工作疏离感。

（3）规划资源使用。服务蓝图可以协助有关人员针对整体流程与个别步骤，规划如何控制与安排时间、人力、经费及其他资源。例如，假设主管人员多了 100 万元经费可以用来提升服务质量，他就可以逐一考虑服务蓝图中的步骤，比较多个不同的方案。换句话说，服务蓝图提供一个具体检视多种方案的机会，避免因凭空想象而疏忽了任何合理使用资源的机会。

（4）协助质量控管。服务蓝图也可以用来防错或抓错。当服务质量不如预期时，相关单位可以从蓝图中试图找出可能的原因。应该强调的是，服务流程中的任何步骤若出现质量不良或顾客不满等现象，问题的根源未必发生在该步骤，而有可能与之前的步骤有关。以图 10-2 为例，小朋友在课后辅导时精神不济、读书效果不佳，主因可能是在报到安置时过于拥挤忙乱以至于小朋友难以定心在课业上，也有可能是小巴士老旧颠簸、空气不良造成小朋友过于疲惫。

纵横天下

物流与信息管理让苏宁称霸

49 岁的张近东，建立起全亚洲第一名的 3C 家电流通渠道帝国。一个苏宁，相当于 15 个台湾灿坤 3C 的营业规模。2011 年营收创历史新高，约达 4411 亿元台币，相当于中国台湾五百大服务业第四名。

2004 年是苏宁的重要转折点。张近东把 2004 年发行股票募来的四亿多元人民币，用来与 IBM 签订战略合作企划，优化人资、组织、供应链、物流优化与客服系统，并强化 ERP/SAP 信息管理系统，拥有了一举超越

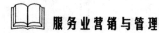

对手的实力。

比起营销策略，苏宁与竞争对手国美差异不大。但在物流运作、信息化管理，与售后服务的后端管理系统上，苏宁狠狠地把对手甩到后面。上午 10 点，南京市郊，占地近一个大安森林公园的苏宁第三代物流仓库里，只有 5 个员工操作 50 万件家电产品入库与出货作业。"半径 150 公里内，只要 12 小时内，送抵客户家里。"一位苏宁物流主管自豪地强调。最紧急的订单，消费者付款下单后，3 分钟内，100 多公里外的仓库已经完成拣货装车的动作，准备出货。

苏宁也帮助 20000 多家供货商建构从生产到销售的实时信息流。一位深圳家电大厂副董事长表示，以前出货到苏宁仓库之后，就无法追踪后续的销售状况，只能被动等待补货通知，但供应链信息系统启动后，"现在，可实时查询到各区域的销售状况"。

资料来源：江逸之. 苏宁赢在看不见的信息力［J］. 天下杂志，2012 - 07 - 25.

最后要强调的是，随着科技发展、消费者需求与服务特质多元化，新的服务观念或技术兴起可能造成服务流程过时，因此相关主管应该不断审视与改善、重新设计服务流程。流程的重新设计方法包括删除附加价值有限的步骤、增加自助服务、直接传递服务、整合服务、重新设计实体环境等。表 10 - 2 列举了这几种方式对于企业与顾客所带来的潜在利益，以及可能面对的挑战与限制。

表 10 - 2　服务流程重设计的类型

方法	说明	潜在顾客利益	潜在公司利益	挑战与限制
自助服务	让顾客多参与服务生产过程，扮演更重要的生产者角色	• 增进知觉控制 • 提升服务速度 • 更能接近与了解服务 • 节省金钱	• 降低成本 • 提升生产力 • 强化技术能力与声誉 • 带来差异化	• 顾客尝试扮演新的角色 • 限制企业与顾客互动的机会 • 更难得到顾客的回馈 • 更难维持顾客忠诚度与顾客关系

续表

方法	说明	潜在顾客利益	潜在公司利益	挑战与限制
直接传递服务	将服务传递到顾客所在地	• 增加便利性 • 更能接近与了解服务	• 减少店面地点限制 • 扩大顾客基础 • 带来差异化	• 增加后勤负担 • 可能需要大笔投资 • 公司需建立信赖感
简化服务	检讨服务过程，删除多余或低附加价值的步骤	• 提升服务速度与效率 • 顾客原有任务转由企业来承担 • 获得更灵活或客制化的服务	• 提供客制化服务 • 改善效率 • 提升生产力 • 带来差异化	• 需要额外的顾客教育与员工训练，以活化服务
组合服务	将多种服务组合成套，一并传递	• 增进便利性 • 获得客制化服务	• 强化顾客忠诚度 • 增加服务的使用率 • 带来差异化	• 对目标市场有更充分的认识 • 多余的服务会造成浪费
重新设计实体环境	利用实体环境强化服务的内容或形象	• 增进便利性 • 得到更强的服务功能 • 建立对服务的兴趣	• 改善员工满意度 • 提升生产力 • 带来差异化	• 易于被对手模仿 • 需投入更多费用或投资 • 增加顾客对产业的预期

　　资料来源：Berry，Leonard L. and Sandra K. Lampo. Teachingan Old Server New Tricks：The Promise of Service Redesign［J］.Journal of Service Research，2000，2（3）：265–275.

10.2 服务流程中的顾客角色

10.2.1 消费者参与

第 2 章曾经提到生产与消费的不可分割性（inseparability）是服务的特性之一。这项特性带来消费者参与（consumer participation），也就是在服务流程中，消费者必须有所付出才能让服务得以顺利进行，因为从企业端来看，消费者的付出即是服务流程中的投入。消费者的付出包含以下项目：

（1）信息。例如，使用 ATM 转账时必须输入密码、金额、银行代号与账号等信息；餐厅点菜时交代服务生饮料要少糖、去冰等。信息通常是用来指引服务的方向或决定服务的内容。

（2）精神。精神即心理层面的付出。如风景区游客要放松心情才能享受美景；学生上课应该要聚精会神才能吸收新知。

（3）体力。体力即劳力的付出，通常用来参与服务传递过程。如顾客在自助餐厅用餐必须来回取用食物；游客在游乐园中必须走、跑、跳等才能尽兴。

（4）物品。在某些情况下，消费者必须携带物品到服务现场以便让服务有所发挥，如音乐班学生携带乐谱与乐器；演唱会听众手持荧光棒与台上歌手呼应。

消费者的参与程度因服务业别或服务性质而异，可划分成三个等级（见表 10-3）：

（1）低度参与。对于标准化的服务（如捷运、电影院、补习班大班教学）或某些不是以人为标的的服务（如宅配、电器修理），消费者只需提供基本的信息而不需付出太多的精神与体力，其余的都交由服务人员来处理。因此消费者参与程度相当低。

270

表 10 - 3　不同程度的消费者参与

低度参与	中度参与	高度参与
顾客提供基本信息	顾客协助传递服务	顾客积极参与服务生产
1. 标准化服务 2. 通常不是以人为服务标的 3. 顾客只需在付款时涉入	1. 非标准化服务 2. 服务的完成需要顾客提供信息或是原料，再由服务人员提供主要服务	1. 高度客制化服务 2. 服务的产生必须依赖服务人员与顾客共同合作
案例 - B2C		
1. 计算机维修	1. 美发	1. 心理咨询
2. 宅配	2. 餐厅用餐	2. 一对一教学
案例 - B2B		
1. 清扫服务	1. 薪资账册服务	1. 管理顾问
2. 室内植物维护	2. 货物运输	2. 企业信息系统建置

资料来源：Bitner, Mary Jo, William T. Faranda, Amy R. Hubbert, and Valarie A. Zeitham. Customer Contributions and Rolesin Service Delivery ［J］. International Journal of Service Industry Management, 1997, 8 (3)：193 - 205.

（2）中度参与。中度参与通常出现在非标准化服务中，如美发、一般医疗、餐厅等。消费者不仅需要提供信息，服务过程中还需付出精神、体力与服务人员互动，不过主要的服务还是由服务人员来提供。

（3）高度参与。高度参与出现在高度客制化服务中，如一对一教学、心理咨询等。消费者必须积极地提供信息，在整个服务过程中也要付出相当多的精神与体力，与服务人员密切合作来达成服务目标。

我们以戏剧来比喻，消费者参与代表消费者与服务人员在同一个舞台上合演一出戏。既然有戏，就必定有主角配角之分。消费者低度参与代表在这部"服务的生产与传递"的戏剧当中，消费者是扮演配角的角色；高度参与则代表消费者是主角之一；中度参与则表示消费者是次要的主角或重要的配角。

10.2.2　共同生产者

上一小节的讨论显示消费者要投入服务的生产，否则服务无法完成。因此，有些学者将服务业消费者称为部分员工（partial employee）或共同生产者（co - producer）。

271

如果消费者的共同生产者角色对于服务的效率与效果带来不良影响，合理的做法之一就是减少或调整该角色。

如果消费者的共同生产者角色难以避免，企业就要设法吸引对的消费者，并教育、奖赏他们以便能够扮演正确的角色。

共同生产者的角色意味着消费者是"生产资源"，也就是消费者的信息、精神、体力等资源必须投入到生产过程中，服务成果才得以实现。由于这些资源影响服务流程与成果的质量，因此消费者是否愿意协助生产服务、是否懂得如何协助生产、协助生产的角色扮演得好不好等，就成了重要的管理议题。

如果消费者的共同生产者角色对于服务的效率与效果带来不良影响，合理的做法之一就是减少或调整该角色，即降低消费者参与或调整参与的方式。最明显的案例就是银行将顾客的取款、存款、转账、账目查询等工作交由 ATM 来处理，有效减少顾客在银行现场的共同生产者角色，并降低服务成本与提升服务效率。

如果消费者的共同生产者角色难以避免，企业就要设法吸引对的消费者，并教育、奖赏他们以便能够扮演正确的角色。企业应该对外清楚沟通它的服务生产特色或是期待的顾客角色（例如，在 EMBA 招生活动中说明上课方式与学业要求；儿童音乐班招生时说明上课要有家长的参与等），以便顾客可以自我检视本身的意愿与能力，然后决定是否成为服务生产的一分子（决定是否购买该服务）。如此一来，企业可以过滤掉不适合的消费者，降低服务生产过程中的不确定性。

另外，企业也可以通过手册说明、人员解说、视觉引导、现场示范等来教育消费者如何参与，并让他们了解可以从中得到什么好处，即以节省时间或金钱、得到更好的服务成果等来奖赏消费者。例如，机场服务台上的大海报说明如何填写相关文件，以加速验证与通关；妇产科医生教导孕妇拉梅兹呼吸法，以减少生产时的痛苦；旅馆的网站鼓励消费者使用网络订房，并给予网络订房折扣等。这些做法都能促使顾客扮演好共同生产者的角色，以提升服务效率。

自助服务为顾客带来地理与时间上的弹性、详细的服务信息、对服务的知觉控制，甚至是乐趣。

10.2.3 自助服务

自助服务（self - service）是消费者参与服务的一种方式，这是指消费者操作业者或本身的设备来为自己提供服务。例如，顾客可在中国台湾大哥大服务中心的计算机打印账单；使用电影院的语音系统查询电影场次；利用自己的计算机登录网络银行缴款。

自助服务越来越普遍，主因除了有资讯科技的带动之外，还有企业与顾客可从中得到好处。自助服务让顾客取代员工的部分工作，因而降低企业人工成本。至于在顾客端，则可以对服务传递产生知觉控制（perceived control）（即感觉到能够掌控某个特定情境的程度，参见第 3 章第 3.3.4 节），甚至从中得到乐趣。

不过，自助服务却让有些顾客感觉不便、威胁、焦虑等。有些消费者（尤其是银发族）对自助服务的科技感到疏离，反而喜欢直接与服务人员接触，感觉社会的温暖。有些人对于网络的商业机制缺乏安全感，而当计算机设备或程序软件发生问题时（如死机、网络断线、无法登录），很容易引起负面情绪。

因此，企业应该了解现有顾客或目标市场当中什么人比较难以接受自助服务？难以接受的原因是什么？针对这些原因，有什么解决方案？是否应另辟人员服务或加强自助服务的使用说明？自助服务的科技与设备有何改进之处？自助服务的机制一旦出现问题，有何紧急备案？能否在短时间内恢复正常状况？

纵横天下

日本的自助服务方便又舒适

以精致服务闻名全球的日本，发展自助服务已行之有年，案例众多。例如，日本的超市与商场为了让行动不便的消费者也能方便购物，入口处会放置轮椅以供使用，待使用完毕后，工作人员再将轮椅归回原处。另外还设置"婴儿房"，家长可在房间内帮孩子量身高体重、喂奶、换尿布等，当然也有婴儿床让孩子休息。在某些店铺，为了节省人力，还设置自动结账机器，消费者可自行刷条形码、包装与付费；商场的出口处有休憩区，供应茶水与座位，让逛累的顾客稍作休息。

另外，日本还有很多自助加油站、自助洗衣店，便利商店内还可自助煮咖啡。自助服务之所以在日本盛行，最重要的原因是使用者自助完后，愿意将环境复原、主动归还用具，这种自觉态度使得企业愿意持续提供更丰富的自助服务。

10.3 服务供需管理

10.3.1 服务需求与产能之间的落差

某位营销主管曾经感叹："服务的需求与产能就像几米的'向左走向右走'，很难碰面。"

服务的需求与产能"很难碰面"的实际案例很多。例如，垦丁在年假期间可以一天涌进 50 万人次，饭店、餐厅与街道上人满为患的景象令人觉得不可思议，但是一到冬天，戏水的人稀稀拉拉，街道上也冷冷清清；走一趟平日的百货公司美食街，就知道什么是舒适的用餐空间，但是一到周末假日，等待用餐的人潮恐怕会令正在用餐的人倍感压力，或使得即将要点餐的游客望而却步。

需求与产能之间的落差形成如图 10-3 所示。我们先解释图中两个重要的观念。最大产能（maximum capacity）是指生产量已经达到极限，如对于被 100 张椅子挤满的补习班教室，它的最大产能就是 100 个座位。最适产能（optimum capacity）是指从企业与顾客的立场来看，资源做最有效利用的生产水平，如前述教室的最适产能可能是 70 个座位，因为再多一些学生现场会过于拥挤而影响上课质量，如果减少几位学生则会让有些人失去上课的机会，同时补习班的营收会受到影响。

> 超额需求造成生意上无形的损失；超额产能则造成生产资源无法有效利用，形同资源浪费。

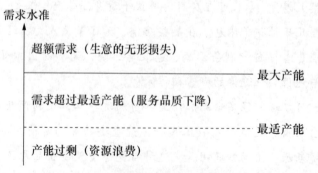

图 10-3 需求与产能之间的落差及其意义

274

再来看图 10 - 3。当需求超过最大产能时，就会发生超额需求（excess demand），在这种情况下，业者不得不拒绝部分消费者，因而造成生意上无形的损失。例如，有 150 人想到前述教室上课，补习班不得不拒绝其中的 50 人以及他们带来的营收。

缤纷课外

电影：抢救旭山动物园

　　这是一部根据真人真事改编的电影，描写的是成立于 1976 年、全日本最北端的动物园——旭山动物园，如何从濒临关门的边缘，改变服务流程，创新动物园内"观赏动物的角度"，建立"动物行动展示"的先驱，打破人和动物传统的参观模式，终于成为日本游园人数最多的动物园，每年平均接待 300 多万名游客。

　　旭山动物园的"动物行动展示"创举包括让企鹅飞上天（在企鹅的泳池底部建造透明走道，让人抬头即可看到企鹅犹如飞翔的泳姿）；在游客兴趣缺乏、多数动物活动量都很低的冬季，开放游客以几步的距离"就近"在步道两侧夹道欢迎"企鹅散步"；北极熊馆则有两种观赏方式，一个是看北极熊水中的泳姿，另一个则是从地上突出半圆形的透明球体观景窗，让人从地面下方向上伸头从窗内向外看，以便就近观赏又不打扰北极熊的作息。

　　动物不是训练来取悦人们的，旭山动物园在不打扰动物作息的原则下，善用改变距离和角度的方式，让游客就近看到动物的自然作息，因而成为日本游客最多的动物园。

　　如果需求介于最大产能与最适产能之间（如有 90 人要到前述教室上课），业者可以容纳所有上门的消费者，没有任何的生意损失。然而，由于人数众多，服务人员负荷沉重，加上顾客彼此干扰，服务质量极可能受到冲击。

　　当需求低于最适产能（如有 50 人要到前述教室上课），就会造成产能过剩或超额产能（excess capacity），在这种情况下，生产资源无法有效利用，形同资源浪费。这时候消费者有可能因无需排队、得到更多的照料而享有优良的服务质量，但也有可能对该服务起疑、担心。

当然，业者最期待的是需求刚好等于最适产能，也就是供需平衡（supply-demand balance）。在这种情况下，员工不必过度工作、设施得以适度使用、顾客可以得到良好的服务。但是，需求与最适产能"很难碰面"。为什么呢？这跟以下两个小节的内容有关。

10.3.2　服务产能的限制

服务的供需难以达到平衡的最主要原因在于服务的不可储存性（perishability）（参阅第 2 章第 2.4.4 节）。我们先以制成品来做个对比说明：假设某制造商预测明年的销售量将会大增，于是他今年底增产，将产品制造出来后储存，以供明年销售。到了来年，如果销售比预期少，多余的存货怎么办？他可以放到下一年度再卖，或将商品卖到新的市场。

服务就无法如此。除了数字化的服务之外，服务无法事先生产，然后存放起来以满足未来的市场需求或运送到别的市场；消费者也不能买了服务先放着，改天再用。柜台小姐服务 8 小时，其中 5 小时没有任何顾客的身影，主管不能要求补回这 5 小时，对于这 5 小时的产能浪费只好认了；电影院里 500 个座位只坐了 100 名观众，剩下的 400 个座位不能挪到其他场次使用，只好让它们"消逝"（注：不可储存性的原文来自 perish，意即腐烂、消逝）。

典范人物

帮企业找人才、帮人才找方向的功臣
——杨基宽

"你自己都找不到工作了，还想帮别人找工作？"当初妻子的一句怀疑，不但没有让离开与朋友合创的计算机公司、中年待业的杨基宽放弃他的创业梦想，还让他在网络刚兴起的年代成功创立了第一个，也是中国台湾最大的在线职业服务网。由于看到传统人力市场的缺口和粗糙的媒合功能，杨基宽抱着"让人们不用担心转职或失业时该怎么办"的单纯理念，

276

在他失业了两年后，于 1996 年初推出 104 人力银行，此后"不只找工作，为你找方向"的网站口号便不胫而走。

曾经负责欧洲业务多年，因此对欧洲人的人文素养印象深刻，杨基宽希望提供一个精准的求职求才渠道让台湾人得以"安居乐业"，在工作稳定后能够拥有基本的物质生活，进而提高精神生活的质量。这个理想让许多觊觎人力网市场"大饼"的同业自叹不如，也让 104 人力银行从单纯的求职求才媒合延伸出更多人性化的服务，如"教育网"、"家教网"、"心理网"、"职场安全网"等全方位职场生涯服务。服务对象也从失业、转职者扩及社会新人、弱势族群、创业者等，可以说是人人的职涯顾问。

一般企业一年只要花费相当于一位助理一个月的薪水，就能让 104 全体员工为公司效劳，运用数据库精准又迅速的交叉比对，寻找适合的人才。无论企业用户或个人用户，都能通过 104 人力银行化被动等待为主动出击，求职者不用再拿着红笔在报纸堆里画圈圈，企业也不用担心刊登的求才广告无人问津。

网络打破求职求才的时空限制，数据库带来求职求才的更多可能。如今每天数十万人次进入 104 网站更新在线履历、将新职缺放入数据库、开启应征者的履历并寄出面试的邀请函等；有效人才数据超过 250 万笔、单日的网页点击次数更高达数千万次。尽管校园征才、企业大型招募活动仍持续进行，杨基宽相信，唯有不断地创新、提供更好的服务才是网络品牌能保持领先的关键。

此外，服务产能还受到各种资源的限制，包含：

（1）时间的长度。服务人员的体力有限，只能在一定的时间内提供服务。有些服务的时间受限是因为经费有限，如烟火欣赏，烟火放完（钱烧完）服务就宣告结束。某些服务时间的限制与自然现象有关，如嘉义县大冻山的日出历时 3 分多钟，一旦那火红朝阳跃出山头，欣赏日出的旅游服务就进入尾声。

（2）人力的充沛程度。服务人员的人数再多，由于受限于精神与精力的负荷，人力都有一定的限制，因此一位或一组服务人员在一定的时段内最多能承受多少业务，相当固定。

（3）设备的多寡。许多服务必须依赖设备，如宅配的交通工具、电力

277

服务的发电系统、影印店里的复印机,而设备的数目会限制服务产能。例如,学期末时学校附近的复印机经常一机一人地被占满,还有人排队等候,这就是设备造成的产能受限。

(4)设施的承载量。飞机的座位、旅馆的房间、医院的床位等都属于设施的承载量。很明显地,这些承载量也限制了服务产能。

10.3.3 服务的需求形态

服务需求的波动也是服务供需难以平衡的原因。例如,有些餐厅在午餐时段高朋满座,晚餐时却门可罗雀;百货公司在周末时人潮不断,在平日却人烟稀少。由于市场需求涉及服务产能的规划、人力的调配、定价等,因此特别值得营销主管重视。

首先,业者应该观察服务需求在每日、每周、每月、每季、每年等是否有周期性的变化?若有,周期变化的潜在因素是什么?有不少周期变化与消费者的日常生活作息有关,如用餐、上下班、上下学;有些则是与节庆或假日相关,如情人节、母亲节与周末假日时,许多高级西餐厅的生意特别好;有些是受到自然界周期变化的影响,如雨季时游乐园生意清淡、冬季时火锅餐厅生意兴隆;有些则是源自人为的政策或规定,如学校附近的影印店在期末时生意大好。

有些服务需求的波动是随机的,相关的原因林林总总,可能与气象突变、社会事件、意外、疾病、传言等有关。例如,与食品卫生有关的谣言四起影响餐厅的生意;沙尘暴侵袭使得民众减少户外活动,电影院、出租车、百货公司等业者的顾客锐减;在死伤惨重的地震、风灾、海啸发生之后,受到灾害直接影响的居民或被相关新闻困扰的民众纷纷求助于心理咨询师或宗教人士,而购买意外保险的顾客也明显增加。

值得一提的是,有时候把所有的顾客整合起来分析,并无法发现重要的需求形态,因而有必要尝试针对不同的市场区隔来分析。例如,商务旅客与家庭旅客对于旅馆住宿有不同的需求形态,前者比较集中在平日,后者则是在周末;每天男性购物的时间多集中在下班之后,而家庭主妇则多在午餐之后及先生下班之前等。

总而言之,服务业的主管应该要了解服务需求与产能之间的落差、服务产能的限制以及服务的需求形态等观念,以利于在遇到超额需求或产能

与服务的周期性变化有关的因素包含消费者的日常生活作息、节庆或假日、自然界周期变化、人为的政策或规定。

有些服务需求的波动是随机的,相关的原因可能与气象突变、社会事件、意外、疾病、传言等有关。

278

过剩时，有更理想的应对方式。

10.3.4　超额需求的应对方式

当服务需求远大于产能时（即高峰时段），业者可以考虑以下七种应对方式。其中，前四种是从提升产能着手，后三种则是从需求层面处理（见表 10 - 4）。

表 10 - 4　超额需求的应对方式

策略	方法	实际执行
提升产能	提升员工的产能	增加兼职员工
		增加现有员工工作时间
		培养员工第二专长
	提升设备与设施的产能	扩充或改善设备
		增加设施承载量
	租用资源及外包业务	租用外部设施或设备
		将部分业务外包其他厂商
	鼓励消费者参与	提供诱因使顾客自己完成服务
降低需求	采取预约制度	利用预约制度转移部分顾客到其他时段或分店
	以价制量	提高服务价格以降低需求量
	沟通与疏导	事先告知高峰时段以避免顾客不便

10.3.4.1　提升员工的产能

在高峰时段，企业可以设法通过员工来增加产能。其中一种方式是聘请兼职员工。在劳力充沛的地区，这是一种普遍且容易做到的方式，好处是可以快速增加产能，且薪资较低。但是，兼职员工最大的缺点是可能缺乏相关知识或应有的态度，因而伤害服务品质、降低顾客满意度。因此，企业有必要给予兼职员工最起码的教育训练。

另一种方式是要求员工加班，延长营业时间。这种方式最大的好处是"方便"（因为员工就在公司内部），而且自家员工比较能掌握专业技术和服务技巧，能提供较佳的质量。但缺点是加班费较兼职员工的薪

279

资高，而且过度加班可能导致身心疲惫而影响服务质量及员工工作满意度等。

企业也可以给予员工第二专长训练，以利于在高峰时段能协助提供服务，因此这是一种"一人当两人用"的方式。最大的好处是方便现场的人力调配，缺点是增加训练费用。当然，第二专长的训练应该要获得员工认同，才能发挥提升产能的效用。

10.3.4.2　提升设备与设施的产能

企业也可以通过设备与设施来增加产能。其中一种方式是扩充或改进设备，如麦当劳利用得来速服务更多顾客；客服中心增加计算机或电话线；零售商在恰当的地方增设服务据点等。另一种方式则是增加设施承载量，如餐厅、教室临时增加座位；航空公司增加航班；地铁车厢内允许站票等。

在采用以上的方式时（尤其是增加设施承载量），应该要考虑到设备与设施的耗损，以及是否会严重影响服务质量而导致顾客不满。另外，在提升设备与设施产能的同时，人力是否能够相对配合，如果无法配合，对现有人力造成的压力与负荷，是否能被员工接受等问题，也必须一并考虑。

10.3.4.3　租用资源及外包业务

企业可以租用场地或设备来扩充产能。例如，许多大学的研究所考试报名人数众多，本身的场地不够使用，因此租借邻近学校的场地作为考场。另外，也可以采取服务外包，委由同业或专业人员代为执行服务，如外烩业者如果遇到桌数过多，往往会联合同业一起来分担餐饮服务。

租用资源及外包业务的好处是有弹性，最大的缺点是难以确保这些外部资源的质量，而如果发生质量不良的问题，责任归属有时也难以断定。

10.3.4.4　鼓励消费者参与

顾客参与可以弥补服务不足的问题。例如，卖场在忙碌不堪时请顾客自行装袋；自助餐厅请顾客自行找零；百货公司牛仔裤专柜在特价时不提供修改裤长服务，而是鼓励顾客带回自行处理。

鼓励顾客参与通常用在当人手不足时。它固然可以纾解超额需求的压力，但是业者应注意顾客参与是否对现场作业反而带来不便，以及顾客是否感到不平与不满（"为什么由我来做服务人员该做的?"）。因此，有些企业会给予顾客折扣优惠（如上网订房可享有更优惠的房价），为了鼓励，也为了补偿。

纵横天下

迪士尼 FASTPASS 让人省时又放心

在世界级游乐园迪士尼里游玩，欢乐通常占一个人情绪的 90%，另外的 10% 呢？是担心，担心想玩的、好玩的没玩到。热门的设施如太空山、小小世界、印第安琼斯的冒险旅程等，排队的人龙经常长得让一辈子正直不阿的人也不禁兴起插队的"邪念"。贴心的迪士尼总会在人龙的某一处竖立牌子，告知尚需等候的大约时间。在旅游旺季，排上一小时是平常事。如果三个点就花上三个小时排队，那么上百个游乐设施及有趣的商店，要花多少钞票？玩到何年何日？尤其对那些可能这一辈子只来这么一次的游客来说，当然担心游兴有余、时间不足。

还好迪士尼不但贴心，也很科技化、很聪明，他们推出了 FASTPASS 快速通行证。游客只要拿入场券到热门设施的门口，放进 FASTPASS 机器，该机器就会吐出一张通行证，告知入场的时段（如 10：10 ~ 11：00），通常是在几十分钟或几个小时之后，视人潮而定。有了 FASTPASS 的预约机制，游客就可以放心地先到其他设施或商店，然后在指定的时段内回到这个热门的设施。如果动线规划得宜，一天用几张 FASTPASS，省下原本要排队的时间就相当可观。让游客的担心少 5%，欢乐多 5%，迪士尼继续有本钱站稳它世界级梦想与欢乐乐园的地位。

10.3.4.5　采取预约制度

企业可以采用预约制度来转移部分顾客到其他时段或分店，以降低高峰的需求，并避免商机流失。例如，如果没有预约制度，消费者到了某餐厅的门口发现有人排队，可能决定另寻他家，因而造成该餐厅的商机损失；如果有预约制度并碰到客满，餐厅可以建议消费者预订其他时段或引介到分店，因而有机会留住该消费者。

281

10.3.4.6　以价制量

面对超额需求，以定价销售（没有折扣），甚至提高价格，是相当普遍且简单易行的做法。这是基于理性决策行为的重要假设：价格与需求成反比，价格越高，需求越低。在现实上，除非是紧急的、不得不消费的服务（如医疗），这项假设通常成立。

从正面的角度看，以高价压抑需求可以减少业务干扰与消费者的时间浪费。但从另一角度看，定价太高或过度抬高价格可能引起消费者诟病，质疑企业"不赚白不赚"的动机，因而伤害企业与顾客的关系。

10.3.4.7　沟通与疏导

许多高峰时段是可以预知的，因此企业可以事先通过告示牌、海报、电子邮件等告知消费者业务忙碌的时刻，以及在低峰时段使用服务可以得到什么利益。另外，也可以在现场或事先教导顾客如何避免高峰时段带来的不便，如餐厅鼓励顾客外带、某些服务业教导顾客如何整理好文件以加速服务（如机场入境处要求旅客先把护照的塑料套取下、将入境活页夹在有照片的内页）。

10.3.5　产能过剩的应对方式

当企业面对产能过剩时（也就是低峰时段），有下列的应对方法（见表 10－5）。

表 10－5　产能过剩的应对方式

策略	方法	实际执行
产能调整	调整服务资源	机具保养
		员工教育训练或度假
	调整服务的内容或形式	让闲置资源发挥功能
		更新服务内容
提高需求	优惠与推广	差别定价
		将闲置产能作为促销工具

10.3.5.1　调整服务资源（员工、设备、设施）

在低峰时段，设备与设施闲置，企业可以趁机进行保养与改装，以便当市场需求回升时，能够为顾客继续提供良好的服务。有些婚纱摄影公司选择在农历七月生意清淡时美化门面、改良内部设计等，以便在淡季结束时给顾客焕然一新的感觉。

至于员工，可以安排教育训练或度假，让他们能够充电或休息，以便在市场需求回升时能处于最佳状态。某些旅馆、航空、游乐园等业者甚至将闲置的设备或设施作为员工福利，如航空公司发给员工及其家眷免费机票等。

10.3.5.2　调整服务的内容或形式

企业可以在低峰时段特地调整服务的内容与形式，以期开拓新的需求或让现有顾客更为满意。其中一种方式是让闲置的资源发挥功能，提升服务质量，如旅馆将房间升级（如订经济房给豪华房），让房客感觉贴心；航空公司减少座位数，让座位空间更加宽敞，而且空中服务员对乘客更为关注、贴心等。

另外，企业也可以设法发展新的服务内容与形式，以开发新的需求。例如，有些婚纱摄影业在农历七月期间推出青少年个人写真；森林风景区在淡季时推出公司会议项目；图书馆推出流动图书馆，延伸服务的触角。

10.3.5.3　优惠与推广

企业在面对低峰时，经常以提供优惠并加强推广来刺激需求。最简单的方法是降价，如餐厅的下午茶价格比午晚餐都便宜、电影的早场有优惠价、国际机票在非寒暑假期间有特惠票价等。这种方式只有在消费者对价格比较敏感时才有效。例如，调降医疗的费用不会刺激民众多看病（谁喜欢没事去逛医院？）、商务旅馆在周末打折也无法吸引商务旅客；也就是说，病患与商务旅客对于上述降价方案不够敏感。

值得注意的是，利用平价刺激需求有可能引发产业内的价格战，使得每一家业者都深受其苦。另外，消费者的胃口可能被养大，或是不明白得到优惠价的理由，而错误期待在高峰时段也能享用优惠价；当这种期待在高峰时段落空时，消费者可能质疑高价的合理性，并产生不满情绪。

有些企业则是把闲置的产能当作促销的工具。消费者买商品参加抽奖，抽到的免费机票、住宿等，通常都是限定在淡季使用，就是这个缘故。

最后，无论是降价或是之前谈到的服务资源、内容与方式的调整，通常都会借着推广活动将相关信息散播出去。缺乏良好的推广活动，消费者将无从得知企业应对产能过剩的方案，相关方案的施行效果（如刺激需求）也将大打折扣。

10.4 降低顾客等候负担

服务流程中最常见的景象就是顾客排队等候。在分秒必争的时代里，顾客等候是企业不可忽视的现象，因为顾客可能因等候太久而对服务与业者不满，使得企业面对顾客流失的风险。对于顾客等候，业者的应对方式有下列几点：

10.4.1 建立有效率的作业流程

企业可借由适当的排队机制来改善顾客等候的时间和负担。

企业可以分析及重新设计服务的作业流程，以提高作业效率，降低顾客等候的时间（见表 10 - 2）。若排队无法避免，则可借由适当的排队机制来改善顾客等候的时间和负担。表 10 - 6 介绍了几种常见的等候线及其优缺点。至于选择何种等候机制，则因人数多寡、等候空间、顾客习性等因素而定。

表 10 - 6 常见的等候线类型

	多重等候线	单一等候线	领取号码牌
优点	• 以不同的服务窗口来区分服务项目，让顾客一目了然，自由选择 • 多个服务窗口可分散队伍，让队伍看起来较短，降低顾客等候的心理时间	• 采取先到先服务的原则，让顾客觉得较为公平	• 采取先到先服务的原则，让顾客觉得较为公平 • 不用站着排队等候，等候时顾客可以坐着或做自己的事

续表

	多重等候线	单一等候线	领取号码牌
缺点	• 不同服务窗口的效率差异可能会让顾客产生不公平的心理	• 只有一排队伍，看起来较长，顾客可能没耐心等候 • 未依服务项目区隔窗口	• 若人数过多、等候区过大，常常会叫了号却没人来应，让等候时间拉长
实例	• 收费站分成现金、回数票、电子收费 • 某些银行设有一般缴费窗口、大额交易、存贷款窗口	• 高铁人工售票区 • 大型电影院售票处	• 邮局 • 银行 • 客满的餐厅，会留下顾客的手机号码，让顾客先到附近逛逛，一旦有位子便以电话联络
图形			

10.4.2　建立预约制度

顾客太多（超额需求）让服务人员与设备应接不暇，并使得现场的顾客等候时间拉长。若有预约制度，便可以适度管理需求状态。例如，有了预约制度，常常高朋满座的餐厅不但可以预知顾客何时、有多少人上门，也可以引导顾客早点或晚点来，尽量满足所有想来光顾的顾客，甚至可以在预知超额需求的情形下加派服务人手。对顾客来说，也省去光顾前的不确定性和现场等待的时间浪费等。

建立预约制度可以使顾客省去光顾前的不确定性和现场等待的时间浪费等。

10.4.3 区隔等候的顾客

在正常情形下，业者会依照顾客上门的先后顺序来服务。但是，碰到下列情况时也可以先区隔顾客，然后优先提供服务给某些顾客：

（1）重要顾客优先服务。经常光顾、消费金额较大的顾客是企业重要的营收来源，因此为了留住这些白金或黄金等级的顾客，企业通常会给予他们较高规格的礼遇，缩短顾客等待的成本。例如，航空公司邀请贵宾在候机时到贵宾室休息，提供点心、上网服务等，而在登机时也给予优先权。

（2）紧急事件优先处理。紧急事件通常需要优先处理。例如，医院的急诊室并非先到先治疗，而是依照病情的紧急程度来决定优先级。公共事业的服务也有这种倾向，在人力有限之下，相关单位通常会先处理整区大停电的高科技园区，再处理少数几户住家的供电问题。有时候，优先服务并非因为紧急，而是出于人道关怀，如许多航空公司会让老弱妇孺和行动不便者优先登机。

（3）较易完成的服务优先处理。较易完成的服务所需时间较短，因此可以特辟一个快速窗口来服务，以节省顾客时间，也消化排队人潮。例如，大卖场有快速结账柜台，为买量较少的顾客节省等候时间。银行将理财窗口独立出来，可以为仅需一般服务的顾客节省时间。

10.4.4 缩短等候知觉时间

顾客"感觉"到的等候时间与"实际"时间的长短往往会有落差。例如，当旅客无所事事地等候大众运输工具时，感觉已经等候良久，一看手表才知道时间仅过了一会儿而已，尤其身处嘈杂、闷热、汗臭四溢的环境中，更是觉得度日如年；在百货公司排队等候兑换赠品时，一看到眼前的人山人海，便让人望而却步，但若排在前面的是赏心悦目的帅哥或美女，顾客可能就觉得队伍前进得比较快。由此可见，顾客等候的实际时间（actual time）不等于他们的知觉时间（perceived time）。因此，企业难以改变顾客的实际等候时间，但却可以设法缩短顾客的知觉时间，让等候显得不那么漫长。相关原则与方法见表 10－7。

（左侧边注：）
对于重要的顾客、较易完成的服务，以及在紧急情况下，服务可优先提供。

企业难以改变顾客的实际等候时间，但却可以设法缩短顾客的知觉时间，让等候显得不那么漫长。

表 10 – 7　缩短等候知觉时间

方式	说明	例子
1. 让顾客有事可做	让顾客在等候时有事可做，以转移对时间的注意力，以免产生无聊烦躁的情绪	• 诊所的候诊厅有报纸杂志、漫画小说、电视 • 电梯旁设置镜子，让等电梯变成整理仪容的时刻，在对镜自照当中忘记时间
2. 让顾客感觉已被服务	当顾客感觉到已被服务时，便不觉得自己在白白浪费时间；所以企业可以找出服务的先行准备阶段，让顾客提早进入此阶段中	• 鼎泰丰的服务人员在发号码牌时便发给顾客菜单和点餐单 • 看眼科医生前，先安排病患验光、量眼压和视力
3. 告知等候的情境	让顾客能掌握还要等多久、了解服务进行的步骤，让顾客熟悉自己所处的情境，以降低顾客因为"未知"而产生的焦虑	• 部分台北公交车亭以电子广告牌显示公交车所在位置 • 鼎泰丰会告知已领取号码牌的顾客大约多久再来
4. 告知等候的原因	发生例外事件而让等候变得更长时，让顾客了解原因不但能取得顾客的谅解，也能让顾客推算大概需等待多久	• 妇产科的候诊间可看到诊间门上贴着医生临时接生的告示 • 塞车时，司机告知乘客由其同事所告知的前方塞车原因
5. 促进顾客互动	独自一人等待时较易感觉无聊，和朋友一起等待则可在聊天、互动中忘记时间	• 在等候时播放热门比赛或当红节目，营造顾客之间容易攀谈聊天的气氛。 • 某些游乐园的员工以耍特技等手法与排队中的顾客互动
6. 公平对待	即使人们都不喜欢等待，但面对公平的等待时，则会感觉到自己的等待是有意义的、有步步接近服务的感觉	• 良好排队路线的规划、工作人员的秩序控制，都能避免插队、混乱等现象，维持排队的公平性 • 饭店在贵宾厅为贵宾提供快速报到的服务，以避免被正在排队的一般顾客看到而产生抱怨

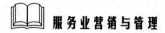

续表

方式	说明	例子
7. 高价值的服务	高价值的服务会让顾客觉得等待是值得的	• 顾客较愿意花半小时在高度知名的商店前排队 • 打着"当日限量"招牌的面包店，会让人们愿意排队以得到这得来不易的产品
8. 提供舒服的环境	让顾客感觉舒适，可以让等候变得较能容忍	• 永康街的冰馆为夏日大排长龙的顾客喷洒水气，让顾客在排队时感觉清凉 • 某些餐厅在门口设置驱蚊装置，以免顾客在等待时被叮咬

资料来源：Maister, David H. The Psychology of Waiting Lines ［A］//John A. Czepiel, Michael R. Solomon and Carol F. Suprenant, The Service Encounter: Managing Employee/Customer Interaction in Service Business ［M］. Lexington, MA: Lexington Books, 1985.

章末习题

基本测试

1. 何谓服务蓝图？用途有哪些？
2. 在消费者参与中，消费者付出的项目有哪些？
3. 超额需求的应对方式有哪些？
4. 产能过剩时该如何调整服务方式与形态？
5. 该如何有效降低顾客的等候负担？

进阶思考

1. 每逢过年就有大批民众需要兑换新钞，然而银行网点和提款机数量固定，面对这短短几天的兑换潮，银行有哪些应对的方法？

动脑提示：请海阔天空创意思考，可暂不管可行性。设法突破框框，银行或许可以跟其他行业合作解决这一问题，并对其他行业与消费者带来好处？或许用什么方式教育消费者来解决问题？或许……

_____

_____

_____

2. 自助服务会产生什么反效果?

动脑提示:思考在不同性质的服务业中,以及对于不同类型的消费者(如教育程度、年龄、服务知识与经验等),自助服务的程度、方式等可能带来什么影响?

_____

_____

_____

_____

_____

活用知识

1. 依照服务的流程,进餐厅时服务人员会依序问哪些问题?做哪些动作?服务人员服务时是否注视顾客?是否微笑?若上错餐点时,他们怎么应对?

2. 请观察咖啡简餐店除了提供餐点还提供什么其他服务?为何提供?面对低峰和高峰,是否有平衡供需的技巧?

第11章 服务业的定价

美丽之岛

中国台湾的旅游医疗，优质平价

"医院内刺鼻的消毒水味总是令人却步"、"都市的医院人来人往，如此嘈杂要如何安心静养"、"医院是生病不得已才去的场所"这些想法反映了很多人对医院的恐惧与顾忌。

然而，随着现代人对生活质量的要求与日俱增，加上旅游与医疗业都面临激烈竞争，两个过去看似不相干的行业居然擦撞出创意火花，"旅游医疗"就此诞生，以往对医院的刻板印象也在逐渐瓦解中。依据美国"旅游医疗完全手册"的资料，全球旅游医疗的产值超过千亿美元。在亚洲，韩国、新加坡、泰国和印度的旅游医疗相当受欢迎，而中国台湾也有多家医院开始投入资源，试图争取市场商机。中国台湾旅游医疗业的优势在哪里？

"到关子岭体验温泉，再到台北101购物，大快朵颐品尝中国台湾地道小吃，最后再去医院洗肾，几天的行程下来竟然不到两万元，感觉真的很不错！"这位新加坡旅客的反应说明了中国台湾旅游医疗的优势：价格。整体来说，中国台湾的医疗价格与泰国相近，只有美国价格的30% ~ 60%；以洗肾的价位来看，日本须新台币12000元，新加坡需6000元，中国台湾却只需4100元。加上中国台湾的医疗技术与服务质量在亚洲数一数

290

二，因此中国台湾的旅游医疗可谓"优质平价"。

如果加上优良的旅游条件，旅游医疗更有前景。例如，花莲的好山好水好空气扬名国内外，且生活花费低廉，因此署立花莲医院抓住这项市场优势，积极推出高质量的医疗服务，以平价的收费提供多元化旅游体检保健套餐；门诺医院也与航空业者、地方旅游饭店业者合作，拓展有助于旅游医疗的服务配套；同样地，慈济综合医院的预防医学中心规划了三套不同的体验行程，分别为只需要半天的"经济型快速体检"、一日一夜的"高科技快速体检"，还有两日一夜的"尊爵全身体检"，并提供机场或火车站接送服务。

中国台湾的旅游医疗业的"优质平价"定位吸引了许多旅游客前来，2012 年共有超过 10 万人次的外地游客来台接受医疗服务，其中中国大陆旅客就占了四成。不过，相较于泰国旅游医疗业每年吸引超过 200 万人次、创造数百亿新台币的盛况，中国台湾的旅游医疗服务还有很大的发展潜力。

📖 本章主题

虽然具备优异的医疗技术，中国台湾的旅游医疗业却因为起步太慢而落后于邻近地区，不过凭着较低的医疗与生活费用，或有一搏的机会。不过，基于服务的特性，服务的定价是复杂的决策。本章即是针对服务业定价的重要议题，讨论以下内容：

1. 服务业定价目标与影响因素：讨论定价的五种目标以及成本、消费者和竞争者对定价的影响。

2. 服务业主要定价方法：讨论以成本、消费者和竞争为基础的定价策略及其应用在服务业时所遭遇的问题等。

3. 服务业价格管理：讨论新服务定价、服务组合定价、促销定价和心理定价。

▶▶ 11.1　服务业定价目标与影响因素

11.1.1　价格的基本观念与定价步骤

"老板，怎么那么贵？"这是消费者最常问的一句话。

"老实讲，这种价钱，我们没怎么赚。"这是老板最常回答的一句话。

价格经常触发一场拉锯战。一般消费者再怎么心动，那一丝理性的神经还是悄悄提醒他，少付就是赚、多付就是亏。另一端的老板再怎么劳累，拥抱算盘的理性神经还是不断告诉他，少拿就是亏、多拿就是赚。最后的成交价往往就是在双方的盘算与拉扯中决定的。

以上描述显现了价格在营销管理上的角色与特性。老板的"少拿就是亏、多拿就是赚"的想法是有道理的，因为他了解在所有的营销功能中（读者应该滚瓜烂熟的4P，加上专属于服务营销的3P：实体环境、人员、流程），价格（price）是唯一能为企业带来收入并创造利润的项目。所以，老板对它斤斤计较也就不令人意外。

顾客的"少付就是赚、多付就是亏"的想法也是有道理的，因为他知道价格是用来表示为了取得某个有价值的产品而必须付出的金额。只是他想付得合情合理，因此才用"怎么那么贵"来试探老板的底价；而且他也知道老板的"我们没怎么赚"是口头禅，也是一种试探。这些互相试探的行为一方面显示了价格是相当有弹性、可快速调整的营销功能；另一方面也代表最后的成交价格不是其中一方说了算，而是双方考虑到的各种因素互相影响的结果。

其实，在买卖双方讨价还价更早之前，企业主管已经为产品的定价考虑了各种因素与状况而伤透脑筋。把主管的思绪稍作整理，就可以发现定价涉及几个思考方向："这次定价是为了什么？有什么任务吗？要达到什么目标？"、"我应该要考虑什么因素，让定价更合理？这些因素的相对重要性如何？它们会如何相互影响？"、"我该如何定价？有什么定价方法可

在所有的营销功能中，价格是唯一能为企业带来收入并创造利润的项目。

价格是相当有弹性的、可快速调整的，它不像其他营销功能那般难以变动。

供依循?"、"价格并非一成不变的，在什么情况下我该如何管理价格?"等。

以上的四大思考方向其实就是一般企业的定价程序（见图 11－1），无论是制造业或服务业，大体而言都适用。以下各节将针对服务业依序讨论各个定价步骤。

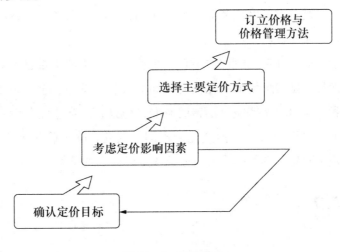

图 11－1　定价程序

11.1.2　定价目标

价格的制定通常有一定的目标，服务业最常见的定价目标如下：

（1）收益导向（revenue－oriented）。有些定价是为了达到一定的投资报酬率、冲高营收或追求利润极大化等。这种相当普遍的定价目标必须先谨慎评估短中长期的成本、消费者对价格的敏感度、市场的需求量及竞争者的反应等，才能确保收益目标得以达成。

（2）作业导向（operation－oriented）。一般服务业都有产能受限、需求波动的问题，因此有些定价的目标是调节需求与供给。例如，航空公司、旅馆等行业在低峰时有低价优惠，那是因为空着的座位或房间是没有生产力的资产，因此定价是为了利用闲置产能。

（3）惠顾导向（patronage－oriented）。企业在推出新服务并期待有众多试用者时，或是想提高顾客对现有服务的购买次数时，经常利用定价来刺激消费者购买。低价促销是很常用的方式，有时还配合赠品、抽奖等促销手法。

服务业的定价目标通常与收益、作业与产能、顾客惠顾、竞争地位、社会福利等考虑有关。

293

（4）竞争导向（competition – oriented）。有些企业以跟随竞争者的定价或以低价来牵制竞争者，以避免竞争者影响企业长期的利益。相反地，有些高价策略是为了凸显本身优于竞争者的地位。这些定价都有浓厚的针锋相对的意味。

（5）社会福利导向（social welfare oriented）。有些定价是以社会福利为出发点，尤其是在公共服务业，如健保局订立的健保费、公营机构的课程学费等都是属于此类。

事实上，企业在定价时往往不止一个目标。定价的多重目标有时会产生矛盾，而且会随着情境的变化而有不同的权重。例如，企业希望定价能牵制竞争者，同时也希望能有不错的利润；但是，能产生竞争者牵制作用的定价水平，也许会大幅减损企业的利润。因此，除了确认定价目标外，企业还必须了解定价的影响因素，才能决定最适当的价格。

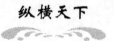

纵横天下

网络收费，平面媒体现生机

美国几家大型平面媒体公司的股价，已上涨两成。巴菲特投资通用媒体集团，可能是促成报业股价上涨的原因之一，但更重要的是在线付费内容营收不断增长。

过去，在线收费内容一直是如《金融时报》、《华尔街日报》等少数财经媒体的特权，因读者愿意花钱购买它们提供的敏感市场信息。一般报纸则担心在线内容收费会降低流量，伤害在线广告收益。但如今几项因素改变了它们的想法。例如，过去昂贵的网络内容付费系统，如今在"Press＋"研发的新平台下，变得方便便宜。平板计算机和其他行动装置的演进，也使媒体付费内容对消费者更有吸引力。不少报纸将数位和纸本内容绑在一起，收取较高的费用。

以《纽约时报》为例，它采用逐篇收费而非一次付费阅览所有内容，并允许会员每月免费阅读数篇文章。这么做的好处是，搜索引擎和社群媒体上，仍很容易看到该报的文章，将读者引导到报社网站。根据摩根大通的统计，这样做之后，《纽约时报》网站流量仅下滑20%，但营收增加

5500 万美元，足以弥补 4900 万美元的广告损失。

但另一个日渐清晰的趋势是，网络广告绝对无法弥补纸本广告收入的下滑。因此，平面媒体正努力降低对广告收入的依赖。过去，广告收益占美国报业营收的近八成，如今如《纽约时报》的销售收益已提高至 55%，远高于 2001 年的 29%。报业老板们透露，未来报业的获利，将朝着销售和广告收入各半的新模式改变。

资料来源：张翔一. 网络收费，平面媒体的曙光〔J〕. 天下杂志，2012 - 12 - 12.（译自经济学人）

11.1.3　定价影响因素

影响服务业定价最主要的因素有成本、消费者与竞争。定价与这三大因素的关系汇整于图 11 -2。

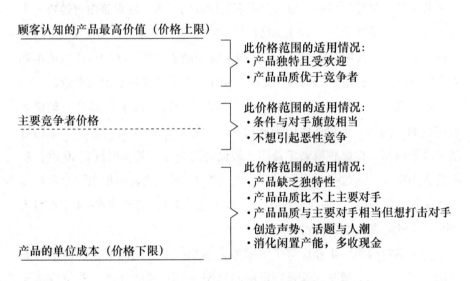

图 11 - 2　定价与"三大影响因素"的关系

11.1.3.1　服务成本

无论定价的目标是什么，业者在定价时都会考虑到成本，原因很简单：把成本当作价格的底线，可避免亏本。不过，在刻意打击竞争者、消化闲置产能、想在短期内取得现金、为了达成推广目标（如迅速打开知名度）等情况下，有时企业会不计成本，以低价销售。

由于制成品的投入与产出之间的关系相当明确（例如，多少原材料可以生产多少单位、用多贵重的材料可以达到高质量的水平），因此不难估算其成本结构。相比较而言，由于服务具有无形性、多变性等特质，投入与产出之间的关系不太明确（例如，要花费多少努力才能确保服务人员的脸上常挂笑容），因此成本的衡量有一定的困难。然而，由于成本不但设定了价格的下限，还牵涉到企业的营收，业者还是应该尽力了解服务的成本结构，以便能订立合理的价格。

服务成本有三大类：固定成本、变动成本和半变动成本。固定成本（fixed cost）是指在一定的产能或销售范围内，不受服务量或销售量影响的成本，通常包括建筑物的租金、硬件设施的折旧费用、员工薪资、保险费、保全费、税负和利息支出等。一旦企业开始运作，无论服务的销售成绩如何，这些投入成本都已发生且不会改变。

变动成本（variable cost）是指在一定的产能或销售范围内，每增加一个服务单位（如旅馆房间）或一位顾客所增加的成本。假设旅馆每销售一个房间，清洁费增加约 70 元、水电费增加约 80 元、消耗品（如牙膏、牙刷、纸杯、卫生纸）费用增加约 100 元，则单位变动成本为 250 元；这些成本随着房客（或房间租用）的增减而变动。变动成本是总成本变动的来源。

半变动成本（semi – variable cost）是由部分固定成本与部分变动成本所构成的。例如，水费在使用未超过基本度数时，就收取基本费，而超过基本度数时每一度则收取若干费用；假设每两个月的基本度数为 40 度，基本费为 300 元，超过基本度数时每一度收取 10 元，这表示如果两个月使用的水量在 0 到 40 度，则收取 300 元（即固定成本），若使用 49 度则水费为 390 元（固定成本加变动成本）。

为了制定价格，企业应该了解服务成本与产量之间的关系。通常服务量越大则单位成本越低，这是固定成本被服务量分摊的结果。单位成本 =（固定成本/服务量）+ 单位变动成本。假设某家旅馆共有 8 个房间，每日的固定成本为 10000 元，每个房间的变动成本为 500 元，如果今天只有住宿 4 间，则每个房间的成本为（10000/4）+ 500 = 3000；但如果都住满则每个房间的成本降为（10000/8）+ 500 = 1750。产量增加而使得单位成本下降的现象，称为规模经济（scalee conomy）。

296

固定成本是指在一定的产能或销售范围内，不受服务量或销售量影响的成本。

变动成本是指会随着服务量或销售量的增减而变动的成本。

了解单位成本的变化可为企业在定价时提供较为理想的参考依据。以上述旅馆为例，若旅馆主人预估房间每晚定价在 3000 元或以上，当季住房率将不超过五成，但定价在 2600 元左右，则当季的住房率可上升到九成以上。从单位成本的变化中，主人知道住房率若不到五成（不超过 4 间房间），单位成本在 3000 元以上，但九成以上的住房率（7 或 8 间），单位成本不超过 2000 元。因此当季每间房间定价在 2600 元左右是可以接受的。

值得注意的是，当服务量达到饱和，为了提高服务量而扩大规模，如再盖另一家旅馆，此时单位成本不但不会降低反而会提高，而在缺乏相关的管理配套之下（如服务人员的教育训练不足、设备维护的制度未落实），服务质量或许会降低，进而导致顾客流失等。由此可见，服务业者在增加服务量时必须注意成本与质量的变化。

> 当服务量达到饱和，为了提高服务量而扩大规模，此时单位成本不但不会降低反而会提高，而在缺乏相关的管理配套之下，服务质量或许会降低。

11.1.3.2　消费者

消费者对服务价值的认知决定价格的上限。服务价值取决于消费者的知觉成本与知觉利益（更详尽的讨论见第 4 章），当知觉利益大于知觉成本时，即产生正的净价值（net value），消费者会觉得这项服务物超所值而愿意购买；相反地，当知觉成本大于知觉利益时，则购买意愿低落。

> 消费者对服务价值的认知决定价格的上限。服务价值取决于消费者的知觉成本与知觉利益。

一般而言，消费者的知觉成本主要是成交价格，即货币支出（monetary sacrifice）。但事实上，消费者在购买或消费服务时付出的不只是金钱，如到餐厅用餐可能需要预先打电话或上网预约、开车到餐厅、寻找停车位、等待服务等。因此，消费者除了付出金钱，可能还得付出时间、精神、体力等，这就是非货币付出（nonmonetary sacrifice）。如果消费者感觉到非货币付出太高，即使货币支出很低，也可能不愿购买；相反地，有时货币支出很高，但由于非货币付出很低，消费者仍有购买意愿。因此，企业在制定服务价格时，必须了解货币与非货币付出对消费者购买决策的影响。

> 消费者的知觉成本由货币支出与非货币支出构成。这两者都会影响消费者的购买决策。

缤纷课外

书：沃尔玛效应

标榜"天天最低价"的沃尔玛，是全球最大的量贩店，供货商因为依赖它的规模贩卖而必须配合它天天低价、年年降价 5% 的要求，然而若产品没有突发性的创新，一样的产品供货商要如何满足沃尔玛的低价要求？另外，受惠于低价的消费者，可想过是否越便宜越好？《沃尔玛效应》作者查尔斯·费希曼（Charles Fishman）经过反复的记录采访后，提出"追求便宜商品的同时，消费者其实付出了更多代价，最严重的是，消费者对此所知甚少"的呼吁，希望借此唤醒消费者对"便宜"面目下更真实客观的了解，毕竟当你知道"低价"的形成其实来自于对劳工的剥削、对环境的污染破坏后，在购买商品时就多了"道德"成本的考虑，低价也不一定真的低价了。

查尔斯·费希曼（Charles Fishman）为 Fast Company 杂志撰写过一篇得奖封面报道"你所不知道的沃尔玛"，因而获得该杂志有史以来最广大的读者回响，进而促成《沃尔玛效应》的诞生。该书深获好评，并荣登《纽约时报》"探讨世界最大企业的全球效应，最重要的一本书"的赞誉。

另外，定价还需考虑到需求的价格弹性（price elasticity of demand），即消费者的价格敏感程度。简单来说，价格弹性大是指价格小幅度变动会造成需求量大幅变动；相反地，价格变动不太影响需求，代表价格弹性小（见图 11-3）。通常有下列情况者价格弹性较小：服务具有独特性不易被取代；质量不易互相比较；消费者对替代服务的信息不足；服务价格占购买者收入的比率非常小；服务具有炫耀特质等。价格弹性越小，则越适合高价。

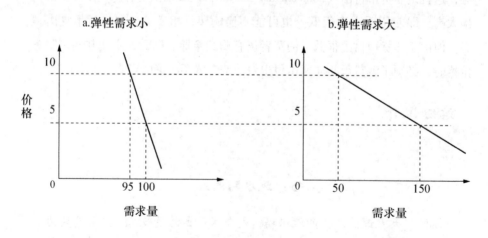

图 11-3　需求的价格弹性

亚洲航空，掀起票价革命

2001 年底在马来西亚成立的廉价航空公司亚洲航空（Air Asia），从营运初期只有两架飞机，到现在短短几年间已有 72 架飞机，飞往 61 个航点，拥有 108 条航线。它有多廉价呢？2009 年暑假来回中国台北与吉隆坡，新台币 5000 元还有找，比其他航空公司便宜万元，比高铁来回两市的定价才多出 1000 多元。不过，飞机上不提供免费餐饮，座位间距也比其他业者还窄。亚洲航空相信，只要让人们花很少的钱就能有机会到梦寐以求的地方，就不会太在意飞机上少得可怜的服务与娱乐，毕竟只要闭上双眼，任何飞机都没有明显差异了。如此鲜明的定位，再加上许多家庭愿意省下机票钱以便在国外住更好的饭店或购买更多东西，因此亚洲航空很快地便拥有了为数众多的支持者。

11.1.3.3　竞争

经济学里几个有关产业结构（industry structure）的观念可以用来解释竞争与定价的关系。完全竞争（perfect competition）是指某一产业内有许多业者，而且都销售同质产品（homogeneous product），即没有差异的产品。在完全竞争之下，买卖双方都只能按照市场供需决定的现行价格来买卖商品，都是"价格的接受者"而不是"价格的决定者"。因此，在这个产业结构中的每一位业者都是其他业者的主要竞争者。在现实生活中，符合完全竞争的服务业并不常见，出租车业在某个程度上属于此类。

相反地，垄断竞争（monopolistic competition）是指在这产业中有许多各有特色的商家与各有偏好的消费者；由于消费者各有所好，因此商家以销售异质产品（heterogeneous product）来吸引顾客。企业竞争的焦点是扩大本身与竞争品牌的差异，突出特色。属于这类产业的品牌最主要的竞争者是那些提供与本身类似特色的品牌，其他品牌则是次要竞争者。许多百货公司的小吃街涵盖口味各异的美食，就是属于垄断竞争。

不完全寡头垄断（imperfect oligopoly）是指由少数几家规模较大的业

者提供绝大多数的产品，而消费者认为这些产品彼此间存有差异。不完全寡头垄断的企业对自己经营的、受顾客喜爱的产品具有垄断性，可以制定较高价格以增加盈利；竞争的焦点不是价格，而是产品特色。在某些风景区大多数的住宿市场由少数几家大型饭店占据，就是属于此类市场竞争。

由以上讨论可推断，市场竞争影响定价，因此服务业者在定价之前必须考虑竞争者的家数、规模、服务特色及经营策略等。服务如具有强烈特色，且消费者对该服务情有独钟，加上竞争者不易模仿或不构成威胁，则价格一般会偏高。但是，如果服务特色不易彰显，或消费者对于不同业者的差异性认知不明确（如电信业者、一般的路边小吃店），通常业者之间的价格会不相上下。

11.2 服务业主要定价方法

服务的定价有三大类基本方法，分别建立在三种不同的基础上：成本、竞争者、消费者。以下说明这些方法的重要概念，及其应用在服务业时遭遇的问题与该注意的事项。

11.2.1 以成本为基础的定价

以成本为基础的定价（cost – based pricing）是站在业者的成本立场来定价，最基本的思维是价格必须足以回收成本并创造利润。最常见的方式有"成本加成法"及"依照服务时间收费法"。

在成本加成（markup on cost）定价方法中，将单位服务成本加上该成本的某个百分比，即可得到售价。以数学公式表示如下：

单位服务售价＝单位服务成本＋（单位服务成本×加成百分比）

例如，在日本料理店每份猪排的成本是 100 元，假设成本加成是 50%，则售价为 150 元（100＋100×0.5），毛利为 50 元。

至于依照服务时间收费法（fee for servicetime），则广为专业人士（如律师、会计师、管理咨询顾问）使用。这种方法意味着时间是服务人员珍

侧注： 服务业者在定价之前必须考虑竞争者的家数、规模、服务特色及经营策略等。

贵的资源，也是重要的成本来源。通常这种方法以每小时为基础来收取费用。

以上方法在服务业中相当常见，它们最大的好处是简单明了，易于实行与沟通；也就是，只要钉住成本或服务时间，就可以轻易算出价格。此外，有些人认为成本加成定价对业者或消费者都公平，业者可以获得公平合理的投资报酬，而消费者也不会因市场需求增加而被业者占便宜。

不过，以成本为基础的定价却有一些问题或盲点。首先，实际服务成本与顾客价值认知可能存在差距。例如，快递一盒顶级的黑鲔鱼生鱼片（价值 3000 元）与快递一盒安平豆花（价值为 250 元）的运费同样为 150元，理由是体积一样（成本是依据运载物品占据的空间来计价），所以收取的费用一样。此时消费者极可能愿意为前者支付运费，而不愿意为豆花付出这笔运费。换句话说，以成本为基础造成"一体适用"的现象，忽略了顾客的价值观念，并容易高估或低估消费者愿意支付的价钱。

其次，某些服务的成本难以汇集与计算，尤其是提供多项服务的企业或人员。例如，安亲班老师要接送小孩、准备点心、负责课业辅导、带领户外教学等，这些活动的成本或衍生的费用是多少，恐怕难以计算。如果以小时来计算老师的薪资成本，却又碰到另一个问题，那就是每个老师碰到的小孩或情况不同，他们付出的精神与劳力等可能就有相当大的差异（想象一下特别乖巧与特别顽皮的孩子造成的老师负担有何不同）。也就是，服务人员的时间、精神与劳力付出，难以用来换算成数据上的成本。

> 以成本为基础的定价最大的好处是简单明了，易于实行与沟通，但却容易忽略了顾客的价值观念，容易高估或低估消费者愿意支付的价钱。

11.2.2　以竞争者为基础的定价

以竞争者为基础的定价（competition – based pricing）是根据竞争者在类似服务上的价格作为本身主要的定价基础。其中最普遍的方法是现行费率定价法（going – rate pricing），即制定与主要竞争者相同、较高或较低的价格（一般业者都以市场中最普遍的价格来收费）。采用这种定价方式的主因是各家提供的服务并没有太大差异，所以业者必须不断地注意对手的定价，并准备随时调整价格。当顾客认为市面上的服务差异很小时，就会选择最低价的，此时低价业者可能变成"价格领导者"，而其他业者只好跟进。

上述讨论显示，以竞争者为基础的定价适合用在高度标准化的服务上

> 采用现行费率定价法的主因是各家提供的服务并没有太大差异，所以业者必须不断地注意对手的定价。

（如洗衣业、快递业、影印业），以及用在消费者认知的服务差异不大及对价格敏感的情况下，因为某个业者调降价格会带动消费者购买，若其他业者不跟进便要面对顾客流失的风险。

另外，这种定价方式也适用在只有少数几个大型服务业者的寡头市场，如航空、电信业者等。例如，中国台湾加油站市场的两大主角——中油与台塑经常密切注意对方的价格变动，近年来已经多次同步或先后调整油价，很明显的是以竞争者为定价的基础。

以竞争者为基础的定价会产生一些问题。一般而言，小企业如果比照大型企业或连锁店收取低价来提供服务，将难以生存，因为他们缺乏规模经济，无法赚取足够的利润来维持事业的经营。另外，许多服务具有异质性而造成比价上的困难，如各大学推出的 EMBA 课程，无论是师资、教学方式、课程结构、毕业要求、学员结构与素质、学杂费等都有相当大的差异，因此难以采取以竞争者为基础的定价方式。

典范人物

注重细节与精致管理的 3C 流通渠道总裁
——杜书伍

流通商也能打造品牌吗？联强国际做到了。然而，产品流通商卖的是别人生产的商品，势必较难在产品价格上争取利润空间，联强国际又是如何获利呢？

联强国际总裁杜书伍很早就察觉到，在信息产品的微利时代，流通商根本无法依赖销售维生，更别说在流通大战中获胜了。因此，有远见的杜书伍便领先对手好几步，专注于良好的管理，以便为联强、经销商及消费者创造价值。简单地说，联强成立专属物流系统以提高营运效率、降低流通渠道成本，然后告诉消费者"相同价格，服务更好"来耕耘市场。

就读于交大计算器控制工程学系时，杜书伍便已在经营管理方面崭露头角。利用课余时间经营的唱片行不但成为当地年轻人的重要音乐圣地，每月盈余更是附近孤儿院的稳定收入，蒋经国先生还曾为此前往探视。他不到 30 岁就成为企业总经理，令人惊讶之余其实也颇有迹可循。

虽然主修理工科系，大学时期的杜书伍却是管理学院的常客，无论会计、营销、心理等科目无一不修，奠定了其专业经理人的基础。曾被票选为"最值得投资的专业经理人"，杜书伍的专长可以说是"便宜的创新"，也就是花最少的钱、做最多的事。因为注重细节而节省营运成本的"精致管理"便成为联强国际的招牌特色。

对杜书伍而言，总经理除了管大事，也要管小事，因为细节中往往藏着"天使与魔鬼"。就是如此的细腻与坚持，让联强国际能做到"相同价格，服务更好"，以及"今晚送修，后天取件"、"手机两年保固，30 分钟快速维修"等轰动业界的服务，进而建立全球流通渠道霸业。

身为老师的孙子和儿子，杜书伍在公司里也像个老师，而且是要求员工"深度思考"的严师。不欣赏临时出手、喜欢深思熟虑的慢条斯理，是他对自己及员工的一视同仁。联强国际从信息产品流通商跨足手机流通商，最后甚至树立自成一格的服务品牌，正是杜书伍一路深思布局的成果。

11.2.3　以消费者为基础的定价

以消费者为基础的定价（customer – based pricing）主要是根据顾客的价值观来决定价格，因此又称为价值基础定价法（valuebased pricing）或知觉价值定价法（perceived value pricing）。顾客对任何服务都会做出价值判断："这韵律教室对我有何帮助，值得我缴多少学费？"同样是健身房，不一样的品牌名声，顾客的认知价值有所不同。同样是剪发，在曼都与在没有招牌的家庭理发，顾客愿意支付的价钱就有相当大的差异。由此可见，对于某些服务的定价，消费者的认知价格比成本的考虑还重要。

值得再次强调的是，消费者在购买服务时付出的不仅是货币支出，还包含时间、精神、劳力等非货币付出（参阅 11.1.3.2 节）。当消费者的非货币付出太高时，较低的货币价格能让消费者有被弥补的感觉；反之，当非货币付出微不足道时，消费者可能愿意支付较高的货币价格。这种现象代表业者必须确定顾客对于货币支出与非货币付出有何价值判断，以利于制定合理的价格。

业者必须确定顾客对于货币支出与非货币支出有何价值判断，以利于制定合理的价格。

11.3　服务业价格管理

市场吸脂定价是指针对新服务一开始便设定高价格，等到服务销售量下降后，服务业者才降价以吸引愿意以较低价消费的顾客。

除了以上的基本定价方法，企业往往还得为了适应实际情境而采取以下的价格管理：

11.3.1　新服务定价

新服务上市时，有以下两种定价方式可供考虑：一种为高价导向的市场吸脂定价，另一种是低价导向的市场渗透定价。

11.3.1.1　市场吸脂定价

市场吸脂定价（market - skimming pricing）是一开始便设定高价，借由愿意付出高价的消费者来赚取高额利润。等到服务销售量下降后，服务业者才降价以吸引愿意以较低价消费的顾客。如果服务销售量再下降，则公司再降价以吸引下一批消费者。这种方法就犹如吃奶油蛋糕时，从最上层的奶油（脂肪）逐层吃下一般，故称吸脂定价。例如，雷射近视治疗技术刚在中国台湾推出时，一次手术动辄十几万元，但目前 3 万元以下即可完成。

市场吸脂定价仅在某些特定的状况下才有意义。首先，服务的质量及形象必须能支持其较高的价格，且要有足够的购买者愿以比较高的价格购买该服务；其次，服务要新颖，可吸引创新者勇于尝试，等到创新者市场饱和时，再降价以吸引下一批消费者；最后，竞争者无法轻易进入此市场，并且不可能以低价提供类似的服务。

市场渗透定价是以低价推出新服务来刺激消费者试用及广泛使用。

11.3.1.2　市场渗透定价

市场渗透定价（market - penetration pricing）和上述定价方法相反，它是以低价推出新服务来刺激试用及广泛使用。有时企业甚至不惜以亏本的方式来定价，企图迅速吸引大量消费者使用，并建立高市场占有率与消费者使用习惯及忠诚度，建立竞争者进入市场的障碍。例如，Skype 网络电话软件上市之后，由于采取低价策略，因此以极快的速度抢占软件式网络电话市场，并提供网内互打免费，再加上可以拨打市话，影响到了传统电话公司的业务收入。

低价策略要有效，必须符合几种状况。首先，市场必须是高度价格敏感的，如此低价才能使市场成长；其次，生产及配销成本必须随销售量的增加而降低，以支持企业更进一步降低价格；最后，低价必须有助于将竞争者排除在外。

11.3.2 服务组合定价

当服务业者提供多项服务时，服务定价可能会产生连动效应，也就是某一项服务的定价可能会影响其他服务的销售量，因此，企业应该注意服务之间的关系（如相似性、互补性等），作为服务组合定价的参考。常见的服务组合定价有价格结构化、配套式定价、互补定价三种。

11.3.2.1 价格结构化

价格结构化（price framing）的考虑来自大部分的顾客并无法准确得知服务的参考价格，所以营销人员呈现不同服务的价格结构，帮顾客组织价格信息，让顾客有价格基准点进行比较判断。如东京迪斯尼乐园的票价分通用护照券、两天通用护照券、敬老通用护照券（适用年满 60 岁以上的长者）、星光通用护照券、入园券和全年通用护照券，其价格（就成人 18 岁以上而言）分别为 5200 日元、9070 日元、4490 日元、4180 日元、3670 日元和 35700 日元，游客可参考各种服务组合，然后依自己的需求购买不同的票券。

11.3.2.2 配套式定价

配套式定价（bundle pricing）是指配套服务的整体价格，低于个别购买这些服务的总和。例如，旅行社的套装旅游（包含机场接送、饭店住宿、早中晚餐、景点行程、交通运输）、饭店业者在情人节推出情人套餐和浪漫套房的服务组合等，就是采用配套式定价。

这种价格管理方式试图以较低的整体价格吸引消费者购买，或是促销那些卖相较差的服务。当然，配套中的主力服务必须有相当大的吸引力，符合大多数顾客的期望，而搭配的服务须相辅相成，且配套价格要低到足以吸引消费者，这样才能引起消费者的购买意愿。

当服务业者提供多项服务时，应该注意服务之间的关系（如相似性、互补性等），作为服务组合定价的参考。

大部分的顾客并无法准确得知服务的参考价格，所以营销人员应该呈现不同服务的价格结构，让顾客有价格基准点进行比较判断。

配套式定价是指配套服务的整体价格，低于个别购买这些服务的总和。

11.3.2.3 互补定价

互补定价（complementary pricing）适用于有高度相关的产品，也就是企业在提供基本服务之余，再提供相关的周边服务，然后靠这些周边服务来获取利润。例如，有些乐园是先付较便宜的门票进园，再依个人喜好购买各种游乐设施的票，而欣赏园内造景、户外表演则免费；电信业者推出低廉的月租费以吸引消费者，但伴随低廉月租费的通常是较高的每秒通话费，另外手机铃声、来电答铃、图片信息等相关服务也需另收费用。

11.3.3 促销定价

促销定价（promotional pricing）是指企业以短期调整价格的手段，吸引大量顾客光顾，冲高销售量。常见的促销定价方式如下：

11.3.3.1 牺牲打

牺牲打（loss leader）是指业者牺牲某项服务的毛利，再依靠其他服务来获利。例如，汽车修护厂以超低价推出换油服务，期待顾客购买这项服务的同时也会购买其他正常价位的服务（如换轮胎、雨刷），借此来增加营收。

11.3.3.2 促销折扣

促销折扣（promotional discounts）是直接在定价上打折，让消费者以较低价取得服务。例如，定价250元，打八折（即20%折扣）后为200元。促销折扣经常借由各种名目来进行，如开业、周年庆、清仓大甩卖、赛事优胜庆贺活动等。

11.3.3.3 现金折扣

现金折扣（cash discounts）是为了鼓励顾客采用现金付款或尽快支付款项所提供的折扣，如顾客在15天内付款，就可以享受5%的折扣。这种折扣方式在业者之间的交易相当普遍，如出版社以现金折扣鼓励销售商提早以现金付款。这种折扣可以提高卖方的现金周转率，降低收账成本并防止呆账的发生。

11.3.3.4 数量折扣

数量折扣（quantity discounts）是当顾客大量购买时，卖方给予的价格折扣。例如，购买室内游泳券10张，每张为200元；如购买20张，可打九折，即每张180元；当购买50张，则打七折，即每张140元。对卖方而

306

言，数量折扣可以鼓励买方提高消费量，并且避免消费者向竞争者购买。

11.3.3.5　季节折扣

季节折扣（seasonal discounts）是在某些特定季节，业者为了创造来客量与商机的定价方式。例如，在旅游淡季时，提供机票低价促销或优惠团费以提高消费者的旅游意愿；但也有一些游乐园区反而逆向操作，在热门的暑假期间提供优惠促销票价，以带动潜在的游客，增加来客量。

11.3.3.6　换购折让

换购折让（trade – in discounts）是指顾客以旧品换购新品时，得到的特别优惠或折让。最常见的是通信业者，提供旧用户续约特惠（如数千元抵通话费），或以优惠的方式换购新手机，借此提高用户的忠诚度及手机的更换率。

> 心理定价是指考虑消费者对于价格的心理反应而决定某个价位。

11.3.4　心理定价

心理定价（psychological pricing）是指考虑消费者对于价格的心理反应而决定某个价位。常见的方式有下列三种：

11.3.4.1　畸零定价

畸零定价（odd pricing）不采用整数，而是以畸零的数字来定价，主要目的是让消费者在心理上将价格归类在比较便宜的区间之内。如美容护肤 199 元体验价，让消费者觉得用不到 200 元就能容光焕发；旅游业者推出 5999 元畅游普吉岛，亦有异曲同工之妙，让顾客觉得出国度假花费不到6000 元，真是物超所值。

11.3.4.2　声望定价

声望定价（prestige pricing）是特地使用高价，让消费者觉得服务具有较高的声望或质量。象征身份、地位、品位的服务经常使用这种方法。当消费者缺乏足够的信息，而倾向于使用价格来判断服务的质量水平时，也适合采用这种定价。当然，声望定价必须配合服务与产品质量，否则质量上的差错容易破坏声望定价的效果。

11.3.4.3　习惯定价

习惯定价（customary pricing）是根据消费者对某个服务长期以来根深蒂固的认知价格来定价。例如，跨县市的快递小包裹一般在 100 元上下，若高出这价格许多消费者很难接受，而低于这价格太多又没有必要。

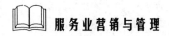

顶尖的管理咨询，收费顶尖

　　麦肯锡是全球最具声望的企管顾问公司之一，也是全球产官学名人的母校，知名的大前研一也是自麦肯锡出身。这间公司的收费几乎不曾低于新台币1000万元，例如，中国台湾的富邦集团为了迎接21世纪的环境挑战，也曾经花费4000万元请麦肯锡诊断。

　　麦肯锡如何不用打广告也能让许多的企业捧着大把现金请求解决问题？人才是关键。能在麦肯锡工作的都是精英中的精英，必须接受一连串严苛的筛选过程才能进入。进入公司后并没有蜜月期或适应期，而是直接加入项目的运作。在六个同期进入麦肯锡的新人中，五年后通常只有一人能继续在这高压的环境中生存。长时间在这样的工作环境中磨炼，加上各种业界项目的经历，也难怪麦肯锡人才济济，并被称为"企业CEO的最佳跳板"。

11.3.5　差别定价

差别定价是针对同一服务，依照顾客特性、消费地点、时间等因素而制定不同的价格。

　　差别定价（discriminatory pricing）是针对同一服务，依照顾客特性、消费地点、时间等因素而制定不同的价格，说明如下：

　　（1）依顾客特性。如电影院、公共运输、游乐园、博物馆等票价，经常可见因个人身份（如军警、学生、小孩或老人）而有不同的价位。

　　（2）依消费地点。如演唱会或球赛，因座位位置的不同而出现价格差异。

　　（3）依消费时间。如电话费率、电费在低峰或深夜时段有别于一般时间的不同费率。

　　实施差别定价的条件之一是市场必须可以区隔，而且服务在不同区隔之间不能转售（如一般民众不能使用学生票价）。还有，竞争者不会在高价区隔内以低价销售，否则差别定价将容易被破坏。最后，差别定价不会引起市场反感，还必须合法。

308

章末习题

基本测试

1. 定价目标有哪些？

2. 以消费者为基础的服务业定价，有哪四种类型？

3. 新服务定价有哪两种定价策略？

4. 何谓声望定价？以服务业举例说明。

5. 差别定价要能成功，需达成哪些条件？

进阶思考

1. 服务比较无形，而且讲求体验，因此在定价上有何意义？

动脑提示：先思考服务的无形性与讲求体验对于核心服务、服务传递方式、消费者反应等带来什么影响，这些影响对于定价又可带来什么启发？可以观察市面上多种服务或知名业者的定价来回答此题。

_____

_____

_____

_____

_____

2. 哪些服务业受季节的影响大？它们怎么应对？

动脑提示：可以先看看市面上的服务业受到季节影响的程度如何，再观察那些受影响很大的业者存在着什么共同点，以及它们如何应对。留意：所谓的"季节"不一定只是指春夏秋冬，它可以指在一段时间内的规律性变化，如一天之内的上下班时段等。

_____

_____

_____

_____

_____

活用知识

1. 选定一个国家或地区（如泰国、巴厘岛、加拿大），上网收集并比较各家旅行社所推出的旅游套装行程和定价，思考它们为何这样定价？是否合理？你最心动哪家业者推出的方案？你是否考虑选择较便宜的半自助旅游？

2. 比较三家电信业者的电信费率，是否采用差别定价的方式？有哪些类型？如果你是某电信业者的营销人员，你会推出什么差别定价方案？

第12章　服务业的沟通

美丽之岛

紫荆花开时，校园鼓声起

哲学家梭罗曾说：如果一个人的步调和他的同伴不一样，那是因为他听到的鼓声不同。讲求创意的时代，许多人不缺前进的能力，缺的是不一样的鼓声。在中正大学，越来越多的学生开始听到不一样的鼓声。

每年3月中旬，正当校园内紫荆花盛开时，中正大学营销所一批学生筹办数月的"紫荆影展"正式开始。为期两周共20余场次，10余部来自多国不但看得懂而且还很好看的优质电影，让观众"游走世界"。近几年紫荆影展的观影人次都破万，响应之热烈、规模之大，在全台170所大专院校的课外与艺文活动中，非常罕见。尤其是在大礼堂播映开幕片，让超过1500人在杜比环绕中享受影音盛宴，更是中国台湾各大小影展中的异数。

另外，主办单位为了实践人文精神，近年来除了邀请千名小学生与学童观影，赠送图书给邻近小学，还在放映现场发动劝募，连同影展盈余捐助罕见疾病基金会、失智症协会、憨老家庭、动物保护协会等。

多年来，中正学生已经在影展中接触到印度学生的压抑（三个傻瓜）、泰国青少年的纯爱（爱我一下夏）、日本母亲的勇敢（幸福便当）、韩国女性的母爱（美丽的声音）、瑞士银发族的追梦（内衣小铺）、瑞典男同志的

311

温馨（帕特里克一岁半）、德国独裁者的毁灭（帝国毁灭）、俄国指挥家的大梦（交响人生）等。

为什么看多国电影对大学生很重要？紫荆影展创办人曾光华副教授认为，跨界才能激发创意，"电影是一种影像、文化、感性、美学、社会现象的跨界平台；这个平台让观众的想象自由奔驰。而且，心灵够开放、视野够多元，学生就能找到自己的鼓声，未来就有无限的可能"。在网络上搜寻"紫荆影展"，就会发现学生们从泪水笑声和感动中得到的启发和成长，以及因为内心开始让世界各地的人文风情进驻而变得温暖、饱满。

不同的鼓声听久了，中正的学生迟早会拥有自己的鼓声。

本章主题

一场高达万余人次的影展，可以想象从影展主题的设定、如何设计宣传品、在什么地方向谁推广、遇到人们的疑问该如何解答等，是一项大工程。没有优良的推广沟通，任何活动或服务将难以在市场上立足。本章架构如下：

1. 推广与沟通的概论：概述推广对服务业的意义和重要性，以及推广组合和整合营销沟通的意义。

2. 服务沟通的问题与挑战：说明服务的四大特性与企业本身如何带来推广沟通上的挑战。

3. 应对服务沟通的挑战：讨论服务沟通挑战的四大应对策略。

12.1 推广与沟通的概论

12.1.1 推广的意义与重要性

企业该如何表达服务的利益？如何说服消费者接受服务的价格？如何告知消费者到哪里获得服务？服务再好、价格再合理、渠道再方便，如果没有适合的方法或渠道向消费者说明，都是枉然。向消费者说明的任务，就落在推广上。

推广（promotion）是将组织与服务信息传播给目标市场的活动，主要焦点在于沟通（communication）。例如，在火锅店的门口写着"火烤两吃399"；旅行社寄来标题为"暑假日本团，大人小孩都便宜"的电子邮件；水上游乐园网页上显示着斗大的标语"10：00 前穿比基尼入园，免门票"。不管喜不喜欢，推广活动已经天罗地网地包围了现代人。

有了推广，消费者才能得知服务的利益、价格、购买地点及如何购买等，并有助于推动其他营销功能（产品、价格、销售等）。例如，推广不力的服务在市面上的知名度有限，因此容易被消费者归类为"杂牌"，使得价格只能在低档徘徊。相反，推动有方的服务在定价上往往有比较大的空间；大力推广的服务容易受到消费者的留意，因而刺激加盟的意愿，也有利于销售的拓展。

> 有了推广，消费者才可得知购买与消费的相关资讯，并有助于推动其他营销功能。

12.1.2　推广组合与整合营销沟通

企业为了有效传达组织与服务信息而使用的推广工具总称为推广组合（promotion mix）。推广工具可分为两大类：企业内部的相关物品以及针对消费者设计的活动。

12.1.2.1　企业内部的相关物品

广义而言，任何与消费者接触的企业相关物品，都算是推广工具，如名片、货车、产品包装、年度报告、员工制服、来宾纪念品、服务现场的桌椅、电话音乐与留言等，这些看似微不足道的推广工具在平日点点滴滴地打开企业知名度或塑造服务形象。例如，很多银行借由行员的制服来树立银行形象，同时也表现行员的专业与亲切感等。尽管只是小细节，企业也应该留意这些或许可以立大功的小兵。

> 任何与消费者接触的企业相关物品，都算是推广工具，尽管只是小细节，企业也应该留意这些可以立大功的小兵。

12.1.2.2　针对消费者设计的活动

企业针对消费者设计的主要推广活动包含广告、促销、人员销售、直效营销及公共关系等。简略说明如下：

（1）广告。广告是由特定的赞助者（如企业、社会团体）付费，借由电视、收音机、报纸杂志以及户外广告牌等传播信息的沟通方式。广告相当公开、普及，可以重复传递信息，传播的地理幅员及接触到的社会层面

> 广告具有高度公开性与普及性，声光效果良好，但无法带来双向沟通。

相当广泛。另外，由于听众或观众不觉得有义务去注意或响应广告，广告无法带来双向的对话，而只是单向的独白。虽然如此，广告却借由声光与色彩效果，成为最活泼生动、最引人注目的推广工具。

（2）促销。促销是一种在短期内激励消费者的活动，如折扣、抽奖、买二送一、折价券等。在各类推广工具中，促销带给消费者的信息最直接，且充满诱因，主要是为了加强消费者的购买念头。

促销是一种在短期内激励消费者的活动，主要是为了加强消费者的购买念头。

（3）人员销售。商店内的销售人员、主动登门造访或在街上拦截路人兜售产品的业务员等，都属于人员销售。人员销售具有面对面沟通与实时响应的特性，沟通双方可以在第一时间观察到对方的需求及反应，并可快速自我调整。另外，人员销售会产生各种人际关系，包括浅显的交易关系到深厚的个人友谊。花费昂贵是这类工具最大的缺点。

人员销售可以带来面对面沟通与实时响应，也可以产生各种人际关系，但缺点是花费昂贵。

（4）直效营销。直效营销利用非人员的接触工具，如电子邮件、电话、传真、信件等，和消费者沟通以刺激购买。和广告相反，直效营销并非公开传递给大众，而是针对某特定消费者个别传递，且信息能够因顾客的不同背景与需求而特别设计或快速更新。

直效营销是针对某特定消费者个别传递信息，且信息能够因顾客的不同背景与需求而特别设计或快速更新。

（5）公共关系。公共关系的主要目的是建立组织的良好形象，采用的方式包括赞助小区活动、支持公益活动及争取新闻报道等。公关往往具有不错的可信度，并可用来打动那些对广告及人员销售有戒心的消费者。另外，公共关系也能以戏剧化的效果来呈现组织或服务信息。

公共关系的主要目的是建立组织的良好形象，它往往具有不错的可信度。

12.1.2.3 整合营销沟通

推广工具的多样化很容易造成"一人一把号，各吹各的调"。例如，广告上的服务人员制服与现场服务人员的制服明显不同、宣传手册上的企业精神标语有异于活动旗帜上的精神标语、服务人员对服务保证的说法与报纸广告上的内容不符、员工的名片风格五花八门、服务场所内的桌椅规格与颜色杂乱无章。造成这些混乱现象的原因是推广工具的规划与使用权分散在不同单位，加上各单位对推广目标与信息，甚至是企业的理念、方向与活动，没有清楚了解或有一致的看法。

整合营销沟通的意义在于整合各类推广工具，清楚界定每个工具的表现内容与形式，以便令现有及潜在顾客感受到清楚、一致且强烈的信息。

以上的混乱现象造成推广效率低落及资源浪费，甚至造成消费者认知混淆而导致负面效果。因此，有学者提出整合营销沟通（integrated marketing communication，IMC）的观念，建议营销人员应该在了解服务与顾客的特性之下，周密规划与整合各类大大小小的推广工具，清楚界定每个工具的表现内容与形式，以便现有及潜在顾客感受到清楚、一致且强烈的信息。也就是说，推广组合不应该只是推广工具的拼凑，而是在清楚确定推广的目标与信息重点之下，整合所有的推广工具，以便产生"一加一大于二"的综合效用。

例如，越来越多的中国台湾茶品牌诉求年轻时尚，这种形象上的转变很难倚靠单一的推广工具，而必须有整合营销沟通的理念及作为，例如（天下杂志，2012/9/5）：

> 从外地回到中国台湾，弯进台北市永康街的小巷子，小巧典雅的"小茶栽堂"，整面墙上黑压压地陈列着茶罐子。客人依照茶罐底部的色标签选茶，茶汤什么颜色，标签就是什么颜色……店里的玻璃柜中，陈列着五颜六色的马卡龙。坚持喝茶不搭配凤梨酥、绿豆饼等传统茶点，小茶栽堂创办人黄世杰聘请七位甜点师傅，打造台湾茶搭配马卡龙的混搭风。

> 同样想打破传统喝茶窠臼、营造出在 lounge bar 喝茶气氛的"山山来茶"，去年在内湖科技园区开业时，吸引不少人下班后到店里喝一杯"茶"……落地玻璃的装潢，长相时髦的调酒师在吧台后方，调东方美人茶和橙子利口酒，或是阿里山乌龙混合朗姆酒……"茶饮市场竞争对手多，只靠包装无法横行市场太久，"山山来茶营销部专员赖宜宏说，"以茶入酒、以茶入咖啡，是改变茶形象的最快方法。"

以上案例显示，中国台湾茶走向时尚，还必须靠包装、甜点、店面设计、混搭饮料等，这几种元素组合起来与市场进行沟通，也是属于整合营销沟通。

纵横天下

伦敦奥运的"轻推"让市民改变

在辣妹合体献唱之下璀璨落幕的伦敦奥运会，吸引了全世界的目光，比赛期间卖出了超过 880 万张门票，北京奥运会多出 180 万张，周边商品创造出来的商机，估计超过 10 亿英镑。

向来毒舌的英国媒体，称许这是一次"超成功的奥运"，甚至还有人预测伦敦市长强森（Boris Johnson）将挑战喀麦隆，角逐英国首相。但之前很多人并不看好伦敦奥运会，就连美国共和党总统候选人罗姆尼，都在开幕前公开质疑伦敦的维安能力。伦敦奥运会成功的秘诀何在？《经济学人》认为，这是一次"推力奥运"（Nudge Olympics）。

美国行为经济学家塞勒（Richard Thaler）与桑斯坦（Cass Sunstein），在《推力》一书中指出，如果用点心设计，政府或是空间规划者可以"轻推"人们，做出对自己也对别人有利的决定。举例来说，荷兰史基浦机场，男厕所的设计者在小便斗上画了一只黑色的小苍蝇，结果发现男士们"射不准"的情形减少了 80%。

伦敦市长强森在赛事三个月前，就一再向市民喊话，为了避免奥运会期间交通拥挤，希望各大公司让员工在家工作。结果，根据伦敦商业局统计，伦敦 500 万上班族中，有 150 万人采用弹性上班方式。随着比赛门票免费发送的地铁一日票也发挥功效，市内交通异常顺畅。原本不以服从权威闻名的英国人，在这十七天内却展现出惊人的合作精神。

"人们其实并不被动，他们喜欢自己做决定的感觉。"一名伦敦市政府的顾问说。管理者与其紧迫盯人，倒不如用轻推的方式，宾主尽欢。

资料来源：刘光莹. 伦敦奥运做对了什么？［J］. 天下杂志，2012（504）.

 ## 12.2　服务沟通的问题与挑战

不论是在购买流程中的哪个步骤（购买前、中、后），服务业的四大特性都会造成顾客的困扰。业者若要减少顾客的困扰，在服务过程中应该用心与顾客沟通，如医生在照胃镜前应清楚告知病患即将进行的步骤和可能产生的身体不适，在过程中也可边解说边让病患由仪器画面看到胃部情形，在检查完成后则细心回答病患的问题。然而，许多服务沟通的问题衍生自企业本身。以下第 12.2.1 节先说明服务的特性带给顾客的困扰，第 12.2.2 节讨论企业本身如何造成服务沟通的问题。有了这两小节为基础，本章最后以 12.3 节来讨论消除服务沟通问题的策略。

服务的特性间接地为推广沟通带来一定程度的挑战。然而，许多服务沟通的挑战衍生自企业本身。

12.2.1　服务的特性带给顾客的困扰

相对于实体产品，服务具有无形性、易变性、不可分割性及不可储存性，这些特性会在不同的购买阶段给消费者带来困扰（见表 12 - 1）。

表 12 - 1　服务特性给顾客在购买过程中带来的困扰来源

购买过程	困扰来源			
	无形性	易变性	不可分割性	不可储存性
购买前	V	V		
购买中	V	V	V	V
购买后	V	V		

12.2.1.1　购买前的困扰

消费者在接受医疗、美容、补习等服务之前，常常觉得难以评估服务的优劣，不像实体产品，可以试用、试穿、试吃等。可见服务的无形性带来不确定感与知觉风险，甚至使得消费者不易信赖业者。

另外，服务的易变性（即服务质量不稳定）也会在顾客购买前造成困扰。例如，若某顾客在就医前便听闻身边的朋友抱怨该医院的医生对病人不耐烦或漠不关心，可能动摇他选择该医院的决定。然而，该医院的质量不佳情况可能是特例，而非常态。

12.2.1.2　购买中的困扰

营销人员因服务的无形性而难以传达服务的特色与利益，这很容易让顾客对体验中的服务有所疑虑，或难以明确地对服务人员表达疑虑所在。在不可分割性方面，消费者在参与时是否有足够的信息、知识、经验、时间、精力等，会影响服务效率与品质。例如，病患必须详尽告诉医生患病情况以方便医生诊断；车子送修时，必须让修车厂了解车况，甚至指定维修项目等；参加瑜伽课程时，要有足够的体力和充沛精神，以配合老师的指导。如果顾客参与的意愿或能力不足，将不利于服务效率与质量。

服务现场中的因素，如服务环境（如音乐、清洁卫生）、服务人员（如专业训练、工作态度与心情）、顾客（如需求、态度与语言行为）等，容易使得服务效率与质量不稳定，进而影响顾客的心理与行为。此外，当需求大于供给时，部分顾客无法购得服务，可能会引发埋怨。

服务的不可储存性意味着服务一旦提供，就像"泼出去的水"不能回收，消费者也很难要求退还。想象一下，理发烫发、医疗手术、课堂教学，以及其他把消费者当作标的物的服务，一旦出现差错（如发型老气、割错器官、整堂课胡扯），消费者有多么无奈与不满？就算是以物品为标的物的服务（如机车修理、包裹邮寄、广告设计），顾客如有不满可以要求"做到好为止"，但所花费的时间与精力却是覆水难收。

12.2.1.3　购买后的困扰

无形性让顾客难以判断服务质量，如美容、教学、医疗和企业咨询等服务的结果，有时候并不容易理解、判断与衡量。因此容易让顾客在购买之后忐忑不安，甚至不易信赖业者，因而造成与业者之间的纠纷。

服务的易变性对购买后的影响在于一旦服务水平不稳定，将破坏消费者对业者的信心。对于连锁服务业而言，更会导致"一粒老鼠屎坏了一锅粥"的效果，即消费者光顾某连锁体系的某一家商店而对服务不满时，他极有可能也会对该体系其他的商店做出同样的判断。

12.2.2　企业本身带来的服务沟通问题

企业本身经常为服务沟通带来挑战，相关因素包括不当的服务承诺、不当的顾客期望、顾客教育不足、内部沟通不充分。

根据 Zeithaml、Bitner 和 Gremler（2005）的服务业营销专书，企业本身某些因素会为服务沟通带来挑战，说明如下：

12.2.2.1　不当的服务承诺

如果公司疏于管理服务承诺（service promises），营销人员、广告以及服务人员对顾客提出的保证就有可能无法实现，服务的传递与承诺之间就会出现落差。造成这个落差的主要原因之一是公司缺乏信息整合的能力，以致承诺最后无法实现。另外，需求和供给的变化也造成服务承诺难以履

318

行的问题。例如，某家五星级饭店预计推出顶级餐厅，当装潢尚在赶工，大厨人选也还未确定时，能否如期在两个月后开业还是未知数，营销人员却已经开始对外宣传，甚至接受两个月后的预约订席。此时便很可能埋下服务承诺不当的导火线，一旦开业延后，顾客的重要宴席泡汤，服务的传递和承诺之间便出现落差。

12.2.2.2　不当的顾客期望

营销人员有责任向顾客传达正确的信息，如服务有哪些步骤、服务过程中可能出现什么状况、如何应对突发状况、服务完成后可以得到什么效益等。不当承诺、解释含糊或在无意中隐瞒了部分信息等，都可能造成顾客产生不当的期望。

例如，雷射近视手术的广告总是标榜绝对安全、复原快速，事实上手术还是有相当比例的风险，并且散光和近视度数太高并不一定能完全矫正，甚至有可能在手术后会有干涩、畏光的后遗症和仍存在轻微的度数等。然而很多顾客看了广告便期待手术之后的视力能完全矫正，且没有任何后遗症，这就是不当的顾客期望。

12.2.2.3　顾客教育不足

恰当的顾客教育可以缩小实际服务与服务承诺之间的落差。若顾客教育不当，则容易造成误解，甚至是纠纷。顾客若不了解服务的程序、他在服务中该扮演的角色、服务成果该如何评估等，他不但会在服务过程中感到疑惑和不安，也容易对结果失望，且将过错都推给服务人员或组织。当顾客事先被告知在需求高峰时，服务可能供不应求，他将会重新评估购买决策，或较能谅解欠佳的服务。例如，网络购物有时会声明热门产品的送货必须等待一段时间，让不能久等的顾客再考虑是否购买。

对于高涉入的服务，顾客教育尤其重要。例如，对第一次投资股票或基金的顾客，理财专员不应该将自己的专业知识视为理所当然，而认为顾客一定也了解相关知识、购买程序和风险，否则一旦投资亏损，顾客可能会归咎于理财专员。

12.2.2.4　内部沟通不充分

企业内各司其职的功能部门（如营销部门和营业部门），必须为服务目标共同努力。如果内部沟通不良，则员工对服务质量的标准就会无所适从，甚至造成负面的顾客观感。例如，负责规划营销方案的企划人员和第

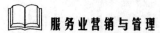

一线服务人员对于应该提供什么样的服务没有共同的认知，便容易出现服务的提供不符合企划人员在广告上对顾客所做的承诺，或是营销方案的设计让第一线服务人员备感困难等状况。

上一节说明了服务沟通的挑战与问题。综合而言，服务沟通最大的挑战在于让顾客感觉到实际提供的服务符合甚至超越之前的服务承诺。Zeithaml、Bitner 和 Gremler（2005）的服务业营销专书针对这项挑战提出了相当完整的应对策略，本节内容乃是参考该策略的架构与内容而成。图12-1 显示了"整合服务营销沟通"的四大策略，分别于以下四小节讨论。

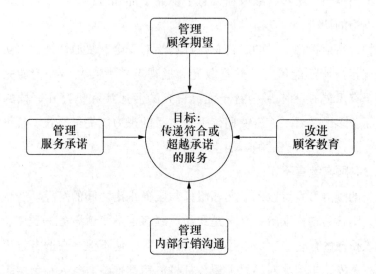

图 12-1　整合服务营销沟通的方法

资料来源：Zeithaml, V. A., M. J. Bitner, and D. D. Gremler. Services Marketing: Integrating Customer Focus Across the Firm (4th ed.) [M]. Boston: McGraw-Hill, 2005.

12.3　应对服务沟通的挑战

12.3.1　管理服务承诺

服务业者必须恰当管理营销人员对于顾客的承诺，以便实际的服务跟

得上承诺事项，避免"服务脱节"造成员工之间或部门之间的摩擦，或是
员工与顾客之间的纠纷。图 12 - 2 列举了四种有效管理服务承诺的方式。

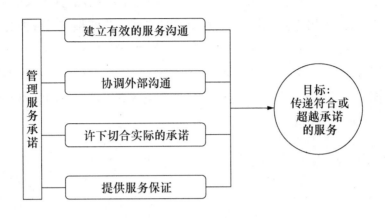

图 12 - 2　有效管理承诺的方式

资料来源：Zeithaml，V. A. ，M. J. Bitner，and D. D. Gremler. Services Marketing：Integrating Customer Focus Across the Firm（4th ed. ）［M］. Boston：McGraw - Hill，2005.

12. 3. 1. 1　建立有效的服务沟通

有效的服务沟通方式如下：

（1）展现生动的信息。生动的信息有助于顾客对服务产生深刻的印象，引起顾客强烈的情感。尤其当服务是高度无形、消费者不熟悉且复杂时，使用生动的信息尤其恰当。例如，某品牌以一系列的广告生动呈现他们如何提供冷气机"总统级精致安装"的服务，如安装师父踏进顾客家前便穿上防尘鞋套，安装全程铺上防尘垫，避免鞋子或安装过程弄脏顾客家中的地板与家具，并且将安装过程中的几个关键点拍照存证，以确保安装妥当和确实等。这种生动的信息有助于将无形的服务变得比较具体有形。

（2）使用意象联结。这是指将某些形象良好的象征物品与服务结合起来，以加强顾客对服务的印象。就像 7 - Eleven 将自己和卡通虚拟人物 OPEN 小将"开放、快乐、友善"的形象结合；玉山银行以玉山的标志传达"稳重"与"本土亲切"等意象。

（3）强调实体或有形性。提供有形的线索或证据有助于将无形服务有形化，以让消费者感受到服务的精神和质量。例如，"华航"强调通过 ISO 9001 及更严格的国际飞航安全认证，以有形的线索来强调飞航安全；世界

生动的信息有助于顾客对服务建立深刻的印象，引起顾客强烈的情感。

提供具体有形的线索或证据，有助于将无形服务有形化，以让消费者感受到服务的精神和品质。

321

展望会在宣传文宣上都呈现儿童图片，不论是亟须救援的眼神或是因为妥善资助而展开的笑容，都能让资助者感受到资助的迫切和成效。

广告中凸显与服务有关的员工，可提供顾客有形的线索，让他们了解员工的真实工作情形或服务内容。

（4）凸显服务人员。在广告或推广活动中凸显与该服务有关的员工，可提供给顾客有形线索，让他们了解员工的真实工作情形或服务内容。另外，当表现良好的员工出现在广告时，也有助于建立正确的员工行为准则。银行和保险业最常使用这类广告，如银行以真实行员（在广告中打出名字、职称）作为广告主角、保险业广告呈现业务人员服务顾客时辛劳负责的态度等。

纵横天下

具体化策略让世界展望会成功行善

你知道什么是幸福吗？是高额薪水还是饱食丰衣呢？中国台湾世界展望会会长杜明翰这样说："幸福是付出后的喜悦。"本着如此单纯的初衷，世界展望会每年帮助1亿人以上，在世界各地传递爱心，现已成为全球最大的儿童关顾机构之一。跳脱死板的劝募方式，世界展望运用善因营销，让全世界共襄盛举。有多样化的公益计划，根据救助对象的不同，而有专属的资助计划。如耳熟能详的饥饿三十活动，借由亲身体验饥饿感，让大家一起关怀世界各地需要帮助的困难者。资助儿童计划每月仅需700元，即可让一位贫童看见希望！特别的是，你可以和孩童通信，也可前往该国探视他。每年世界展望会也将寄送孩童的照片及生活情况，让你看见爱心正在茁壮成长。此外，世界展望会善用代言人来为不同的资助计划创造话题。如王力宏为饥饿三十代言，更实际前往非洲当地关怀困难者；萧亚轩为橘手环行动发声，邀约众多艺人录制"圣诞公益单曲"，期望让更多人带上橘手环，齐力帮助5岁以下的孩童脱离病魔！

业者应该只承诺能力范围内可以做到的事，而不应企图借由广告带给消费者超出实际服务的预期。

（5）承诺可以做到的事。业者应该只承诺能力范围内可以做到的事，而不应企图借由推广活动带给消费者超出实际服务的预期。当实际的服务不能符合广告上的承诺时，极可能招致反效果。例如，DHL曾经在广告上承诺顾客的来电必在三声内接通，这项承诺是为了建立企业形象，但应小心顾客在根深蒂固的期待之下，会严格检视业者的承诺。

（6）鼓励口碑沟通。正面口碑透过口耳相传、文字书信或网络信件等广为传播，能有效降低顾客信息搜寻的成本及建立对服务的信心。由于服务具有高度的经验和信任属性，消费者因而比较依赖可靠的用户提供的信息，因此口碑就显得格外重要。例如，中国台北市信义路与永康街口经常出现等待进入鼎泰丰的"人龙"，这种景象无形中就可协助口碑的宣传。

（7）凸显接受服务的顾客。借由和广大消费者一样平凡的顾客来做满意推荐，较易获得信任。例如，由于顾客事先较难评估美容的效果，因此美容业者有时会邀请美容成功的顾客实际说明他感受到的服务质量。另外，计算机补习班或人力银行网站也会以考到计算机证照的学生或顺利找到好工作的人来代言，比较容易取得消费者的信任。

12.3.1.2　协调外部沟通

业者必须确保顾客接触到的所有沟通渠道都传达一致的服务观念或承诺。例如，某些国外的语言学校为了抢攻亚洲学生市场，打出 English Only 的服务承诺，在校内处处可见任何时刻都只能使用英文的标语，每个公用计算机上也贴有 Just English Language 的标示，甚至也不准学生浏览非英语的网页。在吃的方面，不能携带任何非英语标示的罐头、泡面；在住的方面，强制学生不是居住以英语为母语的寄宿家庭就是住进学校宿舍；出了学校，在一定的范围内也明文规定不准学生彼此以母语交谈。所有的教职员和同学都是承诺的传递者和监督者，尽可能地在任何和学生接触的互动点上都一致地彰显 English Only 的服务承诺。

12.3.1.3　许下切合实际的承诺

企业的承诺影响顾客的期望，进而影响顾客对服务的评价。当顾客期望提高，伴随而来的便是对服务质量的高标准要求。因此营销人员在许下服务承诺前，应先了解以目前的人员素质、设备、客观条件等，可以实际达到何种程度的服务质量，而不应为了吸引顾客而夸下海口。例如，上述语言学校强调可以提出"全英语的环境"的承诺，尚属可行，但若提出"保证一个月内英语流利"的承诺，则容易让自己陷入承诺无法履行的风险。

邀请平凡的真实顾客发表使用证言，或公司推荐，较易获得消费者信任。

营销人员在许下服务承诺前，必须先了解以目前的人员素质、设备、客观条件等，可实际传递什么样的服务质量，而不应为了吸引顾客而夸下海口。

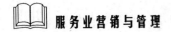

纵横天下

米其林评鉴，评论界权威

每年3月的第一个星期三，有一家卖轮胎的法国公司总能紧紧揪住全球顶尖餐厅、大厨、饕客、媒体的心，让他们迫不及待地翻开《米其林餐饮评鉴》（Michelin Guide）的红色书皮，看看谁是最新出炉的料理界之王。每颗"米其林星星"代表着经过严格反复的评鉴和对高级餐厅的佳肴美酒和服务的赞赏，因为这本红书的百年历史和不可撼动的权威，让每颗星的价值足以为获奖的餐厅带来20%～25%的营业额，这也是所有顶级大厨一生追求的最高荣誉。

到底这本红色小册凭什么能左右餐厅声望和厨师荣辱，在料理评论界打遍天下无敌手？这是因为米其林谨守客观中立、杜绝广告，以严格评鉴制度和自费方式建立权威。每年派出大量评鉴员以秘密访客的身份，依照质量、烹饪和调味技巧、菜肴个性、金钱价值、服务和料理稳定度等标准，评鉴成立五年以上的餐厅，在试吃24小时之内做出评鉴且重复数次之后，再由其他评鉴员反复评鉴。一、二星餐厅每年会被评鉴15次以上，三星餐厅更多次。即使名列星等，也会因为一点瑕疵而被降等。另外，米其林也相当重视评鉴员的区域轮调，既防身份曝光也杜绝收贿勾结，以达客观。因此三星餐厅不只是厨艺精湛，更代表在多年多人观察评鉴后，堪称全面完美的典范。

当初创办人在创刊号上曾说："本册子起于本世纪初，必将和本世纪共存！"看来这不但做到了而且更跨进了新世纪。

12.3.1.4 提供服务保证

服务保证是指正式且具体地向顾客承诺良好的服务质量。著名的服务保证例子包括：达美乐披萨的30分钟送达、减肥中心保证不瘦免费（甚至以顾客减少的体重作为收费的依据）等。这些服务保证容易引起注意，若有效执行还可赢得消费者长期的青睐。

324

12.3.2　管理顾客期望

当信用卡发卡银行取消会员的某项优惠服务时，悄悄地在账单上最不显眼的地方告示，这是常用的方式。顾客常常未注意到，直到在预期可以享受优惠前才得知已被取消，此时顾客内心的滋味可想而知。恰当管理顾客期望的重要性可见一斑。图 12－3 提供了四种管理顾客期望的方式。

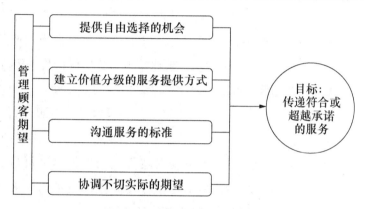

图 12－3　管理顾客期望的方式

资料来源：Zeithaml, V. A., M. J. Bitner, and D. D. Gremler. Services Marketing：Integrating Customer Focus Across the Firm（4th ed.）［M］. Boston：McGraw－Hill, 2005.

12.3.2.1　提供自由选择的机会

管理顾客期望的方法之一是提供顾客自由选择的机会。例如，百货公司刊登在广告上的满额礼已兑换完毕，针对尚未兑换的顾客，便提供另外三种价格相当的其他赠品以供消费者选择。当然，这些选择的机会要符合顾客的期望。

12.3.2.2　建立价值分级的服务提供方式

企业可将服务依顾客期望的价值来分类，让顾客自己选择想要的服务水平，除了依据不同的分类收取不同的价格，最主要的好处是服务水平的高低是顾客自己选定的，顾客较不会要求超出的水平，也不易产生不当期望。另外，也可帮助企业快速分辨出哪些是愿意支付高价以换取高质量的顾客。

例如，美发店里光是烫发便分成几种类型，有热烫、冷烫、离子烫、护发烫等，其中护发烫又依据护发的次数（有烫发前后择一护发或烫前烫中烫后都护）、护发品的质量来分类，选择何种烫发将影响烫后的发质、卷度的持久性和烫发时间长度等，由顾客在烫发前选择需要的方式，较能

> 企业可将服务依顾客期望的价值来分类，让顾客自己选择想要的服务水平，主要的好处是服务水平的高低是顾客自己选定的，顾客较不会要求超出的水平，也不易产生不当期望。

325

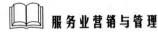

管理顾客期望，避免产生顾客和业者之间的沟通问题与认知落差。

12.3.2.3　沟通服务的标准

虽然服务的评估主要是由顾客掌握，但若有机会教育顾客如何评估服务甚至为顾客设定评估标准，则有助于消除双方的期望落差问题。例如，某补习班告诉家长：有好名声的补习班是根据名声来收费而非根据教学质量，人数多的补习班不一定代表效果好反而易忽略学生的个别差异；如果某个家长接受了这套说法而将小孩送进这家补习班，他就不会用市场名声、学生人数等标准来衡量补习班，而是以小孩有无受到个别照顾来衡量。只要补习班能够多关注个别学生，就比较不会让这位家长失望。

12.3.2.4　协调不切实际的期望

有时候顾客要求的服务水平超出他们支付的成本，此时服务人员应以价值而非价格去展现他们所提供的服务，并设法协商更切合实际的期望。例如，当顾客以五星级饭店的水平来要求廉价旅馆提供丰富可口的早餐时，廉价旅馆应该强调它们的价值来自以合理的货币成本为顾客节省金钱，而非以提供顾客高档豪华的食物为价值的来源。

12.3.3　改进顾客教育

很多服务的成果牵涉到顾客扮演的角色，若是参与不足或角色扮演不当，则服务就达不到预期的效果，顾客也会因此而失望。面对这样的问题，可由教育顾客着手，方法如图 12-4 所示。

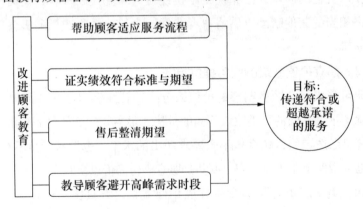

图 12-4　改进顾客教育的方法

资料来源：Zeithaml, V. A., M. J. Bitner, and D. D. Gremler. Services Marketing：Integrating Customer Focus Across the Firm（4th ed.）［M］. Boston：McGraw - Hill, 2005.

326

12.3.3.1　帮助顾客适应服务流程

为了能如愿在总是大排长龙的知名餐厅用餐而提前预约，但是当天却因为塞车而迟到了 25 分钟，当抵达餐厅时才被告知因为未在订位时间 15 分内抵达而被取消订位。这种情形到底是餐厅的错或是顾客的错？餐厅若能在顾客未准时现身时打个电话提醒顾客，或是在订位时便说明清楚订位保留制度，就可以减少误会与摩擦。

另外，为了达到服务效果，公司应该帮顾客了解他们应采取的行动并做好准备，尤其面对新顾客或推出新服务时，更应如此。例如，国内的游学代办中心会为学生准备好国外机场通关处的详尽平面地图，并在上面标示何处该办何事的程序步骤，也列出了海关可能提问的问题，并教导标准答案和应答技巧，而在学生出国和抵达时，游学中心的服务人员也会保持开机以备不时之需。

为了能达到服务效果，业者应该让顾客了解他们需要做好哪些准备，尤其面对新顾客或推出新服务时，更应如此。

典范人物

用生命热情服务客户的媒体天后
——余　湘

全台最有影响力的广告媒体人，人称"媒体教母"的余湘，目前担任中国台湾规模最大的广告公司群邑集团（Group M）的中国台湾总裁，以及广告公司联广集团董事长。她每年掌握的广告预算超过新台币 100 亿元以上，占中国台湾全年广告预算的 1/4；以电视广告数量而言，每 3 个就有 1 个来自于她。

一般人很难想象，余湘最初的工作是广告公司总机，而且还是半工半读，但 20 多岁就当上媒体购买公司总经理，曾在李奥贝纳、奥美、联广等知名广告公司任职，也曾担任民视开台时的副总。她曾说："我当时的信念很简单，当你做好第一份工作，永远有第二份更好的工作机会。"对她而言，每一个职务的挑战都代表着一个唯一的机会，没有会不会做的问题，而是只有全力以赴了没有？

就是凭着这样的信念，再渺小的工作，再微不足道的细节，她也展现出最大的企图心与热情！曾有客户说："余湘很专注帮我们解决问题，这

327

就是专业。"她秉持着"永远比客户多想一点、永远比客户多做一点"的初衷，不论过程中有多么难，都以坚强的意志及迅速的决断力完成任务。不仅如此，连业界也对她赞誉有加，当她创办的"媒体库"经营有成而被美商 WPP 集团并购后，她反而被指定担任传播集团 Group M 在中国台湾的总裁兼董事长。

然而在 2008 年，一场大病让她在三星期内动了三次手术，并奇迹般地痊愈。一般人可能会从此怀着安度余生的想法，但余湘反而豁达，珍惜上天给的机会，面对生命更为积极，在本业上更为专注与努力。在那之后，她反而买下一年亏损四千万的联广广告，四个月内将它转亏为盈。

余湘有着广告人卓越的特质，永远都在自我颠覆与自我超越，历练出锐利眼光与柔软身段，并以过人胆识与坚强意念打拼事业。很多人问余湘是怎么成功的，她都只有一句话："把事情做好就是了。"也有人问她怎么积累人脉，她还是那句："把事情做好就有了。"

12.3.3.2 证实绩效符合标准与期望

当服务人员疏于向顾客说明服务已经完成，或未能对顾客要求的事项清楚沟通时，可能会伤害服务质量及企业的声誉，尤其是当下列状况存在时应当特别注意：

（1）顾客难以看见或无法评估服务的效果。对于比较无形或专业的服务，或是当顾客缺乏相关经验与知识时，如果服务人员疏于讲解顾客特别关切的环节，顾客将难以评估服务成果。在这种情况下，业者需要以顾客容易了解的词汇来讲解或告知服务已经完成。例如，医师有耐心地以非专业术语来讲解手术前后的差异和目前的恢复情形，甚至给病患看证据（拿出的结石或拔出的蛀牙），如此一来就比较容易让顾客感觉服务绩效符合原有期望。

（2）购买决策者与使用者不是同一人。当购买者与决策者并非同一个人时，服务人员较少和决策者接触，反而较常与使用者接触，这种问题大多发生在企业之中。例如，企业决定购买某软件防毒系统，决策者与服务人员的互动只在决策阶段而非使用阶段，因此决策者可能购买用户觉得不需要或不妥的软件，因而导致服务人员与使用者之间的沟通问题。

（3）服务人员需倚赖其他人来完成服务时。例如，教授倚赖助教帮助

当服务人员疏于向顾客说明服务已经完成，或未能对顾客所要求的事项做适当沟通时，会损及服务质量的声誉。

328

学生解题，在这种情况下教授可能无法掌控助教的表现或无法了解学生真正的需求，因而损及服务品质。因此，当服务人员需依赖其他人来完成服务时，必须小心掌握其他人的服务质量也达到一定的标准。

12.3.3.3 售后厘清期望

当服务成果与之前的承诺出现差异时，必须检测顾客的期待与实际感受之间的落差有多严重，并予以必要的厘清。一般而言，当落差不太大时，服务人员或可强化某些正面的服务成果，来弥补服务成果较为不足之处，或转变顾客的预期来预防可能出现的负面情绪。然而，落差太大而无法在语言沟通上"自圆其说"时，则有必要进行服务补救措施（详见第 5 章 5.5 节）。

缤纷课外

书：服务生机密档案

现在的服务生，不但要是食物过敏源专家、品酒师、移动电话礼仪纠察队、养眼的型男、听人告解的神父、娱乐表演高手、调酒师、急救人员、接线生、笑话大师、心理治疗师、语言学专家、拳击沙包袋、外交人员，还要兼业余厨师。

——无名侍

这是一本颇受好评、令人看了捧腹大笑的职业体验日记，也是一本让人看了不敢再当"奥客"（很难伺候的客人）的警惕录。本书作者当了 7 年的服务生，将自己在工作上的所见所闻、奥客百态以及服务生如何回敬顾客的精彩故事写在自己的博客"服务生发骚"（Waiter Rant）上，每月平均点阅率超过 200 万人次，吸引全美数百万网友点阅，最后竟成为《纽约时报》畅销书、2006 年度最佳创意非小说写作，获得 2006 年 Bloggies 最佳网志大奖，售出欧美多国版权、电视影集版权还获得 Amazon 读者四颗星推荐等多项荣誉。

在美国，服务生的收入靠的是小费，怎么服务好衣食父母的顾客，堪称"艺术"，看作者如何面对百种的人，使出百种的沟通绝招，你除了拍

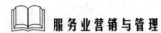

案叫绝，也将对服务有更深刻的认识。

12.3.3.4　教导顾客避开高峰需求时段

多数顾客不喜欢等待服务，尤其是大排长龙的情况。等待会导致顾客产生负面的情绪，进而影响对服务的评价。解决这个问题的方式是事先通知顾客高峰和低峰时间，教导他们避开高峰时段而多用低峰时段，这么做不但可以降低顾客等待的负面效果，更能缓和需求，提高服务产能的利用率。

12.3.4　管理内部营销沟通

第 12.3.1.2 节已经讨论了借由协调外部沟通来确保服务符合之前对顾客的承诺。事实上，良好的服务传递需要"里应外合"天衣无缝地搭配。因此，企业还需要管理内部沟通，方法如下（见图 12 – 5）。

企业必须通过向下沟通让站在第一线的服务人员能纵容应对顾客的所有提问。

管理内部沟通

- 建立有效的垂直沟通
- 建立有效的水平沟通
- 联结后场人员与顾客
- 建立跨功能团队

目标：传递符合或超越承诺的服务

图 12 – 5　管理内部营销沟通的方式

资料来源：Zeithaml, V. A., M. J. Bitner, and D. D. Gremler. Services Marketing：Integrating Customer Focus Across the Firm (4th ed.) [M]. Boston：McGraw – Hill, 2005.

12.3.4.1　建立有效的垂直沟通

企业除了借由专业上的教育训练，以提升第一线服务人员的服务与应对进退的技巧之外，还必须通过向下沟通（downward communication）向服务人员传达公司对顾客许下了什么承诺或宣传哪些事项，让第一线服务人员能从容应对顾客的所有提问，而不是由顾客拿着文宣来告知员工。例如，百货公司的所有营业员、总机和客服人员应该比顾客更了解正在或即将进行的促销方案，随时准备好回答顾客相关的询问。

向下沟通的方式包括公司内部刊物、电子邮件、简报会、内部推广活动及表扬大会等，而且也应该让员工比顾客更早看到即将推出的广告或文宣。缺乏完善的向下沟通，顾客、员工、企业都深受其害，当顾客无法从员工那里获得正确的信息时，有可能对公司产生负面评价；员工则因未能清楚地知道公司的政策而觉得无助；顾客也可能因此浪费信息搜寻的时间、做出错误的决策等。

除了向下沟通，向上沟通（upward communication）对缩小服务承诺与实际服务之间的落差也十分重要。顾客对公司标榜的承诺、推广活动、促销方案的见解和反应，有可能是在和服务人员随性的对谈中不经意透露的，或直接向服务人员抱怨，不论何种情形，第一线服务人员因为最常和顾客接触，因此能以最近的距离观察、倾听顾客的反应。因此公司应鼓励第一线员工将顾客抱怨或意见传递给主管，使主管了解顾客的问题，以利于公司应对或补救。

以亚都丽致饭店为例，服务人员会通过"交接本"制度来反映顾客意见。每位值班人员都必须将客人的抱怨与异常事件以五个 W（Who、What、When、Where、Why）记录并翔实记载处理方式，一方面让同人在交接后仍能掌握每一个服务环节，另一方面则研究服务补救的机会。

12.3.4.2　建立有效的水平沟通

在企业内建立有效的水平沟通渠道相当困难，因为不同功能部门间，专业背景不同，思考方式也不同，因此对目标、事件、顾客等的看法也有所不同。然而，跨部门协调沟通确有好处。例如，营销与财务部门的协调有助于制定能符合市场预期又有获利空间的价格。

从服务质量与顾客满意度的角度来看，营销企划单位与第一线服务人员之间的协调沟通特别重要。假设企划部门过度夸大广告，将使得顾客对服务质量有过度期待，而当第一线服务人员无法达到顾客预期的服务水平，他们将要直接面对顾客的不满情绪，因而徒增精神、体力上的负担。由此可见，营销企划人员应和第一线服务人员保持充分的协调沟通，以确实传达合理的服务水平。

水平沟通常借由正式或非正式活动来促进，如每年的规划会议、检讨会议、团队会议等，甚至让服务人员参与营销企划人员和顾客的聚会，让服务人员亲自感受到来自顾客的需求。将营销企划人员轮调到服务部门以见习服务传递的真实情形，或是让营销和服务部门的员工度假聚会等，都是常见的水平沟通方式。

12.3.4.3　联结后场人员与顾客

当企业越来越重视顾客需求时，后场的支持人员也应了解顾客需求和服务传递过程，才能对前场人员和顾客产生同理心，并感觉到工作的意义，即后场支持往往对前场人员的工作效率及顾客满意度是非常关键的。例如，某些饭店会要求厨师在顾客面前表现做菜的拿手绝技或到各桌询问顾客对菜色的满意度，银行的营销部门也会被要求在营业部门实习或短期担任卡务人员等，这么一来后场人员将对"市场"更为敏感与重视。

12.3.4.4　建立跨功能团队

另一种有效促进内部营销沟通的方式，是直接调派各部门的员工组合成一个跨部门的团队。在这个团队里，虽有不同的专业背景和管理思维，但是却因为被赋予共同的目标和使命，因此必须摒除门第之见、发挥专长、有效沟通，以共同合作来达成目标。广告代理商的跨功能团队（常集合客户部门主管、美工、文案撰写、制作、接洽与媒体购买，甚至包含顾客代表）便是常见的例子。

📖　章末习题

基本测试

1. 何谓推广？工具包括哪些？以服务业举例说明。

2. 何谓整合营销沟通？以服务业举例说明。

3. 在购买流程中，服务的特性会带给顾客哪方面的困扰？

4. 请举例说明产生服务沟通问题的主要原因。

5. 简略说明有效管理服务承诺的方式有哪些。

进阶思考

1. 哪些服务业想请使用过的顾客来协助推广并不容易？

动脑提示：从三个角度想这问题：什么性质的服务业？什么类型的顾客？何谓"协助推广"？也可以先从市面上的各种服务出发，看看那些不容易请顾客协助推广的服务具有什么特点。

_____

_____

_____

_____

_____

2. 建立价值分级的服务提供方式是否有限制与缺点？请举例说明。

动脑提示：先了解价值分级的意义，然后思考"每一种服务或每一家业者都适合或有办法提供价值分级的服务提供方式吗"。另外，有关"限制与缺点"，可从两个角度思考本题：服务业者的角度以及消费者的角度。

_____

_____

_____

_____

_____

活用知识

1. 选择任一种补习班（如语言、计算机、升学），假设你仅是一位有兴趣的潜在顾客（尚未决定是否补习），去体验销售人员如何向你推广他们的服务并记录该销售人员在推广上的优缺点。当时，你是否心动购买？

2. 某些国家的旅游收入是其外汇收入的一大来源，除了先天优势之外，后天人为的努力才是吸引旅游客源源不绝而来的功臣，如泰国、日本的旅游局致力"国家营销"多年有成。请任选一个国家或地区，观察其国家营销或城市营销的作为。

第13章 服务业的流通渠道

美丽之岛

都可茶饮在国际市场擦亮品牌

"程又青，我可能不会爱你……"知名偶像剧中男主角轻唤女主角的名字。

"鲜榨'澄柚青'各一杯吗？"在门庭若市的店里，外场服务生亲切地为顾客点餐，剧中女主角的名字竟出现在都可茶饮的单子上，原来"澄柚青"是指包含鲜榨葡萄柚冰茶、鲜榨香橙冰茶、鲜榨葡萄柚香橙的系列产品。推出这新品的都可茶饮抢搭偶像剧的热潮，成功吸引许多年轻男女尝鲜。

都可茶饮于1997年在淡水起家，当时还是小型茶饮店，如今却发展成连锁企业，除了在中国台湾各地设立据点，在祖国大陆地有800家分店，而在美国、马来西亚、泰国、印度尼西亚等国也可看到都可橘底白字招牌的踪迹。

中国台湾手摇茶的源起可溯至日治时代，经长年累月的发展，如今已成为中国台湾特有的饮食文化，而手摇茶当中，又属珍珠奶茶最为风靡。近几年来，珍珠奶茶的旋风也吹向国外，中国台湾手摇茶正逐渐改变全球茶饮的消费特性。到底这一杯半透明的饮料有何魔力，能够征服海内外众多消费者的胃口？都可茶饮又是如何闯出自己的一片天？

很多人说茶饮业门槛低，但都可茶饮却认为这行业要长期经营是很难的。在拓展版图上，都可有自己的一套方法；它在全球有1000多家分店，展店速度固然惊人，但每家分店都是以国际级的规格在经营，且坚持不开放加盟，在部分国外市场如马来西亚与泰国，是以合资的方式拓展分店。不采用加盟的目的在于控制质量，全球每一家分店的原物料都从中国台湾总公司统一采购，极力做到标准化。

不断研发创新更是都可茶饮成功的关键。它根据不同地区研发当地新产品，同时为了研发茶饮，食品科学出身的硕博士级研发人员还要考虑上一季各个茶产地的日照、降雨、温湿度等，以便决定应该到哪个茶叶产地购买哪些茶叶等。如今，都可茶饮每季固定推出30%的新品，菜单上也有10%～20%的当地饮品。

都可茶饮正在国际市场上逐步擦亮品牌，它的经营与发展势必为中国台湾服务业的国际化带来启发。

 本章主题

都可茶饮通过流通渠道的拓展，成功地从淡水走向全球。流通渠道是为了让消费者方便取得服务；流通渠道经营不善，服务再好也是枉然，就如人体血液不通，体质绝对不良。本章聚焦于服务流通渠道的几个重要议题，架构如下：

1. 服务流通渠道的重要性：首先概述服务流通渠道对消费者、业者及小区城镇的重要性。

2. 服务传递与流通渠道：说明三种服务传递的方式以及它们和服务流通渠道形态的关系。

3. 自有流通渠道与中间商：讨论自有流通渠道和中间商及其优点与挑战。

4. 网络科技与服务流通渠道：说明网络通信科技对流通渠道带来的意义、好处和挑战。

▶▶ 13.1　服务流通渠道的重要性

服务流通渠道和消费者的生活息息相关，已经成了现代人的重要生活

空间、塑造生活质量与品位的重要因素。有些上班族总是在上班途中，在
7 - Eleven 买份早餐，午餐习惯到附近的伯朗咖啡点份商业套餐；周末上午
到威秀影城网站订购电影票，然后到曼都美容院洗洗头，接着趁看电影的
空当先逛逛新光三越百货，晚餐则在百货公司底层的小吃街解决。只要稍
微留意大学生、家庭主妇、企业主管的生活概况，就不难理解服务流通渠
道对消费者生活的重要性。

　　对于业者而言，流通渠道是传递服务质量、让顾客体验服务的所在
地，是表现实体环境功能的空间，也是服务人员大展身手与服务流程得以
运行的舞台。没有流通渠道，服务只不过是躺在计划书上的图案或是业者
脑海中的想象。

　　流通渠道也是业者极为重要的"情报中心"。通过在流通渠道中接触
消费者，业者得以收集丰富的商业信息，尤其是消费者的需求与购买行
为、企业本身的服务缺失与改进方案，甚至是对手的竞争策略等。所有的
服务构想与规划，只有到了流通渠道才真正实现，也因此才能真正观察、
理解、收集到顾客的反应。因此，如果服务流通渠道失去情报中心的功
能，企业的市场回馈机制必然有所欠缺。

　　流通渠道更是与竞争者短兵相接，关乎企业生死的关键所在地。例
如，大润发在 2009 年打败家乐福与沃尔玛，成为中国外资零售龙头。为什
么呢？天下杂志如此报道（2012/5/16）：

　　　　"一家店能不能赚钱有很多原因，但选到对的地点至少占一半。"
　　同时也是大润发展店土地评议委员会委员之一的徐盛育说……"只要
　　和黄董合作过就离不开，他把休息时间也拿来跑点。这强烈的斗志是
　　会感染的，会让你想尽力给他提供最好的东西去'打仗'。"大润发在
　　华东区最大的生鲜蔬菜供货商、海明农业董事长顾海明说。（黄董：
　　大润发中国区董事长黄明端）

　　扩大层面来看，服务流通渠道更是表现了一个小区、城镇，乃至于整
个国家的价值观念、生活方式与文化特性。例如，某个小区里的生活服务
业（如餐饮、医疗、娱乐）主要是由许多注重艺术设计的小型店面构成，
另一个小区则是由少数几家设计得富丽堂皇的商城构成。对于这两个小

区，我们自然会对他们的生活与文化赋予不同的解释。由此可见，服务流通渠道可视为一群人的内在精神的标志，以及对外展示的门面。因此，无论是为了保存自身的文化、提倡某种生活态度，或为了促进旅游等，一个地方该如何呈现与管理服务流通渠道是相当重要的。

13.2　服务传递与流通渠道

流通渠道是企业为了能传递服务、让顾客能享用到服务而设计的。因此，要理解服务流通渠道的形态，可以从服务传递的方式（或消费者接触到服务的方式）切入。我们可以将服务传递的方式分为三大类：消费者到服务场所、服务人员到消费者所在地、远距交易（见图 13-1）。每一类衍生出来的服务流通渠道有不同的特性，说明如后。

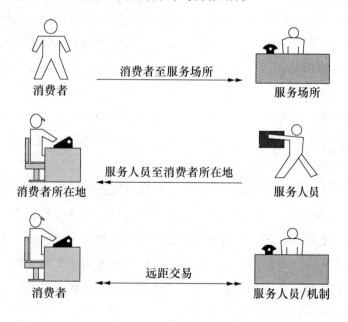

图 13-1　服务传递方式

13.2.1　消费者到服务场所

消费者到业者设立的据点，才能顺利接受服务。一般而言，如果服务

337

标的是"人",消费者就必须全程待在服务场所中,如旅馆、演唱会、博物馆、SPA 按摩等。如果服务标的是消费者的物品或资产,则消费者只要在交易的起点或/和结束时到服务场所(如银行存款、汽车修护、宠物照料)即可。

适应这类传递方式而设置的流通渠道一般是以自有流通渠道或中间商为主,也就是业者为了直接服务顾客而自行设立服务场所,或是通过能直接面对顾客的机构来传递服务(第 13.3 节将进一步说明自有流通渠道与中间商)。这类流通渠道应该特别注意地点设立的许多因素,如方便性,交通状况,据点空间的大小、舒适性、营业时间以及据点所在的商圈类型等。

13.2.2 服务人员到消费者所在地

近年来,越来越多的业者为了方便顾客而推出"到府"服务。例如,宏碁数字宅修提供到家修计算机的服务,免除顾客送修计算机时必须将计算机搬到店家的麻烦;必胜客的外送服务让消费者可以在打完电话后的半个小时内,在家里享用热乎乎的披萨。除了服务个别或家庭消费者外,也有许多业者专门为企业客户提供服务,如员工训练、计算机与复印机维修等。

此外,有些服务标的难以移动或无法移动时,相关人员就必须到达服务所在地。例如,房屋修缮、家庭清洁、道路救援等,就是属于这种情况。

另外一个到消费者所在地的情况是到偏远地区或地广人稀的地区提供服务。在这些地区,实体据点能服务的顾客较少,地理范围较小,服务效益因而相当有限,因此往往采取到顾客所在地提供服务。例如,澎湖有一位开船上下班的离岛医师侯武忠,自己买船,穿梭澎湖岛屿到病人家中看诊。但是这种形式的服务必须有专人且带着设备到顾客所在地,会耗费服务人员较多的时间,成本也往往较高。

这类服务的流通渠道设置较为单纯,企业所在地到达服务所在地的便利性与成本为主要考虑,其他企业据点的空间大小、舒适性、据点所在的商圈类型等都不是关键因素。

有些服务的标的难以移动或是无法移动时,服务人员到消费者所在地提供服务就变得很重要。另外一个适合服务人员至顾客所在地服务的情况是到偏远地区或地广人稀的地区提供服务。

纵横天下

是的，电力也可以直销

提到直销，很多人马上想到几个较有名的美国品牌，如雅芳、安利、贺宝芙等。在 2011 年全球直销公司营业排名的调查中，美国品牌在前 15 名中占了 9 个名次，稳居直销品牌王国。不过，这份排名最让人眼睛一亮的是美国的 Ambit Energy, L. P. ，总营业额增长近 58%，排名进步 16 名之多，成为全球第 15 大直销商。Ambit Energy, L. P. 经营的并不是传统的美妆保养品或食品，而是电力及天然气。成立初期适逢美国许多州政府开放能源产业民营，通过 13 万个直销商直接推广合约给家庭用户，仅用了 5 年时间就达到目前的规模。世界上大部分国家仍由政府掌握能源事业，虽然目前只有美国有这样的体系可供能源产业发展，不过 Ambit Energy, L. P. 的成功可能让未来会有更多类似的品牌在世界各地出现。

13.2.3　远距交易

远距交易是指顾客不需要接触到提供服务的设备或人员，而是通过网络、电话、电视以及传真等工具，就可以完成服务的传递。例如，在网络上缴交手机费、拨打客服电话、以传真的方式来申办 ADSL 以及远距教学等，这些服务都是消费者在有网络、电话或传真的地方就可以完成的，完全不需要直接面对服务人员。远距交易通常用在可以数字化的服务或是信息服务上。

此外，有许多企业在产品的售后服务上，利用快递到消费者家中收取欲送修的产品，待修缮完毕后，再通过快递归还给消费者。这整个过程中，消费者只需通过电话或是网络联络业者，这也属于远距交易的一种。

13.3　自有流通渠道与中间商

由于服务的无形性及不可储存性，服务流通渠道并没有存货机制或所有权转换等功能，因此，服务业者通常采用自有流通渠道或是通过能直接面对顾客的中间商来提供服务。

13.3.1　自有流通渠道

公司拥有商店的控制权，可以用一套标准来规范商店经营，因此较能维持一致的服务质量及提升企业形象，并有助降低消费者的不确定感与知觉风险。

自有流通渠道（company - owned channel）或直接流通渠道（direct channel）是指服务的创始人或企业主拥有自己的流通渠道，直接传递服务给顾客。例如，医师、家庭理发、家教以及算命师等，本身就掌握了相关的专业知识或技巧，不经过他人就可以为顾客提供服务。他们大多属于地区性的业者，地理范围有限，大多没有分店。自有流通渠道的好处与挑战如表 13 -1 所示。

表 13 -1　自有流通渠道的好处与挑战

好处	挑战
1. 容易控制	1. 承担较高的财务风险
2. 维持质量一致性	2. 难以掌控不同市场的熟悉度
3. 维持形象	

13.3.1.1　自有流通渠道的好处

当企业通过直营的方式来配销时，可以完全掌控该流通渠道。

拥有自有流通渠道的最大好处是流通渠道的掌控权在自己手上。也就是说，所有跟流通渠道相关的决策（如店面与内部设计、员工的雇用和解聘及升迁调动、利润分配）不必听命他人，经营的意志与方式较能彻底贯彻。另外，自有流通渠道不仅便于控制商店经营权，也较能掌握顾客资料，便于经营顾客关系。

业者有了较大的控制权，就可以用一套标准来规范商店经营，因此比较能维持一致的服务质量及提升企业形象，并有助于降低消费者的不确定感与知觉风险。例如，王品台塑牛排以直营方式经营，对每一家直营店都坚持严格挑选食材、高度重视顾客满意度的理念，因此王品台塑始终给人受到礼遇的感觉，并能维持高级餐厅的形象。

13.3.1.2　自有流通渠道的挑战

通过直营店传递服务带来某些挑战，其中之一是必须自行承担财务风险。如果为了降低财务风险而延缓开店，就有可能错失开拓市场的机会。另外，企业就其处在的地理范围或经营环境有一定程度的熟悉，不表示对其他国家、市场亦然，而对市场越不熟悉，则经营的风险就越高。尤其是将事业拓展到国外或其他文化地区时，直营的风险更高。

13.3.2　特许加盟

当服务并不是通过自有流通渠道，而是通过另外一个机构（非直营）来传递时，我们称这些机构为中间商（middlemen）。特许加盟、代理商、经纪商等都是服务产业中常见的中间商，其中又以特许加盟最为普遍。

特许加盟（franchising）是指特许授权者（franchiser）同意特许加盟者（franchisee）使用前者创造设计的服务方式与商标等。我们周遭的特许加盟店非常多，如百视达、泰利干洗店、柯达冲印、壹咖啡、Subway 潜艇堡、清心茶饮等都是。以下四小节分别讨论特许授权者与特许加盟者的好处与挑战（见表 13 - 2）。

表 13 - 2　特许授权者与加盟者的好处和挑战

特许授权者		特许加盟者	
好处	挑战	好处	挑战
1. 增加营收及利润 2. 降低风险 3. 维持服务一致性 4. 获得当地市场的知识	1. 如何激励特许加盟业者 2. 服务质量不一致会损害公司声誉 3. 难以掌握顾客关系 4. 核心知识技术可能被转移	1. 取得全国性或是地区性的品牌营销的权利 2. 降低创业风险、建立专业基础	1. 高额的加盟费用与微薄的利润 2. 过多的分店与特许加盟饱和 3. 不切实际的期望 4. 缺乏控制的能力 5. 失败率高

13.3.2.1 特许授权者的好处

对于特许授权者一方面向加盟者收取加盟金；另一方面则通过加盟者来拓展据点，扩大服务范围，服务更多顾客，因此比起通过公司直营的方式有更多的营收、利润及规模经济。另外，特许授权者不必花费大笔金额建立自有流通渠道，甚至还可以收取加盟金，并将加盟金用在提升服务质量、员工教育训练、拓展业务等，因此不必承担过高的经营风险。

特许授权者往往会制定标准化的服务流程或店面经营守则等，并通过合约确保加盟者遵守规定。如果合约确实履行、经营得法，那么特许授权者就能维持一致的服务质量，并利于加盟者复制。

最后，当企业想扩大服务范围时，往往必须进入不同的地区，而不同地区可能有不同的文化、法律、经济情况和消费者特性等，业者往往不如当地人士了解当地的情况。因此，业者可以授权给当地人士，并间接获得该市场的知识，以及能够与当地的员工发展密切的关系。

13.3.2.2 特许授权者的挑战

特许授权者也会面临许多经营上的挑战。特许授权者与加盟者之间的关系并非从属关系，加盟者是一个独立的个体，两者的关系通过契约来维持。因此，特许授权者除了以消极的契约来规范加盟者必须配合政策之外，是否能够通过积极的作为（如奖励制度、教育训练）来使加盟者按照授权者设定的标准来传递服务、制定价格、雇用员工以及配合促销策略等，是一大挑战。

特许加盟要成功，关键之一就是加盟者是否确实遵照加盟体系中的标准作业。因此，特许授权者设计出独特的服务后，通过加盟者传递给消费者，而消费者接收到的服务与授权者设计的服务之间是否有落差，是特许加盟面对的挑战。当其中一个特许加盟者的服务出现重大瑕疵，或发生了服务缺失而没有妥善补救时，将会严重伤害整个加盟体系的形象。

另外，特许加盟机制意味着直接接触顾客的是加盟者而非授权者，因此顾客的信息容易掌握在前者手中。虽然通过现代化的信息科技如 POS 系统、数据库等方式，授权者也可以加强对顾客关系的掌握，但人与人之间情感的关系还是掌握在特许加盟者这一端。

最后，当特许授权者在教导加盟者专业知识与服务技巧时，前者的独特创意、核心技术等可能因此外流。特许加盟者得到关键的知识技术，在

对于特许授权者而言，通过特许授权能够得到的利益有：增加营收及利润、降低风险、维持服务一致性、获得当地市场的知识。

特许授权者与加盟者之间的关系并非从属关系，两者的关系通过契约来维持。

特许授权者的经营挑战有：如何激励特许加盟业者、服务质量不一致会损害公司声誉、难以掌握顾客关系、核心知识技术可能被转移、如何建立良好的特许授权机制。

契约期满之后，就可以不在特许授权者的规范之下提供相同或类似的服务给顾客，进而变成了特许授权者的竞争者。因此，如何防范关键技术外流、如何避免加盟者脱离体系成为竞争者等，是特许授权者的另一挑战。

13.3.2.3　特许加盟者的好处

对特许加盟者而言，参与加盟可以取得全国性或是地区性品牌营销的权利。尤其当加盟的品牌在市场上已经建立了良好的形象及累积了广大的客源时，加盟者获得的利益更是广大，也就是加盟者无需花费太多推广费用，就可以拥有一定的知名度、声誉与顾客基础。

加盟体系也让加盟者获得一个现成的事业形态以作为创业发展的基础，并可以降低创业风险。有意创业者在加盟之前，加盟授权者已经进行了市场评估、竞争者分析等，并提出加盟的计划与权利义务等内容，因此前者也可以评估加盟的优缺点与可能收益；在加盟之后，授权者会提供所需的知识、技巧等教育训练，同时也有机会与其他较早的加盟者交流经营心得等。因此，加盟体系可以为创业者省去许多自己摸索的过程及经营风险。

対于特许加盟者而言，参与特许加盟的好处有：取得全国性或是地区性的品牌营销的权利、降低创业风险、建立事业基础。

13.3.2.4　特许加盟者的挑战

特许加盟者也会遇到许多困境与挑战，其中最常提到的是高额的加盟金与费用以及微薄的利润。除了一开始必须缴纳加盟金，加盟者也可能被要求购置设备、支付相关训练费用、向特定的原料供应商购买原料、提供担保品等，这些都会使加盟者额外付出许多成本。除了上述费用，特许授权者每个月还会向加盟者收取营业额的一定百分比。这些都使得特许加盟者的利润不断被侵蚀。

特许授权者有时为了增加营收，在同一地区内给予好几个业者特许加盟，但这却使原本的市场被瓜分，造成原有加盟者的损失。另外，有些授权者以旗下明星加盟店的业绩来招募加盟，使得加盟者对"成功"有错误的认知。以上问题可能造成加盟者在加盟一段时间之后，才发现当初的期望太高、太不切合实际，从而感到失望。

另外，特许授权者为了维持一致的服务质量及增加本身的利益，在授权时往往和加盟者制定条例繁杂的契约。因此，加盟者的许多经营决策必须听命于授权者，而失去决策的自主权。有时候，即使加盟者认为就当地的消费习性而言，授权者规定的某些服务或经营方式应有所调整，但却碍

特许加盟者在特许加盟的体制下会遇到的困境与挑战如下：高额的加盟金与微薄的利润、过多的分店与特许加盟饱和、缺乏控制的能力、不切实际的期望、失败率高。

于契约或授权者的坚持而无法变动。

最后，越来越多的创业者想通过特许加盟的方式创业，但同时市场上也不断出现新的服务及特许授权业者，因此挑选特许授权业者对于创业是否成功就变得非常重要。但要挑选好的特许授权业者并不容易，由于一些特许授权业者在收取特许加盟金之后，不一定有能力辅导加盟者或是无法解决加盟者面临的困境，因此提高了特许加盟失败的概率。

纵横天下

缅甸的现代化服务流通渠道萌芽中

圣诞树上绚丽的灯光，加上路上来来往往的大量西方面孔，如果不说，很难让人联想到这是在传统的佛教国家——缅甸。过去的缅甸在政治、经济和文化等方面，几乎与西方世界隔绝。如今由新政府执政后，一系列的政策改革及松绑，不仅受到缅甸国民的欢迎，也吸引许多外国游客的到访。在军政府下台后，缅甸人民纷纷将藏在家中的"私房钱"拿出来流通，过去曾经汇往国外的钱也纷纷回流缅甸。这个过去被称为"东南亚最贫困的国家"似乎开始有了变化。

开放政策也让缅甸的服务流通渠道业受惠。为了增进消费，缅甸卖场及购物中心开始导入当地不熟悉的西方文化元素，如圣诞节等。过去少见的"舶来品"也渐渐增多，缅甸消费者开始有了更多元的购物选择，也开始愿意购买价格较高的产品。虽然目前缅甸境内大部分的连锁百货及批发商多集中在仰光、曼德勒及首都内比都，其他地区多为小型传统商店，不过随着如 City Mart、AsiaLight、Orange 等大型连锁卖场的出现，服务流通渠道在缅甸的未来发展可以说前途大好。

13.3.3 代理商、经纪商

和特许加盟相反，代理商与经纪商这两类中间商并不拥有服务的所有权，他们经由服务的买方或卖方授权而执行某些营销功能。其中最常见的是销售代理商（selling agents），主要是负责销售卖方（服务生产者）

344

的服务，如国内银行代理国外的基金、雄狮旅游代理中国航空公司在台的销售业务等。这类代理商之所以存在，是因为服务生产者没有意愿或缺乏资源来处理某个地区的销售业务，因而委由对市场相当熟悉的代理商来打理。

采购代理商（purchasing agents）则是帮助买方进行估价及采购，如有些采购代理商专门在帮买者寻找并购买古董、书画、艺术品等产品。由于采购代理商能提供丰富的市场信息给买者，且可以代为采购、争取最佳的价格及服务等，因此替买方省下了许多采买的时间与心力。

典范人物

不断创新、放眼国际、实践公益的房屋中介业龙头
——周俊吉

作为股票上市的房屋中介公司董事长，周俊吉其实没卖过几栋房子。"按了门铃就想转身跑"是令现在的他一笑置之的售屋回忆。然而，正因如此，"不按门铃自有客户上门"就成了周俊吉追求创新的目标。于是，他设计出一楼的透明店面，明亮无碍的空间打破顾客对房屋经纪人的刻板印象，更多人愿意主动进门咨询，从此打下信义房屋的基础。

当然，周俊吉的创新不仅于此。1989 年，信义房屋制作"不动产说明书"，足足领先立法主管部门十年；1993 年，实施"漏水保固"，首创由中介公司代替屋主负责瑕疵担保，每年公司多花 1000 万元；1996 年，全面实施"成屋履约保证"；2002 年，首推"在线影音环场看屋系统"，让客户在不受任何时空的限制下轻松看屋，看屋的时间也延长至 24 小时。这些都是信义房屋部分的经营创新，但从中已可看出周俊吉勇于颠覆产业惯性、为消费者谋福利的作为。

2007 年，信义房屋以巨资买下门牌刻着"信义路"、坐落于台北"信义区"的办公大楼作为全球营运总部，强化国际市场的经营。目前已在上海、北京、重庆等中国大城市开店多年的信义房屋，未来将放眼全球成为国际连锁流通渠道。周俊吉相信，竞争者也许能很快抄袭大的创新，却很难模仿一千件微小却重要的创新，而这些点滴累积的成果，就是信义房屋

迈向国际的敲门砖。

开拓国际的同时，周俊吉不忘借由文化公益事业来回馈中国台湾。例如，2004 年出资 1 亿元推出"小区一家"计划，盼能凝聚中国台湾小区的共识；九年来已斥资将近 2 亿元协助 1096 个小区，实现改造家园样貌、重塑故乡风华的梦想；近年来积极推广企业伦理，在周俊吉个人捐出 6 亿元后，信义房屋也捐赠 1.2 亿元予政大成立"信义书院"，并与政大商学院合作，开设讲座或论坛等活动，来推广企业伦理。这些积极作为使得信义房屋在媒体的企业社会责任（CSR）的评比中，总是名列前茅。

经纪商（brokers）则是帮助撮合买方与卖方交易，并协助双方协商的中间商。他们很少涉入买卖双方的金流或承担交易的风险，收入主要来自雇用他们的当事人支付的费用，或是交易的佣金。经纪商通常不是买方或卖方的长期代表，如不动产经纪商受托销售房屋，一旦售出任务完成后，作为卖方"代表"的身份即消失。

13.3.3.1 代理商和经纪商带来的好处

通过使用代理商与经销商来传递服务有下列四项好处：降低销售与分配的成本、具有特殊的知识或技能、在广阔的地区代表公司业务、获得当地市场知识。

服务生产者通过代理商与经纪商传递服务有多项好处（见表 13 - 3），其中之一是降低销售与传递服务的成本。代理商与经纪商可以传递多个服务生产者的服务给不同消费者，因此可以让整个市场的交易更有效率。例如，甲计划到日本旅行，必须订购华航来回机票、不同住宿地点的饭店与地铁等。如果甲一一向不同公司购买服务，必须花费一定的时间和精力，而这些公司也必须逐一处理每个顾客的订单。但如果通过旅行社来销售服务，则可以减少整个交易过程的成本。图 13 - 2 与图 13 - 3 显示中间商可以减少交易的次数，无论是从整个产业或个别企业的角度来看，都可以节省很多销售与配送的成本。

服务生产者要将触角延伸到较远或较大的市场时，往往面对资源不足、成本过高等问题，如到海外设立服务据点或长期派驻员工到海外，必须支付固定的房租、员工薪资与津贴等，因此必须面对服务的收入是否能打平这些成本的问题。通过代理商或经纪商提供及销售服务，只需按销售金额来支付费用或佣金，因此可以减少自行设立流通渠道的成本与风险，又可扩大市场范围。

346

表 13－3　代理商或经纪商带来的好处和挑战

好处	挑战
1. 降低销售与传递服务的成本	1. 失去对价格和营销的控制
2. 以较低成本开拓市场	2. 代理商或经纪商的忠诚度问题
3. 间接取得市场相关知识	
4. 为市场提供更好的服务	

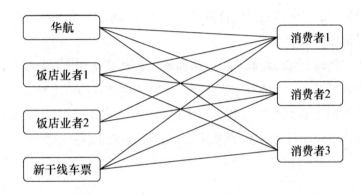

图 13－2　无中间商的交易次数

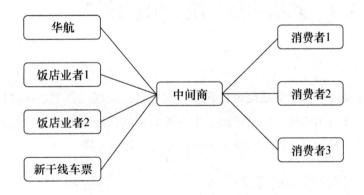

图 13－3　有中间商的交易次数

　　相对于服务生产者，代理商或经纪商比较了解当地市场，能掌握消费者的需求、提供消费者咨询、收集各类服务信息以及提供比价及推广等。因此，通过代理商或经纪商较能为市场提供更理想的服务。另外，市场耕耘一段时间之后，通过与中间商的互动及销售记录等，服务生产者也可以逐渐累积市场相关知识，等于是在为长期拓展市场储备能量。

13.3.3.2 代理商和经纪商带来的挑战

通过代理商和经销商传递服务的挑战有：失去对价格和营销的控制、经销商或代理商代表多重服务从事者。

服务生产者通过代理商和经纪商传递服务也面临一些挑战（见表13-3），其中之一是失去对价格和营销的控制。代理商和经纪商代表服务生产者跟消费者商议价格、讨论服务内容或销售条件等，服务生产者难以控制这些价格与营销的决策。如果代理商或经纪商为自身利益将价格降得过低，可能会损害服务的形象。例如，假如旅游代理商为了打响自己的知名度，将迪拜的帆船饭店房间以过低的价格销售给本国的旅客，就可能减损帆船饭店尊贵的形象。

另外，代理商或经纪商可以传递和销售多家服务生产者的服务，这意味着消费者可以在不同的服务间选择。从服务生产者的角度来看，这些中间商在销售服务给顾客的过程中，也同时提供和推广竞争者的服务。因此，如何让中间商具有较高的忠诚度，愿意多支持本身的服务，是一大挑战。

▶▶ 13.4 网络科技与服务流通渠道

无论是对个人生活还是企业管理，网络科技造成的影响之深之广，有目共睹。在营销领域，网络营销是个不可忽视的议题。以下先说明网络营销的意义，接着讨论以网络科技传递服务的好处与挑战。

13.4.1 网络营销的意义

网络营销（internet marketing）是指利用互联网进行产品设计、定价、推广与配销的一系列营销活动，以便有效提供顾客价值，提升顾客满意度，达到营销目标。换句话说，网络营销是配合营销目标，促使消费者利用在线服务获取信息与购买产品，以满足消费者的需求。广义来说，只要营销活动的某些任务通过网络来达成，就可以算是网络营销。

由于网络营销具有超越空间与时间限制、双向互动等特性，它可以快速有效地提供消费者所需的信息与服务，因而使许多企业跨足虚拟市场，采用虚实并进的方式进行营销，甚至有些企业或产业是完全源自虚拟市场。如今，几乎所有产业内的大多数企业都在应用网络营销，应用范围包含传达企业与产品信息、搜集顾客意见、处理申诉、广告、促销、销售、技术支持、售后服务等。

值得一提的是，网络营销常被视为直效营销的一种，即用来作为 B2C（企业对顾客）的营销活动之用。然而，B2C 网络营销与上下游企业的互动是息息相关的，如业者若能缩短上游供货商的交货时间与提高作业效率，就能够为顾客提供更快甚至价格更优惠的服务。可见，B2C 网络营销的效率与效果，脱离不了 B2B（企业对企业）营销。因此，相关企业在以网络营销服务顾客的同时，也不应忘了利用网络来经营企业与企业之间的往来互动与长期关系。

纵横天下

淘宝网大军压境中国台湾

淘宝网是中国的网购霸主，市场占有率达五成以上。它的下一步自然是要布局全球，走向海外华人市场。2012 年 7 月，淘宝网在中国台北设立办公室，正式进军中国台湾网购市场。淘宝网目前约有 8 亿种商品可供选择，不仅比台湾本土网购平台 PChome 的 107 万种高出许多，甚至一些同样品牌的商品也较中国台湾便宜至少 20%，因此给台湾网购业者带来强大的竞争压力。

其实，2011 年淘宝网在中国台湾的营业额就高达 50 亿元新台币（是 PChome 的一半），平均顾客单价为 1000 元新台币，平均月订购量为 41 万件，数量与金额都相当惊人。为了得到更多订单，淘宝网在营销方面也下了许多功夫，如卖家必须通过实名认证才能贩卖东西，而且当消费过程中产生纠纷时，淘宝网一律会先垫赔给消费者来解决交易纷争。有业者预计，淘宝网在中国台湾的营业有可能在几年内达到 300 亿新台币。虽然在淘宝加入中国台湾的网购市场后必定使得原先网购市场面临瓜分，但是若能使中国台湾的购物网站重新思考定位或创新，或许能激发出新的网络购物模式。

13.4.2 以网络科技传递服务的好处

网络营销的普及与以下几点网络营销的好处有关：

（1）信息丰富且透明。消费者几乎可以在线免费获取任何产品、服务或公司的信息。例如，想要了解高雄电影节，只要在搜寻网站输入高雄电影节等文字便可轻易地得到电影简介、场次、票价、交通等信息，甚至是网友的经验谈；有任何疑问，也可以在留言板上寻求解答。另外，网络也能使业者迅速掌握新产品、竞争者、营销流通渠道、消费者等信息，如现有或潜在消费者的回馈、进入在线数据库查询销售信息、追踪造访网站的人数与次数、进入竞争者网站观察竞争动态等。

（2）无时空限制的便利性。网络不受空间与时间的局限，犹如一家全年无休且随处存在的无店铺商店。只要能上网，消费者可以于任何时刻，在任何地点通过网络订购到种类繁多的产品，因而免去长途跋涉、找停车位、等候购买等不便。例如，旅客购买电子机票就可以免去携带实体机票的不便，只要凭身份证件及信用卡到机场柜台办理报到与划位手续，即可取得登机证。因此，服务业者可通过网络为顾客带来许多便利。

（3）满足一次购足与客制化需求。网络让业者得以突破实体商店的人力与空间限制，提供更广泛的产品与服务，达到一次购足（one‑stop shopping）与客制化的服务。例如，易游网不仅提供各种套装旅游与旅游产品，还协助旅客取得航班、旅馆、景点等各类信息。这些服务使业者从传统的一对多的营销走向为顾客量身定做、一对一的营销。

（4）扩大销售范围，以小博大。网络不仅能够使业者扩大销售的渠道与范围，也能开拓新的营销流通渠道。对于小型企业来说，有限资源往往阻碍实体流通渠道的扩展，然而网站却突破了空间限制以及被大型企业利用丰富资源垄断信息与流通渠道的局面，网络营销因而提供了以小博大的机会。

（5）双向沟通与互动，加速交易。传统营销沟通模式是单向且缺乏互动的，一般是由业者将信息通过媒体（如报纸、杂志、电视、广播）直接传达给消费者，消费者只是被动地接收。但是，网络营销却允许互动沟通（见图13-4）。消费者不仅可以自行选择所需信息，还能回馈意见给业者，甚至可以采取主动发布信息给多个业者；此外，业者也可以更快速、全面地向众多消费者发布信息或营销数据（如折价券、优惠信息），响应消费者的意见等。这种双方面都可以采取主动且充满互动的沟通方式可以促进相互了解，建立更密切的关系，也有助于促成交易。

（6）消费者由被动转主动。网络使消费者得以从产品或服务的被动接受者，转变成产品或服务的制定者，主导产品的设计、定价与广告等。例如，消费者可以在业者的网站上使用"点播服务"，点选自己喜欢的广告与感兴趣的主题，一旦有新产品问世时，业者便可依其需求寄出信息给顾客，而且也会在顾客进入网站时呈现专属广告。另外，在 Priceline 网站上，消费者能够设定想要的旅馆价格、住宿地点、房型等，接着网站将需求信息传给相关供货商，征求有意愿的业者，然后从完成的交易中赚取佣金。因此，网络营销可以让企业提供更契合消费者需求的服务。

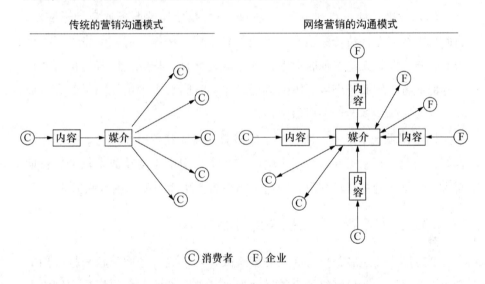

图 13 – 4　传统营销沟通模式与网络营销沟通模式之比较

资料来源：Hoffiman, D. L & Novak, T. P.. Marketing in computer – mediated environments: Conceptual Foundations, Forthcoming ［J］. Journal of Marketing, 1996（7）：50 – 68.

电影：世界是平的

这部电影讲述的是当客服专线外包到另一个国家时，消费者和服务人员因为不同国家而产生语言、文化背景的差距，会发生什么有趣的故事？

故事起源于美国电话销售公司的客服部门将被外包到印度，部门主管被指派到印度训练当地员工"如何让消费者听起来像美国客服人员在服务"，虽然都讲英语，但双方在口音、文化习惯、用字遣词、工作效率上却存有相当大的差距，一不小心就会穿帮。由于正值一般美国民众对外包让国内损失很多工作机会有所排斥的敏感时期，因此公司尽量不能让美国消费者知道电话的另一端是印度人在服务。"帮助跨国的客服人员融入消费者世界"的训练过程充满了有趣好玩、令人啼笑皆非的事，因而造就了这部多有巧思、轻松诙谐的小品。

（7）标准化且一致的服务。通过网络科技传递的服务通常已标准化，因此可大幅降低人员传递服务时出现的易变性。例如，通过网络银行查询余额、转账时，无论在何时何地，服务流程都是一样的；但若到柜台办理同样的业务，则服务态度、服务流程、作业时间长短等可能因服务人员而异，从而影响顾客对服务质量的认知。

（8）降低长期成本。通过网络传递服务需要建置电子媒介、数字化内容等，因此一开始需要为数不少的固定成本，但由于变动成本较少，长期而言，当服务的顾客越多时，则通过网络服务顾客的单位成本就越低。

13.4.3　以网络科技传递服务的挑战

通过网络传递服务也会面临许多挑战，其中之一是面临越来越激烈的竞争。这是因为架设网络平台的企业越来越多，消费者可以轻易在网络上比较服务的内容和价格，因此使得服务业者无论在虚拟或实体流通渠道上都面临价格竞争的压力。

此外，过去受到地域保护的市场，因网络的力量，业者也要面对来自其他地区的竞争者，如我们在中国台湾就可以上网订购泰国国内机票、旅馆、当地旅游套装等，而不需通过中国台湾的旅行社代订，台湾旅行社因此面对更大区域的竞争。

另外，部分消费者对于网络的使用，仍有对计算机不习惯、适应不良等问题，尤其是中年以上者，更是明显。加上网络诈骗、个人数据外泄的问题时有所闻，更使得有些消费者对网络交易（尤其是金融服务）的安全存疑。

最后，网络服务标准化的关系，使得业者无法因顾客的需要做弹性调整。例如，通过预录的影片进行远距教学时，学生就无法和老师立刻进行互动讨论。

章末习题

基本测试

1. 服务传递的方式有哪几种？请举例说明。

2. 企业拥有自有流通渠道的好处和挑战是什么？以服务业举例说明。

3. 请比较特许授权者的好处和特许加盟者的挑战，两者有何关联？

4. 代理商有哪些类型？以服务业举例说明。

5. 通过使用代理商与经销商来传递服务，会有哪些好处和挑战？

进阶思考

1. 以互联网为流通渠道的挑战中，有哪些是逐渐能克服的？

动脑提示：先一一列举互联网作为流通渠道的挑战，然后检视、想象随着科技发展、消费者知识与经验提升等，这些挑战会产生什么变化。

_____

_____

_____

_____

_____

2. 麦当劳采取 24 小时经营加上外送服务或 24 小时网络点餐外送服务，哪种策略有较多的营收？

动脑提示：小心这种看似二分法的问题，不要只想着"到底要挑 A 或挑 B"。仔细想想在不同的情况或前提之下，这题的答案是否有所不同。

_____

_____

_____

活用知识

1. 请上网搜寻具有交友服务性质的网站，并比较它们经营的模式和营收来源。

2. 选择一种服务（如上课、看电影、在线演唱会），比较实体流通渠道和网络流通渠道的优缺点。

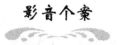

创意城市：巴西库里奇巴
（中南美的奇葩、公交车篇）

成长和永续，在别的地方是鱼与熊掌，在库里奇巴却是两端平衡的天秤。它繁荣、宜人、绿、永续，但40多年前，它曾经恶名昭彰：犯罪率、贫穷率和失业率"三高"，毒品泛滥。

20世纪70年代，一群热切的年轻人，通过与众不同的都市更新，改变了这一切。

一项政策，多元考虑

当初，库里奇巴舍地铁而兴公交车，原因很简单：钱不够。库里奇巴每年的经费预算，不到台北市的1/2。兴建每公里造价近亿美元的地铁或轻轨，势必排挤其他建设。库里奇巴最后决定以改造公交车系统，作为都市更新的起点。

市政府找到沃尔沃（Volvo）。条件是沃尔沃进来设厂，发展出两节甚至三节的联结式公交车，一次最多可搭载250人。援引地铁设置闸门收费的管制概念，省去地铁施工的钻挖工程，成本低、工时短、路线调整弹性大，又易与邻近的卫星城市整合。上下班高峰时间，密集的班次，快速疏散人潮。

在库里奇巴的都市规划里，"移动"的概念，不只是解决交通阻塞，更是把作为移动主体的人们当成主角。路线普及性，巴士、月台与马路间的无障碍空间，以及亲民的票价，全是为了拉近不同社会阶层的差距。

为了满足低收入市民的出行需求，库里奇巴公交车采取一票到底的单一价：2.65黑奥（约台币40元），外加转乘免费。让距离市区较近、短程通勤的中产阶级，负担较高的交通成本，来补贴低收入市民，巧妙地进行了微型的收入再分配。

把城市当成一只乌龟

在每一个重要干道的转运站，一定有整合式的市民服务处。将市政业务、公用事业，乃至求职所和金融机构等与民众最相关的业务，全集中在一起。若非以人为本，不会想出这样简单却贴心的设计。就像乌龟，工作和生活都在同一个壳下面。

但再绿、再宜人，没有产业，一切都是空的。

"一开始，我们就确立'不欢迎烟囱企业'的宗旨。"工商局长卡马戈（Gilberto JoseDe Camargo）回忆。这么做的代价是，错失了不少别的城市抢着要的投资案，但"我们不能出卖自己"。

"人"字大写的核心价值之下，优良的生活质量，取代各种租税优惠，成为库里奇巴独特的营销利器。让这个城市走出了一条与众不同的路。招商的成功，连巴西经济首都圣保罗的市长都抱怨，库里奇巴抢走了他们的产业。

如今，库里奇巴有八成的就业人口投入服务业，特别是无污染、重技术的信息服务业。库里奇巴用成绩向世人证明，经济与环境并不冲突；生存与生活，也不抵触。

■摘录自《天下杂志》第 502 期，2012 年 7 月 25 日出刊。

【问　题】

1. 找出库里奇巴交通建设的定位基础，并比较台北地铁系统以发展出产品知觉图。

2. 想象一下，整合式的市民服务处的实体环境设计应考虑到哪些因素？

3. 库里奇巴以密集的班次快速疏散等候人潮。假设你是某公交车公司里的企划，请规划一系列"可降低顾客因等待时间长而产生不满"的解决方案。

Studio A 关恒君：
让 3C 走进精品商圈

焦点 1：如何从服务中建立差异化？

Studio A 是第一家跨入"非 3C"商圈的经销商，第一家开在纽约购物中心，让消费者认定我们就是苹果的旗舰店，接着陆续在全台重要商圈布局，第一步我们就跨得比别人快。第二步到了一定规模后，开始在服务内容上建立差异化。现在所有 Studio A 的店提供苹果计算机 8 小时免费课程，以及 iPod、iPhone、iPad 4 小时免费课程，让消费者充分感受苹果的产品魅力，只要上网登录就可排课。此外，我们也独家推出到府收送的维修服务，让客人不用出门，请快递到府收送，修好送到你家再付钱。

在销售服务上，为了成立 Studio A，我走遍世界各主要城市的苹果直营店 Apple Store。每个店里的感觉、店员态度全部都一致，让消费者没有压力。流通渠道的改革，其实就是服务态度提升。现在衡量店员的绩效评估，不仅是问销售多少"台"，而是为客人做了多少演示。

焦点 2：怎样打造不同类型的流通渠道？

我希望提供更多服务、更时尚的氛围，让客户可以更习惯、更喜欢使用苹果的产品。当然这些有形、无形的服务看起来都是不赚钱的，但其实我们同时也在渐渐累积消费数据库，未来会有更多各种层次的服务。例如，我们还有超过 2000 多种周边商品，可以有不同的搭配提供给客户，周边与主机的交叉销售，就是我们可以与其他流通渠道有所区别的地方。

我们拥有一套完整的经销体系，这样的架构不会改变，原则上，未来将把重心放在旗舰店的拓展与经营，因为这样可以最快实现新产品销售，产品也最完整。

357

焦点3：如何培训符合需求的店员？

人才培育是我们很重要的一环。因为在第一线接触客人的业务人员，也代表着公司的文化、态度。每一期我们从上百份履历中筛选出 30~40 位符合人格特质需求的人。接着安排受训，由几位主管在 2 周课程中上课、考试，就像"星光大道"一样，不断筛选淘汰，每 2 堂课筛掉 1 位，两周训练课程结束，大概留下 10 位左右。最后我会再直接跟他们沟通，让第一线员工清楚地知道公司对他们的期许、公司的经营方向及理念是什么，让他们到店里不会不知道自己要做什么、该往哪里走。

■摘录自《cheers 快乐工作人杂志》第 124 期，2011 年 1 月 1 日出刊。

【问　题】

1. Studio A 的目标市场是谁？有何特性？

2. Studio A 的定位是什么？

3. 请以"服务三角形"的架构说明 Studio A 的三种营销作为。

4. Studio A 是何种流通渠道形态？此种流通渠道形态有何好处及挑战？

沈方正非比寻常的一天

多数人都过着朝九晚五、上班下班的平凡生活，一生中大部分日子都是日常的一天。人生就注定无趣了吗？工作是为了养活自己及家人，为了缴房屋贷款，为了可以买名牌，为了可以出国旅游……这些真的是我们要的吗？

现代化与都市化使得大部分人毫无选择地必须工作谋生，而在工作中大家也希望平平安安，不出错、不被骂、不加班地过完一周、一个月、一整年，这样的日子有意义吗？我不想要这样过。人生在世走一遭，"精彩过、努力活"是理想也是梦想，我们有这样的机会吗？

很幸运地，我选择了旅馆服务业作为终身努力的目标。每天和很多优秀同人一起整装待发，准备客房、餐食、饮料、文件，检查水温、空调、环境、仪表，安排交通、人员、补给、时程，日复一日地接待来自国内外的贵宾，希望能满足大家的需求，认真地、谨慎地做好各项工作。

每一天，对旅馆人而言都是日常的一天。幸运的是，只要我们的努力够专业、够用心，每个日常的一天都可以是客户非比寻常的一天！

每天，旅馆里都在上演很多动人的故事，常常来饭店的客人，带着家中活蹦乱跳的小朋友与我们愉快聊天，谈起："你们饭店开业几年，我们家妹妹就几岁了。当初饭店刚开业时，她还抱在手上……"如此的对话，让我们心中满是温暖与感谢。年长的爷爷牵着奶奶的手，低调但难掩开心地说："我们是来过结婚50周年庆的，辛苦了一辈子，终于可以带着她游山玩水了。"从客人彼此的表情与其中的氛围，衷心地感谢客人选择我们分享喜悦。

对旅馆人而言，工作中每个日常的一天，都可以造就顾客非比寻常的一天。参与其中，自己也就有了非比寻常的日子与工作生涯，仔细想想，这是多么幸运且幸福啊！

工作对我们而言，就算是种花、锄草、切菜、扫地，如果可以造就别人的快乐幸福,每天都是非比寻常的一天。感谢所有被我服务与服务过我的,感谢所有和我共同工作的同事。

愿大家都能找到属于自己的感动与幸福,你的明天就是非比寻常的一天!

■摘录自《非比寻常的一天》作者序。

【问 题】

1. 以旅馆接待人员为例,他们对于旅馆服务业有何重要性?

2. 请说明旅馆服务业者可能会有的跨界者角色。

3. 请为老爷大酒店设计"从顾客抵达旅馆办理入住后带至房间"的服务蓝图。

【超级店长】小纯给妈妈的礼物

快乐发型五福店店长蔡沁纯：建立贵人网，搞定"活现场"

蔡沁纯大学毕业后便进入快乐发廊工作，4 年就从柜台服务人员升任店长。一般发廊多由经验丰富的设计师直升店长，然而，快乐发廊却是刻意培训"专业经理人"来担任店长的角色，蔡沁纯就是接受培训的储备干部。

蔡沁纯的经营哲学，就是贴心服务，打造贵人网。蔡沁纯表示，服务业的软硬件都可以花钱更新，但只有贴心、不一样的服务才可以让自己的店脱颖而出。

放下身段，才能找到答案

蔡沁纯回忆，刚当上店长时，店里所有人都比自己资深，但是她告诉自己："即便不会也要帮忙，直到找出答案为止。"就这样，她每天都忙着找可以帮助自己解决问题的"贵人"。

例如，一开始不会记账，她自己摸索不来，便转而求助于总公司的会计帮忙，几个月内，她便超越了其他资深店长，可以自己独立作业。此外，没有美发经验的她，在成本控管方面也曾伤透脑筋，后来靠着资深同事帮忙才扳回一城。

五福店位于高级住宅区内，来往的客户多属"贵妇级"，消费水平比其他分店高，营业额也总能如愿达成目标。无奈的是，每当月底结算时，利润那一栏老是出现红字，事后分析，才发现是店里的支出太多造成的。蔡沁纯知道，"节流"是必走的一条路，但却不知从何下手。直到放下店长身段，勇敢向资深设计师求助，才开始熟悉美发的基本作业程序，学习拿捏人员的调度及耗材的使用量。

她认为，建立自己的"贵人网"，最重要的就是"开口问"，找到可以

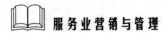

咨询、倾诉的专家，吸收知识，才能将"活的现场"处理得当。

站远一点想，冷静搬救兵

除了找到贵人帮助自己，蔡沁纯面对危机时冷静处理的态度，也让她在有限的环境下，找到各种可能的资源。例如，经营发廊最大的天敌是"缺水"与"断电"，蔡沁纯当然也碰到过。有一次，大楼管理员未事先告知洗水塔的消息，当发廊里坐满烫头发、洗头发的客人，以及预约客即将上门之际，冲水台的水量却越来越小。蔡沁纯当机立断，马上想尽办法找水源，除了集合所有手边可以找到的水源外，还赶紧跑到其他发廊借用冲水椅，妥善处理现场的客人。蔡沁纯认为，处理危机最好的方式就是冷静，"站远一点看，会发现事情没那么复杂，也才能找出最好的解决方式"。

■摘录自《cheers 快乐工作人杂志》第 135 期，2011 年 12 月 1 日出刊。

【问　题】

1. 发廊是否可以使用实体环境来制造格鲁恩转移效果？如何操作？

2. 一家发廊的设计师数量有限，如何解决在高峰时段大量顾客上门的状况？

3. 从影片中可以看出快乐发廊提供的服务不只是剪发及洗发，还包含接待客人、按摩，甚至是检测头皮健康状况，此种情形对服务业营销管理有何意义？

第 4 篇

强化服务业营销管理

第14章 服务业的企业功能与领导

美丽之岛

启动微革命，让老店续航

2009年底至2010年中，丰田（Toyota）因安全问题在全球召回了900万辆多款汽车，加上金融风暴后市场复苏缓慢，公司面临极大危机。当时，台湾的丰田代理商和泰汽车也面对压力，刚升上总经理的第二代接班人苏纯兴必须决定公司的方向与未来。

为了挽救事件造成的影响，让代理品牌从谷底翻升，苏纯兴意识到这家有60年历史的老字号汽车代理商需要观念和制度的转变。于是，他综合麻省理工学院MBA的知识底子，以及18年来在公司不同部门累积的经验，进行企业内部的"微革命"。

为了塑造年轻有活力的公司形象，苏纯兴从自身做起，给人笑容可掬且中气十足的印象，并要主管员工直呼他的英文名字Justin，打破传统日系中规中矩的风格。此外，为了改造公司的制度和传统思维，部分一级主管的新人选年龄都在50岁上下，让老字号的企业主管平均年纪下降了8岁之多。

苏纯兴还会亲自与新进员工面谈，让员工知道企业的执行方向和原因，不只是单纯的口号灌输。他还通过"员工满意度大调查"以了解各级

365

员工的工作状况和心灵感受，并从人力的调配和福利制度着手，改善传统管理制度忽略"不快乐员工"的隐忧。对于经销商，还改变过去不合时宜的目标绩效（KPI），让和泰与经销商成为真正的伙伴关系，打破母公司与销售门市的上下游隔阂。

苏纯兴洞察召回事件中丰田汽车在危机处理上的缺失，因此强调实时响应顾客意见的方式必须改进，于是和泰开始实施一连串改革行动，并采取相关配套措施。例如，顾客对于售后保修方式与期限有所诟病，和泰宣布实施让业界震撼的"四年或12万公里新车保修"超优惠方案；召回事件发生后，面对经销商伙伴的销售瓶颈，苏纯兴到第一线与经销商沟通，并将经销商夏季销售竞赛提早到4月开跑，让销售得以逐渐回升。

虽然承受许多压力和外界怀疑的眼光，苏纯兴谦卑踏实地找到企业内部隐藏的缺失，进行缓慢却有前瞻性的改革。未来，他将如何带领老字号脱胎换骨，令人拭目以待。

本章主题

苏纯兴总经理为了微调组织文化，从他自身风格做起，调整内部制度，期待改变能让市场感受到而强化企业竞争力。良好的服务绩效，一定要有经过整合的企业功能、优良的领导、以人为本的组织文化等，才有实现的可能。这些都是本章的焦点。本章架构如下：

1. 服务业的企业功能：首先说明各企业功能在服务业中的角色，接着讨论企业功能之间的冲突与协调。

2. 服务组织的绩效：说明服务绩效的四个等级，并讨论绩效等级的变化。

3. 服务业的领导：探讨领导的意义、服务组织领导人应有的特质以及变革管理。

4. 服务组织的文化：讨论组织文化对服务业的意义与功能等。

14.1　服务业的企业功能

前面的章节曾经强调，顾客知觉价值与满意度受到服务流程中每一项元素的影响。例如，某位消费者对某家餐厅的质量观感及满意度，一定涉及这家餐厅的营销活动内容、服务人员的训练、用餐环境与设备保养、食物与配料的采购等。这些元素包含营销、人力资源、作业等企业功能（business functions）；这些企业功能对于顾客知觉价值与满意度的形成，扮演一定的角色。

服务业主管要领导一家企业并为它建立良好的组织文化，就必须先了解不同企业功能的角色、它们之间有何冲突以及如何协调功能冲突等。这三项议题分别说明如下：

14.1.1　各企业功能在服务组织中的角色

14.1.1.1　营销功能

营销功能最重要的使命在于创造、沟通、传递价值给顾客，并建立、发展、提升顾客关系。为了达到使命，服务业者在执行营销功能时，首先应该了解企业面对的总体与个体环境，并分析环境中潜藏的机会与威胁以及组织本身的优劣势。接着是评估并选择特定目标市场，并在深入研究目标客群的需求与偏好之后，设计服务营销组合（7P）：

（1）服务内容与定位。服务内容与定位必须符合目标市场的需求，为他们带来价值，并随着环境与需求的变动不断改良，以免被竞争者取代。

（2）实体环境。即设置传递服务时必要的设施，并创造适当的服务氛围，借此提升服务的品质与吸引力，增进顾客满意度。

（3）服务人员。确认所有必须与顾客接触的服务人员都能明确了解公司的定位与服务标准，以及顾客对服务质量抱持的期望。

（4）服务流程。营销人员应该参与服务流程的设计，以确保流程符合顾客的期望与偏好，并让顾客感到方便、舒适，甚至有深刻的体验。

营销功能最重要的使命在于创造、沟通、传递价值给顾客，并建立、发展、提升顾客关系。

367

（5）价格。营销人员应该制定出能配合成本考虑和公司竞争策略，以及符合目标客群消费水平的价格。

（6）推广与沟通。即发展有效的沟通策略与目标客群交流，除了维持现有顾客的忠诚度，也应增进潜在顾客对服务的认识与偏好，以拓展市场。

（7）流通渠道。营销人员应根据目标顾客的消费习惯与偏好，提供适宜的服务地点与服务传递时间。

营销人员还必须时时关注竞争者的服务有何特色、营销策略有何转变等，以便知己知彼、恰当应对。最后，营销人员也应发展营销绩效的评估标准，并调查顾客对服务内容、实体环境、服务人员与流程等方面的满意度，以监控及改进服务质量。

14.1.1.2 作业功能

虽然许多企业把营销策略奉为出奇制胜的成功关键，但对许多服务业来说，作业功能却是企业营运的基石，相关活动包括添置与保养服务相关设备、研发服务技术、设计后场运作程序、维护流通渠道实体设施等。想象一下，隐身在喧嚣城市中某个宁静角落的咖啡馆，若少了精良的设备与工具、精心挑选的咖啡豆，还有恰到好处的咖啡烘焙技巧，哪会有阵阵咖啡香来舒缓人们的压力？或是如果少了简约雅致的室内装潢、舒适得令人忘却疲惫的桌椅、供人随手取阅的开放书报架等，又如何营造出让人超脱庸俗的闲适？

在技术导向或依赖机器设备的服务业中，作业功能的地位更是重要。例如，对于自动化立体停车塔、电子商务、无人银行、计算机断层扫描等服务，妥善设置专业设施、制定严谨的设施操作方法、定期检查设施的安全性、设计服务传递系统等，显然是服务能否顺利传递的关键。

疏忽作业功能上的某个环节，就有可能造成极为严重的缺失。例如，防止计算机黑客入侵的工作没做好，可能造成顾客的个人资料外泄；防火设施疏于保养，立体停车塔的"星星之火"就足以"燎原"而造成重大火灾。因此，作业功能的最基本任务是保障服务符合最低水平（安全、可顺利运作），而在基本任务达成后，才专注于更高质量的服务。

在技术导向或依赖机器设备的服务业中，作业功能的地位更是重要。

纵横天下

日本学界与业界抢救学用落差问题

大叹人才不足的日本企业高达 81%，而年轻人则为找不到工作发愁。24 岁以下的社会新人，10 个人有 1 人失业，2 人靠打工度日。

日本企业和学界，正连手设法以育才、留才、揽才三管齐下，展开抢救青年就业大作战。因此，非营利组织"人财创造论坛"发起产学合作研究会，集聚大学及企业中坚干部，将大学教育和企业训练一体化，展开育才计划。目前，已有早稻田等八所大学和日产汽车、丸红等主要产业的代表性企业参加。研究会的目标，是在两年内找到具体方法，让大学和企业双方都能理解执行。避免过去相互揣摩、造成误解，或供需不对等的状况。

优衣库、麦当劳等企业，正通过举办短期实习，延揽有能力且合适的可造人才，解决供需失衡的问题。2011 年 10 月，田中由美还在读大四时，参加日本麦当劳以"绩优可获聘用"为前提的实习活动。她认真参加了六次的研讨会、工作坊等活动。实习结束后，经过个人面谈，田中被内定录用。

2011 年开始，优衣库也实施以聘雇为前提的实习计划。每个实习生都被要求，"要有半年内担任店长的自觉"。分派到总店与干部对话、小组讨论，再到分店体验店长的业务内容。共计四天训练，并可领取 40000 日元的薪酬（约台币 15000 元）。经过密集而严谨的实习训练后，受认可且愿意接受挑战的实习生，便能获得录用。

资料来源：陶允芳. 优衣库，大学生里找店长［J］. 天下杂志，2012（504）.

14.1.1.3　人力资源功能

近几年，五月天的演唱会大受欢迎，有人甚至称他们为"演唱会之王"。五月天是怎么做到的？天下杂志（2013/01/09）报道如下：

2006年，五月天的唱片公司"相信音乐"成立时，就决定组成演唱会制作部门。整个部门编制从六年前的5人，不断扩充至50人，也是中国台湾唯一从音乐创作、唱片企宣到演唱会制作，都能够一条龙作业的唱片公司……一场成功的大型户外演唱会，不含临时工作人员，需要上百人的专业团队。相信音乐不但自己拥有一半以上的专业人员，也有已合作3~5年的日本音响、灯光工程师……五月天2012年底的两场演唱会，更是投资500万元，找来为伦敦奥运开幕式负责空中全像摄影的德国团队，以最先进的空中万向摄影机（spidercam），拍摄演唱会实况。

由于员工对服务质量、顾客满意度与忠诚度、企业形象等有强大的影响力，许多有远见的服务组织已将人力资源管理视为企业及策略的成功关键。尤其是在高接触服务业，顾客可以直接感受员工素质并与其他竞争者比较，因此员工的专业能力与服务态度便成为决定企业竞争力的一大关键。另外，虽然负责后场或其他辅助作业的员工不会与顾客直接互动，但顾客也会经由服务的整体表现间接地感受到幕后人员是否用心周到。因此，人力资源部门必须设计、推行良好的教育训练方案，确保前后场员工了解且衷心支持组织目标，并掌握必要的专业知识、作业技能、仪表态度等。

当然，除了致力于提升员工的智能，人力资源部门还必须规划人员甄选、薪资与奖惩制度、员工福利措施等，以激发员工的潜能，创造全体一心的认同感，进而强化服务态度与企业绩效。

> 人力资源部门必须设计、推行良好的教育训练方案，确保前后场员工了解且衷心支持组织目标，并掌握必要的专业知识等。

14.1.2　企业功能之间的冲突

上一小节显示出营销、作业及人力资源三大功能对服务组织各有其重要性，但读者不要以为这些功能只要能扮演好各自的角色，就相安无事。实际上，在以企业功能来区别部门的组织中，高阶经理人经常面临功能性壁垒的问题。功能性壁垒（functional silos）是指各部门认为本身为最重要的个体，并强力捍卫所属部门的权益，久而久之便形成彼此间的隔阂与恶性竞争。

功能冲突常发生在作业与营销部门之间。作业部门通常将焦点放在达

> 以企业功能来区别部门的组织中，高阶经理人经常面临功能性壁垒的问题。

370

到标准化、改善生产效率与减少成本的方法上；相反地，营销部门则致力于吸引消费者目光并刺激购买动机，建立顾客偏好与忠诚度等。因此，当营销人员兴致勃勃地提出有利于销售的创新方案时，有时这些方案因冲击到现有的生产效率或成本而受到作业部门的质疑；或是当作业部门的方案出现成本与效率导向的观点时，营销部门会以顾客的观点予以反驳。从表14-1可以看出，在许多作业议题上，作业功能与营销功能的考虑重点大有不同。

表 14-1　作业与营销功能在作业议题中的不同观点

作业议题	作业功能的观点	营销功能的观点
提升生产力	尽可能降低生产单位成本	这种策略可能会降低服务质量
选择服务地点	追求低成本的同时，期望也为供货商和员工提供便利性	若没考虑到顾客的分布，地点可能缺乏吸引力而无法招揽顾客
安排与设计服务设施	除了控制成本与注意安全，还要确保作业能顺利完成以提升服务绩效	设施安排不能让顾客感到混淆或多余，应考虑到顾客对空间的观感
标准化	追求质量的稳定性，进而降低成本与失误率；可雇用低技能、低成本的员工	一般顾客还是喜欢多样的选择与客制化的服务
工作设计	将失误与浪费降至最低；授予员工有限的决策权；有效率地运用技能	太强调作业功能会形成单一工作角色，如此一来将难以完整响应顾客的需求
产能管理	在高峰时间不建议以增加产能的方式来应对，以控制成本及避免作业混乱	不增加产能使得顾客无法在预期的时间内得到服务，并可能使服务质量下降
质量控制	确保服务符合作业观点下的标准	作业面的质量定义未必符合顾客的需要和期望

资料来源：Lovelock, Christopher. Managing Interactions between Operations and Their Impact on Customers [A] . // D. E. Bowen, R. B. Chaseand T. G. Cumming. Service Management Effectiveness [M] . San Francisco：Jossey Bass, 1990.

第一线服务人员因为具有跨界者的工作角色，必须同时兼顾作业效率与营销考虑，所以最有可能遇到"里外不是人"的窘境。

另外，功能冲突也常发生在人力资源部门与营销、作业两个部门之间，尤其是第一线服务人员因为具有跨界者（boundary spanner）的工作角色（参阅第 9 章），必须同时兼顾作业效率与营销考虑，所以最有可能遇到"里外不是人"的窘境。从作业主管的思考角度来看，通常会希望服务人员能够以最快的速度处理顾客需求，提升生产效率并节省作业等候时间；相反地，营销主管则期望服务人员在接待顾客时，将每个顾客视为独特的个体，并保持从容的服务态度与适当的情绪表现，甚至提供其他附加服务，以提高顾客满意度。

在两方目标拉扯下形成冲突，通常是造成服务人员庞大压力与工作干扰的主因，更糟糕的是，还可能导致其服务热诚与精力消耗殆尽。因此，作业与营销管理者必须相互协调，设定兼容且明确的员工绩效目标，并提供必要的专业支持与鼓励。

14.1.3 跨功能协调

企业如果要提供完善的服务给消费者，势必要打破功能性壁垒，减少甚至消除功能冲突。要做到这一点，企业应该具备什么观念、采取什么行动呢？Heskett 等提出的"服务利润链"观念是个不错的参考。

服务利润链（service profit chain）以环环相扣的因果关联来表示利润、顾客、员工与组织运作这四者的关系。如图 14-1 所示，企业的获利来自因满意而忠诚的顾客，而顾客满意度则是来自服务价值。服务价值是由企业端的因素促成的，包含员工忠诚度、生产力与满意度等。重点是服务利润链的源头是由员工甄选、奖赏、工作场所与工作设计等而形成的"内部服务质量"。

纵使每个部门的主管拥有各自专属的权责，但在拟定相关策略与执行特定任务时仍需相互协调配合。

显然地，从服务利润链的内部服务质量到顾客满意度与忠诚度，这一连串的过程涉及营销、作业与人力资源功能中的许多决策与行动。换句话说，不同功能部门必须相互依赖才能让企业获利。因此，纵使每个部门的主管拥有各自专属的权责，但在拟定相关策略与执行特定任务时仍需相互协调配合。正如管理学教授 Sandra Vandermerwe 建议的，服务业者如果要创造高价值，就应该从活动的角度来思考，而非单以功能取向来进行决策。也就是说，各部门不应各拥山头，而是应该突破功能部门的传统框架，以活动或整体企业的观点来拟定与执行策略。

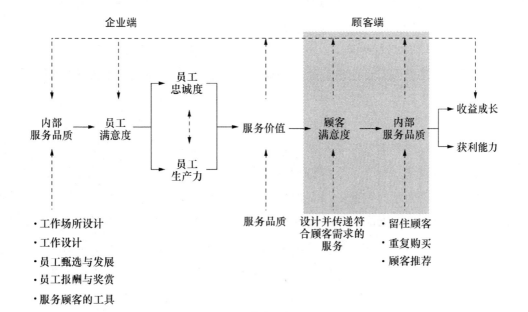

图 14-1 服务利润链

资料来源：Heskett, J. L., T. O. Jones, G. W. Loveman, W. E. Sasser Jr. and L. A. Schlesinger. Putting the Service Profit Chain to Work [J]. Harvard Business Review, 1994, 72 (3-4)：164-174.

然而，由于不同部门各有其利益与拥护者，我们很难预期部门主管会自动自发地打破山头主义，尤其是创立已久的企业，要减少部门之间的隔阂更是困难。这时候，企业的高层领导就要发挥重要的作用。Heskett 等在诠释服务利润链的运用时即说明，内部服务品质的关键（也就是服务利润链的发展基础）在于高层管理的领导统御；只有良好的领导才能打破功能部门的藩篱、建立良好的组织文化，进而带动服务利润链并带来获利。

只有良好的领导才能打破功能部门的藩篱、建立良好的组织文化，进而带动服务利润链并带来获利。

高阶主管必须为每个功能部门建立明确的职责范围，并提高团队合作与跨功能协调的意愿，以达到策略综效，即让"1+1>2"，而不是互扯后腿。订立职责时有个大方向必须掌握：每项职责应与顾客满意度有关，并说明个别功能对组织整体使命的贡献是什么。另外，高阶管理者也可以成立跨功能的任务性团队、实施跨部门的职务调度与交叉训练、订立获利分享的机制、架设企业内部沟通网络等，以便促进部门之间的相互了解，以及在进行决策时能够从不同部门的角度评估方案。

以 ING 安泰人寿为例，由于寿险产品从构想产生到上市需要花费许多时间与人力，而且在传统的"经验管理"方式下，处理流程没有一致的标准，使得项目的沟通接口无法统一。往往一个项目在这个部门沟通完毕后，再传递到另一部门时，还需要将结果转变成该部门能理解的数据形态，导致各部门在"衔接"过程中产生许多障碍，甚至出现"鸡同鸭讲"的窘境。此外，在跨部门的意见交流过程中，各部门必须通过许多大小会议来掌握彼此的项目进度，十分耗时耗力，而成果往往是事倍功半。于是，安泰导入了一项管理平台——Microsoft EPM，通过这套虚拟工具让各部门"车同轨，书同文"，逐渐改变内部的管理模式与行为，并达到跨部门的资源整合及经验传承，也让部门之间产生交集与共同方向。

14.2　服务组织的绩效

14.2.1　服务绩效的四个等级

了解服务等级有助于企业审视本身的体制与竞争优势，并提供可能的改进方向。

上一节的重要结论是高阶主管有责任协调不同部门，以提升企业的绩效、带动企业的发展。从这项结论中，我们可以推断服务组织的领导牵动了该组织的绩效，而不同的组织绩效在营销、作业与人力资源功能上也有不同的表现与特色。Chase 和 Hayes 两位学者把服务绩效分为四个等级，分别是输家、无足轻重者、专家与领导者，并以不同企业功能的多个构成方面来描述每个等级的特色。了解这些等级及其特色有助于企业审视本身的体制与竞争优势，并提供可能的改进方向，对于高阶主管的领导尤其有参考价值。简单叙述服务绩效的等级如下，详细的描述如表 14-2 所示。

374

表 14－2　服务绩效的四个等级

营销功能		输家	无足轻重者	专家	领导者
	营销角色	• 仅有技术性角色 • 推广活动无焦点 • 没有参与产品或定价决策	• 在大致区隔出来的市场中运用销售和大众沟通工具 • 选择性使用价格折扣和促销 • 进行简易的顾客满意度调查	• 有明确的定位来应对竞争 • 沟通能聚焦,对顾客的承诺很明确 • 定价是以价值为基础 • 观察顾客使用并实施忠诚度计划 • 用各种研究技术来评估顾客满意度以了解如何改进服 • 与作业功能合作,引进新的服务流程	• 在某些市场中为创新领导者,以营销著称 • 产品/流程切人来打造品牌 • 精密分析顾客数据,以做好顾客关系管理 • 使用先进的营销研究技术 • 利用概念测试、观察法,并与指标性顾客沟通以助于新产品开发 • 与作业与人力资源功能密切合作
	市场吸引力	• 顾客不是因为服务良好而惠顾	• 顾客不渴望也不排斥	• 顾客上门是因为公司在迎合顾客期望方面声誉卓越	• 公司的名字等同于卓越服务 • 擅于满足顾客需求,顾客期望甚高,竞争者难以匹敌
	顾客形态	• 没有明确的市场 • 以最小成本服务大众市场	• 拥有一个或以上的区隔市场,并对这些市场有基本的了解	• 拥有具不同需求的顾客群 • 管理者了解这些顾客对公司有何价值	• 以顾客对公司的价值(包含他们尝试新服务的潜力)为基础来选择并留住顾客
	服务质量	• 不稳定,顾客通常不满意 • 屈就于作业考虑	• 符合某些顾客的期望 • 在少数质量成方面上表现稳定	• 在多个构成方面上都能符合甚至超越顾客的期望	• 不断提升顾客的期望到新水平 • 不断改善

375

续表

	输家	无足轻重者	专家	领导者
作业 角色	• 被动、成本导向	• 主要功能在于创造与传递产品,并追求标准化以提升生产力 • 以内部观点来定义质量	• 在竞争策略中扮演重要的角色 • 在生产力和顾客要求的质量之间取舍 • 接受作业外包 • 监控竞争者的作业方法,以取得创新构想,了解市场威胁	• 认可创新,专注与卓越的价值 • 与营销及人力资源功能通力合作 • 具备自行研发能力,并与学术界保持联系 • 持续于试验,保持探索精神
服务 传递 (前场)	• 表现恶劣 • 场地与流程安排忽略顾客的需求与偏好	• 固守"没故障就不用修理"的旧观念 • 面对顾客要求有诸多规则 • 服务流程中每个步骤互相独立	• 以顾客满意度为准则 • 接受客制化服务,并接受创新方法 • 强调服务的速度、便利与舒适	• 服务传递流程以顾客为导向 • 员工明确知道为谁服务 • 专注于持续改善传递方法
后场 作业	• 和前场脱节 • 与整体服务格格不入	• 能支持前场,但缺乏整合 • 对顾客十分生疏	• 与前场活动联结 • 了解其角色是在服务"内部顾客"	• 与前场紧密整合,就算两地相隔也是如此 • 了解本身的角色与整体服务有何关联 • 持续与前场交流意见

作业功能

续表

		输家	无足轻重者	专家	领导者
作业功能	生产力	• 没有评价标准 • 管理者若未符合预算要求将受到责训	• 以标准化为目标 • 成本低于预算时会获得奖励	• 不断改良后端流程，以提升服务效率 • 改良生产力时会顾及顾客的知觉及觉质量	• 了解质量报酬率的概念 • 积极寻求顾客参与新流程、新技术
	新技术引进	• 晚期采用者 • 仅在逼不得已时才会采用	• 若证实可节省成本，会追随别人使用	• 当新技术能增进顾客服务及竞争优势时，会率先采用新技术	• 与技术领导者共同发展具有优势的技术 • 追求竞争者无法达到的超高水平
人力资源功能	人力资源角色	• 聘雇符合最低技能要求的低成本员工	• 招募并训练有能力的员工	• 愿意投资在招募、甄选及培训员工上 • 与员工保持密切关系 • 重视员工的升迁机会与生活质量	• 将员工素质视为一种策略性优势 • 建立优质的工作环境 • 协助高阶管理者创造优良的组织文化
	员工	• 存在许多负面限制 • 表现低劣，漫不经心、不忠诚	• 资源足够 • 遵守工作程序，但缺乏激励 • 流动率通常很高	• 受到激励，努力工作 • 允许员工建言或对某些程序有裁决权	• 具有创新精神，被赋予权能，有自主权 • 对公司的价值与目标非常忠诚
	第一线管理	• 控制服务人员	• 控制流程	• 懂得聆听顾客 • 指导并协助服务人员	• 能为高阶主管提供新构想 • 辅导员工增进其生涯发展及对公司的价值

资料来源：Lovelock, C. and J. Wirtz. Services Marketing: People, Technology, Strategy(6th. ed.) [M]. Pearson Education, 2007.

14.2.1.1　输家

输家是指在各方面表现都不合格的服务业。营销没有焦点；作业与服务传递程序混乱，不知生产力为何物；员工对工作没热诚，甚至无精打采。消费者之所以光顾，是因为刚好路过、赶时间、情况紧急不得已、没有其他选择等原因。输家之所以能够生存，与服务质量完全无关。他们只有在生存受到威胁、逼不得已之下，才痛思改进之道。一般而言，输家的寿命不长。

14.2.1.2　无足轻重者

无足轻重者排除了输家的许多缺点，但表现差强人意，仍有很大的进步空间。他们虽然能够掌握不同功能中的观念或工具，如营销功能中的销售与大众沟通技巧、作业功能中的标准化生产、人力资源功能中的招募与训练等，但基本心态与作为还是非常传统、僵化和被动，如期待员工只要做好本分、设施通常要等到快出状况时才赶快修护、顾客满意度调查只是不定期用简陋的问卷让填答者勾选、分析结果只是匆匆过目然后归档了事等。

消费者对于这类服务的态度是可有可无，既不渴望也不排斥，且忠诚度不高，容易见异思迁。在这种等级的企业中，可能有些管理者对改善服务质量怀抱着雄心壮志，但却因为没有能力描绘出明确的发展方针，也无法制定出执行变革的确切流程，结果往往沦为"纸上谈兵"。

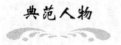

典范人物

积极踏实、刚柔并进的零售专家
——潘进丁

从 1988 年在台北火车站创立第一家店开始，潘进丁悉心栽培全家便利商店 20 多年之久，如今全家已稳坐中国台湾便利商店零售业的第二把交椅，以坐二望一的姿态与 7-Eleven 争锋。

农家子弟的潘进丁本来是高阶警官，享有稳定的俸禄与一帆风顺的升迁，却在 32 岁那年转了个舵，考取公费赴日学商。潘进丁在日本筑波大学三年多的时间修读经济政策研究，回台后进入某企业的经营企划室，负责评估、开发及导入新事业。紧接着，企业在 1988 年与日本 Family Mart 合作引进便利商店系统，潘进丁负责统筹全家便利商店之创立，也开启了自己在流通业的新扉页。

在全家连连亏损的那几年，潘进丁不断遭受股东的炮轰，以及日本方面的严密监控。虽然遭受不少挑战，潘进丁依旧相信美日的连锁化经营比家族式管理更有未来的发展，因此坚持斥资建立自有的物流系统，努力打造能传递 know－how 的"委托加盟"。另外，潘进丁也积极引进创新服务，除了委托加盟制，还有代收路边停车费服务、甜点贩卖等都是全家最先引进的服务项目和商品。

潘进丁不但重视服务的基础建设，还积极培训内部人才，让他们体现"勤奋为本"的服务精神。2003 年创设体制内的"全家企业大学"，聘请学术界与企业界知名讲师开办管理实务课程，并设立"全家数字学习网"，让员工可以随时随地不受时空限制地学习，另外还借着"店铺优质人员选拔"等活动成功提升服务效率。

当很多人说便利商店在中国台湾已经饱和时，潘进丁持不同的想法。他认为只要抓住社会发展趋势，然后加上创意与努力，便利商店还有发展空间。这几年全家迈向 food store 的概念，凭借货架上七成的鲜食商品，以及近 3000 家店的 20000 多个餐饮座位，计划抢攻庞大的快餐市场。

长期以来，潘进丁作为中国台湾与日本经营 know－how 的转介者，把全家推向零售流通业的要角之一。2003 年起，日本全家便利商店邀请他担任日本全家便利商店常务执行员，带领全家超商在中国市场发扬光大。

14.2.1.3　专家

专家的表现及绩效与前两个等级截然不同。营销功能的发挥相当成熟，有明确的定位策略，能有效吸引目标客群上门消费，并且有系统地执行顾客满意度调查，愿意与其他部门携手努力改善服务。在作业功能方面，会从顾客的角度思考作业流程、前场与后场的流程能够紧密结合等。对待员工特别重视福利与激励，给予员工良好的教育训练与生涯发展前景。

顾客之所以光顾是基于业者良好的声誉；顾客有中上的忠诚度，不轻言转换业者。专家为了保持良好的声誉，也会聆听顾客、引进能改善服务质量的设施或流程等。

14.2.1.4　领导者

领导者是指在各方面的表现已是无与伦比的企业。他们的营销观念与策略相当成熟，讲求对顾客需求与满意度的深度理解，并重视顾客关系的经营，以不断提升服务质量为荣。在作业功能方面，与全球技术领导者合作，通过创新技术以超越竞争者，并持续改善以达到服务卓越水平。在人力资源方面，则致力于打造优良的工作环境与制度，发展服务导向的组织文化，令员工衷心认同企业的目标与价值，进而提升工作满意度并回馈到服务绩效上。

在消费者心中，领导者的公司名称已经根深蒂固地与"优异服务"画上等号。这类组织不仅持续追求创新，并且在营销、作业与人力资源部门之间维持和谐的沟通与交流，强调团队合作的重要性，全体一心打造出顺畅无阻的服务流程，让顾客享受到宾至如归的舒适与便利。

14.2.2　服务绩效的起落

以上四种绩效等级都具有时效性，即任何服务业的绩效等级都有可能随时间而出现变化。并且绩效变化似乎有降级比升级还更容易发生的情况。服务绩效走下坡路通常是由于以下情况：

（1）满足现状、骄傲自满。面对瞬息万变的市场环境与各方竞争者的争奇斗艳，就算处在领导者的地位，若因满足现状而止步不前或骄傲自满而怠惰，而忽略了市场变化、不求改良或改革，导致无法吸引潜在顾客与开拓新客源，最后只能继续满足忠诚顾客，甚至会落得被竞争者取代的下场。

（2）无力回应强大的竞争。有些企业并不满足现状，也不骄傲自满，平时也致力于改善服务质量，但仍然有可能因无力应付强大的竞争对手而导致绩效衰退。尤其是在某个管理功能比竞争者还逊色许多时，这种情况更易发生。简单来说，这类降级"不是因为没进步，而是进步太慢"所致。

（3）领导及组织文化转变。更换高层主管或是企业并购经常造成领导风格及组织文化的转变，因而导致新旧文化冲突，使得企业长期赖以维生的基础岌岌可危。当新的领导权威或组织文化无法实时发挥正面的影响力时，员工士气与满意度的崩溃可能大到难以挽回。例如，一向讲求轻松自

服务绩效走下坡路的原因包括：满足现状、骄傲自满；无力回应强大的竞争；领导及组织文化转变；决策错误的骨牌效应。

380

在、自动自发的组织，由于空降的总经理要实施员工评鉴，要求员工评估、记录每一件服务个案的成本与量化绩效，而使得员工怨声四起、士气受挫，以至于影响服务质量。

（4）决策错误的骨牌效应。企业某一项错误的决策带来致命的破坏，是时有所闻的。一些世界级的金融机构因过去某些投资决策错误而崩盘，就是最好的例子。

至于服务绩效升级，可以是以上四种情况的相反情况。重要的是，绩效升级绝对有赖营销、作业与人力资源三大功能的提升与协调整合，以发挥管理或策略综效。要做到这一点，就要靠功能部门以外的力量来分析情势、掌控大局，整合组织内部力量，并对组织的目标与发展策略做出判断与决策，这种力量来自领导。

 ## 14.3　服务业的领导

"没有无用之兵，只有无用之将。"拿破仑的名言生动地描绘了领导的重要性。

组织若少了优质领导，即便成员能力再优秀，团队还是无法合作，呈现一盘散沙、各自为政的乱局。相反，有效的领导可以让一群平庸之辈表现得令人惊讶。从小处看，儿时玩家家酒总有一个带头的厉害角色；从大处看，古今中外的改朝换代也多是由明君取代昏君、以创新变革取代衰退腐败。

那么，何为领导？服务组织需要什么特色的领导？领导衍生出来的观念，如变革与组织文化对服务组织有何意义？这些都是以下要探讨的内容。

> 有效的领导可以让一群平庸之辈表现得令人惊讶。

14.3.1　领导的意义

什么是领导？很多人把"领导"与"管理"混为一谈，认为两者的意义相同，事实上不然。多年来，不少企业家、管理顾问与学者试图用比

381

喻、对比、图像化描述等生动的手法来区别两者的差异，例如：

> 领导与管理的差异就仿佛是思想与行为。管理是有效地把事情做好，领导则是确定所做的事是否正确；管理是在成功的阶梯上努力往上爬，领导则保证爬的阶梯是否靠在正确的墙上。
>
> ——潜能开发专家　Stephen R. Covey

> 领导是通过人与文化在运作，柔软又热情；管理则是通过阶级与系统来运行，刚硬又冰冷。领导的主要目标是促成改变，特别是大幅度的改变；管理的基本目的却是维持现有系统的运作。
>
> ——领导学权威　John Kotter

> 管理是把事情做对，领导是做对的事情。
>
> ——管理大师　彼得·德鲁克　Peter Drucker

领导是指如何影响、鼓舞与主导一群人，以协助组织达成目标的过程。

从以上描述，我们应该可以理解领导（leadership）是指如何影响、鼓舞与主导一群人，以协助组织达成目标的过程。领导者必须眼光长远、胆大心细，时时注意环境局势的变迁，并能掌握趋势，为应对各项挑战与变动做出正确的判断，率领组织成员朝着理想的方向前进，也就是"带领大家做对的事"。

例如，天下杂志（2012 - 09 - 19）曾经访问晶华酒店董事长潘思亮，谈到以丽晶品牌经营国际市场时，潘思亮谈到核心价值、经营方向等，就展现了领导的精神：

> 我们的核心价值很简单，就是将心比心，"己所欲，施于人"，"己所不欲，勿施于人"。所以这堂课不只是要懂饭店管理，还要去深深地尊重全世界不同的文化、人种，拥抱多元化。
>
> 其实丽晶的精神在于隽永的创新。丽晶本来的核心价值是三个 B，很简单，就是 bed、bath、breakfast。但现在每家饭店都已经三个 B 了，所以我们加了第四个 B，叫作 bespoke，意思是"量身打造、量身定做"。例如，丽晶的家具、灯饰，绝不可能在任何目录中找到。其

实要盖饭店，全世界有很多目录可以去挑东西。

bespoke 不仅是指硬件，概念也是量身打造的。因为大部分的酒店集团都是规格化，规格化没有不好，但欧洲人的奢华观念，是升华到一定要量身打造……量身打造的东西要花很多时间去设计、重改。但是一旦弄好，可能几十年都不用去更新。

管理（management）则是通过规划、设计严谨的组织架构与资源（包含人力、财力、物力）配置来执行任务，并实施与控管系列作业来确保预定的目标得以完成。管理者则必须把焦点放在组织内部的运作情况，制定适合的制度与规范，并且还得积极进行内部的协调与沟通，使组织的资源能够以最有效率的方式获得最佳的效果，也就是"带领大家把事情做好"。关于领导与管理的差异，如表 14 - 3 所示。

至于领导与管理哪一个比较重要，则无法有确切的答案。最持平的说法是两者在组织运作中具有互补的作用。有强势领导但缺乏优良管理的组织，就像一头蛮牛，虽有突破但却莽撞、混乱、危险。相反，有优质管理但缺乏领导的机构，虽然稳重但却迟钝、怯懦、官僚。换句话说，暴冲的组织通常是领导有余、管理不足，而没落的组织通常是管理有余、领导不足。只有在领导与管理双双上轨道时，组织才有健全的发展。

> 管理则是通过规划、设计严谨的组织架构与资源配置来执行任务，并实施与控管系列作业来确保预定的目标得以完成。
> 暴冲的组织通常是领导有余、管理不足，而没落的组织通常是管理有余、领导不足。

表 14 - 3　领导与管理的差异

内容	领导	管理
任务重点	塑造、维持、提升组织文化	建立和维持组织架构
组织功能	建立组织使命并给予愿景	通过规划、组织、执行、控制完成眼前目标
人际角色	老板、主人、将军的角色	命令者、协调者、仆役的角色
眼界	眼光总在远方	眼光总在前方
焦点	群众	系统与结构
目标	做对的事，追求效能	把事情做对，追求效率
特色	挑战现实，偏向艺术	接受现实，偏向科学
产生结果	带动变革（改革者）	维持稳定（执行者）

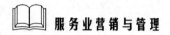

说故事的领导力量，渐受重视

"我从来就不是最被看好的候选人。刚开始没什么钱，也没什么后援。参选的念头，并非始于华府大厅，而是来自地蒙市的后院、康科市的客厅和查尔斯敦的门廊，经由许多人从积蓄中拿出 5 美元、10 美元和 20 美元，共同打造的想法……21 个月前开始于寒冬的念头，不会就在这个秋夜结束。"通过浅显的故事，美国总统当选人奥巴马的胜选演说撼动了许多美国民众的心。越来越多的杰出领导人会以故事手法陈述信念，不仅真诚传达组织经验与愿景，更能凝聚认同感，进而激励成员竭尽全力为组织付出。苹果计算机执行长贾伯斯不仅具有过人的营销技巧，更懂得利用故事施展个人魅力。在全球各地的新品发表会上，时常可见他站在第一线勾勒企业新愿景。英特尔总裁葛洛夫堪称最会说故事的 CEO，常以自身经历为例解决经理人的问题，有效带领整个团队。这些顶级领袖的例子使得众多企业开始了解把故事说得好、说得迷人，对领导魅力的发挥、组织的发展有何等重要。

14.3.2 服务组织的领导人特质

服务组织里的领导人应该具备什么特质才算是好的领导人？类似的议题已经有不少文献讨论过。一般而言，领导者的人格特质被认为是成功领导的要件；理想的特质包含坚毅抗压、勇敢负责、正直公平、宽阔包容、眼光远大、理性的判断力、积极的执行力、能为众人凝聚共识等。

然而，对于必须依赖服务人员与消费者面对面接触的服务业而言（尤其是高接触服务），其领导人除了应该具有以上提及的性格，还有一项特质是绝对不可缺少的，那就是对"人"要保持高度的兴趣、敏感与关怀；这不仅包括对消费者的重视，还有对组织成员的照顾。换句话说，服务组织的领导人应有人文精神。在众多的领导学理论中，Robert Greenleaf 早在1977 年提出的"仆人式领导"最适合用来诠释这项观点。

384

仆人式领导（servant leadership）强调能够成为真正的领袖不是因为拥有了某种权力，而是看他可为众人做出多少贡献。也就是说，领导人的首要任务是要为别人服务，如果缺乏这项认知，那么领导的成就将十分有限。Greenleaf 认为领导人要不断自问：我的服务对象成长了吗？在我的领导与服务之下，他们变得更健康、更明智、更自由、更自主、更可能成为别人的仆人吗？

由上文可见，Greenleaf 开启了一个以人的本质为基础的领导学领域。管理经典巨著《第五项修炼》的作者彼得·圣吉（Peter Senge）曾说，虽然有许多领导相关的书籍，但只有一本是认真的学生必须阅读的，那就是 Greenleaf 的《仆人式领导》。

服务组织必须妥当处理部门的沟通协调及成员的工作反应，否则功能冲突与员工不满便会产生，并严重影响服务质量与顾客满意度。以往高高在上、有距离感的权威式领导难以贴近人心，如今服务业的领导者应该成为组织内的"服务人员"，融入各级主管与成员的工作环境，亲身体验他们在执行任务时的难处与感受，才能确实改善人事制度或工作程序上的缺失，提高员工的满意度。此外，领导者须保持对组织的热爱，在与成员互动中自然流露出关怀与诚意，并灌输组织核心价值的重要性，激发成员对服务的热情活力与向心力，连带提升服务传递的绩效。

总的来说，服务组织的领导人在"人性"的层面上应具备 Greenleaf 建议的几项行为特质：倾听员工、言行举止让员工信服、愿意承认缺失并积极寻求改善之道、保持感性但也理性地兼顾现实环境中的限制、以服务他人为己任、协助员工与组织茁壮成长。

例如，星巴克总经理徐光宇从小信奉基督教，在圣经故事中领悟了仆人式领导的内涵，投入职场后更切身了解领导者必须学会做卑微的事，才能帮助员工去服务更多的人。于是，徐光宇便把自己当作一名"牧羊人"，无微不至地照顾着"羊群"，即下属们，并带领他们走向对的方向。从公司例行的清扫厕所活动，到平时经常亲访各门市与员工面对面沟通、聊天，徐光宇无一不亲力亲为，而他的同事们认为此举不仅没有降低徐光宇的威信，反而更能凝聚员工的共识与向心力。徐光宇也感谢统一集团开放关怀的企业文化，让员工能怀抱热情、心存感恩地尽心尽力，将星巴克塑造成"水泥丛林的心灵绿洲"。

领导者分布在每一个部门以及每一个特定任务的团队里。对于领导特质的培养，不该局限在最高阶层，基层经理人与团队召集人也应重视。

值得一提的是，组织中的领导者并非只有董事长、总经理等少数几位，我们甚至可以说领导者分布在每一个部门以及每一个特定任务的团队里。对于领导特质的培养，不该局限在最高阶层，基层经理人与团队召集人也应重视，因为所有阶层的主管都应负起为他人服务、为他人创造福利，感染其他人一起为组织目标努力的责任。

14.3.3　服务组织的变革

许多与领导相关的文献均提到革新式变革与渐进式变革。革新式变革（turnaround）是指在绩效困顿且面临崩塌边缘的组织中，领导者采取激进变革的手段力挽狂澜，试图让组织回归到正常的轨道上。渐进式变革（evolution）则是指领导者将重心放在改善形势与引进新设施、新技术、新程序等，随时随地注意时代的脉动，以持续不断、幅度较小的转型使组织维持最适合生存的状态。

在现今变动迅速且多样的总体环境中，就算是表现卓越的企业也应该采取渐进式变革以跟上时代的脚步。

通常表现非常不理想的企业才会考虑在组织运作与文化上来个重大的转型，好让企业重拾信心与竞争力。然而，在现今变动迅速且多样的总体环境中，就算是表现卓越的企业也应该采取渐进式变革，以跟上时代的脚步。

领导学权威 John Kotter 建议想要成功变革的领导者必须完成下列各阶段的任务（尤其是革新式变革更应采用）：

（1）创造改革的迫切感。变革涉及改变人们的行为，因此必须先令组织成员目睹需要变革的事实，并感受到改变的急迫性，以打破成员保持现状的想法，带动他们愿意改变的动机。

（2）建立坚强的团队。成立一个有公信力、分析与沟通技巧、富有危机感的领导团队，运用他们在各方的影响力，促进组织的变革向心力。领导者还必须减轻成员因面对变革而出现的疑虑与恐惧感，引导他们正面思考。

（3）制定适当的愿景。让组织成员确实了解变革前后的差异，以及实现目标的步骤，且开始着手进行变革，并在执行期间严格要求转变的全面性与速度。

（4）与员工广泛沟通变革的目标。沟通的目的是让员工深入了解变革目标，激发众人的潜能，并将变革内容有效传达给全体员工，以免他们在执行上乱了阵脚。

（5）授予员工执行变革的权力。这个步骤主要是让那些愿意为变革挺身而出的人有参与变革的机会。不过应确保员工不会借此来滥用职权。另外，领导者也该替员工排除心理与信息上的障碍，不要一次赋予他们太多责任而导致负担过重、改革不足。

（6）展现短期战果。这么做可以证明变革策略的有效性、激励为变革付出精力的成员并让他们有成就感、感染旁观者的心态并吸引他们加入改革，以及让反对者哑口无言，或可借机扭转其抗拒的态度。

（7）巩固成果并再接再厉。此阶段要整合早期的各项改革，并继续提升危机意识，推动更高级、更困难的变革。此时领导者必须为组织慎重地制定出下一阶段的目标，并带动一波波的变革直到达成愿景。

（8）深植企业文化。费尽千辛万苦实现愿景之后，必须为组织深植新的优质文化，作为全体成员行事风格与价值观的标杆，巩固日后的发展重心与方向。

14.4 服务组织的文化

14.4.1 组织文化的意义

组织文化（organizational culture）通常是由创始者或高层主管在有意或无意间建立起来的，它最基本的特性是"共享"。当我们说组织具有某种组织文化时，是指大多数组织成员共享了某种观念、态度、价值观、行事标准、处事风格等。组织文化是一种社会控制力量，对组织成员的行为与组织效能具有不容小觑的影响力。

组织文化具有下列几种功能：界定组织界限、促进认同感、重视组织整体利益、使内部运作更为稳定、提升绩效。

影集：奇迹餐厅

1995 年上映的日剧"奇迹餐厅"，经过十多年后依然维持着它经典的

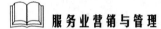

地位，演员精湛的演技、画龙点睛的配乐等，让人看了佩服有加，更重要的是剧中呈现的企业改革、领导风格、服务之道和人生哲理，才是这间餐厅能创造奇迹的真正因素。

剧情描述了一间有名的法国餐厅，传到第二代手上时因为管理不善而没落，这时候创办人的小儿子带着父亲经营时的战友——传奇侍者回来接手经营。传奇侍者启发小老板、带领餐厅员工的过程，造就了一幕幕令人感动且深刻、交织着人性和管理的好戏。全剧都发生在餐厅内，常常以简单的对白和单纯的情境就表达出令人拍案叫绝的戏剧张力，也凸显了日本喜剧大师三谷幸喜（本剧的编剧）的功力。

人生所发生的事，在餐盘上也会发生，就等观众细细品尝。

管理学者 Robbins 曾提出组织文化具有下列几种功能：

（1）界定组织界限。组织文化能让成员感受到所处团队的特色与风气，和其他组织有所不同。例如，开创了网络新纪元的 Google 讲求平等、自由、创意至上的组织文化，从扁平化的组织层级到花样百出的工作环境，都与传统企业大相径庭，甚至还为了保持特有组织文化而设立了"文化长"一职，形成一股独特的组织风气。

（2）促进认同感。良好的组织文化会促使成员对组织产生认同感，甚至荣耀感。例如，从1917年创立至今的国际狮子会，其服务精神是由 LIONS 五个字母的缩写组成，意思是"尊重自由（liberty）、运用智慧（intelligence）、增进我们（our）国家（nation）的安全（safety）"。这一内涵得到成员们的认同与支持，并以"狮友"为荣。

（3）重视组织整体利益。组织文化会使成员自然而然地将组织的整体利益置于私人利益之上，如为了在默认的期限内完成进度，员工自愿牺牲私人时间到公司加班，或是将工作带回家赶工。

（4）使内部运作更为稳定。良好的组织文化可以凝聚成员对组织的向心力，使得内部作业更能上紧发条，组织整体运作较为稳定。

（5）提升绩效。理想的组织文化可提供言行规范，引导并塑造成员的态度和行为，进而增进企业的服务绩效。

14.4.2　组织文化与服务绩效

　　服务人员若是基于"被要求"、"逼不得已"、"为了糊口"等出发点而提供服务，则这种服务的质量必定不高，顾客也无法感受到"由衷服务"的愉悦。对服务组织来说，丧失了良好的组织文化，就如同丧失了服务的意志和灵魂，就算企业在短期内仍得以存活，也会因为无法传递服务的热情与感动，终究会失去竞争力与生存空间。

　　比起制造业，以人为本的服务组织更应该培养独特、优良的文化内涵来感染组织成员，凝聚众人的共识，让他们认可并以组织愿景为己任。在优质文化的驱使下，员工更愿意发自内心地学习与贡献，提升工作态度与能力素质，如此一来不仅能增进内部交流，带动组织成长与创新，也向外散发出企业独有的服务文化，久而久之对服务绩效便会产生正向影响。

　　另外，在服务组织中，当所有成员以某种优质文化为傲时，服务人员即可被授予高度的自主性，因为判断标准早已建立在共同的价值观上，即使没有事先请示主管，他们的应对决策也会充分表现出一致的服务文化。在这种情况下，企业可以省去许多监督、管理员工的成本，且让工作效率与效果得以提升。

　　例如，跳脱出以往公交车"粗野形象"的首都客运，带给许多学生、通勤族温馨的体验。董事长李博文经常强调："我们的工作是服务业，不是运输业。"以这种信念为基础，从提供安心舒适的乘车环境，到规定驾驶员要穿衬衫、打领带、禁止嚼槟榔等，都展现出服务上的创新与贴心。"首都客运"的服务文化也在内部管理上流露。不论是车况监督员与行车调度员，都以礼貌的态度与驾驶员沟通；以提高基本薪资来取消载客奖金的制度，让驾驶员不用为了拼业绩而过站不停或只停大站；实施两次退休的制度，驾驶员满 55 岁可以先领退休金，到 60 岁再完全退休，保障资深驾驶员的权益。如此用心服务、诚恳踏实的组织文化，让"首都客运"不断得到各大服务质量评鉴的肯定，也为顾客及员工带来愉悦的服务感受。

　　由此可知，服务组织若只是依靠一堆规范限制、奖惩手段来建立服务水平，不仅无法长久，顾客也感受不到用心与体贴。唯有在深刻、优质的组织文化下所熏陶出的服务态度才经得起时空的考验，并带给顾客每次消费的美好体验。

比起制造业，以人为本的服务组织更应该培养独特、优良的文化内涵来感染组织成员，凝聚众人的共识，让他们认可并以组织愿景为己任。

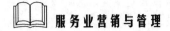

纵横天下

富国银行，低调、稳健、关怀

在近几年的金融风暴中，许多银行的业务深受打击，股价应声下跌。但在一阵哀鸿遍野中，有一家银行通过稳健的营运方式及踏实的经营理念度过了这样的困境，并且不断地寻求更好的发展机会。这家银行便是创立于1852年的富国银行（Wells Fargo）。

富国银行之所以能够降低大环境的影响，原因在于它对银行业务的坚持。当其他银行不断对民众推销金融商品时，富国银行仍旧以基本的存贷款为主，而存贷所产生的利差便占了富国银行全部收入的一半。除此之外，富国银行专注于美国国内的业务，国外的贷款金额仅是其资产的5%。因此在欧洲许多国家面临危机、人心惶惶时，富国银行仍可从容不迫地面对欧洲的风暴。

这种稳定的经营风格来自富国银行的执行长——斯坦普。斯坦普出身于农业家庭，懂得合作的重要性。没有门的办公室，方便他与员工之间的交流。对斯坦普而言，员工不是公司的负债，而是可以增值的资产。在这样的信念下，富国银行深受美国民众的信赖，每三户便有一户选择富国银行的服务，其良好的形象不言而喻。

章末习题

基本测试

1. 什么是"服务利润链"？其源头和发展基础是什么？

2. Chase和Hayes两位学者把服务绩效分为几种等级？简略说明其中的差异。

3. 什么是"仆人式领导"？这种领导方式有哪些特质？

4. 什么是"革新式变革"和"渐进式变革"？两者的最大差异是什么？

5. 管理学者Robbins指出组织文化具有哪几种功能？

进阶思考

1. "无为而治"也是服务业中的有效领导之一，你认为呢？

动脑提示：试想什么是"无为"？是完全没作为吗？还是可以为而不为？还有，如果无为而治可行，前提是什么？

_____

_____

_____

_____

_____

_____

2. 当一个服务组织出现什么"征兆"时，就该考虑革命式变革？请尝试列举至少五个征兆。

动脑提示：征兆可分为组织内部与外部，前者包含组织发展中非常重视的绩效指标，后者则主要与顾客及竞争者相关。

_____

_____

_____

_____

_____

活用知识

1. 想象自己是某服务业的经营者（请自行设定哪种服务业、员工人数），你想要营造什么样的组织文化？为什么？你希望自己在员工的心中是什么样的领导者？

2. 除了书中提到的"仆人式领导"，到书店或上网搜寻，还有哪些领导风格？你觉得它们都适合用在服务业吗？

第15章 服务业的科技应用

美丽之岛

喂！那是什么蛙？什么鸟？

"这蛙鸣好特别！是什么蛙类？""这鸟叫声好动听！是什么鸟类？"很多人在户外听到蛙鸣鸟叫，脑中迅速起了疑问，却也迅速消除疑问，答案随蛙鸣鸟叫消失在空气中。

但是，只要有"蛙蛙叫"和"啾啾叫"，答案就可马上出现。这是两款由风潮音乐开发设计、兼具娱乐和教育功能的音乐应用程序。通过图片、文字和声音巧妙的搭配，这两款 App 应用程序让用户借助手机或平板计算机，在大自然中听到蛙鸣鸟叫的声音，就可以轻易辨别种类，让生态教育随时随地、无所不在，而生态知识也因为多了声音的临场感而变得更生动、更容易亲近。

"蛙蛙叫"是由"青蛙公主"杨懿如提供数据和指导开发的，收录其中的 26 种中国台湾常见蛙类品种都有详细的介绍和解说。"啾啾叫"则是由"鸟专家"孙清松提供资料和指导研究，集合了中国台湾 42 种珍贵鸟类的图、文、声。拥有这两种应用程序，就可以在偶然遇见某种蛙类或鸟类时，即刻查阅导览，并且吸收相关知识、对于家庭来说则可增加亲子互动，让孩子拥有如置身查询怪兽图鉴般的搜寻乐趣，并且增进他们的学习意愿。

除了查阅的基本功能，"蛙蛙叫"和"啾啾叫"还可以变身为声部乐器，将喜欢的青蛙和鸟类叫声加入声音图鉴选单，再摇摇手机，宛如真实般的叫声就会从手机中传出。除了享受最自然的声音外，风潮音乐还开发了"蛙蛙伴奏"和"啾啾伴奏"的钢琴游戏，画面中的青蛙或鸟类酷似钢琴的键盘，手指点击屏幕，即可谱出一首独特又奇妙的客制化自然交响乐。贴心的是，这款 App 还可以让创造曲调的蛙迷和鸟迷们将喜爱的自编曲设定为手机铃声或闹铃，全方位地替使用者设计与着想。

风潮音乐是由一群热爱并关心本土及非主流音乐的人士开发的，长期以来的形象总是与自然生态、人文内涵紧密联结。这两款应用程序证明了一件事：运用现代科技，再加上知识与创意，企业可以在新产品开发、市场开拓、形象提升等方面找到突破的机会。

 本章主题

风潮音乐巧妙结合科技、音乐与生态，推出"蛙蛙叫"与"啾啾叫"，在市场上让人眼睛为之一亮。类似这种因为科技发展而带来的新服务，服务业营销与管理人员应该予以重视，才能掌握商机或避免威胁。本章将探讨科技在服务业中的应用，重点如下：

1. 科技的内涵与分类：首先说明科技的意义，接着举例说明科技的三大类别。

2. 科技与服务营销策略：讨论科技发展（尤其是信息传播科技）对服务业七大功能（7P）的影响。

3. 科技影响力的评估与应对：最后说明服务业者面对科技带来的影响，应如何进行评估与应对。

▶▶ 15.1　科技的内涵与分类

15.1.1　科技的内涵

"这是我的一小步，却是人类的一大步。"阿姆斯特朗于 1969 年登陆

393

月球的经典名言，也可以用来形容许多科技对人类的影响。

　　蒸汽机，催化了工业革命，大幅提升了人类的生产效率；电话，彻底改变了人类通信与沟通的方式；汽车，使人们的视野更开阔，行动更自由；电视，让人类的信息吸收、娱乐与生活方式进入新纪元。这些科技的出现在当时看来是一小步，却是人类生活的一大步。我们今日的生活面貌，除了千百年来的文化思想之外，科技绝对是重要的推动力量。

科技是人类使用知识、工具、设备、材料、资源等以控制和改变环境，以便能解决实务问题、谋求生存或满足人类需求的方法。

　　科技（technology）是人类使用知识、工具、设备、材料、资源等以控制和改变环境，以便能解决实务问题、谋求生存或满足人类需求的方法。所以，科技是人类的"本能"。从原始人的钻木取火、近代的水力发电，到现代的太阳能发电，都是人类为了取得能源而发展的科技。

　　科技具有"不可逆"的特性，也就是当新科技出现后，人们就很难安于旧科技。同时，科技是累加的，即新科技通常是根植在之前的科技而发展起来的。例如，个人计算机出现之后，不但让打字机走入历史（不可逆），也促进了通信与网络科技等（累加）。不可逆的特性代表产业的取代效果，而累加的特性则代表科技不断发展带来机会与威胁，这两种特性值得业界注意。

　　当然，科技对经济发展具有重大的影响。表 15-1 显示了工业革命开始至今，带动经济发展的关键科技，其中，18 世纪末的蒸汽机、19 世纪末的电力系统，以及 20 世纪中期之后的计算机与生物科技等，被公认为近代的三大科技革命（technological revolution）。从表中也可以看出，过去 240 年来，每隔数十年就出现重要的科技创新，对经济发展带来重大贡献。正因如此，上至各国政府，下至企业主管，无不重视科技的研发与趋势。对于服务业者而言，如何应用科技以创造商机、提升服务质量、增进市场竞争力等，自是不可忽略的议题。

表 15-1　带动经济增长的科技

年份	关键科技
1770~1800	蒸汽机、炼钢技术、纺织机等科技促使欧洲发生工业革命
1830~1850	铁路运输、蒸汽动力船舰、电报机、煤气灯等科技使得欧洲经济加速发展

年份	关键科技
1870～1895	电灯与电力系统、电话、化学染料与石油炼制等科技出现，工业经济文明跨前一步
1895～1930	汽车、无线收音机、飞机、化学塑料等科技创新驱动了 20 世纪初期的经济发展
1950～2000	计算机科技、微电子科技、材料科技、航天科技、核能科技等使得工业经济文明大跃进
2000 年至今	进入知识经济时代，关键科技包括生物基因科技、无线通信与网络科技、纳米材料科技等

15.1.2　科技的分类

以应用科学的观点来看，科技可分为三大类：物理科技、生物科技与信息传播科技。

15.1.2.1　物理科技

物理科技（physical technology）包含营建、制造、运输、能源与动力等相关科技。这类科技对于服务业的实体环境、设施、仪器、工具、用品等及其衍生的服务质量带来影响，例如：

（1）迷你电池技术的提升，不仅把电池的体积缩小，同时增加了蓄电力，让 3C 产品更轻薄短小、服务更多元，所以在某些餐厅里可以看到服务生人手一台 PDA，不但可以点餐，还能介绍菜品的详尽信息。

（2）科学园区知名的物流业者五崧捷运，运用科技而成为高科技业者的货运首选。因为运送的货物以精密组件为主，在运送途中对温度、震动，甚至水平都必须加以控制，除了要掌握高科技产业知识，还需有相关的科技设备辅助。例如，运送半导体厂的专用设备，全程必须保持在 −20℃ 的低温，否则仪器就会不准确；日本货运公司甚至派工程师无预警地抽查他们运送过程的震动数据。

（3）空中巴士公司以优异的建造技术打造全球最大的飞机 A380。A380 全长 73 米，尾翼高 24 米，相当于 7 层楼高，翼展近 80 米，飞机里可以停放至少 20 辆双层巴士；若分成三个等级机舱，可载 555 名乘客，空

物理科技对于服务业的实体环境、设施、仪器、工具、用品等及其衍生的服务质量带来影响。

395

间和机位比主要对手波音 747 - 400 型飞机分别多出 49% 和 35%。有了额外空间，航空公司可在内部设计上下功夫，例如，维京大西洋航空在机舱内设置健身中心、吧台、赌场、美容院和双人平躺座位等，让乘客有更多的活动空间与全新体验。

15.1.2.2 生物科技

生物科技（biological technology）包含农业、健康医疗和医药等相关科技。它对人类的生活形态、生命质量、身体健康等方面有重大影响，因此，与消费者健康、生命、生活质量等相关的服务业应该密切注意生物科技的发展，相关的案例有：

（1）随着有机农业技术不断改良，有机原料与食材的供应也越多越充沛，因此强调无毒料理或有机的餐厅——从在路边不起眼的早餐店，到五星级的有机餐厅——也越来越多。

（2）研究人员从动植物身上提炼、萃取出保养品与化妆品的重要成分，应用在现代的医学美容上就成为很多女性趋之若鹜的果酸换肤、打玻尿酸、打肉毒杆菌等服务，让许多女性更年轻、更有自信。

（3）当牙齿有缺损或拔除时，一般会以假牙来替代真牙，但如果遇到缺牙太多或因单颗缺牙须磨掉两旁的健康牙来支撑时，现代的牙医技术可以为患者"植牙"，即把钛金属的人工牙根（植体）植入口腔齿槽骨中，等 3～6 个月植体与骨头紧密结合后，才在钛金属牙根上制作假牙，以恢复牙齿美观及咀嚼功能，并可避免传统假牙较易松动与不舒适感等问题。

值得强调的是，生物科技并不只是应用在与健康相关的服务业，当它与光学、影像等其他科技结合时，也可应用在非健康服务业，例如，许多公共场所应对流感恐慌而装设红外线测温仪、有些建筑项目推出指纹辨识门锁系统等，都是相关案例。

15.1.2.3 信息传播科技

信息传播科技（Information and Communications Technology，ICT）涵盖的层面包含信息科学、网络和通信技术以及应用软件等，主要用来产生、处理、交换和传播各种形式的信息。这类科技对人类生活与企业经营的影响，现代人有目共睹。例如，互联网与无线通信兴起使得各类型的增值服务纷纷出现，在线查询、网络购物、虚拟银行、网络游戏、手机广告等已经大幅改变了既有的消费行为，未来还有更多让人无法预料的在线服务不

与消费者健康、生命、生活品质等相关的服务业应该密切注意生物科技的发展。

断地推陈出新。

在三大类科技中，信息传播科技对服务业的影响最为深远，下一节"科技与服务营销策略"将进一步举例说明。

15.2 科技与服务营销策略

以下将分成七小节分别讨论科技如何影响服务营销的七大功能（即7P，参考第 7 ~ 13 章），内容以信息传播科技为主、以物理与生物科技为辅。

15.2.1 科技与服务的创新及新定位

毫无疑问地，科技发展对于服务的创新、形象塑造、全新定位、复位位，乃至于整体策略都产生重大影响。尤其是在科技革命时代，新科技对于主要服务创新（major service innovation）（市面上前所未有的核心服务）的催化效果相当明显。

世界上第一个互联网浏览器 Mosaic 于 1993 年 1 月诞生，并促成第二代浏览器 Netscape 于 1994 年底面市。我们目前熟知的浏览器霸主 Internet Explorer（IE）则是由微软于 1995 年 8 月推出的。在 IE 尚未全面普及时，Yahoo、Amazon. com 以及 eBay 就先后在 1995 年的 3 ~ 10 月亮相，开创了"入口网站"、"搜索引擎"、"虚拟商城"、"网络拍卖"等全新服务，并启动了往后十余年的电子商务热潮。

拜生物科技进步之赐，脐带血银行也属于主要的服务创新。脐带血中丰富的造血母细胞可以用来治疗白血病、地中海型贫血、血液再生不良、先天性免疫不全及自体免疫疾病，也可以在癌症化学治疗或放射线治疗后，帮助病人造血系统的再生。因此，近年来世界各国的医疗机构纷纷推出公益（公捐脐带血库）或私人性质（自费，仅供脐带血主人或指定对象）的脐带血银行服务。

另外，2008 年台北医学大学与日本国立广岛大学合作，创立中国台湾

科技发展对于服务的创新、形象塑造、全新定位、复位位，乃至整体策略都会产生重大影响。

第一家保存恒牙的"牙齿银行"，除了可保存牙齿的活性长达四十年，在缺牙时可以补回去之外，从牙髓中分离萃取出来的干细胞还可进行牙周再生，分化成血管、神经、硬骨等应用。从营销策略的观点来看，牙齿银行为台北医学大学建立了先进医疗的形象。

纵横天下

上亿人聊天带来的商机

按住智能型手机屏幕说句"你好吗"，一秒钟后，远在美国的好友就能收到这条"WeChat 微信"从中国台湾送出的语音消息。

正当智能型手机 App 开发商 NHN Japan 公布，推出一年的实时通信软件"Line"的全球用户超过 5000 万时，更灵活的 WeChat 全球用户早已突破 1 亿大关。腾讯为何能后发先至？关键在于"模仿、吸收、改良、超越"。先学习既有的软件，再针对尚未满足的用户需求，提供创新服务，一举超越对手。

首先，擅长打"快速反应战"的腾讯，在微信上投入大量资源，把对手的所有社群服务功能集于一身。一开始，微信团队观察到，大多数通信 App 都以发送图文为主，微信决定以语音互动功能来吸引用户。

紧盯对手动态，是腾讯发动闪电战的秘诀。当 Line 推出了"摇一摇"功能，让用户可以经由摇晃手机，寻找附近同时摇晃手机的人后，腾讯只花了两个月时间，立即新增了这项功能。Cyber Agent 北京公司总经理戴周颖认为，微信整合了超过 7 亿注册人次的实时通信软件 QQ，意图称霸智能型手持装置领域，掌握所有人的手机社交活动，串连起几十种游戏、信箱等应用。"它想做手机版的脸书。"戴周颖说。

资料来源：许以颖. 如何靠一亿人闲聊赚钱？[J]. 天下杂志，2012（53）.

新科技也催生了主要流程创新（major process innovation），如我们熟悉的网络订票订房、自动柜员机（ATM）、在线教学等。这些例子都是使用新的方法来传递既有的服务，并伴随额外的利益，如网络订房省时省钱、在线教学突破时间与空间的障碍等。

当然，一体必有两面（甚至多面）。科技发展因带来服务创新与新定位而为某些业者建立天堂的同时，也是在为另一些业者挖掘坟墓。因此，科技带来的市场威胁、竞争取代效果是相关业者必须密切注意的。

> 科技发展因带来服务创新与新定位而为某些业者建立天堂的同时，也是在为另一些业者挖掘坟墓。

15.2.2　科技与服务实体环境

科技为服务实体环境带来的功用主要有三方面：创造全新的环境体验，提升实体环境的掌控能力，创造虚拟现实。

科技的突破往往是建造出令顾客感受到全新体验的服务场所或建筑。例如，2007 年 3 月亮相、轰动国际旅游市场的天空步道（Skywalk）是由大峡谷谷壁往外延伸建造，悬空在距谷底的科罗拉多河上方 1158 米的半空中；步道底部以钢梁支撑，桥面是强化透明玻璃，桥墩是深入岩壁 14 米的94 根钢柱，不仅能够承受时速高达 160 公里的强风，耐得住里氏 8 级的地震，也可支撑 71 架满载的 747 客机的重量。如果没有先进的工程技术，游客将无法享受走在深谷上空的惊悚快感。

> 科技为服务实体环境带来的功用主要有三方面：创造全新的环境体验、提升实体环境的掌控能力、创造虚拟实境。

另外，云门舞集艺术总监林怀民和爆破装置艺术家蔡国强合作的作品"风·影"，运用爆破、投影、雷射等现代科技，突破云门以往宁静唯美的风格。尤其是其中一场黑洞的场景，让人有掉进黑洞的 3D 立体感，许多观众感觉自己就像朝洞口蹒跚的舞者般，禁不住屏息，沉浸在超现实的感官中。许多游乐园中的动感体验设施也有类似这种以声光影像科技带来的感官效果。

典范人物

抓紧趋势、热情经营事业的科技人
——张明正

美国 FBI 经过五年努力，成功于 2012 年关闭了全球最猖狂的黑客网站，逮捕了一批爱沙尼亚（东北欧波罗的海三国之一）的网络犯罪嫌犯。这个集团通过木马程序入侵他人计算机以从事不法行为，受害计算机超过400 万台，遍及 100 个国家。

　　破获该集团的关键，是因为一家计算机防病毒软件公司接受 FBI 委托后，动员一群工程师在网络世界铺天盖地设下陷阱，且利用程序与黑客大战，找到攻击点入侵对方的服务器。这家公司就是来自中国台湾的趋势科技，创办人暨董事长是张明正。

　　1988 年张明正在美国成立趋势科技时，公司小到连客户要上厕所，都要花上 10 分钟走到附近的麦当劳。但 1999 年，趋势科技在美国纳斯达克上市，来年在东京证交所上市，目前已是全球前三大计算机防毒公司，年营业额超过 300 亿元新台币。张明正是如何办到的？

　　张明正对环境的判断与对时代潮流的掌握相当精准。在全球企业纷纷"E 化"时，趋势科技扮演网络医生的角色，替企业扫除威胁企业的病毒攻击；在所有家庭计算机都串连上网络时，趋势科技则扮演营养师的角色，替每一个家庭的个人计算机"调理体质"，免于网络病毒的攻击。

　　另外，了解自我、热情经营所爱是张明正的另一特质。正如他劝勉大学生的一番话："现在大学生出来不知道自己要干什么，这是大问题。所以他们只好接受社会价值，去大公司工作，但大公司转型又转不过来，就卡住了……过度依赖也是台湾年轻人的大问题，都 20 多岁了，不要再依赖妈妈、依赖社会，没有'离开'的经验。壮游就是一种离开，离开台湾、离开工作、离开男女朋友、离开一切，不要害怕失去现在安逸的生活，说穿了就是要有能力了解自己的潜力和热情。"

　　如今，张明正抓紧云端、大数据（big data）等全球趋势，准备以热情经营另一波商机。

　　科技也提升了服务人员或顾客操控实体环境的能力。例如，在日月潭的云品饭店，客房设备几乎都网络化了：房客携带的钥匙具有身份辨识功能，该钥匙结合 RFID 技术，可联结到饭店的后端管理系统，所以管理人员能够掌控每一个房间的出入状况，至于 KTV、阅览室、会议室、健身房、泳池等公共设施，也以相同的原理管理门禁，可以有效杜绝非住宿客使用设备的情况；另外，云品的房客可通过房内 IP Phone 的触控屏幕，设定房间内的温度、亮度、房门开关等。类似这种智能型设施在住宅、餐厅、旅馆、公共服务场所等将会越来越普遍。

　　最后，目前有不少服务业通过信息传播科技将实体环境呈现在网络平

400

台上，利用虚拟导览服务让消费者不需要亲临现场就能够看到有形的服务。例如，信义房屋的网站推出"互动看屋功能"，应用数字化工具（数字相机与数字摄影机）将房屋呈现在网站上，消费者可以通过手机与网络等方式看屋，减少劳苦奔波的时间。宜家家居（IKEA）推出"卧室不能说的秘密"活动，邀请消费者上传杂乱的卧室照片，接着由服务人员协助改造杂乱的卧室，然后将改造前、后的照片放到网站上供消费者浏览；这个活动的网页不仅吸引大量消费者浏览，还将消费者的数据转化为有价值的顾客知识，并成功地将消费者吸引到门市购买。

15.2.3 科技与服务人员

科技发展为服务人员带来两种截然不同的影响：取代服务人员，或让服务人员如虎添翼。在某些服务业，信息与通信技术的发展使得服务人员退居幕后或是扮演辅助的角色，与顾客直接、长时间接触的机会大为减少，如网络银行减少了顾客与银行柜台人员的互动、网络订房与结账减少了旅馆柜台与房客的接触等。

然而，科技取代了服务人员不代表人员就此失去其重要性。一旦顾客在使用自助服务过程中遇到困难，服务人员就必须立即提供协助，帮助顾客处理疑难杂症，如顾客在半夜使用无人银行遇到困难时，客服人员必须替顾客排除问题，甚至必要时留守人员应出面协助。另外，就是因为长时间接触的机会变少了，业者更应重视与顾客短暂接触的"关键时刻"，因为那短暂的时刻往往就决定了顾客对企业的评价。

服务人员应该警惕顾客对企业的评价（尤其是负面评价）可能利用网络信息流通的便利性，迅速传达给其他消费者。例如，态度不佳的服务人员和顾客的互动过程被邻桌客人用手机拍下，通过网路迅速传播，会大大影响企业形象。因此企业除了关注科技带来的效益之外，也必须正视可能的负面影响，尤其应加强第一线服务人员与顾客互动的教育训练，降低服务失误的可能性。

另外，科技也可以为服务人员增进服务效率与效果。例如，教师若善用网络搜寻工具寻找教材，并熟悉 PowerPoint 制作、绘图软件、电子书设计等，教材的编撰与呈现必然精彩；业务人员若擅长使用顾客管理系统，整理顾客相关数据，也必能强化顾客服务。因此，如何降低服务人员对创

科技发展为服务人员带来两种截然不同的影响：取代服务人员，或让服务人员如虎添翼。

一旦顾客在使用自助服务过程中遇到困难，服务人员就必须立即提供协助，帮助顾客处理疑难杂症。

服务人员应该警惕顾客对企业的评价可能利用网络信息流通的便利性，迅速传达给其他消费者。

新科技的抗拒、提升他们信息运用的能力等，是重要的管理议题。

服务工作全球化

　　住在波士顿的丽塔打电话向电信公司 AT&T 询问账单事宜，电话另一端的客服人员是妮娜，妮娜正在菲律宾某个城市的某栋大厦内工作，大厦内共有 3000 名客服人员，眼睛紧盯着计算机屏幕，嘴巴对着对讲机与北美洲的某个人交谈。伦敦某家出版社的编辑人员正在线与美编人员讨论，另一端是远在马来西亚的 Rick，旗下有 20 名员工，专门为欧美客户提供美编服务。

　　互联网普及、软件包精进，加上信息与知识的标准化与数字化趋势，使得一些原本需在公司内部完成的工作可以分割出来，外包给海外的企业。这些由信息科技促成的服务业（ITenabled services，ITES）不仅限于信息业，其他如报税、建筑设计、计算机绘图、X 光判读、投资分析、字处理、新闻稿撰写、电话服务中心等都涵盖在内。企业将服务外包至海外的主要动机是节省成本：印度会计系毕业生的薪水只要 100 美元，投资分析师的薪水只有美国同行的不到 20%。目前全球 IT 产业外包市场中，印度排名首位，马来西亚、菲律宾及部分非洲国家也渐渐重视外包服务产业。

　　当然，除了 ITES 产业，金融保险、百货、餐饮等服务业输出海外的趋势也是越来越普遍。可以想象，全球化服务业的各级员工必须具有外语能力、跨文化的人际交往能力以及国际视野等，才能在产业中崭露头角。

　　除此之外，由于信息科技可以促进信息与知识的流动，企业应该设法营造一个让员工乐于分享知识的环境，借此累积并创造有价值的工作知识，落实企业的知识管理（knowledge management）。但是，也因为信息方便流通，企业必须建立健全信息安全机制，以确保顾客资料或公司机密的安全。

402

15.2.4　科技与服务流程

服务的一般流程包含提供信息、咨询、接单、接待、托管、例外处理、结账、付款等步骤，近年来的信息传播科技对于整个流程或个别步骤，具有简化、加速、效果强化等作用。

目前，无论是个别企业的官方网站、网友的博客、网络百科全书、综合型电子商务网站等，都在扮演着提供信息与咨询的角色。与以往相比，当顾客要求服务人员提供相关信息时，他可能早已在网络上取得了丰富（或是杂乱）的信息。因此，企业面对的顾客可能比以往更精明，拥有更多产品相关信息。

至于比较复杂或专业的服务，则需要较深入的沟通与咨询，有些服务因此建置客服中心（call center），提供消费者专业且实时的咨询。例如，电信公司设置 24 小时的免付费电话，为顾客解决难题；国际物流公司 DHL 的供应链管理系统提供货物追踪服务，让消费者能随时掌握递送的状况。

至于接待，一般而言，服务人员依旧扮演着重要的、不可或缺的角色，但少数服务业为了节省人力成本、加快服务速度等而借助现代信息科技。例如，如今在美国机场租车，接单服务人员马上将顾客相关信息传到租车公司，小巴士就直接将顾客载到租车公司停车场，车子早已在此等待，顾客可将车子直接开走，省去以往在停车场还要再次接待、确认文件等程序。目前许多飞机场与航空公司推出自助登机服务，旅客可以使用机场内的公用信息站，不到一分钟就可以完成登机程序，省去以往服务人员接待办理登机的步骤。

由于网络世界中的资金流系统相当普及与完善，接单与结账付款程序也可以在网站上轻易完成。不少系统甚至包含安全机制，当消费者在网络上完成订单与信用卡付款，业者立即以电子邮件和短信发送订单给消费者，并通知扣款金额，以确保交易的安全性。

15.2.5　科技与服务定价

信息科技对服务定价最大的冲击之一是定价过程比以往更动态。竞价标购与群体议价虽在网络时代之前早已出现，但却因网络而兴起。竞价标

> 信息传播科技对于整个流程或个别步骤，具有简化、加速、效果强化等作用。

> 信息科技对服务定价最大的冲击之一是定价过程比以往更动态。

购（bidding）是由消费者在网络上互相竞价，最后谁出的价格最高谁就得标。这种竞标策略能够使消费者在交易过程中，享受与人竞标的乐趣与成就感。全球知名的旅游服务网站 Priceline 就有竞标功能，让消费者针对特定地点与日期的旅馆或租车设定一个标价，只要短短一两分钟，系统就会告知是否得标；若得标，信用卡会马上被扣款，不能退费。为了教授消费者如何在 Priceline 竞标捡便宜，甚至还出现了专门的网站 bidding for travel。业者通常以竞价标购来处理闲置或淡季时的服务。

群体议价（collective bargaining）则是利用网络联合有意愿购买相同产品的消费者相互合作，聚集小众力量达到大量采购的杀价效益，进而获取较优惠的价格。合购网站即为了方便消费者群体议价而存在。这种议价方式目前仍以购买实体产品为主，但偶尔会出现诸如合购雷射美容等服务的事例。面对群体议价的趋势，业者要在价格管理上事先做好数量折扣（quantity discounts）的规划。

网络兴起还让消费者方便比价，享有更多的自主权。

网络兴起还让消费者方便比价，享有更多的自主权。在旅游业，这种趋势最明显。例如，Sidestep 与 Farechase 等网站就是针对消费者"货比三家"的心态，利用搜寻技术将相关的行程与航班依据价位高低显示在网页上，方便让消费者比价；在中国台湾地区，类似的网站则有 Funtime 等。消费者得以在弹指间轻松比价，固然让业者感受到低价竞争的压力，但这也给业者一个启示：如果不想陷入价格竞争，那么在顾客知觉价值的创造与传递上，就要更为用心与努力。

15.2.6　科技与服务的沟通推广

数字媒体已成为营销与推广最佳的工具，尤其是对年轻消费者更是如此。

随着数字时代来临，消费者的生活形态大幅改变，电视已不再是消费者接收信息的主要媒介，取而代之的是网络、手机、计算机等，越来越多的营销人也认为这几种数字媒体已成为营销与推广最佳的工具，尤其是对年轻消费者更是如此。因此，服务业者应该重视如何利用新媒体让企业或服务信息有效接触到消费者。

服务的无形与易变特质造成消费者难以选择与比较服务方案，因此相当依赖来自人员渠道的信息以消除不确定感及知觉风险，网络上许多虚拟社区因而成了服务消费者获取或交换信息的所在，也是服务业者在推广沟通时应该重视的群体。

纵横天下

不同的脸，不同的广告

2008 年 7 月，日本电气株式会社 NEC 以"脸部认知"技术研发而成的个人化数字广告牌首次在东京亮相，并陆续于各公共场合架设为企业提供广告服务。这种电子广告牌系统能够通过摄影自动判断顾客的年龄、性别等，并针对其特性播放最有可能引起兴趣与购买动机的产品广告。例如，位于某餐厅附近的电子广告牌感应到正在阅读的顾客是中年女性时，就会播放女性健康套餐的广告，若顾客有意购买，还可以利用手机的感应功能收到电子折价券。

这套电子广告牌除了架设数字相机，其服务器里还有储藏着数十万张男女老幼照片的资料库。当系统照摄顾客时，会自动进行性别、年龄的数据比对，然后从 15 类广告影片数据库中选择合适的广告播放。另外，顾客若到店家使用手机收到的电子折价券，这位顾客的特征属性就会被储存在数据库中，业者因此可以明确了解哪些属性的顾客会被哪些广告打动，将来便可制定更精准的目标市场营销方案。

虚拟社区的组成大致而言有三种形态：第一种为公共社群，多由入口网站、BBS 或企业所设置，网友因对特定主题有兴趣而结合，如批踢踢（PTT）BBS 的讨论区、奇摩雅虎的家族等就属于这一类；第二种是个人网站或博客，因网站主人的专业知识或形象而形成多人聚集，如大块文化出版社董事长郝明义的个人网站；第三种则是以通信及聊天软件如 MSN Messenger、Skype 等所形成的人际网络。

以上社群常带动一传十、十传百的口碑效果，影响力甚至还延伸到网络世界之外。因此，虚拟社区的意见领袖已成为企业积极合作的对象，以应用他们对社群的影响力，制造话题，并通过广泛讨论来达到营销的效果。另外，基于网友之间喜欢分享或互相模仿的特性，博客背景图、MSN 图释等也经常被派上用场来传播相关信息。美式连锁餐饮 T. G. I. Friday's（星期五餐厅）就善于用网络和 MSN 与年轻上班族沟通，利用这个族群乐

虚拟社区的意见领袖已成为企业积极合作的对象，以应用他们对社群的影响力，制造话题，并通过广泛讨论来达到营销的效果。

于分享的特性，将餐厅信息实时传递出去，提高餐厅业绩。

然而，虚拟社区的影响力也可能对企业造成负面影响。在一些案例中，顾客同样利用网络渠道诉说其不愉快的服务经验，只要有具体事证且言之有理，一样能够获得社群的支持与网友的回应，如此将可能对企业造成危机。面对这种状况，企业应拟定危机处理机制，以最短的时间适当处理，以免负面消息通过网络而迅速扩散，进而影响企业及品牌形象。

另外，许多非连锁经营的服务业有地缘性，如台北市西门町某家餐厅主要是服务当地的居民、上班族或到达当地的消费者，因此如何针对服务范围内的消费者推广是重要的营销课题之一。例如，消费者在西门町逛街时想知道附近有哪些旅馆、餐厅、加油站、电影院等，可以通过手机收到业者的广告信息。随着无线区域网络技术的发展，这类广告预计正在兴起，而这将有利于服务业者针对区域内的小众进行推广。

15.2.7 科技与服务流通渠道

网络摆脱距离、时间与地点的限制，更可达到畅行无阻的销售功效。

信息科技进步除了使互联网成为推广沟通的工具之外，还具备了配销流通渠道的功能。企业通过网站将产品信息提供给消费者，然后消费者直接在网站上订购。网络摆脱距离、时间与地点的限制，更可达到畅行无阻的销售功效，因此部分供货商渐渐通过网络取代现有的配销渠道，产生"去中间化"的现象。有些中间商为了求生存也因而转战网络，如旅行社纷纷跨足网络设立旅游电子商务。

电子商务（e-Commerce）带动的无店铺流通渠道（non-store channels）或无店面零售（non-store retailing）以各种名义出现，如网络银行、网络购物、远距教学等，有些则只是附属在企业网站某个页面之下，专门负责销售任务，如高铁的售票系统。这类新兴流通渠道的经营有几个关键要素，如顾客与事务数据的安全性、网页阅读的流畅性、网站使用的便利性、服务与信息处理的速度、电子交易为顾客带来的实质利益等。有些电子商务还提供顾客关系管理及客制化功能。例如，买方可在网站上评价卖方的服务表现、公开评论产品或服务，网站根据买方特性而出现推荐购买的商品或服务。

目前纯粹的电子商务在整体营销渠道上仍占极少数，多数企业是采取虚实并进的方式经营。如何让虚实渠道互补或平衡而不会造成冲突，以及内部资源如何分配与管理等，都是相关主管应该重视的议题。

▶▶ 15.3 科技影响力的评估与应对

15.3.1 扫描科技发展趋势

由于科技发展对服务业营销与管理的许多层面带来冲击，企业应该扫描、评估与应对科技趋势带来的影响。如同对其他营销环境的监控一样，企业也应对科技进行环境扫描（environmental scanning），即留意并搜集有关科技发展的现况与演变的信息。扫描的性质有三种：不定期、定期以及连续扫描。

不定期扫描（irregular scanning）是指在影响企业的某个事件发生之后，才决定针对该事件搜集资料，如在智能型手机普及并开始改变产业的竞争形态之后，才着手搜集相关资料。定期扫描（regular scanning）则是事先选定一些重要的环境因素，定期搜集、补充与更新有关的信息，以便了解或应对相关的情境。连续扫描（continuous scanning）则不放过任何可能影响企业的环境因素，大规模、详细、有计划地搜集信息，以协助长期的策略规划。

15.3.2 评估科技发展的影响力

企业主管不但需要了解科技发展的现况与趋势，更要评估科技的影响层面。评估的方向包括：环境趋势会带来哪些机会或威胁？这些机会或威胁发生的可能性有多大？对企业（包含目标市场经营、产品、服务、品牌等）的冲击有多大？影响时机在什么时候？面对冲击，企业具有什么优劣势？

环境评估的方式可以采用机会/威胁矩阵（opportunity/threat matrix）的架构。正如表 15-2 所示的，这个分析架构中的纵轴是科技发展，横轴是受影响的构成方面，包含目标市场及七大服务营销功能，因此，有关主

企业对科技进行环境扫描，即留意并搜集有关科技发展的现况与演变的信息。

企业主管不但需要了解科技发展的现况与趋势，更要评估科技的影响层面。

407

管可以据此评估每项科技因素对服务营销各构成方面的影响力。影响力可分为正（机会）、负（威胁）两面，且有程度上的差别。在进行评估时，可以使用不同数量的"＋"、"－"符号或文字来说明正负影响力及其程度；另外，企业也可以从科技发展趋势的角度来检验本身的优劣势。

表 15 – 2 科技影响力的评估：机会/威胁矩阵

科技发展	目标市场	核心服务/服务定位	实体环境	服务人员	服务流程	定价	流通渠道	推广	企业优势	企业劣势
发展 1	＋＋＋			＋＋		－		－		
发展 2		＋	－		－ －	＋				

15.3.3 应对科技的影响

科技持续创新是不变的趋势，服务业在这样的趋势下，可以采取以下两种应对策略：适应型策略（adaptive strategy）或蜕变型策略（transformative strategy）。前者视新科技为现有服务营销与管理工作的辅助工具，主要用来改良管理工作，不涉及大幅度的创新；后者则是把新科技视为创新的驱动力，针对营销与管理领域启动幅度较大的变革。

无论实行哪一种策略，企业都应该要仔细评估员工与消费者对相关科技的态度与反应、员工工作与消费者的购买决策及消费行为受到的影响、现有的竞争优势如何与科技兼容或取得平衡，并确保采用的科技能标准化、易于为员工及消费者使用，以及能够为员工与顾客创造实质的利益。唯有从员工与顾客的角度仔细评估，才能保障科技为企业所用，而不是成为企业的羁绊。

缤纷课外

网站：TED

你可以称 TED 是一个网站、是一个定期的年度大会、是一种活动、是一种奖项。取名自 Technology、Entertainment、Design（科技、娱乐、设计）的 TED，起源于 1984 年创办人 Richard Wurman 和朋友间分享脑力激荡的聚会，最初成员来自建筑师、科学家、教育家、诗人、剧作家、创业家、设计师，是一群热衷以最新、最酷的点子来让世界更美好的热情分子。

后来演变成一年一度的 TED 大会，邀请任何有新颖、酷炫点子的人上台演讲（18 分钟内的演讲），让他们有机会将自己的想法（不局限科技、娱乐、设计）传播给全世界。从 2005 年起，TED 大会走出美国，到世界各国举办 TED 环球会议，吸纳更多族群的好想法；并且从 2006 年开始将过去的演讲内容放到 Ted.com，让全世界可以免费收看；2009 年起，TED 授权 TEDx 的品牌给世界各国的粉丝，在各国举办符合 TED 风格的活动，因此有了 TEDxTaipei；另外，每年也会颁发 TED 大奖给三位得主并帮助他们实践他们的理想，也广邀发展中国家的有志青年加入 TEDFellows，参加 TED 大会贡献他们的好点子。

值得一提的是，为了能更快速地传播好的想法，2009 年 TED 提出翻译计划，让志愿人士翻译成各国语言。累积到 2011 年 4 月，已有 81 种语言、5330 位翻译者、17527 个演讲被翻译。

TED 的宗旨是让好想法飞得更快、更广、更高，而翅膀就是网络。

章末习题

基本测试

1. 简述科技的类型以及不同类型对服务营销与管理的影响。

2. 科技发展对于服务实体环境有何影响？举例说明。

3. 信息传播科技对服务人员带来什么冲击？举例说明。

4. 举例说明信息传播科技对服务推广的影响。

5. 面对科技发展，服务业者有何应对策略？采取这些策略应注意什么事项？

进阶思考

1. "科技发展到一定的水平，可取代许多服务人员大部分的功能。到时候，服务人员的主要职责是维护或操作科技，与顾客的接触将大幅减少，就算接触也将非常短暂。"你认为这天会到来吗？

动脑提示：想象一下在哪一种服务业，上述情况有可能发生？哪一种服务业，发生的机会较低？或是，发生上述状况需有什么前提？这些前提发生的可能性是什么？

_____

_____

_____

_____

_____

2. "当科技越来越介入服务的营销与管理时，服务人员的人文素养就越来越重要，因为_____"。你会如何填写这个句子（字数不限）？

动脑提示：想一想什么是科技？科技有什么特性？什么是人文素养？它又有什么特性？另外，再想想科技越来越发达，会为服务业带来什么正反面后果？对于可能的反面后果，人文素养能带来什么？

_____

_____

_____

_____

_____

活用知识

1. 以您目前身处的教学环境（某个教室里的教学环境，或是整体学校的教学环境）来看，您觉得有哪些科技可以用来改善目前教学环境的不足？

2. 从网站或报纸杂志中找出一项最近两年内发展出来的新科技，然后说明该科技对于哪些服务业的什么层面会带来什么影响。

薰衣草森林，最会卖幸福的企业

唯"梦"是图一年内获利

静静地坐落于台中新社山区，号称中国台湾最偏远的咖啡馆——薰衣草森林，创业半年，即涌入高于预估客数五倍的人潮；一年内，就开始获利。来年，当薰衣草森林需要协助展店时，王村煌断然放下合伙事业，一脚踩进紫色梦田。10 年来，薰衣草森林日渐茁壮，年营业额突破 5 亿元，衍生出香草铺子、桐花村客家餐厅、缓慢家庭旅馆与心之芳庭婚宴馆等品牌，经营范畴扩及北、中与东台湾，甚至迈向日本北海道。

要巴结客人而不是老板

组织扩张后，为保有传递感动的初衷，王村煌与创办人设计出"感动服务信"的奖评办法，明示考核第一线员工的关键，在于感动多少客户。

只要顾客有感于任何薰衣草森林品牌的服务，愿意上网表达感动，回函经公司确认后，被指名感谢的员工，便可得到 1000 元奖金。为激起员工间彼此正向鼓励，每家店以争取每月五封"感动服务信"为目标，达标之后，每增加一封信，不仅被指名的个人有奖励，店内其他同人，也能各拿到奖金 100 元，奖金总额无上限。

公司全年平均发出超过 200 万元的感动服务信奖金。心之芳庭宴会部主任吴宜贞，回想起还是吧台人员时，因为借衣服给淋了雨的客人，并为他们烘干衣物，而获得感动服务信奖励。

非你不可的旅游假

要带给顾客幸福，必须先让员工幸福起来。所有通过三个月试用期的薰衣草森林员工，除了例假与年假外，每年还享有 11 天的旅游假。旅游假当中，有 7 天任员工自在地游历放松；1 天为品牌旅行，规定拜访薰衣草森林相关品牌；另外几天，则为当地旅行，了解工作地点周边的休闲景点。

旅游假为必休，必须上交旅行照片证明，未休旅游假，以旷职论。半强迫员工旅游的方式，是休闲福利，也是软性在职训练。"只有真正体会风土人情的美好、真正被旅行感动过的人，才能感动别人的旅程。"

除了旅行，薰衣草森林还鼓励另一种形式的出走——轮调。面对多半是弱势的、技职体系的基层工作伙伴，王村煌希望年轻的他们，除了多看，增加生命的视野外，还要不断尝试、学习与锻炼。

满足高层干部的愿望，拓展基层伙伴的视野。薰衣草森林不仅要触动旅人的心，也要丰富梦想森林里，每位工作者的旅程。

■摘录自《天下杂志》第 500 期，2012 年 6 月 27 日出刊。

【问　题】

1. 你认为"旅游假"对于薰衣草森林相关品牌的员工有何重要性？

2. 请以"领导"的观点说明薰衣草森林对于员工管理及训练的作为。

3. 请分析"仆人式领导"对于薰衣草森林的重要性是什么？

4. 试分析唯"梦"是图的薰衣草森林未来可能会遇到的困难或问题。

参考文献

1. 陈泽义，张宏生. 服务业营销 ［M］. 台北：华泰，2006.

2. 郑绍成. 服务营销与管理 ［M］. 台北：双叶，2005.

3. Hoffman，K. Douglas and John E. G. Bateson. Services Marketing：Concepts，Strategies & Cases（3rd.）［M］. OH：Thomson/South – Western，2005.

4. Kurtz，David L. and Kenneth E. Clow. Services Marketing ［M］. New York：John Wiley & Sons，1998.

5. Lovelock，Christopher and Jochen Wirtz. Services Marketing：People，Technology，Strategy（6th.）［M］. NJ：Pearson Prentice Hall，2007.

6. Zeithaml，Valarie A. and Mary Jo Bitner. Services Marketing：Integrating Customer Focus Across the Firm（2nd.）［M］. Boston，MA：McGraw – Hill/Irwin，2000.

7. Zeithaml，Valarie A.，Mary Jo Bitner，and Dwayne D. Gremler. Services Marketing：Integrating Customer Focus Across the Firm（4th.）［M］. Boston，MA：McGraw – Hill/Irwin，2005.

各章经典文献与重要书籍

1 服务业的崛起与重要性

1. Bolton, Ruth N. , Dhruv Grewal, and Michael Levy. Six Strategies for Competing Through Service：An Agenda for Future Research ［J］. Journal of Retailing, 2007, 83（1）：1 – 4.

2. Edgett, Scott and Stephen Parkinson. Marketing for Service Industries：A Review ［J］. The Services Industries Journal, 1993, 13（7）：19 – 39.

2 服务的内涵

1. Bowen, John. Development of a Taxonomy of Services to Gain Strategic Marketing Insight ［J］. Journal of the Academy of Marketing Science, 1990, 18（1）：43 – 49.

2. Lovelock, Christopher H. Classifying Services to Gain Strategic Marketing Insights ［J］. Journal of Marketing, 1983, 47（2）：9 – 20.

3. Silvestro, Rhian, Lin Fitzgerald, Robert Johnston, and Christopher Voss. Towards a Classification of Service Processes ［J］. International Journal of Service Industry Management, 1992, 3（3）：62 – 75.

4. Shostack, G. Lynn. Breaking Free from Product Marketing ［J］. Journal of Marketing, 1977, 41（4）：73 – 80.

5. Zeithaml, Valarie A. How Consumer Evaluation Processes Differ between Goods and Services ［A］ //J. Donnelly and W. George. Marketing of Services

414

［M］. Chicago, IL：American Marketing Association，1981.

6. Zeithaml, Valarie A. , A. Parasuraman, and Leonard L. Berry. Problems and Strategies in Services Marketing ［J］. Journal of Marketing, 1985, 49（1）：33 – 46.

3 服务业消费者购买过程与行为

1. Auh, Seigyoung, Simon J. Bell, Colin S. McLeod, and Eric Shih. Co – Production and Customer Loyalty in Financial Services ［J］. Journal of Retailing, 2007, 3（3）：359 – 370.

2. Bitner, Mary J. , Bernard H. Booms, Lois A. Mohr. Critical Service Encounters：The Employee's View ［J］. Journal of Marketing, 1994, 58（10）：95 – 106.

3. Bitner, Mary J. , William T. Faranda, Amy R. Hubbert, and Valarie A. Zeithaml. Customer Contributions and Roles in Service Delivery ［J］. International Journal of Service Industry Management, 1997, 8（3）：193 – 205.

4. Bougie, Roger, Rik Pieters, and Marcel Zeelenberg. Angry Customers don't Come Back, They Get Back：The Experience and Behavioral Implications of Anger and Dissatisfaction in Services ［J］. Journal of the Academy of Marketing Science, 2003, 31（10）：377 – 393.

5. Bowen, David E. Managing Customers as Human Resources in Service Organizations ［J］. Human Resource Management, 1986, 25（3）：371 – 383.

6. Chase, Richard B. . Where Does the Customer Fit in a Service Organization ［J］. Harvard Business Review, 1978, 56（6）：137 – 142.

7. Grove, Stephen J. and Raymond P. Fisk. The Dramaturgy of Services Exchange：An Analytical Framework for Services Marketing ［A］//L. L. Berry, G. L. Shostack, and G. D. Upah. Emerging Perspectives on Services Marketing ［M］. Chicago, IL：American Marketing Association, 1983.

8. Grove, Stephen J. , Raymond P. Fisk, and Mary J. Bitner. Dramatizing the Service Experience：A Managerial Approach ［J］. Advances in Services Marketing and Management, 1992, 1：91 – 121.

9. Hausman, Angela. Modeling the Patient – Physician Service Encounter：

Improving Patient Outcomes ［J］. Journal of the Academy of Marketing Science, 2004, 32 (10): 403 – 417.

10. Solomon, Michael R., Carol Surprenant, John A. Czepiel, and Evelyn G. Gutman. A Role Theory Perspective on Dyadic Interactions: The Service Encounter ［J］. Journal of Marketing, 1985, 49 (winter): 99 – 111.

11. Surprenant, Carol F. and Michael R. Solomon. Predictability and Personalization in the Service Encounter ［J］. Journal of Marketing, 1987, 51 (winter): 86 – 89.

12. Zeithaml, Valarie A., Leonard L. Berry, and A. Parasuraman. The Nature and Determinants of Customer Expectations of Service ［J］. Journal of the Academy of Marketing Science, 1993, 21 (1): 1 – 12.

4 顾客知觉价值、服务质量与顾客满意度

1. Buttle, Francis. SERVQUAL: Review, Critique, Research Agenda ［J］. European Journal of Marketing, 1996, 30 (1): 8 – 32.

2. Cowley, Elizabeth. Views from Consumers Next in Line: The Fundamental Attribution Error in a Service Setting ［J］. Journal of the Academy of Marketing Science, 2005, 33 (4): 139 – 152.

3. Cronin, J. Joseph, Michael K. Brady, and G. Tomas M. Hult. Assessing the Effects of Quality, Value, and Customer Satisfaction on Consumer Behavioral Intentions in Service Environments ［J］. Journal of Retailing, 2000, 76 (2): 193 – 218.

4. Dabholkar, Pratibha A., C. David Shepherd, and Dayle I. Thorpe. A Comprehensive Framework for Service Quality: An Investigation of Critical Conceptual and Measurement Issues through a Longitudinal Study ［J］. Journal of Retailing, 2000, 76 (2): 139 – 173.

5. Johnson, Cathy and Brian P. Mathews. The Influence of Experience on Service Expectations ［J］. International Journal of Service Industry Management, 1997, 8 (4): 290 – 305.

6. Lam, Simon S. K., Ka Shing Woo. Measuring Service Quality: A Test – Retest Reliability Investigation of SERVQUAL ［J］. Journal of the Mar-

ket Research Society, 1997, 39 (4): 381 – 396.

7. Mels, Gerhard, Christo Boschoff, and Deon Nel. The Dimensions of Service Quality: The Original European Perspective Revisited [J]. The Service Industries Journal, 1997, 17 (1): 173 – 189.

8. Parasuraman, A., Valarie A. Zeithaml, and Leonard L. Berry. A Conceptual Model of Service Quality and its Implications for Future Research [J]. Journal of Marketing, 1985, 49 (fall): 41 – 50.

9. Parasuraman, A., V. A. Zeithaml, and L. L. Berry. Communication and Control Processes in the Delivery of Service Quality [J]. Journal of Marketing, 1988, 52 (4): 35 – 48.

10. Parasuraman, A., Valarie A. Zeithaml, and Leonard L. Berry. SERVQUAL: A Multiple – Item Scale for Measuring Service Quality [J]. Journal of Retailing, 1988, 64 (1): 12 – 40.

11. Parasuraman, A., Valarie A. Zeithaml, and Leonard L. Berry. Alternative Scales for Measuring Service Quality: A Comparative Assessment Based on Psychometric and Diagnostic Criteria [J]. Journal of Retailing, 1994, 70 (3): 201 – 230.

12. Reichheld, Frederick F., W. Earl Sasser. Zero Defection: Quality Comes to Service [J]. Harvard Business Review, Sep – Oct, 1990, 105 – 111.

13. Smith, Anne M.. Measuring Service Quality: Is SERVQUAL Now Redundant [J]. Journal of Marketing Management, 1995, 11 (1 – 3): 257 – 276.

14. Zeithaml, Valarie A.. Consumer Perceptions of Price: A Means – End Model and Synthesis of Evidence [J]. Journal of Marketing, 1988, 57 (2): 2 – 22.

15. Zeithaml, Valarie A.. Service Quality, Profitability, and the Economic Worth of Customers: What We Know and What We Need to Learn [J]. Journal of the Academy of Marketing Science, 2000, 28 (1): 67 – 85.

16. Zeithaml, Valarie A., Leonard L. Berry, and A. Parasuraman. The Nature and Determinants of Customer Expectations of Service [J]. Journal of Marketing Science, 1993, 21 (1): 1 – 21.

17. Zeithaml, Valarie A., Leonard L. Berry, and A. Parasuraman. The

Behavioral Consequences of Service Quality [J]. Journal of Marketing, 1996, 60: 31 – 46.

5 顾客关系与顾客忠诚度

1. Bell, Simon J., Seigyoung Auh, and Karen Smalley. Customer Relationship Dynamics: Service Quality and Customer Loyalty in the Context of Varying Levels of Customer Expertise and Switching Costs [J]. Journal of the Academy of Marketing Science, 2005, 33 (4): 169 – 183.

2. Bolton, Ruth N., P. K. Kannan, and Matthew D. Bramlett. Implications of Loyalty Program Membership and Service Experiences for Customer Retention and Value [J]. Journal of the Academy of Marketing Science, 2000, 28 (1): 95 – 108.

3. Bolton, Ruth N. and Matthew B. Myers. Price – Based Global Market Segmentation for Services [J]. Journal of Marketing, 2003, 67 (3): 108 – 128.

4. Copulsky, Jonathan R. and Michael J. Wolf. Relationship Marketing: Positioning for the Future [J]. Journal of Business Strategy, 1990, 11 (4): 16 – 20.

5. Gwinner, K. P., D. D. Gremler, M. J. Bitner. Relational Benefits in Service Industries: The Customer's Perspective [J]. Journal of the Academy of Marketing Science, 1998, 26 (2): 101 – 114.

6. Hart, Christopher W. L., James L. Heskett, and. W. Earl Sasser Jr.. The Profitable Art of Service Recovery [J]. Harvard. Business Review, July – August, 1990: 148 – 156.

7. Hess Jr., Ronald L., Shankar Ganesan, and Noreen M. Klein. Service Failure and Recovery: The Impact of Relationship Factors on Customer Satisfaction [J]. Journal of the Academy of Marketing Science, 2003, 31 (4): 127 – 145.

8. Jones, Michael A., David L. Mothersbaugh, and Sharon E. Beatty. Switching Barriers and Repurchase Intentions in Services [J]. Journal of Retailing, 2000, 76 (2): 259 – 274.

9. Jones, T. O. and W. E. Sasser Jr.. Why Satisfied Customers Defect [J]. Harvard Business Review, (November – December), 1995: 89 – 99.

10. Keaveney, Susan M.. Customer Switching Behavior in Service Industries: An Exploratory Study [J]. Journal of Marketing, 1995, 59 (2): 71 – 82.

11. Keaveney, Susan M. and Madhavan Parthasarathy. Customer Switching Behavior in Online Services: An Exploratory Study of the Role of Selected Attitudinal, Behavioral, and Demographic Factors [J]. Journal of the Academy of Marketing Science, 2001, 29 (10): 374 – 390.

12. Lemon, Katherine N., Tiffany Barnett White, and Russell S. Winer. Dynamic Customer Relationship Management: Incorporating Future Considerations into the Service Retention Decision [J]. Journal of Marketing, 2002, 66 (1): 1 – 14.

13. Mattila, Anna S. and Paul G. Patterson. The Impact of Culture on Consumers' Perceptions of Service Recovery Efforts [J]. Journal of Retailing, 2004, 80 (3): 196 – 206.

14. Maxham, J. G. III and R. G. Netemeyer. A Longitudinal Study of Complaining Customers' Evaluations of Multiple Service Failures and Recovery Efforts [J]. Journal of Marketing, 2002, 66 (4): 57 – 71.

15. Morgan, Robert M., and Shelby D. Hunt. The Commitment – Trust Theory of Relationship Marketing [J]. Journal of Marketing, 1994, 58 (3): 20 – 38.

16. Patterson, Paul G. and Tasman Smith. A Cross – Cultural Study of Switching Barriers and Propensity to Stay with Service Providers [J]. Journal of Retailing, 2003, 79 (2): 107 – 120.

17. Tax, Stephen S. and Stephen W. Brown. Recovering and Learning from Service Failure [J]. Sloan Management Review, 1988, 40 (fall): 75 – 88.

6 顾客体验与体验营销

1. Arnould, Eric J. and Linda L. Price. River Magic: Extraordinary Experience and the Extended Service Encounter [J]. Journal of Consumer Research, 1993, 20 (1): 24 – 45.

2. Holbrook, Morris B.. The Millennial Consumer in The Texts of Our

Times: Experience and Entertainment [J] . Journal of Macromarketing, 2000, 20 (2): 178 – 192.

3. Phillips, Diane M. , Jerry C. Olson, and Hans Baumgartner. Consumption Visions in Consumer Decision Making [A] //F. Kardes and M. Sujan, eds. Advances in Consumer Research [Z] . Provo, UT: Association for Consumer Research, 1995.

4. Pine II, B. Joseph and James H. Gilmore. Welcome to the Experience Economy [J] . Harvard Business Review, 1998, 76 (7 – 8): 97 – 105.

5. Pine II, B. Joseph and James H. Gilmore. The Experience Economy [M] . Boston, Mass: Harvard Business School Press, 1999.

6. Schmitt, Bernd H.. Experiential Marketing: How to Get Customers to Sense, Feel, Think, Act and Relate to Your Company and Brand [M] . New York, NY: Free Press, 1999.

7 服务的 STP 与创新

1. Alam, Ian. An Exploratory Investigation of User Involvement in New Service Development [J] . Journal of the Academy of Marketing Science, 2002, 30 (7): 250 – 261.

2. Dibb, S. , Lyndon Simkin. The Strength of Branding and Positioning in Services [J] . International Journal of Service Industry Management, 1993, 4 (1): 25 – 35.

3. Johnston, Robert. Achieving Focus in Service Organizations [J] . The Service Industries Journal, 1996, 16 (1): 10 – 20.

4. Kelly D. T. and C. Storey. New Service Development: Initiation Strategies [J] . International. Journal of Service Industry Management, 2000, 11 (1): 45 – 62.

5. Shostack, G. Lynn. Designing Services that Deliver [J] . Harvard Business Review, 1984, 62 (1 – 2): 133 – 139.

8 服务实体环境

1. Baker, J.. The Role of the Environment in Marketing Services: The

420

Consumer Perspective [J]. The Services Challenge: Integrating for Competitive Advantage, John A. Czepeil, Carole A. Congram, and James Shanahan, eds., Chicago, IL: American Marketing Association, 1987: 79 – 84.

2. Bitner, Mary J.. Servicescapes: The Impact of Physical Surroundings on Customers and Employees [J]. Journal of Marketing, 1992, 56 (2): 57 – 71.

3. Bruner II, Gordon C.. Music, Mood, and Marketing [J]. **Journal of Marketing**, 1990, 54 (4): 94 – 104.

4. Grewal, Dhruv, Julie Baker, Michael Levy, and Glenn B. Voss. The Effects of Wait Expectations and Store Atmosphere Evaluations on Patronage Intentions in Service – Intensive Retail Stores [J]. Journal of Retailing, 2003, 79 (4): 259 – 268.

5. Hirsch, Alan. Effects of Ambient Odors on Slot Machine Usage in a Las Vegas Casino [J]. Psychology and Marketing, 1995, 12 (7): 585 – 594.

6. Kotler, Philip J.. Atmospherics as a Marketing Tool [J]. **Journal of Retailing**, 1973, 49 (4): 48 – 64.

7. Milliman, Ronald E.. The Influence of Background Music on the Behavior of Restaurant Patrons [J]. Journal of Consumer Research, 1986, 13 (9): 286 – 289.

8. Schneider, Benjamin, Susan S. White, and Michelle C. Paul. Linking Service Climate and Customer Perceptions of Service Quality: Test of a Causal Model [J]. Journal of Applied Psychology, 1998, 83 (2): 150 – 163.

9. Spangenberg, E. R., A. E. Crowley, and P. W. Henderson. Improving the Store Environment: Do Olfactory Cues Affect Evaluations and Behaviors [J]. Journal of Marketing, 1996, 60 (2): 67 – 80.

9 服务人员

1. Ashforth, Blake E. and Ronald H. Humphrey. Emotional Labor in Service Roles: The Influence of Identity [J]. Academy of Management Review, 1993, 18 (1): 88 – 115.

2. Babakus, Emin, Ugur Yavas, Osman M. Karatepe, and Turgay Avci. The Effect of Management Commitment to Service Quality on Employees' Affective

and Performance Outcomes [J]. Journal of the Academy of Marketing Science, 2003, 31 (7): 272 –286.

3. Bell, Simon J., and Bulent Menguc. The Employee – Organization Relationship, Organizational Citizenship Behaviors, and Superior Service Quality [J]. Journal of Retailing, 2002, 78 (2): 131 –146.

4. Bettencourt, Lance A. and Stephen W. Brown. Role Stressors and Customer – Oriented Boundary – Spanning Behaviors in Service Organizations [J]. Journal of the Academy of Marketing Science, 2003, 31 (10): 394 –408.

5. Bowen, David E. and Edward E. Lawler. The Empowerment of Service Workers: What, Why, How and When [J]. Sloan Management Review, 1992, 33 (spring): 31 –39.

6. Bowen, David E. and Benjamin Schneider. Boundary – Spanning – Role Employees and the Service Encounter: Some Guidelines for Management and Research [A] //J. A. Czepiel, M. R. Solomon, and C. Surprenant, eds. The Service Encounter [M]. Lexington, MA: Lexington Books, 1985.

7. De Jong, A., K. de Ruyter, and J. Lemmink. Antecedents and Consequences of the Service Climate in Boundary – Spanning Self – Managing Service Teams [J]. Journal of Marketing, 2004, 68 (2): 18 –35.

8. Dellande, Stephanie, Mary C. Gilly and John Graham. Gaining Compliance and Losing Weight: The Role of the Service Provider in Health Care Services [J]. Journal of Marketing, 2004, 68 (3): 78 –91.

9. Donavan, D. Todd, Tom J. Brown, and John C. Mowen. Internal Benefits of Service Worker Customer Orientation: Job Satisfaction, Commitment, and Organizational Citizenship Behaviors [J]. Journal of Marketing, 2004, 68 (1): 128 –146.

10. Hartline, Michael D. and O. C. Ferrell. The Management of Customer – Contact Service Employees: An Empirical Investigation [J]. Journal of Marketing, 1996, 60 (4): 52 –70.

11. Hennig – Thurau, Thorsten, Markus Groth, Michael Paul, and Dwayne D. Gremler. Are All Smiles Created Equal How Emotional Contagion and Emotional Labor Affect Service Relationships [J]. Journal of Marketing, 2006, 70

(3): 58 – 73.

12. Netemeyer, Richard G., James G. Maxham III, and Chris Pullig. Conflicts in the Work – Family Interface: Links to Job Stress, Customer Service Employee Performance, and Customer Purchase Intent〔J〕. Journal of Marketing, 2005, 9 (2): 130 – 143.

10　服务流程与供需管理

1. Berry, Leonard L. and Sandra K. Lampo. Teaching an old Server New Tricks: The Promise of service Redesign〔J〕. Journal of Service Research, 2000, 2 (3): 265 – 275.

2. Dabholkar, Pratibha A. and Richard P. Bagozzi. An Attitudinal Model of Technology – Based Self – Service: Moderating Effects of Consumer Traits and Situational Factors〔J〕. Journal of the Academy of Marketing Science, 2002, 30 (7): 184 – 201.

3. Goodwin, Cathy F.. I Can Do It Myself: Training the Service Consumer to Contribute to Service Productivity〔J〕. Journal of Services Marketing, 1988, 2 (Fall): 71 – 78.

4. Hui, Michael K. and David K. Tse. What to Tell Customers in Waits of Different Lengths: An Integrative Model of Service Evaluation〔J〕. Journal of Marketing, 1996, 60 (2): 81 – 90.

5. Jones, Peter and Emma Peppiatt. Managing Perceptions of Waiting Times in Service Queues〔J〕. International Journal of Service Industry Management, 1996, 7 (5): 47 – 61.

6. Katz, Karen L., Blaire M. Larson, and Richard C. Larson. Prescription for the Waiting – in – Line Blues: Entertain, Enlighten, and Engage〔J〕. Sloan Management Review, 1991, 32 (2): 44 – 53.

7. Kumar, Piyush. The Competitive Impact of Service Process Improvement: Examining Customers' Waiting Experiences in Retail Markets〔J〕. Journal of Retailing, 2005, 81 (3): 171 – 180.

8. Lovelock, Christopher H.. Strategies for Managing Demand in Capacity – Constrained Service Organizations〔J〕. Service Industries Journal, 1984, 4

（11）：12 – 30.

9. Lovelock, Christopher H. and Robert F. Young. Look to Consumers to Increase Productivity [J]. Harvard Business Review, 1979, 57（5 – 6）：168 – 178.

10. Maister, David H.. The Psychology of Waiting Lines [A] //J. A. Czepiel, M. R. Solomon, and C. Surprenant, eds. The Service Encounter [M]. Lexington, MA：Lexington Books, 1985.

11. Meuter, Matthew L., Mary Jo Bitner, Amy L. Ostrom, and Stephen W. Brown. Choosing Among Alternative Service Delivery Modes：An Investigation of Customer Trial of Self – Service Technologies [J]. Journal of Marketing, 2005, 69（2）：61 – 83.

12. Sasser Jr., W. Earl. Matching Supply and Demand in Service Industries [J]. Harvard Business Review, 1976,（11 – 12）：133 – 140.

13. Shostack, G.. Lynn. Understanding Services Through Blueprinting [A] //T. A. Schwartz, D. E. Bowen, and S. W. Brown, eds. Advances in Services Marketing and Management [M]. Greenwich CT：JAI Press, 1992.

11 服务业的定价

1. Berry, Leonard L. and Manjit S. Yadav. Capture and Communicate Value in the Pricing of Services [J]. Sloan Management Review, 1996, 37（summer）：41 – 51.

2. Cooper, Robin and Robert S. Kaplan. Profit Priorities from Activity – Based Costing [J]. Harvard Business Review, 1991, 69：130 – 135.

3. Simon, Hermann. Pricing Opportunities and How to Exploit them [J]. Sloan Management Review, 1992, 33（2）：52 – 62.

4. Zeithaml, Valarie A.. Consumer Perceptions of Price：A Means – End Model and Synthesis of Evidence [J]. Journal of Marketing, 1988, 57（2）：2 – 22.

12 服务业的沟通

1. George, William R. and Leonard L. Berry. Guidelines for the Advertising

17968

of Services ［J］. Business Horizons, 1981, 24 (7 – 8): 52 – 56.

2. Mortimer, Kathleen and Brian P. Mathews. The Advertising of Services: Consumer Views vs Normative Dimensions ［J］. The Service Industries Journal, 1998, 18 (7): 14 – 19.

3. Lovelock, Christopher H. and John A. Quelch. Promotional Strategies for Consumer Services ［J］. Business Horizons, 1983 (5 – 6): 66 – 75.

13 服务业的流通渠道

1. Berry, Leonard L., Kathleen Seiders, and Dhruv Grewal. Understanding Service Convenience ［J］. Journal of Marketing, 2002, 66 (3): 1 – 17.

2. Birgelen, Marcel van, Ad de Jong, and Ko de Ruyter. Multi – Channel Service Retailing: The Effects of Channel Performance Satisfaction on Behavioral Intentions ［J］. Journal of Retailing, 2006, 82 (4): 367 – 377.

14 服务业的企业功能与领导

1. Chase, Richard B. and Robert H. Haynes. Beefing up Operations in Service Firms ［J］. Sloan Management Review, 1991, 32 (Fall): 15 – 26.

2. Greenleaf, Robert K.. Servant Leadership: A Journey into the Nature of Legitimate Power and Greatness ［M］. New York: Paulist Press, 2002.

3. Heskett, J. L., T. O. Jones, G. W. Loveman, W. E. Sasser Jr., and L. A. Schlesinger. Putting the Service Profit Chain to Work ［J］. Harvard Business Review, 1994, 72 (3 – 4): 164 – 174.

15 服务业的科技应用

1. Christensen, C. M. and R. S. Tedlow. Patterns of Disruption in Retailing ［J］. Harvard Business Review, 2000, 78 (1 – 2): 42 – 45.

2. Maruca, R. F.. Retailing: Confronting the Challenges that Face Bricks – and – Mortar Stores ［J］. Harvard Business Review, 1999, 77 (4): 159 – 168.

3. Smith, D. N., and K. Sivakumar. Flow and Internet Shopping Behavior: A Conceptual Model and Research Propositions ［J］. Journal of Business Research, 2004, 57 (10): 1199 – 1208.